旅顺博物馆学苑

LUSHUN MUSEUM

（2024）

王振芬　主编

上海古籍出版社

图书在版编目(CIP)数据

旅顺博物馆学苑.2024 / 王振芬主编. -- 上海：上海古籍出版社,2025.5. -- ISBN 978-7-5732-1592-5

I. G260-53

中国国家版本馆CIP数据核字第20254YE405号

旅顺博物馆学苑·2024
王振芬　主编
上海古籍出版社出版发行
(上海市闵行区号景路159弄1-5号A座5F　邮政编码201101)
(1)网址：www.guji.com.cn
(2)E-mail：guji1@guji.com.cn
(3)易文网网址：www.ewen.co
启东市人民印刷有限公司印刷
开本787×1092　1/16　印张20.25　插页2　字数420,000
2025年5月第1版　2025年5月第1次印刷
ISBN 978-7-5732-1592-5
K·3884　定价：98.00元
如有质量问题，请与承印公司联系

编辑委员会

主　　编：王振芬
执行主编：刘立丽
编　　委：（以姓氏笔画为序）

王　梅　王振芬　王卫平　刘立丽
刘兆程　刘宝卫　刘冠缨　闫建科
孙传波　杨雪飞　杨　煜　宋艳秋
徐媛媛　郭永军　韩晓洁　吕媛媛

目　录

地方历史与考古研究

繁华何必说扬州
　　——诗人魏燮均笔下的近代营口 ………………………………… 阎　海 / 3
朝阳城获名详考 ………………………………………………………… 王世宇 / 12
中原文化认同视域下辽代国仗车舆及仪具考释 …………… 马宏滨　何小婷 / 26
金代济南府官员考略 …………………………………………………… 邵京涛 / 41
完颜娄室墓相关资料的梳理与浅思 …………………………………… 徐媛媛 / 52
金末忠孝军将领蒲察官奴相关史事考实 ……………………………… 张　岩 / 67
满铁哈尔滨图书馆和满铁的北方调查 ………………………………… 李勤璞 / 80
大东沟机场抗美援朝时期空军指挥所旧址及附属建筑群调查报告 …… 关　寒　孙梦雪 / 95
17—19世纪中叶西方地图中的大连地区地理认知研究 ……………… 韩一夫 / 100
试论清代秀山置县的原因 …………………………………… 符钟艺　龙　鹏 / 116
大连的日语教育：百年文化交融下的启蒙与繁荣之路 ……………… 崔　爽 / 122

典藏研究

大连地区金朝铜钱窖藏初探 ………………………………… 刘俊勇　王诗宇 / 129
跋"大清敕建锦州毅军昭忠祠碑记" …………………………………… 刘　一 / 141
精工典雅　桃李芳馨
　　——德清县博物馆藏沈铨及其弟子画作浅析 …………………… 施　兰 / 149
浅议中国画谱对日本绘画技艺及画谱书籍的影响
　　——以山东博物馆藏《耕香馆画剩》为例 ……………… 董倩倩　施霁城 / 156
丹青无语颂千秋
　　——旅顺博物馆藏傅抱石"毛泽东诗意画"浅析 ………………… 宋艳秋 / 168
旅顺博物馆藏张若霭《五君子图》赏析 ……………………………… 闫建科 / 175
旅顺博物馆藏熏香炉赏析 ……………………………………………… 刘立丽 / 182

旅顺博物馆藏"亚"字铭文青铜器……………………………………………… 刘述昕 / 190
故宫博物院藏清代版画雕版综述…………………………………………… 周　莎 / 205

近代学术与文物收藏研究

读《两种甲午日记》有感…………………………………………………… 王珍仁 / 217
王懿荣与王守训的交往及诗词唱和………………………………………… 孙振民 / 222
1931至1932年间陈曾寿旅大行事心迹考实………………………………… 孙海鹏 / 229
伪满《皇位继承备忘录》考析……………………………………………… 宋绍红 / 239
罗氏唐鸿胪井刻石拓本流传述略…………………………………………… 周　兴 / 246
奕䜣与北京戒台寺关系探究………………………………………………… 王宇博 / 251

文物科技保护

旅顺博物馆馆藏汉佉二体钱成分研究………………………… 马光年　时丹丹 / 265

博物馆工作与研究

博物馆智慧服务研究述评………………………… 田姬宁　么乃亮　黄晓雷 / 275
探索文物资源活化利用的实践
　　——"言之有物"系列展览策展思考………………………………… 韩晓洁 / 287
传承红色基因　赓续革命精神
　　——"永恒的雷锋"展览策划与实践………………………………… 刘冠缨 / 295
基于公益一类博物馆的文创运营"1+N+N"模式研究…………………… 王业鑫 / 303
文旅融合下博物馆高质量发展的实践探索
　　——以沈阳故宫博物院为例…………………………………………… 方　硕 / 310

地方历史与考古研究

繁华何必说扬州

——诗人魏燮均笔下的近代营口

阎 海

营口市文旅中心

内容提要：有"清代杜甫"之誉的东北近代诗人魏燮均曾两度来到营口：第一次是咸丰元年（1851）赴金州幕府途经营口，游览了熊岳古城、耀州古城及望儿山、青石关等遗址；第二次是同治五年（1866）在开埠不久的营口小住。他先后写下了20首描写营口风物的诗作，以诗人的敏锐目光和细腻笔触记录下当时营口周边的古迹名胜以及营口埠内的繁华景象，对于研究营口开埠之初的状况具有重要的史料价值。

关键词：魏燮均 营口 近代 开埠

魏燮均（1812—1889），原名昌泰，字子亨，别号耕石老人、铁民、九梅居士。铁岭人，近代东北著名诗人、书法家。他一生贫困未仕，以教书和做幕僚谋生。他以现实主义的笔法创作了大量反映当时辽宁地区民间疾苦和社会矛盾的诗作，这些作品不仅具有很高的文学价值，而且还具有一定的史料价值，因此他也被誉为"清代杜甫"。其作品经整理收录在《九梅村诗集》，现已出版校注本[1]。笔者在编著《恩合与韩氏家族》[2]一书中，曾多次引用魏燮均的诗文作为文献档案资料的补充。魏燮均曾两次到营口地区，留下了近20首描写营口地区风物的诗作，这些作品对于我们研究了解营口近代历史与文物遗迹提供了参考。

一、魏燮均笔下的营口古迹

咸丰元年（1851），魏燮均南下赴金州幕府任职，途经今营口境内的大石桥、盖州、熊岳等地，这些地方均为人文历史厚重、文物古迹丰富之处。魏燮均平生最喜游览古迹名胜，他在南下途中游历了耀州城、大石桥、青石关、望儿山、熊岳城

---

[1] 毕宝魁：《九梅村诗集校注》，辽海出版社，2004年。
[2] 阎海：《恩合与韩氏家族》，辽宁民族出版社，2015年。

等古迹，抚今追昔，写下了多首怀古咏史的诗篇，这些作品收录在《九梅村诗集》中的《海上集》。

1. 过耀州

车马匆匆过耀州，晓风凉意似新秋。

孤城废久成墟里，破壁颓残剩故楼。

陵谷不知何代变，人民或是昔时留。

我来不敢停骖问，恐语沧桑也白头。

耀州古城，位于今大石桥市金桥镇岳州村。辽天赞四年（925），辽灭渤海国，三年后，契丹统治者为防止渤海遗民反抗，将其人连带地名迁移到东京辽阳府所属各地，安置在今营口地区的就有辰州、铁州、卢州、耀州等。《渤海国志长编》："辽志海州所辖耀州，本渤海椒州，……耀州统县一，曰岩渊。"①明代在此设耀州驿，该城地处南北要冲，不仅是交通枢纽，还是兵家必争之地，明天启五年的六月和八月，明军与后金军队围绕耀州展开过两次争夺战，均以明军失败告终。清代耀州未设建置，逐渐沦为村落。1934年10月，东北史学大师金毓黻先生曾对耀州做过考察，该城"周约五里，南北略长，而东西似狭，未及实测。西垣及北垣之一部尚有砖垣残址，其砖长一尺三寸，宽六寸，厚三寸余。其西南隅仅存土垒，城内为一南北直街，其两端即旧城南北二门也。……城内有二庙宇，一为保安寺，在城西部；一为三官庙，在城东部"②。

魏燮均在此路过时，虽然是残垣断壁，但残存的城门楼还在，"孤城废久成墟里，破壁颓残剩故楼"，诗人感叹耀州古城的沧桑之变，以至于不敢详细询问。2018年第三次全国文物普查期间，笔者曾到该遗址调查，目前城内格局尚在，城墙遗迹仅存西北角一隅，地表可采集到明代大青砖。在原北门附近发现有石条、石构建等城门遗物。由于历史文献对耀州古城记载较少，魏燮均《过耀州》对清末耀州城现状的描写就显得弥足珍贵，目前已被《营口文物》③《营口不可移动文物名录》④等资料中介绍耀州遗址的条目所引用。

2. 大石桥怀古

大石桥头水向西，至今河尚号淤泥。

唐家王气都销尽，只剩当年四马蹄。

诗人题注曰："桥在耀州南，相传唐太宗征高丽淤泥河陷马处，至今蹄印犹存。"唐贞观十九年（645），李世民亲征辽东高句丽，唐军主力接连攻下盖牟城（今沈阳苏家屯塔山山城）、辽东城（今辽阳市）、白岩城（今辽阳灯塔市燕州城）之后，一路南下，兵进高句丽重镇安市城（今大石

---

① 金毓黻：《渤海国志长编》，《社会科学战线》杂志社，1982年翻印本，第295页。
② 金毓黻：《静晤室日记》，辽沈书社，1993年，第3460页。
③ 营口市文化局编：《营口文物》（内部出版物），2005年，第74页。
④ 营口市文化广播电影电视局编：《营口不可移动文物名录》（内部出版物），2012年，第200页。

桥海龙川山城）。李世民亲自指挥在安市城外大破十五万高句丽援军，此战中，山西龙门人薛仁贵勇冠三军、一战成名。唐军乘胜围困安市城，历时三月久攻不下，最终撤军。因此，在大石桥一带至今流传着很多"唐王征东"的民间故事，《薛仁贵淤泥河救驾》就是其中之一，并且还留有唐王马蹄的"遗迹"。当然，这些"马蹄印"跟赵州桥的"张果老过桥驴蹄印""鲁班托桥手掌印"一样，都是后来好事者所造，但却是当地深厚人文历史的直观反映。如今，"蹄印"早已无存，但淤泥河的传说已经流传甚广、深入人心，成为大石桥民间文学遗产的重要内容。

3. 青石关

一关何崔巍，峭立数百尺。
劈开万仞山，古道通人迹。
两崖夹巉巉，纯青堆怪石。
中嵌此关门，高甃古砖碧。
千年耸不倾，至今余两壁。
车马互往来，争道喧络绎。
管钥司无人，云来为阖辟。
相传盖苏文，设此御唐敌。
所恃雄且严，万夫攻难击。
谁知李唐兵，破之易成绩。
但闻荒唐言，事不见史册。
今我假南游，来作度关客。
到此偶停车，踌躇骇心魄。
居民只数家，疑守雄关厄。
浩然动怀古，转向残碑索。
风霜岁月深，绿剔苔纹积。
大书青石关，深刻字涂赤。
细读碣阴文，载笔略古昔。
文献苦无征，中怀怅难释。
徘徊复登车，回首烟岚隔。

青石关，也称青石岭关，位于今盖州市青石岭镇。《东三省古迹遗闻》赞誉："青石关者，辽东之第一雄关也。"据康熙二十一年《盖平县志》记载："青石岭关，城北十二里，山势绵亘，凿山通路入南，为形胜险隘之处，县出入必由之路。"① 民国十九年《盖平县志》亦载："青石关，在城北十二里，两山壁立，凿石为门，为县城北门管钥。"② 该书还配有当时青石关的照片（图1），从照片上看，在人工开凿的山

图1　青石关

---

① 康熙二十一年《盖平县志》，辽宁民族出版社，1999年影印本，第30页。
② 民国十九年《盖平县志》，辽宁民族出版社，1999年影印本，第139页。

壁孔道上建有青砖砌筑的关门，确有"一夫当关，万夫莫开"之势。关门始建年代无史可考，明清两代都曾重修。由于青石关山壁峭立，关道狭窄，车辆往来十分不便，解放后扩建哈大公路时，将道路加宽，关门建筑被拆除。青石关东倚大青山（海拔308.7米），大青山山环之内（今高丽城村）就是著名的高句丽山城"建安城"。唐贞观十九年（645）唐军征辽东时，作为先锋和偏师，唐将张俭和张亮都曾在建安城下大破高句丽兵，史称"建安之战"。当地广为流传的盖苏文、盖苏贞以及"谎粮堆"等故事，只是民间传闻，并无历史依据。

魏燮均在诗中形象地描绘了青石关关门的险要及关道的狭窄状况，并提到了当地流传的盖苏文与唐军作战的故事，诗人对此有正确的认识："但闻荒唐言，事不见史册。"诗中所见到的"残碑"，应该是明代重修碑。青石关经历代多次重修，留下了多通石碑。扩建哈大公路时这些石碑已不知去向。据盖州市地方志办公室邵希斌先生介绍，在原青石关遗址南邻的线沟村发现三通大碑卧在河沟上当作小桥使用，有可能是当年青石关石碑，目前正在联系有关部门建新桥将此碑替换下来作收藏研究。

4. 过望小儿山

望儿处，山巍巍，
天涯游子行不归，老翁日夜心伤悲。
望儿处，海茫茫，
游子一去不还乡，老翁化石犹相望。
至今山顶留遗迹，苔花绿蚀一片石。
每当酸风苦雨时，夜深如向山头泣。
我今驱车下山过，妄听父老传闻讹。
但见堆石作人立，屹然不动犹嵯峨。

吁嗟乎！
山下行人不去返，山上顽石心不转。
天涯客须早还乡，莫使依闾肠空断！

诗人题注曰："山在熊岳北，相传有人登山望子不归，化为石。或曰：后人于望子处立石塔，肖人立状，以志其迹。今但见石塔尚存，而化石之说，当时附会也。"

"望小儿山"，今称作望儿山，是辽南地区最负盛名的一座山。山上有一藏式佛塔，远望如人立于山巅。望儿山的传说名闻遐迩，现已成为辽宁省非物质文化遗产保护项目。

望儿山最早有文字记载是明代嘉靖十六年的《辽东志》和嘉靖四十四年的《全辽志》，当时称作"塔儿山"。清初康熙二十一年的《盖平县志》则称为"王小儿山"，至民国时期的《盖平县志》《盖平县乡土志》《东三省古迹遗闻》则称为"望小山"。望儿山的名称虽然几经变化，但都与登山望儿归的传说紧密相连。

明代辽东由于实行军事卫所体制，没有省级行政机构，科举考试必须到山东济南府应试。因此，明代熊岳的考生都要乘船渡海参加科举考试（正统十三年殿试一甲第二名"榜眼"陈鉴就是熊岳考生）。由于当时航海条件有限，海难事故时有发生，有的考生未到金榜题名已先葬身鱼腹，于是就有了望儿山那凄婉动人的传说。关于望儿山故事的主角，多数版本都是慈母，因此如今望儿山下也树立了慈母像供人祭拜。从资料记载上看，最早以文字形式提出望儿山主角是老母的，当属民国十六年出版的《东三省古迹遗闻续编》："盖平县南五十里，孤峰矗峙，高插云霄，巅具塔形，状若人立，即俗所谓望小山也。相传昔年某士子赴山东考试，航海遇险，拯救不及。堂上老母，以其子逾期未归，悬想萦切，逐日登山，引领南望，驯至血泪焦枯，彻夜达旦，饮食俱废。里人见其连日遥望，不进饮食，咸哀之。及趋山巅视之，目虽凝注，而气已无矣。嗣经近村集资建塔，永垂纪念云。"[1]（在魏燮均的这首诗中，主角却是"老翁"，早于"老母说"76年，这对于研究该传说的演变过程提供了一条新的史料证据。）

5. 早发熊岳城

> 道出杉卢郡，分途趁晓行。
> 村烟烘树色，沙路滞车声。
> 流水曲围郭，乱山高护城。
> 前峰白云动，似欲酿新晴。

熊岳位于盖州西南30公里，汉代在此设平郭县，置盐官、铁官。辽代迁渤海国移民于辽南，在汉平郭城旧址的西北处修筑土城，设立卢州（附郭熊岳县）。金代废卢州建置，只保留熊岳县。明代将熊岳城土城改为砖城，设立熊岳驿。清雍正五年（1727），在熊岳设置副都统，管理复州、熊岳、凤凰城、岫岩、旅顺口等地的八旗事务及军事防务，是辽南政治军事的中心。道光十一年（1831）为加强海防，熊岳副都统衙门迁往金州，就近统领水师营。

咸丰元年（1851）魏燮均途经熊岳时，熊岳已经不是副都统衙门所在地了，因此在他的诗里只描写了熊岳城周围的景色，而没有介绍其战略地位。诗的开篇提到辽代熊岳迁徙之前的渤海国旧称"杉卢郡"（应作"杉庐郡"），《辽史·地理志》载："卢州，玄德军，刺史。本渤海杉庐郡，故县五：山阳、杉庐、汉阳、白岩、霜岩，皆废。户三百，在京东一百三十里。兵事属南女直（真）汤河司。统县一：熊岳县。西至海一十五里，傍海有熊岳山。"魏燮均虽然在诗中将"庐"字误作"卢"，但是能在旅途之中没有任何史籍作参考的情况下，将此《辽史》地名典故信手拈来，亦足见其史学造诣之深了。

二、魏燮均笔下的营口商埠

同治五年（1866）六月，魏燮均再次来到辽南，但不是求职而是访友。他与海城文人家子循关系莫逆，他在海城盘桓多日，遍游当地名胜，并与家子循等好友来到当时东北唯一的开埠通商口岸营口（没沟营）小住。此时的营口虽然刚刚开埠不久，但已是中外商贾云集，港口联通四海。这里的繁荣与奢华给诗人留下了深刻印象，他在营口写下了14首诗作，这些作品收录在《九梅村诗集》中的《临溟小住集》。

1. 登将军台晚眺

其一
> 斜日照平台，潮声落水隈。
> 船依高岸聚，帆度远天来。
> 人语喧相杂，鸥翔去复回。
> 晚烟凝不散，偶被海风开。

其二
> 一雁去无极，天空放晚晴。

---

[1] 菊池贞二：《东三省古迹遗闻续编》，盛京时报社，1927年，第55页。

长河秋水落，大海暮云平。
地险曾防寇，时危尚用兵。
烽烟何日息，寓目独伤情。

作者题注："台在没沟营西，咸丰七年筑，防英夷入寇。"所谓"将军台"即营口近代史上的"老炮台"（相对于营口西炮台而言）。

咸丰八年（1858）10月，一艘载有30多名水兵、装备4门火炮的英国军舰闯入没沟营海口，停泊在永远角附近窥探营口虚实。同年12月21日，英、法两国各有一艘军舰闯入没沟营海口，英法水兵登陆滋扰，声言欲往牛庄通商贸易。当时，中英《天津条约》虽然已经签订，规定增开牛庄为通商口岸，但是两国政府还未交换各自的批准文书，条约并未生效，清政府也明令"外国商船有至登州、牛庄者，即正言

峻阻"。因此，盛京将军玉明下令阻止其登岸，英、法军人自知理亏而离去。

为加强海防，时任盛京将军载增庆奏报朝廷在营口增设炮台："没沟营为由海入河总口，没沟营之北田庄台地方已酌定安营添炮。……至没沟营地方，前经玉明等奏明，安兵设炮、筑立品墙、团练乡勇，现拟将品墙加高培厚，间设抬枪小炮。"[①] 1888年，营口大炮台（俗称西炮台）建成后，"将军台"（老炮台）就逐渐淡出历史舞台，且被后人遗忘。《营口通史》《营口简史》等地方史著作均未提过这个"老炮台"的情况。2008年，笔者在《九梅村诗集》中发现此诗，引起了对老炮台问题的关注，随后在1907年日本参谋本部测绘的《营口市街图》（经市史志办整理收录在《营口市志》第一卷修订本）上发现了"老炮台"的字样（图2），其地点就

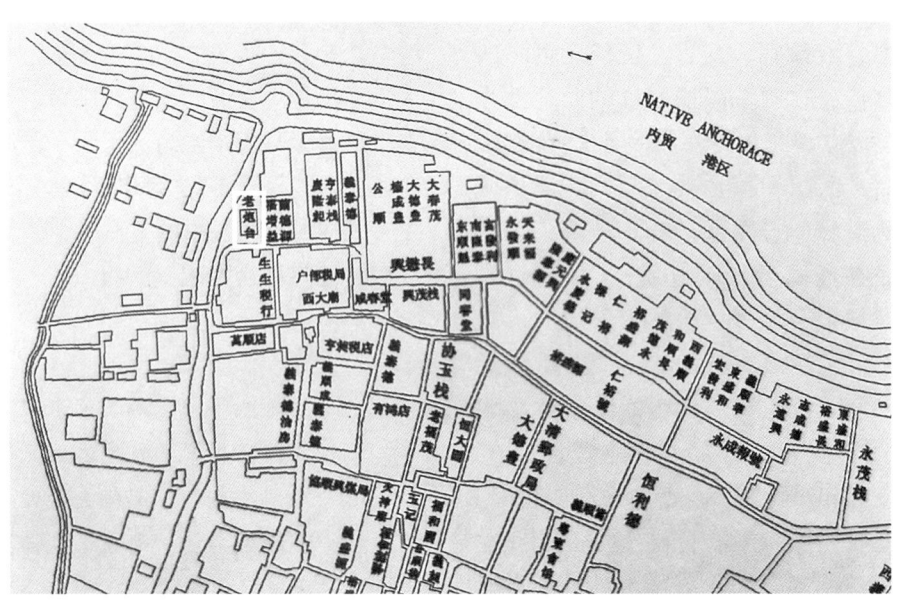

图2　1907年日本参谋本部测绘的《营口市街图》

---

① 《清实录》文宗实录，咸丰九年二月。

位于西大庙的西北,该地点曾于2001年10月1日出土了一门清代铁炮,现陈列于市西炮台文管所。这幅地图与出土铁炮都充分地证明了魏燮均诗中所描写的"将军台"(老炮台)曾经存在并有具体位置①。

2. 送郑械叔登舟之天津

其一

落日下中流,仓皇送客舟。
片帆乘月挂,大海拍天浮。
风顺急如鹢,身轻稳似鸥。
丈夫占利涉,莫动别乡愁。

其二

破浪乘风去,兹游亦壮哉。
鱼龙朝夕出,天地混茫开。
路向津门转,人从渤海来。
襟怀应更阔,浩荡长雄才。

这是一首送别之作。郑械叔,名培文,铁岭人,秀才,是魏燮均的同乡好友。郑械叔赴天津谋职,从营口登船,魏燮均等在营口港与之话别。"营口—天津"是近代营口港著最主要的国内航线,至20世纪初,已经有中国的大通公司、政纪公司,英国的怡和洋行、太古洋行,美国的旗昌洋行以及日本的东和公司等多家航运企业的轮船参与客运经营。不过,在1866年魏燮均送郑械叔的时候,营口至天津的轮船尚未开通,仍以木帆船为交通工具,所以诗中有"片帆乘月挂""风顺急如鹢"之句,并且以货运为主,客运为辅。营口至天津的木帆船当时称作"改巧船"或"南河船""卫船",从营口运往天津的主要是东北的粮食谷物以及通过天津转运至北京的贡品小米和税赋粮②。目前史料上对于营口开港之初的货运情况记载较多,而客运资料则很少。魏燮均这首诗不仅明确记载了当时营口至天津的木帆船客运,而且还强调"落日下中流",可见是傍晚开船,属于夜航。这些都为研究营口近代航运提供了参考资料。

3. 同子循河上夜游

其一

灯火出船头,长河带月流。
笛声飞客舫,人语杂邻舟。
露白鸥天夕,潮寒水国秋。
偶来川上立,诗思共悠悠。

其二

风静波平夜,星疏月朗时。
大帆依岸落,小艇带灯移。
隔浦渔歌远,排空雁阵迟。
临流念之子,忽已隔天涯。

这是一组描写辽河夜景的作品。当时的辽河"舳舻云集,日以千计"③,即使是夜晚,也是大小船只停满了岸边,点点灯火相映,犹如满天星斗。诗人与好友赁船夜游辽河,面对眼前景色诗绪飞扬,诗中除了描写辽河自然景色外,还形象地描绘了河面夜晚的繁华,"笛声飞客舫,人语杂邻舟""大帆依岸落,小艇带灯移",可见当时夜幕下的辽河游艇穿梭,游船内笙管笛箫一片热闹的场景。

---

① 阎海:《鲜为人知的营口老炮台》,《营口社科研究》2008年第5期。
② 营口港史编委会编:《营口港史》,人民交通出版社,1995年,第56页。
③ 《没沟营龙王庙雍正四年重修碑》,原碑已失,拓片现藏营口市博物馆。

4. 营川绝句（八首）

其一
歌台舞馆间青楼，万里争来贾客舟。
也是娱人欢喜地，繁华何必说扬州。

其二
波平如镜月如眉，风到黄昏静不吹。
万点星光齐照水，家家船舫上灯时。

其三
将军台上息烽烟，留得孤台望海船。
此是当年用兵地，曾防夷寇入营川。

其四
浊流难饮半泥沙，绝少清泉好井华。
买得田庄台上水，小舟供给日烹茶。

其五
南中风物每先尝，橄榄青青橘柚黄。
不及鱼虾是鲜品，海乡风味压江乡。

其六
大贾开筵列鼎珍，朝朝宴客散千金。
豪华相习成风俗，真个金钱没膝深。

其七
酒坊丝管日无休，更有燕姬劝客酬。
歌舞夜深犹未散，人人都醉入迷楼。

其八
泥人北里好烟花，争访桃园狭路斜。
浪掷缠头全不惜，销魂夜夜莫愁家。

这八首绝句虽然"无题"，但集中描写了当时营口经济的繁盛与生活的奢华，为我们保留了近代营口社会生活的真实镜头，是魏燮均在营口所有诗作中最具史料价值的一组作品。

自清代中期以来，由于辽河河道的淤塞，牛庄港的码头逐渐移至下游的田庄台和没沟营（营口），此时的营口就已经成为东北重要的粮豆贸易码头，特别是1861年营口以牛庄名义开埠后，经济发展更为迅猛，成为连接东北与世界经济贸易的窗口，国内国外的商家纷至沓来，进出港的船只络绎不绝，形成了以"大屋子"商业形式和"过炉银"金融体制为支撑的营口特有的经济模式。"大屋子"是利用别人的货物进行交易赚取佣金的批发代理企业，外地的客商来到营口后，不必自己到处张罗进货或出货，可以委托"大屋子"代理。"大屋子"以批发为主，交易金额巨大，5%的佣金也十分可观。因此，"大屋子"有专人负责货物的交易渠道，也有专人负责安排客人吃好喝好玩好，由此带动营口近代餐饮、娱乐等服务行业走向繁荣兴旺。魏燮均这组诗中主要就是描写营口当时餐饮娱乐业的情况。

当时营口的餐饮娱乐行业大多集中在商业区西大街的东南部，当时叫作"大平康里"。目前地方史资料中关于大平康里一带餐饮服务业的记载，大多始于20世纪初期，即营口著名的饭庄汇海楼开业之后。至于开埠之初的19世纪60年代营口餐饮娱乐业的情况，则极少留下文字记载，魏燮均的这组《营川绝句》为我们提供了营口开埠之初餐饮娱乐业的繁华景象的宝贵资料。

"也是娱人欢喜地，繁华何必说扬州"，诗人在这里将营口比作中国古代江南最繁华的城市扬州，"腰缠十万贯，骑鹤上扬州"（语出南朝殷芸《小说·吴蜀人》），扬州在中国古代诗人眼中不仅是富庶之地，更是充满奢靡物欲的温柔之乡，"十年一觉扬州梦，赢得青楼薄幸名""夜市千灯照碧云，高楼红袖客纷纷"等，都是描写扬州青楼艳调的诗句。魏燮均将营口比作扬州也正是因为营口不仅经济富庶"豪华相习成风俗，真个金钱没膝深"，而且同样是灯红酒绿的花花世界。关于营口近代青楼业（妓院）的情况，于阜民先生在《营口的大平康里》[①]一文中做过介绍，但也只写了民国以后的具体数字。通过魏燮均的诗句，我们看到当时的营口"歌台舞馆间青楼，万里争来贾客舟""歌舞夜深犹未散，人人都醉入迷楼"的景象，尤其是最后一首完全是描写青楼嫖客的："泥人北里好烟花，争访桃园狭路斜。浪掷缠头全不惜，销魂夜夜莫愁家。"唐代长安城城北有个平康里，亦称"北里"，为妓院所在地，后因用以代称娼妓聚居之地。营口的"大平康里"一名即来源于此，诗中的"北里"也是指这里。

此外，诗中还提到当时营口的饮用水问题："浊流难饮半泥沙，绝少清泉好井华。买得田庄台上水，小舟供给日烹茶。"在1906年日本人设立营口水道电气株式会社以前，营口埠区没有自来水，濒海的地下水及辽河水都不能饮用，居民饮用水主要来自坑塘存积的雨水，因此有"大官塘""二官塘"储水坑塘。特别是开埠之初，外国人常常因为饮水问题抱怨营口的卫生条件不佳。从魏燮均的诗中来看，当时有钱人家饮用的是从田庄台运来的淡水。田庄台位于营口西北15公里处的辽河西岸，跟营口相比，此地水质较好，不仅营口开埠之初人们可以在此购水，后来日本人经营自来水也是在田庄台对岸的立科设立水源地（即现在的水源镇）。

魏燮均两次来到营口地区，虽然都是短暂停留，但他以诗人的敏锐目光和细腻笔触记录下当时营口周边的古迹名胜以及营口埠内的风俗人情，用文学的形式展现了近代营口的风物画卷，同时也为我们留下了珍贵的地方史研究资料。

[①] 于阜民等：《营口史话》，黑龙江人民出版社，2003年，第58页。

朝阳城获名详考*

王世宇

朝阳师范学院

内容提要：朝阳（cháo yáng）是一座具有近1700年建城史的古城，由于其所处地理位置特殊，历史上常因民族冲突、政权更迭等原因数度更名。清代中期后，关于古城"朝阳"历史名号的考证渐渐成为一个地方史研究课题，以致方志中关于"建置"的介绍也总是带着考辨的意味。特别是关于今名"朝阳"的由来，到目前为止仍然是一个有争议的问题。本文在前人考据的基础上，通过发掘"朝阳"获名背后的问题及史上命名的规律，分析后得出朝阳城因城东凤凰山而得名是最为接近历史真相的说法。

关键词：朝阳 地名学 凤凰山 承德府

一、关于朝阳城获名学说及问题

（一）朝阳城的获名说例举及简释

历史文献及考古[①]证明辽宁朝阳这座古城始建于东晋咸康七年（341），初名"龙城"[②]，后经北魏隋唐时期的"营州"[③]（又名昌黎、柳城），辽金元时期的"兴中"[④]（又名霸州），再经过明及清初的"三座塔"[⑤]到清代中期后的"朝阳"[⑥]，至今已有1685年（341—2025）的历史。以上"三座塔"及以前的历史名号，或清晰或模糊，但于其命名皆无争议，唯有"朝阳"，出现得最晚，讨论却最多。如《朝阳市志·地名·地名

---

* 课题项目：辽宁省教育厅揭榜挂帅服务地方项目"朝阳市核心历史文化街区文创开发与产品设计策略研究"阶段性成果（项目编号：JYTMS20230365）。

① 田立坤、万雄飞、白宝玉：《朝阳古城考古纪略》，《边疆考古研究》第6辑，科学出版社，2007年，第306—316页；田立坤：《朝阳史地考略》，《采铜集——田立坤考古文稿》，文物出版社，2016年，第22—33页。

② 见《水经注》《晋书》《资治通鉴》《辽史·兴中府》《读史方舆纪要》等记载。

③ 见《魏书》《隋书》《旧唐书》《辽史》《通典》《读史方舆纪要》等记载。

④ 见《辽史》《金史》《元史》等记载。

⑤ 见《塔子沟纪略》《承德府志》《朝阳县志》《朝阳碑志》等记载。

⑥ 同上。

考》①便录了四种学说，崔向东《朝阳地名来历与含义的文化解读》②一文则录了七种学说。

朝阳城获名来自"朝阳县"。"朝阳县"一名始于清乾隆四十三年（1778），清廷升热河厅为承德府，改三座塔厅为朝阳县，史志记载颇为清晰。《钦定热河志》载"本朝初内属，乾隆三年设塔子沟厅，为厅东境地，三十九年析置三座塔厅，四十三年改设今县"。《承德府记·建置》引录《热河志》有关内容外更有详情介绍，具言"全境设五厅……后析八沟厅北境为乌兰哈达厅（即今赤峰），析塔子沟厅东境为三座塔厅……乾隆四十三年，升热河厅为承德府，余厅改一州五县属焉"。此后又见民国十九年《朝阳县志·建置》之转述。沈芝《朝阳城隍庙碑文》③亦道"朝阳之古城久颓，清乾隆四十三年，始改辽兴中府故治为朝阳县"，与前志大体吻合。然于其更名之原因，诸方志及碑碣却没有述及。清高宗弘历第四次东巡曾途经朝阳城并赋诗《过朝阳县》，其语云"兴中之府朝阳县，三塔一颓其二存，残碣犹传张氏记，千秋兴废不堪论"④。如诗所论，"三塔一颓其二存"，名不副实应为三座塔更名的内因，亦为大家所公认。但为何改称"朝阳"，在此仍是一个问题。

由于史志文献中缺少对"朝阳"二字的注解，因此也产生了朝阳城获名讨论，这些讨论由来已久，几乎与"朝阳县"名号的设立相伴而生。自清乾隆四十六年（1781）以来，有关说法便见于文人的笔记、金石等，今在前人考据的基础上整理出八种学说，按其讨论出现的时间顺序备述于下并附简单释读。

1."朝阳洞"说——蜀中才子李调元发掘出来的假说

清代直隶通永兵备道李调元（1734—1802）于乾隆四十六年（1781）受遣于军机处赴热河地区复审承德府各州县秋谳（核准死刑案件），在此期间闲作各地风物笔记为《出口程记》，其中关于朝阳县之得名载有："县旧名三座塔，以塔有三，故名。今只存二座，其一于乾隆七年倾塌，市人建关帝庙补之，基阜尚存。县南有凤凰山，嶔崎秀削，山下有朝阳洞，县得名以此。"⑤

作为一种学说，"朝阳洞"说来源于李调元的关注，《出口程记》则为讨论朝阳城获名最早的文献。但"朝阳洞"说成说后则一直隐没无闻，也从未引发世人的关注及热议。21世纪后，随着当代学者对此问题的思考及发掘，此说才渐渐浮现于世，如陈守义《地名"朝阳"诂义》⑥、崔向东《朝阳地名来历与含义的文化解读》⑦

---

① 朝阳市史志办公室：《朝阳市志》，辽宁大学出版社，1996年，第267页。
② 崔向东：《朝阳地名来历与含义的文化解读》，《辽宁师范大学学报》2016年第1期，第126—132页。
③ 董砚国：《朝阳旧方志·朝阳县志》（第四册），中国文史出版社，2007年，第135页。
④ 参见《清高宗纯皇帝实录》卷471—474，卷1186、1187。另见《四库全书·钦定热河志》卷十六、民国十九年版《朝阳县志》等载记。
⑤ 李调元：《出口程记 丛书集成初编》，商务印书馆，1936年，第6页。
⑥ 陈守义：《朝阳历史研究丛稿初编》，吉林文史出版社，2012年，第167—168页。
⑦ 崔向东：《朝阳地名来历与含义的文化解读》，《辽宁师范大学学报》2016年第1期，第126—132页。

于李调元的朝阳洞说皆有引录，谢景泉《朝阳县名称来历考辨》①则对此说给予了强有力的认可。

2."凤鸣朝阳"说——来自清代地方官绅的释读

乾隆四十八年（1783），清高宗弘历第四次东巡路过朝阳县，为迎接乾隆皇帝的到来，朝阳的官绅曾于当时的南、北大街街口各建造一座牌坊，分别题额"帝德广运"和"凤鸣朝阳"。其中，"帝德广运"语出《尚书·大禹谟》，"凤鸣朝阳"则成典于《诗经·大雅·卷阿》。如果说"帝德广运"于乾隆皇帝的巡访有阿谀，那为什么要在匾额上题写"凤鸣朝阳"呢？因为"凤鸣朝阳"不仅是关于朝阳城所在位置及地理环境的表述，其中更是蕴含着对朝阳城命名缘由的思考，此中的"凤"即暗指朝阳城东的凤凰山。田立坤的《凤凰山·朝阳名称考》一文可归于此类，文中有结论言"附会于凤凰山"②。

此说作为一种对朝阳城所在位置及地标的思考和描述，早已成为朝阳人熟知的地理文化常识，并在此后二百多年的时间里为域内外的人所接受，如《朝阳古城考古纪略》道"因城东有凤凰山，遂以'朝阳'名县，寓凤鸣朝阳之意"③。但是，此牌坊（图1）作为朝阳城得名的重要例证，因实物（证物）在20世纪60年代消亡④，一直

图1　朝阳城北大街牌坊实物照（1932年拍摄）

---

① 谢景泉：《朝阳县名称来历考辨》，《朝阳历史文化研究》辽内字（LN）2022年第2期，第32—34页。
② 田立坤：《凤凰山·朝阳名称考》，《采铜集——田立坤考古文稿》，第1—5页。
③ 田立坤、万雄飞、白宝玉：《朝阳古城考古纪略》，《边疆考古研究》第6辑，第306页。
④ 至晚于20世纪30年代日本侵占热河时此物仍存在并传有照片。

没能进入当下大多数学者的视野并最终成为考辨朝阳获名的有利证据。唯谢景泉《朝阳县名称来历考辨》一文于此有所提及，但他认为这是"皇帝恩德泽及天下"时出现的祥瑞，与乾隆三十八年下诏处置土默特房地租课案有关①。

3."民安物阜"说——来自桃花吐堂人的思考与希冀

北票市（朝阳市托管的县级市）博物馆藏有今双塔区（朝阳市辖区）桃花吐镇上桃村旧有之清代②建筑遗迹：名曰"堂子"的一组石雕栏板。其中的一对望柱上镌刻着一副对联，内容为"一德格天□八方，民安物阜是朝阳"③，亦可谓关于朝阳县或朝阳城获名的一种释读。

桃花吐于清代属朝阳县，建国后朝阳县东北部（伪满时设土默特中旗）析为北票县，桃花吐随属，今则属朝阳市双塔区。2005年，桃花吐堂子的石雕栏板为北票市文管所收藏，其联文于近几年随着《朝阳碑志》一书的编写才开始进入学者的视野。今从上下联文表达的对应关系看，"朝阳"应为地名，即堂人的家园。"民安物阜是朝阳"则表达了时人对家园的礼赞和憧憬，其中亦暗含着对朝阳一地获名的思考。但研味之，不难发现下联的判断语气明显含有一种对既有表达的质疑或纠正，今结合本文讨论的主题，亦不难看到此言作为一句关于朝阳获名的民间释读，所驳斥的应该是一种有广泛影响的既有成说，对比此前仅有的两说后可断为"凤鸣朝阳"说。

4."引诗"说——来自县长周铁铮的呈报

民国朝阳县县长周铁铮于1931年呈给热河省政府民政厅的报告说，"因县街东临凤凰山，诗云'凤凰鸣矣，于彼朝阳'，即取'凤鸣朝阳'之意也。故定名曰朝阳"④。

"引诗"说始见于《辽宁史迹资料》⑤，后又见于《辽宁省县名志》⑥《地名学研究》⑦《朝阳地方掌故》⑧《朝阳地名源考》⑨等著述。此说流布最广，但21世纪以来却频遭质疑和否定。其中一种意见认为《诗经》的"朝"（zhāo）与朝阳城的"朝"（cháo）风马牛不相及，可参见陈守义《地名"朝阳"诂义》⑩、谢景泉《朝阳县名称来历考辨》⑪等讨论；其二认为是周铁铮个人的杜撰，认为此说出现得比较晚，不及"朝阳洞说"的历史悠久，故不可取，见崔

---

① 谢景泉：《朝阳县名称来历考辨》，《朝阳历史文化研究》辽内字（LN）2022年第2期，第32—33页。"房地租课"一案可参见《辽宁碑志·朝阳新清土默特所属房地租课数目额式碑记》。
② 今从栏板造型雕刻风格及联文内容并结合移民历史，初步断定其为清代乾嘉以后的作品。
③ 王世宇：《朝阳碑志》，辽海出版社，2024年，第777页。
④ 郝国栋：《朝阳地名源考》，《地名学研究》第2集，辽宁人民出版社，1986年，第238页。
⑤ 辽宁省博物馆：《辽宁史迹资料·初稿》，辽宁省博物馆（内部资料），1962年。
⑥ 《辽宁地名丛书》编辑室：《辽宁省县名志》，辽宁地名丛书编辑室（内部资料），1982年。
⑦ 辽宁省地名学研究会：《地名学研究》，辽宁人民出版社，1984年。
⑧ 包益勤：《朝阳地方掌故》，朝阳市地方志办公室（内部刊物），1986年。
⑨ 郝国栋：《朝阳地名源考》，《地名学研究》第2集，第238页。
⑩ 陈守义：《朝阳历史研究——丛稿初编》，吉林文史出版社，2012年，第163—165页。
⑪ 谢景泉：《朝阳县名称来历考辨》，《朝阳历史文化研究》辽内字（LN）2022年第2期，第32—33页。

向东《朝阳地名来历与含义的文化解读》、陈守义《地名"朝阳"诂义》等讨论。

今看《诗经》之"朝阳",其含义或为时间或为方位,定然与今朝阳城无关,但是,作为一种起名时的引经据典其实是很正常的事情。至于"朝"字的读音(zhāo或cháo)当不能成为命名不成立的借口,因为汉语自古就有言、文两立的特殊性,出现古今异读或转述之白文现象,亦不足为怪,如陈寅恪(què)便常被今人异读为"陈寅恪(kè)",六(lù)安白读为"六(liù)安"。另外,除了陈守义和谢景泉,绝大多数人都没有注意到周铁铮的"引诗"说与"凤鸣朝阳"说之间的联系。其实,从本质上讲周铁铮引诗一说就是"凤鸣朝阳"说的翻版,也就是说"引诗"说一直就是乾隆四十八年以来的官方态度而非周铁铮的个人杜撰。

5. "石刻文献"说——附会于出土碑碣的记录

据传在今朝阳市孟克乡八宝村,曾有群众于民国期间在当地挖出一块石头,上面刻有"朝阳"二字,因命此地为"朝阳"。

此说见于郝国栋《朝阳地名源考》,后又为崔向东《朝阳地名来历与含义的文化解读》转载[1]。虽为一说,但不知所记之依据。今调查朝阳博物馆亦不见此出土文物,民间更不见此说之流传。民国十九年《朝阳县志》所载记的此类故实则是清代移民于三座塔下挖掘出一块残碑,其上载记"兴中"(辽金元时期城市旧号)二字,人们方知三座塔即史书所载之辽西名城。

6. "山南水北"说——发掘于传统文化的推论

山南水北为阳,自古以来就是地名学的经典学说。当代以来,因为朝阳城命名史料的缺乏,一些人便从传统地名学里寻找依据并试图对号入座,认为今朝阳城在大凌河以北或大青山(又名"努鲁尔虎山")以南或凤凰山以南而得名。如《东北市县沿革及地名由来》释"因县城位于凤凰山的南端,故而得名朝阳"[2];再如,又有人据《朝阳县志》所载《韩瑜墓志》文"县西二十里之朝阳沟,于民国五年,山水冲破土崖,发现古墓一,有碑文可辨,知为韩瑜墓""改葬于霸州之西,青山之阳"两句来立说,见崔向东文《朝阳地名来历与含义的文化解读》。

且不说《东北市县沿革及地名由来》释朝阳城在凤凰山以南为严重失实,其他有关青山之南、凌河之北说亦不够准确。朝阳城(尤其老城)的实际位置并非在大凌河以北而是以西,亦非在大青山以南而是以东。当然,地理中说的阴阳在现实中不一定就是绝对的正南正北,有时山之东、水之西亦可称"阳"。如建平县深井镇的"朝阳寺"就是因背山面东而称"朝阳"的,其寺内《兴隆山新建朝阳寺碑序》言"其地东向,占五行之秀德,受四时之和光,故尊其号曰朝阳寺"[3]。建平县历史研究会的刘志军先生言当地蒙古族的传统也是以山之东、水之西为阳的。清代朝阳城曾属于内蒙古卓索图盟土默特右旗地,

---

[1] 郝国栋:《朝阳地名源考》,《地名学研究》第2集,第238页(转录于崔向东《朝阳地名来历与含义的文化解读》一文)。

[2] 刘慧娟、郑谭毅、李志白:《东北市县沿革及地名由来》,长春市图书馆,1984年,第47页。

[3] 王世宇:《朝阳碑志》,第180—183页。

不过，清乾隆四十三年（1778）三座塔更名为朝阳县时是否考虑到了这些方位因素，今找不到一点文献根据，但当时包括三座塔厅在内的诸多地区的更名实际上反映的是内蒙古会盟制度在辽西的衰落，是为内属[①]。另外，朝阳城西距大青山八十里，而出东门越凌河就是凤凰山，参考阴阳学说定位朝阳城也没有必要舍眼前之凤凰山而参考大青山，况且大青山的名号是远逊于凤凰山的。

7. "皇帝赐名"说——当代民间的杜撰和臆想

当代亦有口头传言说"朝阳"一名为乾隆皇帝御赐。释曰乾隆皇帝东巡时路过朝阳题写了"凤鸣朝阳"的匾额并作《过朝阳县》一诗，朝阳城因而得名；又，乾隆因忌讳"龙"字亦将城东的龙山改名为"凤凰山"。此说亦可参见崔向东《朝阳地名来历与含义的文化解读》一文列举。

乾隆第四次东巡时确实路过并驻跸朝阳，且有赋诗为证，但是为朝阳及凤凰山赐名不免失实。乾隆四十八年（1783）弘历东巡时"朝阳县"已有其名，凤凰山（古称龙山、和龙山）则至晚在清初时也已有现名[②]。另，作为一种信口传说，亦有将朝阳城的命名附会于清末文人许植椿的《游凤凰山》一诗的；还有作为民间故事的柳姑（仙女）与朝阳（男青年）的"九凤朝阳"说，此皆为民间文学的杜撰，因缺乏历史根据，在此不予多议。

8. "日出东方"说——走向玄学的文化之思

2000年后，始有文化学者从文化和哲学层面思考朝阳城的命名，提出了"日出东方"一说，首见于周向永《明夷、朝夷及其相关问题考实》[③]一文，继有陈守义《地名"朝阳"诂义》、崔向东《朝阳地名来历与含义的文化解读》也表达了相同的观点。但是，此说非但没有解决朝阳城获名的实际问题，反而将朝阳城命名的思考引向了玄学。如陈守义《地名"朝阳"诂义》一文的撰写将"朝阳"与红山文化、箕子东迁朝鲜联系起来，并引述《资治通鉴》载褚匡颂北燕冯跋语"陛下龙飞辽碣，旧邦族党倾首朝阳"，视为今名"朝阳"之伏笔，然后又与三燕考古发现的冯素弗墓椁顶星象图及帝喾、颛顼等传说联系起来，论证"朝阳应是日出神话的源生地，是真正的太阳之乡"[④]，不免失之于神秘。

（二）众说纷纭之现象分析及疑问

关于朝阳城的获名，"朝阳"一名出现得最晚且争议最多。其获名不同于此前的"龙城""营州""兴中"及"三座塔"简单而无争议，笔者认为最主要的原因就是缺少命名的权威表述，而追溯此问题的产生，挖出最初的命名者当是解决这一问题的关键。

"朝阳"一名究竟出自何人之口，至今找不到准确的史载。《钦定热河志》《承德

[①] 牛汝辰：《中国地名由来词典》，中央民族大学出版社，1999年；刘惠：《由"喀喇河屯厅"到"滦平县"——清代滦平建置沿革考述》，《河北民族师范学院学报》2016年第4期，第1—7页。
[②] 王世宇：《朝阳凤凰山古今名称考辨》，《辽宁师专学报》2015年第6期，第42—44页。
[③] 周向永：《明夷、朝夷及其相关问题考实》，《辽海历史文化研究》，辽宁大学出版社，2005年，第116页。
[④] 陈守义：《地名"朝阳"诂义》，《朝阳历史研究——丛稿初编》，第168页。

府志》《朝阳县志》关于"三座塔厅"更名为"朝阳县"一事有记录，相对而言，《承德府记·建置》的表述更全面一些，文中写道："乾隆四十三年，奉旨改六厅为六州县，该热河同知为承德府知府以统之。其六厅，一曰喀喇河屯，今改滦平县；一曰八沟，今改平泉州；一曰塔子沟，今改建昌县；一曰三座塔，今改朝阳县；一曰乌兰哈达，今改赤峰县；一曰四旗厅即土城子，今改丰宁县。""奉旨改六厅为六州县"的表述亦见于《清高宗实录》卷1050"乾隆四十三年二月甲午"条之"朱批周元礼折"①，文载直隶总督周元理上奏"热河地方更定事宜"道："热河同知奉旨改为承德府，其余六厅拟改州县名目。如喀喇河屯厅拟名滦平县，八沟厅拟名平泉州，四旗厅拟名丰宁县，塔子沟厅拟名建昌县，乌兰哈达厅拟名赤峰县，三座塔厅拟名朝阳县。"②

直隶总督周元理的奏折使用了一"拟"字，但诸方志中却不见征求意见及讨论过程等记载，说明此次厅改县关于热河辖区的重新命名当为热河同知（后来的承德知府）和直隶总督的构思。封建社会里，地名的起用更替皆由上级主政官员拟定是很普遍的事，此类事件在朝阳地区于民国三年时亦曾再度上演。民国二十年《凌源县志初稿》"建置"篇载，民国初期，全国统改各省之府厅州为县，改知县为县知事并隶属省长以规划一，因热河省建昌县与江西省建昌县同名而改名"塔沟县"，旋又更名"凌源县"，时"新印已颁，适县知事孙公襄周特援洮源、泌源命名之例，请更今名"③。伪满版《凌源县志》"建制沿革"亦载"民国三年，印已颁，官绅以其称名不雅，特援洮源、泌源命名之例请更今县名"，又"按二十年三月又奉令设治'凌南'……"④以此看，自清代以来，朝阳等州县的命名及更名权至少在省府或更高一级的官署，其操作也从没有主动征求过地方意见，至民国时期仍如此。

升热河厅为承德府，将辖属的"喀喇河屯"更名为"滦平"，将"乌兰哈达"更名为"赤峰"，皆为蒙语改汉语，体现了清廷于蒙地推行汉治的用心；而将"八沟"改平泉，将"塔子沟"改建昌，则有弃俗从雅、除旧布新之意。"滦平"作为北京的东大门且地临滦河，取"滦河无患，人民得平安"之思⑤；"平泉"即平地涌泉，乃康熙皇帝盛赞八沟之语（"圣地平泉"）⑥；"建昌"乃历史上建德郡和昌黎郡的故地，为其旧名合称。从上述情况看，承德府或

---

① 中国第一历史档案馆编：《乾隆朝军机处随手登记档》第10册，广西师范大学出版社，2004年。
② 转载于刘惠：《由"喀喇河屯厅"到"滦平县"——清代滦平建置沿革考述》，《河北民族师范学院学报》2016年第4期，第1—7页。
③ 董砚国：《朝阳旧方志·凌源县志初稿》（第一册），中国文史出版社，2007年，第73页。
④ 周宪章：《凌源县志》，民国手抄本，第7页。
⑤ 牛友辰：《中国地名由来词典》；刘惠：《由"喀喇河屯厅"到"滦平县"——清代滦平建置沿革考述》，《河北民族师范学院学报》2016年第4期，第1—7页。
⑥ 王恩山：《美丽的平泉传说》，《乡音》2010年第1期，第37页；另见平泉市人民政府官网"平泉概况"载康熙语"平地涌泉之圣地"。

直隶省将所辖地区更名亦有政治上的图新思考，但分析其取名的主要依据仍为所在地的山水地标及历史故实，而朝阳县更名的设计思路较其他州县有点特殊，从文字表层似乎看不出地标及故实来。

二、朝阳城获名的学说分析及辨正

从上文的介绍及释读，可见朝阳城获名的诸多说法，其中前四种学说无论从方法还是命名逻辑上来说都是能够讲通的。第五种说法缺乏事实及考古依据；第六种说法虽出于正统命名，但与朝阳城的实际不匹配；第七、八两种或为文学杜撰或为玄学，皆为不着调之说。

分析朝阳城获名的前四个学说，"朝阳洞"说体现的完全是地标观。"凤鸣朝阳"说、"引诗"说其实为一（见前文论述），二者从表面看虽为咏诗，实际上也是关于地标的表达，诚如考古学家田立坤先生的研究和总结："朝阳获名实则附会于城东凤凰山。"[1] 分析"凤鸣朝阳"一语的取用，不采"凤凰"（实际山名）而撷"朝阳"（虚设概念），一则命名时可能考虑到与辽东凤凰卫的重名（明成化十七年设凤凰城堡、清康熙二十六年设凤凰城守尉），二则作为新区县的设立也寄托了一定的政治思考。而"民安物阜"说则反映了普通民众关于"凤鸣朝阳"的认识和思考，亦为民间政治愿望的表达。其实，作为一种政治愿景的表达，无论官、民，其意见基本都在谋求社会发展繁荣的框架内。而建立在地标学基础上的诸说则见明显的分歧，关于其分歧所在，简言之就是朝阳城的地标究竟是"朝阳洞"还是"凤凰山"。就上述问题，笔者试述如下。

（一）"朝阳洞"不是朝阳的地标

1. 各地随处可见的朝阳洞并非朝阳城的专属

首先，且不说全国各地叫"朝阳洞"的地方比比皆是，仅就朝阳地区来看，以"朝阳洞"命名的山洞也有很多，例如：凤凰山主峰下的朝阳洞（名称见凤凰山上寺铜钟、《朝阳县志·凤凰山》）、朝阳县南双庙镇单家店村的朝阳洞（《钦定热河志·山三》《朝阳县志》载为"古槐山朝阳洞"[2]）、朝阳市龙城区（旧属朝阳县）的昂吉山朝阳洞（见《承德府志》《朝阳县志》载记[3]）、喀左县的龙凤山朝阳洞（见《塔子沟纪略》《凌源县志》）等。由此可见，"朝阳洞"是一个俗名，其定义除了洞口向阳外，并无其他意义。再就是，朝阳本地有很多叫"朝阳洞"的地方，如乾隆三十八年刊印的《塔子沟纪略》写到的凤凰山朝阳洞、古槐山朝阳洞、兴隆山朝阳洞，早就成了寺院的名字（另还有北票市上园朝阳寺、朝阳县木头城子朝阳寺）等。另，《钦定热河志》所载热河（今承德）多地亦有"朝阳洞"，如"常山峪在鞍子岭南八里有行宫，朝阳洞在常山峪西十里"。"朝阳洞"如此多见，承德知府若无视之，

---

[1] 田立坤：《凤凰山·朝阳地名考》，《采铜集——田立坤考古文稿》，第4页。
[2] 《钦定热河志·山三》"千佛洞"词条载：在朝阳县南八十里，距古槐山朝阳洞二十里。
[3] 《承德府志·兴隆山》载"在朝阳县西六十五里，其东□余里，与昂吉山相接，亦有朝阳洞"。

依然要依托于凤凰山上一个进深才盈丈的洞窟来为朝阳县命名,则显得十分不合情理,甚至于是一种无知。实际上,无论是域内、域外,朝阳洞作为凤凰山上的一个景点,其对人视觉、观念的冲击以及由此产生的影响力远远不及凤凰山本身以及山上的辽塔、古寺。

其次,朝阳地区的金石文献所标记的属地及方位皆不见"朝阳洞"。纵观朝阳地区的清代碑刻、钟铭,于凤凰山多有提及,而"朝阳洞"则很少出现,即便偶有出现也不是地标,更多时候指称的都是寺庙的名号。如《凤凰山铜钟铭》,其上铭文载"辽东锦州府城西北古柳州大凌河南凤凰山朝阳洞,古佛宝刹虽不似古昔之庄严,亦可续源流之因果"[1],可见,凤凰山朝阳洞乃古刹的名字。再如,朝阳关帝庙有一座嘉庆年铸造的铜钟,其上一幅铭文亦有"朝阳洞",然亦非地标,而是四个协力铸造单位之一。四个单位分别为"凤凰山朝阳洞""凤凰山延寿寺""牤[2]牛营常安寺""麒麟山闻仙洞",这里的"凤凰山朝阳洞"和"麒麟山闻仙洞"显然也都是寺庙的名字,而且作为铜钟铸造的赞助单位,其中也透漏出"凤凰山朝阳洞"与朝阳关帝庙的紧密联系和辖属关系。

再次,乾隆皇帝及上层官绅所知晓的"朝阳洞"也不在凤凰山。乾隆四十八年弘历第四次东巡过朝阳县,先行秘书提供的备考材料有风物一栏,其上载有"朝阳洞",但其指称的不是凤凰山上的那个朝阳洞,而是距今市区七十华里的朝阳县南单家店村的朝阳洞。《乾隆朝上谕档》(图2)记载:"尊查朝阳县为辽兴中府地,三座塔即朝阳县属之龙城故地。朝阳洞亦名槐树洞,在县属之古槐山。谨将《一统志》暨《热河志》所载各条粘签恭呈御览。其灵感寺塔碑一并抄出进呈。谨奏。八月二十五日。"[3]以此可见,古槐山朝阳洞较之凤凰山朝阳洞似乎更有名,为一方名胜。

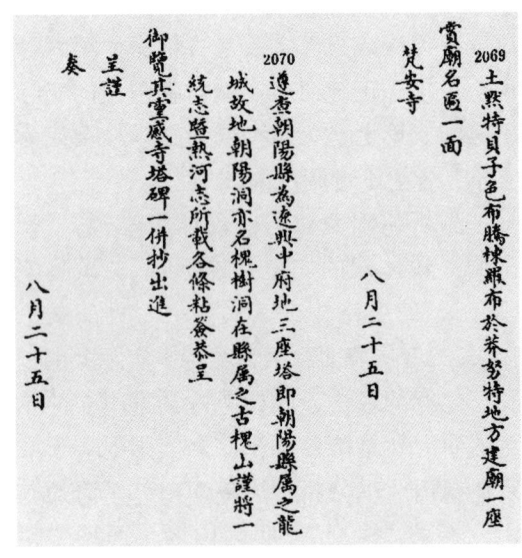

图2 《乾隆朝上谕档》书影

2. 古今"凤凰山"才是古城朝阳的地标

通过梳理古城朝阳无争议之历史名号及其获名因由,便不难发现城东之凤凰山才是古城的象征和标志。

凤凰山古称"龙山"(东晋十六国、

---

[1] 田立坤:《凤凰山·朝阳地名考》,《采铜集——田立坤考古文稿》,第1—5页。
[2] 原字作"牛+莽","犇"之异体,今字作"牤"。
[3] 中国历史第一档案馆:《乾隆朝上谕档》(第十册),广西师范大学出版社,2008年,第12页。

隋唐)、"和龙山"(辽金元)①。在获名"朝阳"以前，朝阳古城的发展大体经历了"龙城""营州""兴中""三座塔"几个阶段。其中，最初的城市"龙城"(别名龙都、黄龙)因其傍"龙山"而获名。龙山乃辽西重镇，也是辽西古道的重要节点，亦为白狼水(今大凌河)岸的一道风景，龙山与其下的白狼水并河谷平原更是被历史上的有识之士视为风水宝地，故龙山可谓地标。参见《水经注·大辽水》《晋书·慕容皝传》《通典·古冀州》《资治通鉴·晋纪》《辽史·兴中府》《读史方舆纪要》等有关载记，皆有慕容皝以柳城之北、龙山之西(有时误作南)为福地，使阳裕、唐柱等筑龙城而都之的释词。

北魏及隋唐时期的"营州"(又名和龙、昌黎、柳城，别号龙城)为沿袭前代龙城故址再造新城，并成为节制东北地区的中心城市。可参见《魏书·地形志·营州》《隋书·地理志·柳城》《旧唐书·地理志·营州》《新唐书·罗艺传》《通典·古冀州·营州》《辽史·地理志·中京道》《读史方舆纪要·北直九·营州故城》等载记。此时的营州(亦名昌黎/柳城)，其获名主要为本地区历史旧号的沿袭和迁变。而辽金元时期的"兴中"(又名霸州、柳城，别号和龙)，在辽代时主要为羁縻汉人、佐卫中京之地，其命名有地理方面的因素(中京道，附中京大定府)，但从"兴""霸"二字看，更多的还是出于政治方面的考量，实为昌盛繁荣的愿景表达；

金、元亦名"兴中"则为历史因循。虽然从朝阳古城在隋唐及辽金时期的名号中看不出地标的意味，但是，从整个东北地区隋、唐、辽三朝的相关文献记载及历史考古，尤其是出土墓志的情况②看，古代朝阳在辽西及中国北方历史上的地位是不容小觑的。而遗留至今的文化古迹，尤其是塔寺等宗教建筑大量惊现于城东的凤凰山或见于有关凤凰山遗迹的近代史载，如瘗窟群、灵霄塔、云接寺塔、大宝塔、闻仙洞、朝阳洞、天庆寺观音像及唱和诗碑、辽代建筑基址等，表明古代的龙山、和龙山于营州、兴中的地位之高，可谓不言地标、胜似地标，这从后世的方志写作(诸如《元一统志》、《塔子沟纪略》、《清一统志》、《热河志》、《承德府志》、民国版《朝阳县志》等)于"龙山"的考古及记述亦可得见。诚如《钦定热河志·朝阳县图说》载："凤凰山之为古龙山，尤足与龙城、狼水诸遗迹相发明，并汇列之为建置沿革山水诸门考证之缘起焉。"

至于明清时期，以"三座塔"重新命名朝阳古城，与兴中地区原住民全部内迁、蒙古人据为牧场而导致的文化断层有关。如《塔子沟纪略》"三座塔"词条载："本朝初年，三座塔城内荆榛满地、狼虎群游，自喇嘛绰尔济卜地建寺于城内，于是渐有人烟。彼时三塔具在，遂呼为三座塔云，初不知其为兴中府城也。"但是，这也决定了关于"朝阳"的历史文化解读先天就带有一种发现的意味及讨论的价值。

---

① 王世宇：《朝阳凤凰山古今名称考辨》，《辽宁师专学报》2015年第6期，第37—39页。
② 见有关朝阳地区的墓葬考古简报及墓志考；另见王晶辰：《辽宁碑志》，辽宁人民出版社，2002年；王世宇：《朝阳碑志》。

3. 李调元的道听途说是一种猜读

前文已论"朝阳"的更名乃是承德府尹或直隶总督的政见及思考，所以李调元的"朝阳洞"说亦是一种猜读。今从其出处看，很可能来自朝阳关帝庙僧人的望文生义。

"朝阳洞"说出自李调元的《出口程记》，其文载记极简（见前）。今看李调元在朝不足三日，其主要活动分配是：首日的大半天在路上，接下来的两日遇雨住宿在关帝庙中。期间，李调元接触的人不多，除了理藩院下派官员，其余再无其他官员及乡绅、百姓，于此提及名号的只有三人：理藩院员外郎"七十五"、佑顺寺管事大喇嘛"四楞脚"、关帝庙僧人"照钵"。其中，四月十三日从今朝阳县木头城子出发长途跋涉一百里到朝阳城，会见"七十五"为工作接触外，当天及后两日接触的人员皆为佑顺寺及关帝庙的僧人，由此断定关于朝阳城名号等一类工作之外的闲谈可能来自僧人，尤以关帝庙僧人照钵的可能性为大。

《出口程记》"十三日"条载："是日，理藩院差官员外郎七十五来会。又佑顺寺管事大喇嘛四楞脚，来献奶茶，并送哈达，华言手巾也，以此见长官为最敬云。是日，宿关帝庙，即古灵感寺。十四日，雨，仍驻朝阳……十五日，大雨。仍驻朝阳。"[1]不同于佑顺寺的喇嘛多来自域外，关帝庙的僧人都是本地人。住宿于关帝庙，自然与这些僧人的接触及闲谈也最多，所以极简省的文字中才会有关于朝阳东塔"于乾隆七年倾塌，市人建关帝庙补之，基阜尚存""关帝庙，即古灵感寺""关帝庙内有新出土碑一座，高五尺，系元辽时所建""僧照钵求诗，为题禅堂山水画二首"[2]等诸多关于关帝庙的内容。尤其是关于道听途说的"朝阳洞"，在李调元的想象中，简直成了朝阳县最壮丽的景观，甚至是谜一般的存在。如李调元给照钵的题画诗二首写道："一幅青山绿水图，居然笔意近黄苏。不知绝顶松根寺，可有番僧得到无。""细雨勾留驻此间，禅堂心与白云间。兴中州外朝阳洞，试问何如画里山。"又《题朝阳洞》诗云："怪石嶙峋下，朝阳洞共传。门高常见日，树密不遮天。卧佛须眉古，飞仙羽扇还。年深人罕到，时有磬声圆。"

将朝阳洞视为一方名胜，并将朝阳洞想象和描写得如此壮观，而且如此不惜笔墨，多数与关帝庙僧人有关。关帝庙僧人见洞不见山，将朝阳洞作为朝阳县命名的缘由，明显存在着思维上的顺势联想，而产生这种关联的基础不能不让人想到朝阳关帝庙与"凤凰山朝阳洞"可能存在的亲属关系（见前文关帝庙钟铭载记）。而李调元道听途说并录之于笔记，亦有失之于考证之嫌。正因为是关帝庙僧人的一种主观释读，所以，"朝阳县得名于朝阳洞"的说法是荒诞不经的，亦不被时人认可，否则，此说问世后至今二百多年的时间里不可能湮没无闻，这也正是李调元的记录直到21世纪被经学者挖掘才得以重现天日的原因。

试想，如果朝阳县或朝阳城得名于朝阳洞是历史真相，何以官民不知、方志无

---

① ［清］李调元：《出口程记》，乾隆年刻本，第9页。
② ［清］李调元：《出口程记》，乾隆年刻本，第8—15页。

载？何以清代中期以来有关文献对凤凰山诸景观及历史的介绍，更多的笔墨都是在书写凤凰山及其上的灵霄塔、华严寺、天庆寺、古龙山及闻仙洞呢？以此可见，无论在朝阳当地还是域外，关于"朝阳"或"三座塔"，人们知晓更多的还是凤凰山，大家津津乐道的还是古龙山及其承载的历史文化。不以凤凰山为表征，而以山上众多景致中的朝阳洞做城市及县区的标志和代称，这是照钵作为释读者的文化缺失和视野局限，亦为李调元的迷信和盲从。田立坤《凤凰山·朝阳名称考》亦言朝阳洞是清初中原流民关于凤凰山源起的附会[①]，而非朝阳城。

（二）"凤鸣朝阳"（"题匾""引诗"）的内含

剥开层层茧缚（包括zhāo/cháo读音及地理攀附），看"凤鸣朝阳"的表达诉求，其内含义主要有两层：一为传统地标，二为政治愿景。

1. 再议朝阳城的地标——凤凰山

为什么题《诗经·大雅·卷阿》而不是《周南·关雎》？为什么歌咏《卷阿》中的"凤凰鸣矣，于彼高冈。梧桐生矣，于彼朝阳"句，而不是其他句子？这就是要关联城外的凤凰山，其中的"凤凰"加"高冈"已是明显的暗示。山、水是许多古城的发祥地，同时也是城市最好的定位。命名朝阳这座古城之所以要题咏凤凰山，而不是比山更近的大凌河，乃因山往往是独有的，而水大多数时候是共享的。如众多的辽西古城大都坐落于大凌河的两岸是一个不争

的事实，例如塔子沟（后来的建昌、凌源县治所在地）、大城子（喀左县城）、义州（锦州义县），而且多位于水之北和水之西。弃水从山，用凤凰山来定位朝阳城，是对古"龙山"、古"龙城"的遥相呼应，也体现了命名者对朝阳历史的深入解读。

无论是否从历代命名中得到借鉴或启发，都不影响我们去发现朝阳城命名的地域文化中保留至今的山水意识。当代朝阳市区的主要街道大都是以山、水来命名并作为城市交通和城市布局的主要架构的，例如从东向西纵向排列的有凌凤街、凌河街、龙山街、柏山街、中山街，再如从南到北横向排列的有珠江路、长江路、淮河路、黄河路。南北向的道路叫"街"且主要以本埠的山名来命名，并与凤凰山大体保持着相同的方向，不能不说这是一种以凤凰山为基准来进行构思和设计的潜意识再现。

朝阳凤凰山是朝阳人心中的一座圣山，也是被辽西地区广大民众广泛认可的一座历史文化名山。凤凰山海拔虽不太高，主峰海拔不足600米，但山体气势雄伟，周遭百里。自康熙、雍正年间有内地移民以来，其历史也在不断地被发现和更新之中。如凤凰山上寺的铜钟有铭文道："辽东锦州府城西北古柳州大凌河南凤凰山朝阳洞，古佛宝刹虽不似古昔之庄严，亦可续源流之因果。"而且，对于外来的移民而言，每一次的发掘都令人惊讶甚至瞠目结舌。因为他们从来没有设想或预见到：凤凰山下的古城竟然就是史书中赫赫有名的"兴中""营州""龙城"；也没有想到梵音

---

① 田立坤：《凤凰山·朝阳名称考》，《采铜集——田立坤考古文稿》，第5页

缭绕的凤凰山就是当年慕容氏拜祭并建龙翔祠的龙山；更没想到隋唐两代始设并遥祀北镇的"医巫闾山祠"也在凤凰山[①]；辽代不仅于凤凰山（时称和龙山）上大兴塔寺，而且一代高僧及中京地区的达官显贵也曾唱和于此并留下了珍贵的天庆寺石刻《玉石观音像唱和诗碑》[②]。由此可见，凤凰山古来就是辽西的重镇及地标，自然也就会成为关注和知晓古城历史的文化人心中的"仰止"。如果"朝阳"一名确为承德府或直隶省官员所拟，作为封疆大员同时也作为读书人，对辖区内的主要历史及重要风物自然不能无知。田立坤于《凤凰山·朝阳名称考》认为"中原流民不知原委……又附会于凤凰山"，其言流民附会固然有待商榷，但亦言凤凰山"实为辽西一大名山"，"凤凰山不仅以风景之优胜见称于辽西，更因具有悠久的人文历史而著于史籍"[③]确为实情。由此可见"凤凰山"在朝阳乃至于辽西的影响力。

《朝阳市志·地名·命名考》所给出的结论也是地标凤凰山，取《塔子沟纪略》"凤凰山"之说法："朝阳之名是因城东凤凰山有九座主峰，形如青凤昂首展翅，故取《诗经·大雅篇》'凤凰鸣兮（当为矣，后同），于彼高岗；梧桐生兮，于彼朝阳'句中的'凤鸣朝阳'之意而得名。"[④]

2. 图新图强是承德府主政官员及直、鲁等移民的共同愿景

清政府对辽西蒙地的管理经历了盟旗制、厅县与盟旗并存、府县主控三个阶段，这个过程是随着晋商及直鲁移民的渐入增多而阶段性呈现出来的，也是一个一路向东不断析出的过程。今以"朝阳"为参考节点，便可以发现这一非常明显的建设过程：热河厅→八沟厅→塔子沟厅→三座塔厅/朝阳县（府）→阜新、绥东[⑤]。

仿内地政体推行府县制是一个逐步展开的过程，同时也是一个从盟旗中不断剥离和建设的过程，这个过程也寄寓了承德府官民的幸福憧憬及殷切期盼。今从州县的名字便可窥见一斑，如"承德""平泉""建昌""建平""朝阳""阜新""绥东"等，无论源头在何处，其用字或成词都蕴含着美好的寓义。

如果说"帝德广运"有阿谀之风和致谢之意[⑥]，"凤鸣朝阳"则有继往开来、开普新篇之意，是地理标识，也是政治愿景。桃花吐"堂子"围栏联文上的"民安物阜是朝阳"刚好也体现了这种官民之间的互动，这既是对家乡名号的解读，也是广大移民对新家园的憧憬。虽然，联文对朝阳获名的经典引释有质疑和少许的讽刺，但从根本上说，官、民的思考方向是一致的，

---

① 在凤凰山一说无明确文字记载，可能出于朝阳当地考古工作者的口述。
② 可参见《塔子沟纪略·艺文》《钦定热河志·寺庙》《承德府志》《满洲金石志外编》《全辽文》《辽代石刻文编》《全辽金诗》《朝阳碑志》等载记。
③ 田立坤：《凤凰山·朝阳名称考》，《采铜集——田立坤考古文稿》，第1—5页。
④ 朝阳市史志办公室：《朝阳市志》，第267页。
⑤ 参考《塔子沟纪略》《承德府志》《朝阳县志》《凌源县志》等"建置"篇整理。
⑥ 谢景泉：《朝阳县名称来历考辨》，《朝阳历史文化研究》辽内字（LN）2022年第2期，第32—33页。

对美好生活愿景的表达也惊人地相似。

三、朝阳城获名的结论

综上，笔者认为朝阳因县城东凤凰山而有名。以山水为地标是一种命名传统，清代朝阳城获名于凤凰山与东晋时期的龙城（朝阳）得名于龙山（凤凰山）一说遥相呼应。"凤鸣朝阳"虽然是一种附会，但批评者没有弄清的是，这种说法已潜在地表达了朝阳城的地标——凤凰山。之所以叫朝阳而不叫凤凰城，或是对辽东凤凰城的规避。至于某些学者所说的地名朝阳与《诗经》没有一点关联有点武断，因为引经据典常常是文人起名时的一种习俗或雅好。三座塔（朝阳）因东塔的倾颓而致其名不符实，这是朝阳城更名的潜在原因，而热河厅升承德府，余厅改州县附焉是朝阳城获名的历史背景和政治机缘。三燕（东晋）龙城曾因龙山而有名，清代中叶又因凤凰山而更今名朝阳，这是承德府尹或直隶省总督对朝阳地理及历史文化的深入解读和尊重，至于咏《诗经·大雅·卷阿》取字朝阳，则是引经据典，亦是一种维新图强的愿景表达。题匾也好，引诗也罢，皆可视为朝阳官民二百多年来对家园的美称和注释。概述之，亦可铭：府吏题咏凤凰山，托喻龙城谱新篇，引凤并非周（铁铮）杜撰，寺僧说洞亦妄谈。今人有时喜称古，不辨其踪为当然。今论万字抑或假，待考京承士绅言。

中原文化认同视域下辽代国仗车舆及仪具考释*

马宏滨[1] 何小婷[2]

1. 河北农业大学 2. 河北大学

内容提要：国仗作为帝王、王公贵族及大臣等外出时的车马仪仗，是辽代社会国家权力的象征及皇权物化的表现。关于辽代国仗相关问题，当前学术界鲜有涉及，对于该问题的系统性研究亦存不足。本文试图从辽朝国仗来源及其车舆形制出发，探寻辽朝国仗发展演变过程，同时关注辽朝国仗对于中原文化认同问题。并以此为基础，对该时期历史文献和考古资料进行解读论述，以期丰富中华民族共同体意识形成与发展的研究。

关键词：中原文化 车马仪仗 辽代 国仗

辽朝作为中国北方游牧民族文化繁盛发展的时期，在继承前代北方游牧民族文化的基础上，同时吸收了以唐、宋为代表的中原文化因素，在饮食、服饰、居住、出行等物质文化方面均显现出文化交融的特征。辽朝国仗在来源及形制方面深受中原政权的影响，目前学界对其出现的历史背景、仪仗形式及背后深远的历史意义等相关问题研究尚存空间。华梅《中国历代〈舆服志〉研究》以史料中所记录的礼仪文化和民间服饰为依据，从历代政治、经济、文化等方面的典型特征入手，探讨了历代车服制度的形成及其演变，剖析了舆服制度制定的影响因素。但此著作并未对辽代舆服制度进行专门解析，而仅是在《金史·舆服志》一章中，认为金制舆服来源于宋辽[①]。针对华梅疏漏《辽史·仪卫志》的情况，可参李甍《历代〈舆服志〉图释·辽金卷》作为补充。李甍讨论了辽史《舆服志》的史料来源和编撰特征，对《辽史·舆服志》做了图释，对本文有着重要的指导意义[②]。因此，本文在铸牢中华民族共同体意识的视域下，从中原文化认同角度出发，通过对该时期历史文献和考

---

* 基金项目：2024—2025年度河北省社会科学基金"辽代河北地区民族交往交流交融史与中华民族共同体形成研究"（HB24WH028）；河北农业大学引进人才科研专项"中原文化认同视域下辽代车马仪仗研究"（YJ2024015）。

① 华梅：《中国历代〈舆服志〉研究》，商务印书馆，2015年。
② 李甍：《历代〈舆服志〉图释·辽金卷》，东华大学出版社，2016年。

古资料的解读论述，探究辽朝对于华夏文化认同问题，以期丰富中华民族共同体意识形成与发展的研究。

一、辽代"国舆"受中原文化影响深远

历史记载中，与契丹有同一族源的奚族和室韦民族擅长制造车辆。像黑车子室韦民族就以制造车帐而著名。《辽史·国语解》："黑车子，国也。以善制车帐得名，契丹之先，尝遣人往学之。"①奚族造车，最为出名，所造车辆，号称"奚车"。由于契丹和奚族有着同源的关系，契丹车制与奚族相同。以往学界普遍认为，"国舆"作为辽代贵族出行的传统车舆，不同于中原地区的车舆形式，其基本构造应来源于同为东胡族系的奚族，即"契丹之车，皆资于奚"②，且完全受传统契丹文化影响而成。但笔者对此观点不尽认同，虽然契丹文化对国仗的发展有重要影响，但国仗并非完全依托契丹传统文化而成，其中部分车舆还应融合了中原地区的车舆形制，并呈现出契丹文化与中原文化的融合特点。总纛车、青幰车以及大舆是其中最具代表性的车辆。

（一）总纛车

《辽史》中对于总纛车形制的记载仅寥寥数字："总纛车，驾以御驼。祭山仪见皇太后升总纛车。"③陈述认为蔡卞出使辽代所乘之车应为此车："蔡卞使辽，辽人闻其名，卞适有寒疾，命载以白驼车，车为契丹主所乘，乃异礼也。"④目前学界认为总纛车是挂有特定旗帜或牦牛尾饰物用以表明辽帝身份的皇家车舆⑤。

《尔雅·释言》云："翿，纛也。纛，翳也。"⑥"纛"字的解释为帝王车舆上的饰物。纛在帝王车舆上并无实际作用，常置于马额或者车衡处。《史记·项羽本纪》载"纪信乘黄屋车，傅左纛"，蔡邕曰："以牦牛尾为之，如斗，或在骓头，或在衡上也。"⑦

尽管总纛车是辽代皇家车舆，但笔者梳理史料后得知，它并非纯粹由契丹族自身文化塑造而来，而是中原车舆文化与北方游牧民族文化融合的产物，其原因有三。

其一，纛这一物品起源于中原地区。文献中关于"纛"的记载的最早来源为《周礼》"及葬，执纛，以与匠师、御柩而治役"⑧。在战国及秦汉的墓葬中则出土了马纛，如包山楚墓⑨、沙冢一号楚

---

① [元]脱脱等撰：《辽史》，中华书局，1974年，第1534页。
② 贾敬颜：《五代宋金元人边疆行记十三种疏证稿》，中华书局，2004年，第130页。
③ [元]脱脱等撰：《辽史》，第900页。
④ [元]脱脱等撰：《辽史》，第2399页。
⑤ 田广林：《契丹礼俗考论》，哈尔滨出版社，1995年，第250页。
⑥ 《尔雅》，中华书局，2016年，第20页。
⑦ [汉]司马迁：《史记》，中华书局，1959年，第326页。
⑧ [西周]周公旦：《周礼》，中州古籍出版社，2017年，第119页。
⑨ 湖北省荆沙铁路考古工作队：《包山楚墓（上）》，文物出版社，1991年。

墓①、信阳楚墓②、秦始皇陵③等。其中以秦始皇陵一、二号铜车马纛最为著名。基于文献和考古资料双重证据，可充分证明纛这一物品起源于中原地区，随后传播至长江流域。

其二，总纛车并非辽代特有的车舆样式，而是沿袭了前朝车制并有所发展。西汉辞赋家扬雄的《河东赋》记载在一次随同皇帝往河东地区祭祀"后土"活动中，卤簿车队横渡黄河前往汾阴（今山西运城）的场景。这篇作品生动地描绘了西汉卤簿车队行进时气势磅礴的姿态：

> 于是命群臣，齐法服，整灵舆，乃抚翠凤之驾，六先景之乘，掉奔星之流旍，霓天狼之威弧。张耀日之玄旄，扬左纛，被云梢。奋电鞭，骖雷辎，鸣洪钟，建五旗。羲和司日，颜伦奉舆，风发飙拂，神腾鬼越；千乘霆乱，万骑屈桥，嘻嘻旭旭，天地稠𢾺④。

值得注意的是，在《河东赋》中出现了"左纛"，这一细节即证明"纛"为卤簿当中的参与元素。如果说扬雄的《河东赋》对于西汉卤簿的描绘仍然存在一定的模糊和简略之处，那么张衡的《东京赋》则进一步提供了东汉卤簿的具体细节：

> 及将祀天郊，报地功……结飞云之袷辂，树翠羽之高盖。建辰旒之太常，纷焱悠以容裔。六玄虬之弈弈，齐腾骧而沛艾。龙辀华轙，金錽镂钖；方釳左纛，钩膺玉环。銮声哕哕，和铃铗铗。重轮贰辖，疏毂飞軨⑤。

以上两则有关卤簿的赋中均出现了"左纛"，中原地区虽无专设此名目车舆，但在史料中多次出现"纛车"的记载，为便于分析其间的联系，兹以宋朝为界，制纛车车舆形式之统计表如下（见表1）：

所谓"黄屋"指的是天子专用的黄缯车盖，"左纛"指在左骖设纛。由上表分析可知，自秦始，天子车舆"黄屋左纛"的结构便成为定制，为历朝沿用。虽无文献指明总纛车承袭自中原地区的"黄屋左纛"，但"（贞观三年）摩会复入朝，赐鼓纛，由是有常贡"⑥与"辽自大贺氏摩会受唐鼓纛之赐，是为国仗"⑦的记载，则充分证明了纛来源于唐，并成为辽国仗中的关键因素。而且《三国志·乌丸传》载"（袁）绍矫制赐蹋顿、（难）峭王、汗鲁王印绶，皆以为单于"，袁绍为了笼络乌桓，壮大自己的势力，赐予乌桓三王"安车、华盖、羽旄、黄屋左纛"等帝王车舆之物⑧。由此

---

① 湖北省文物考古研究所：《江陵望山沙冢楚墓》，文物出版社，1996年。
② 河南省文物研究所：《信阳楚墓》，文物出版社，1986年。
③ 秦始皇兵马俑博物馆、陕西省考古研究所：《秦始皇陵铜车马发掘报告》，文物出版社，1998年。
④ [清]严可均：《全汉文》，商务印书馆，1999年，第522页。
⑤ [清]严可均：《全后汉文》，商务印书馆，1999年，第545页。
⑥ [宋]欧阳修：《新唐书》，第6167页。
⑦ [元]脱脱等撰：《辽史》，第917页。
⑧ [西晋]陈寿：《三国志》，第834页。

表1 纛车车舆形式之统计

时期	文献资料	资料出处
秦	纪信乘黄屋车，傅左纛①。	《史记·项羽本纪》
汉	车服黄屋左纛②。	《史记·高祖本纪》
汉	左纛以牦牛尾为之，在左骖马𫐐上，大如斗③。	《后汉书·舆服上》
汉	绍遣使即拜乌丸三王为单于，皆安车、华盖、羽旄、黄屋、左纛④。	《三国志·乌丸传》
晋	制轩悬之乐，八佾之舞，为金根大辂，黄屋左纛，天子车旗，礼乐备矣⑤。	《晋书·石勒载记》
刘宋	又加牦牛尾，大如斗，置左骖马𫐐上，所谓左纛舆也⑥。	《宋书·礼志》
隋	左右骖骙，金锬镂钖，黄屋左纛，如金根之制⑦。	《隋书·礼仪志五》
唐	左青龙，右白虎，金凤翅，画苣文鸟兽，黄屋左纛⑧。	《新唐书·车服》
宋	哀册车、谥册车、谥宝车、鹅茸纛车、魂车、香舆、重车⑨。	《宋会要辑稿·礼》

可见，早在东汉末年，东胡族系的乌桓已经开始接触中原帝王车舆，而契丹同属东胡族系，我们推测，自袁绍赏赐乌桓三王时起，中原车舆的形制便烙印于东胡民族。

其三，在唐朝时期，鼓纛被赐予契丹、铁勒、突厥等周边政权或民族，这一事件在历史文献中被多次提及。例如"因遣太仆元晖出伊吾道，使诣咄厥，赐以狼头纛，谬为钦敬"⑩，"左武卫将军阿史那贺鲁为泥伏沙钵罗叶护，并给鼓纛，遣招讨巴西突厥"⑪，"（贞观二年）时太宗方图颉利，遣游击将军乔师望从间道赍册书拜夷男为真珠毗伽可汗，赐以鼓纛。夷男大喜，遣使贡方物"⑫，故对于契丹而言，自纛由

---

① ［汉］司马迁：《史记》，第326页。
② ［汉］司马迁：《史记》，第349页。
③ ［刘宋］范晔：《后汉书》，中华书局，1974年，第3644页。
④ ［西晋］陈寿：《三国志》，中华书局，1959年，第834页。
⑤ ［唐］房玄龄：《晋书》，中华书局，1976年，第2736页。
⑥ ［梁］沈约：《宋书》，中华书局，1974年，第494页。
⑦ ［唐］魏徵：《隋书》，中华书局，1973年，第194页。
⑧ ［宋］欧阳修：《新唐书》，中华书局，1975年，第511页。
⑨ ［清］徐松：《宋会要辑稿》，中华书局，2014年，第1422页。
⑩ ［宋］王钦若：《册府元龟》，中华书局，1960年，第4887页。
⑪ ［宋］王钦若：《册府元龟》，第11573页。
⑫ ［后晋］刘昫：《旧唐书》，中华书局，1975年，第5344页。

唐入辽，蠹逐渐被赋予了无可替代的重要地位，成为辽人心中至高权力的象征。

（二）青幰车

青幰车，即指在辽代公主出嫁时赏赐的一种特殊的车舆，其车幔是用天青色织物装饰而成。史料中对于青幰车的记载为"螭头、盖部皆饰以银。驾用驼，公主下嫁以赐之。古者王姬下嫁，车服不系其夫，下王后一等"①。苏颂使辽时曾见青幰车，并写于诗中："青毡通幰贵人车。"②目前学界认为内蒙古哲里木盟库伦辽墓M1墓道南壁驼车（图1）与内蒙古昭乌达盟敖汉旗北三家村辽墓壁画，其形制较为符合《辽史》中"青幰车"之描述。

图1　库伦辽墓M1墓道南壁驼车③

目前学界尚未确定库伦辽墓M1墓的主人身份，而库伦辽墓M1墓中的壁画描绘了墓主生前使用五旗五鼓的场景，这不仅展示了壁画的宏大排场，也表明了墓主的身份级别较高，且具备使用青幰车的条件。由图可知，库伦辽墓M1驼车外形似高轮平板大车，车后有宽阔的车軓，车厢分为两间，前间平顶。后间有屋顶，屋脊两端还有鸱状饰件，檐下垂挂珠穗。车軨似用木板制作。车厢前后都有门，门上挂有毡帘，后门外还有门廊，门廊的角柱撑在车辕上。前间车顶上有凉棚，前高后低，凉棚向前伸至与车辕首齐平，用两根长杆斜向支撑，再用绳索将檐绷紧。车辕中段平直，饰有铜环，首尾均有辕饰，略向上弯，形似龙首，应是《辽史》中所称的"螭头"。内蒙古昭乌达盟敖汉旗北三家辽墓《出行图》壁画中的驼车（图2）画面较为完整且形象突出。与库伦旗M1墓出土的实物驼车基本相似，但细部特征描绘更为精细。

青幰车与总蠹车情况相似，同样来源

---

① ［元］脱脱等撰：《辽史》，第900页。
② ［宋］苏颂：《苏魏公文集》，中华书局，1998年，第171页。
③ 王建群、陈相如：《库伦辽代壁画墓》，文物出版社，1999年，第16页。

图2 敖汉旗北三家村辽墓《出行图》①

于中原地区且融合了契丹的草原文化，原因有二：

其一，辽代青幰车并非作为孤例出现，为了便于证明此观点并进行下面的分析，兹以宋朝为界，特制成历朝中出现青幰车表格（见表2）。

表2 青幰车车舆形式之统计

朝 代	文 献 记 载	史料出处
南朝·梁	上台、六宫、长公主、公主、诸王太妃、妃皆得乘青油榻幢通幰车②。	《通典》
南齐	青盖安车，朱轓漆班轮，驾一，左右騑，通幰车为副，诸王礼行所乘③。	《南齐书》
隋	犊车为副，紫幰，朱络网。良娣以下，并乘犊车，青幰朱里④。	《通典》
隋	二品、三品得乘卷通幰车，车牛饰用金涂⑤。	《隋书·礼仪志五》
隋	长公主、公主、诸王太妃、妃，皆乘青油舆幢通幰车⑥。	《隋书·礼仪志五》
唐	自余一品乘白铜饰犊车，青通幰，朱里油缦，朱丝络网，驾以牛⑦。	《旧唐书·舆服志》

---

① 邵国田：《内蒙古昭乌达盟敖汉旗北三家辽墓》，《考古》1984年第11期。
② [唐]杜佑：《通典》，中华书局，1988年，第1829页。
③ [梁]萧子显：《南齐书》，中华书局，1972年，第339页。
④ [唐]杜佑：《通典》，第1829页。
⑤ [唐]魏徵：《隋书》，第195页。
⑥ [唐]魏徵：《隋书》，第193页。
⑦ [后晋]刘昫：《旧唐书》，第1935页。

续表

朝 代	文 献 记 载	史料出处
宋	辂车，曲壁，青幰碧里[1]。	《宋史·舆服志二》
宋	四望车，朱质，青幰衣，馀同安车[2]。	《宋史·舆服志二》

由表格可知，青幰车最晚自隋朝便已出现，辽代青幰车并非突兀地出现，而是有可追溯的背景。

其二，青幰车形制应仿唐朝公主所乘的犊车。根据《唐会要》的记载，唐代公主出行时常乘坐犊车，每辆犊车可乘坐两人，车体使用金铜装饰，即"公主出降，犊车两乘，一金铜装"[3]。据郭海文考证，唐代公主乘坐犊车外出是较为普遍的行为，犊车为唐代公主出行的重要交通工具[4]。唐朝新城公主墓中的《犊车图》（图3）"辕牛白色。轭为黑色红边。辕厢涂黑色，厢上部残缺，后部垂青色帷帐，轮涂红色"[5]与唐阿史那忠墓《犊车图》[6]（图4）展现了唐代犊车的基本形制。将库伦辽墓M1辽车与唐犊车相比，我们发现两者之间存有诸多共同之处：车制同为高轮平板大车，车厢两侧似挂有毡毯，辽车还保留着类似唐朝犊车上的那种布檐，唐新城公主犊车后部垂青色帷幰与辽青幰车颜色相同，但辽根据国情的需要，将"驾之以犊"改为"驾之以驼"，将青幰车作为公主下嫁时聘礼，体现了契丹文化与中原文化的有机融合。

图3 唐朝新城公主墓中的《犊车图》

图4 唐朝阿史那忠墓《犊车图》

---

[1] [元]脱脱等撰：《宋史》，中华书局，1974年，第3506页。
[2] [元]脱脱等撰：《宋史》，第3506页。
[3] 王溥：《唐会要校证》，三秦出版社，2012年，第497页。
[4] 郭海文：《大唐公主出行工具及其文化研究》，《唐史论丛》2018年第2期。
[5] 陕西省考古研究所、陕西历史博物馆：《唐昭陵新城长公主墓发掘简报》，《考古与文物》1997年第3期，第18页。
[6] 王玉清：《唐阿史那忠墓发掘简报》，《考古》1977年第2期，第132—138页。

（三）大舆

契丹大舆只知是一种其上扎有庐帐的特质大型车舆。装载供奉契丹先祖神位的大舆叫做"神主舆"，史载"大舆，柴册再生仪载神主见之"①。所谓"神舆"即谓载神主的车驾。笔者认为神舆与青幰车和总纛车情况相似，均来源于中原地区且融合了契丹的草原文化。辽代大舆并非作为孤例出现，兹以宋朝为界，特制成历朝中出现大舆、神舆表格（见表3）。

表3 大舆、神舆形式之统计

时期	史料记载	资料出处
晋	或冀神舆降观，薄狩五服，时迈玉辂，言巡兹邑②。	《全晋文》
晋	故班姬辞辇，垂美无穷。道安毁形贱士，不宜参秽神舆③。	《晋书·苻坚下》
刘宋	"奚仲始作车。"案庖羲画八卦，而为大舆，服牛乘马，以利天下④。	《宋书·礼五》
南朝·梁	洪雅乘平肩大舆，伞盖，鼓吹，羽仪悉备，翼从入长沙城⑤。	《南史·列传五三》
唐	房先设大舆曲扆，前设小座，相者引公主升舆⑥。	《旧唐书·回纥列传》
宋	明日，复行荐享如礼，礼仪使奉神舆行，帝出幄导至宣德门外⑦。	《宋史·礼志十二》
宋	凡凶仪皆有买道、方相、引魂车、香、盖、纸钱、鹅毛、影舆、锦绣虚车、大舆、铭旌；仪棺行幕，各一；挽歌十六⑧。	《宋史·礼志二十七》
宋	钟楼、鼓楼各一，行漏舆一，漏刻生四人从。清道二人，十二神舆一⑨。	《宋史·仪卫志三》

由表3虽仍无法确定神舆的具体形式，但从各朝代对于神舆描述来看，神舆是神圣不可侵犯的，在晋朝"毁形贱士，不宜参秽神舆"，而在宋朝甚至在礼仪开始时，神舆车在帝王前先行，这些情况足可见神舆的地位之高。此类情况同样发生在辽代，

---

① ［元］脱脱等撰：《辽史》，第900页。
② ［清］严可均：《全晋文》，商务印书馆，1999年，第1094页。
③ ［后晋］刘昫：《旧唐书》，第5213页。
④ ［梁］沈约：《宋书》，第493页。
⑤ ［唐］李延寿：《南史》，中华书局，1975年，第1539页。
⑥ ［元］脱脱等撰：《宋史》，第2622页。
⑦ ［元］脱脱等撰：《宋史》，第2909页。
⑧ ［唐］房玄龄：《晋书》，第2913页。
⑨ ［元］脱脱等撰：《宋史》，第3410页。

《辽史·礼志》记载契丹帝后再生仪上，要在"前期，禁门北除地置再生室、母后室、先帝神主舆"[①]，行礼时，"有司请神主降舆，致奠"[②]。辽太祖七年（913），辽太祖长弟耶律剌葛为争夺契丹可汗之位，发动"诸弟之乱"，被击溃后，"遗其所夺神帐于路，上（辽太祖）见而拜奠之"[③]。契丹族四时迁徙，车马为家，这种载于车上的"神帐"，便是其流动性的宗庙。既然神帐可以安装在车上，契丹帝后的寝帐也应可以安装在车上，只是文献缺载而已。田广林在《契丹礼俗考论》中认为后世蒙古国西征时，所用22头牛拉的巨大活动性毡帐，是契丹大舆的进一步发展[④]。

总体来看，辽代国仗中的车舆虽带有契丹民族传统游牧文化的特征，但其中一些车舆形式如总纛车、青幰车和大舆在隋唐时期的中原政权便已经存在，并非辽代独创。这表明，辽代国舆是契丹民族文化与中原文化交融结合的结果。特别是总纛车和大舆在辽代特殊的政治语境下被赋予了崇高地位，充分反映了辽代君主试图积极主动吸纳中原文化为己所用以便统治的初衷，从而造就了一个多元文化并存和谐发展的局面。

二、国仗中的仪具种类

辽代国仗作为契丹族的传统仪仗，具有简捷、实用的特点。史载："辽自大贺氏摩会受唐鼓纛之赐，是为国仗。其制甚简，太宗伐唐、晋以前，所用皆是物也……（包括）十二神纛，十二旗，十二鼓，曲柄华盖，直柄华盖。"[⑤]国仗通常为契丹贵族参加柴册仪、腊仪等大型祭祀活动使用，其基本的仪具包括旗鼓、骨朵、华盖。

（一）旗鼓

"旗帜者，军中之标表也。"[⑥]在古代，旗帜是被视为军队的标志与指挥器械的重要组成部分。它起着调度、指挥军队行进、集合以及参与战斗的关键作用。鼓是一种具有激励士气和促进集中注意力等功能的乐器，能够通过其独特的声音和节奏来刺激人们的情感和动力，并在音乐表演、战争或团队活动中起到重要的作用。由于"旗"与"鼓"在军事行动中的重要地位，其遂逐步演变成了象征权力的实物。

《新五代史·契丹传》中明确记载，契丹古八部通常通过选举一位领袖来管理人民和军队，以实现部落的统一。旗与鼓被视为证明领袖身份的标志。然而，在任期内，如果部落遭受自然灾害或畜牧业不景气的冲击，部落成员会聚集在一起商议，并选出一个新的领袖来取代现任领袖，同时传递旗与鼓给新的领袖。需要注意的是，被替代的领袖通常顺从这一制度，因为他们均认同并遵循这种规定，不敢违

---

① ［元］脱脱等撰：《辽史》，第879页。
② 同上。
③ ［元］脱脱等撰：《辽史》，第7页。
④ 田广林：《契丹礼俗考论》，第251页。
⑤ ［元］脱脱等撰：《辽史》，第917页。
⑥ ［宋］许洞：《虎钤经》，中华书局，2017年，第202页。

抗①。相似记述仍见于《旧五代史》《契丹国志》等著作中。从中可以推断出，在契丹社会早期发展阶段，"旗"与"鼓"在其中具有重要地位和作用，是部族权力的象征。唐贞观三年（629），契丹大贺联盟长摩会再次入唐朝献，唐太宗向摩会颁"赐旗纛"，以此表示对于契丹联盟以及摩会身份地位的承认。自此，契丹与唐朝建立了稳定的"常贡"关系②。

"旗"与"鼓"在辽代不仅是赏赐的媒介，更是显示统治者权威、增强士气的一种重要工具。例如，神册五年（920）后唐天德节度使宋瑶降，并"赐弓矢、鞍马、旗鼓，更其军曰应天"③。大康六年（1080）辽道宗"为皇孙梁王延禧设旗鼓，拽剌六人卫护之"④。李恽《天龙寺千佛楼碑》称："上御宇之八年乙亥，六月十六日于正殿受英武皇帝兼颁龙衣御带，驷马雕鞍，别赐神旗鼓吹。"⑤辽代旗鼓自唐传入，随着时代的变迁和历史的发展，旗鼓在辽代的象征意义也逐渐演变。在此期间，旗鼓更多地被视为权力的象征，仅有统治阶级有权使用。据笔者推测，辽代出行的旗鼓数量和规模可作为判断主人身份高低的标准之一。而这一推断在辽墓的考古发掘中也得到了证实。

旗帜作为纺织品，其材料和结构通常较为脆弱。岁月的侵蚀和保存环境中的不利因素（如潮湿、高温、氧化等），会加速纺织品的老化和腐蚀进程。此外，在古代文化中，将旗帜作为随葬物品使用的情况并不普遍，多数情况下是用其他形式的物品来代表象征意义。然而，在辽墓壁画中却时常出现旗帜的形象。辽代墓葬中，出现旗帜壁画的墓葬包括解放营子辽墓、库伦辽墓M1、库伦M8、法库县叶茂台M16等。其中，库伦辽墓M1墓葬北壁壁画的第二部分呈现了仪仗的场景。这一部分的壁画以发达的绘画技巧生动地描绘了五面大鼓的摆放情景，并呈现出一种梅花的形状。每个大鼓的外侧都绘有花瓣状的图案，彰显了古代艺术家对细节的精致描绘。此外，每个鼓的边缘都系着一根黑色的长杆，作为支撑。这五根长杆的顶端被缚在一起，并绘有彩带的飘动（图5）。

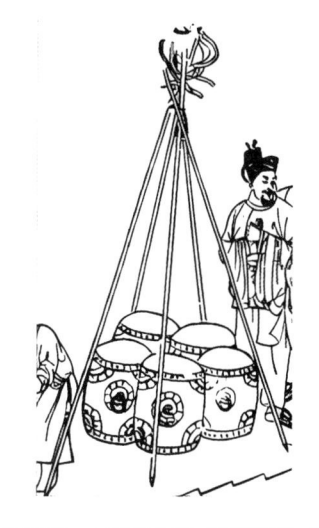

图5 库伦辽墓M1墓道北壁《出行图》壁画局部⑥

---

① ［唐］欧阳修：《新五代史》，中华书局，1974年，第2223页。
② ［唐］欧阳修：《新唐书》，第6173页。
③ ［元］脱脱等撰：《辽史》，第16页。
④ ［元］脱脱等撰：《辽史》，第285页。
⑤ 陈述：《全辽文》，中华书局，1982年，第89页。
⑥ 王建群、陈相如：《库伦辽代壁画墓》，文物出版社，1989年，第23页。

辽代墓壁画中，可以观察到鼓的呈现形式主要包括两种。一种是高度和面阔均相当可观的大鼓，这种形状的鼓属于常见形式。例如在法库县叶茂台M16墓道中，绘有五面大鼓；鸽子洞辽墓墓道出行图、敖汉旗羊山M1墓道西壁出行图（图6）、敖汉旗羊山M3鼓乐图、张文藻墓前室西壁散乐图、张世卿墓前室东壁散乐图、张世古墓前室东壁散乐图、张匡正墓前室东壁散乐图、张姓M9墓道西壁散乐图、韩师训墓散乐图、库伦辽墓M1南壁墓道出行图中均绘有大鼓。另一种是可随身携带的小鼓，迄今为止仅在我国辽宁阜新萧和墓中有被发现（图7）。

图7 萧和墓北壁契丹人《出行图》②

台M16在墓道中绘五面大鼓，其墓主人萧义官至辽北府宰相。鸽子洞辽墓墓道中残留有三面大鼓，据残存的墓志记载，墓主人为萧氏，官至"忠正军节度使、左金吾卫上将军、权燕京……"③，即表明墓主人生前为官僚贵族。库伦辽墓M1墓主人身份虽不能确定，但在壁画中显示生前使用五旗五鼓，壁画排场比叶茂台M16和鸽子洞辽墓更加宏大，其身份级别也相当之高，地位应不亚于前两者。由此可知在辽代出行旗鼓的数量多寡和规模也可体现墓主人当时的身份和地位，应为判断主人身份高低的标准之一。

图6 敖汉旗羊山M1墓道西壁《出行图》局部①

学术界认为国舆仪仗中旗鼓的不同规格可能有其不同的意义，在辽代出行礼仪当中，出行中旗鼓数量的多寡，与主人的身份和权势大小相关，地位越高者，旗鼓数量越多。据林沄研究，辽代王侯级别的皇亲贵族可能使用六旗六鼓，法库县叶茂

（二）骨朵

《武经总要》中对于骨朵的释义为："右蒺藜、蒜头骨朵二色，以铁若木为大首。迹其意，本为胍肫。胍肫，大腹也，谓其形如胍而大，后人语讹，以胍为骨，以肫为朵。"④李明晓在《"骨朵"小考》中认为骨朵最早可以追溯到新石器

---

① 内蒙古文物考古所：《敖汉旗羊山1—3号辽墓清理简报》，《内蒙古文物考古》1999年第1期，第20页。
② 万雄飞：《阜新辽萧和墓发掘简报》，《文物》2005年第1期，第33—50页。
③ 内蒙古文物考古研究所：《内蒙古文物考古文集》（第二辑），中国大百科全书出版社，1997年，第637页。
④ ［宋］曾公亮：《武经总要》，商务印书馆，2017年，第217页。

时代，其根源为一种具有环状石制头部并配有木柄的工具[1]。最初，这种工具被构思为一种用于辅助狩猎的工具。然而，随着时间的推移，其功能逐渐演变为一种武器。至商周之际，这种棍棒演变成为青铜质的"殳"，殳即为骨朵的同物异名器，并逐渐成为卤簿仪仗中的礼仪用器，即："伯也执殳，为王前驱。殳，前驱之器也，以木为之。"[2]唐朝卤簿中专设殳仗："殳仗左右厢千人，厢别二百五十人执殳，二百五十人执叉，皆赤地云花袄、冒、行縢、鞋袜。"[3]至辽初，骨朵最初多用于刑罚，"（杖刑）铁骨朵之法。……铁骨朵之数，或五或七"[4]。其材质多为铁质；其款式大致分为蒜头式、圆球式和蒺藜式三种。由于辽代前期受唐朝仪仗文化影响颇深，后来又受到宋朝仪仗文化的浸染，宋朝编专持骨朵的仪仗队，"具太后出入鸣鞭、仪卫，凡御龙直总五十四人，骨朵直总八十四人"[5]。故辽代骨朵逐渐被用为仪仗中的礼仪用器。

目前辽墓中的骨朵考古发现达30余处，但充当卤簿仪仗器具的骨朵多出现于辽墓壁画，这些壁画包括：韩家窝子M6、哈拉海场辽墓、翁牛特旗解放营子辽墓、鸽子洞辽墓、萧和墓、平原公主辽墓、建平水泉M2、敖汉旗北三家辽墓、库伦辽墓M7（图8）、库伦M8、库伦M2、库伦辽墓M1、陈国公主墓、床金沟辽墓M5（图9）、叶茂台M16、关山辽墓M4。以上墓葬壁画亦可充分证明，契丹族在辽代仪仗中使用骨朵的现象更为普遍，而汉族则多数持有执杖。这一事实侧面反映了辽代"以国制治契丹，以汉制待汉人"[6]的治理政策。骨朵通常单手执持，并置于肩上作为仪仗器具。在休息或需要额外支撑的情况下，骨朵亦可以用作拐杖来支撑身体。此外，在骑马期间，骨朵还可根据具体需要，类似于叶茂台M16和关山辽墓M4中，佩戴于腰间位置。因此，骨朵是一种使用方便、功能多样的实用器具，其在出行仪仗图中的出现频率相对较高。

图8 库伦辽墓M7墓道东壁侍从图[7]

---

[1] 李明晓：《"骨朵"小考》，《历史文献研究》（总第28辑），华东师范大学出版社，2009年，第369页。
[2] ［晋］崔豹：《古今注》，商务印书馆，1956年，第3页。
[3] ［宋］欧阳修：《新唐书》，第486页。
[4] ［元］脱脱等撰：《辽史》，第936页。
[5] ［宋］李焘：《续资治通鉴长编》，中华书局，1979年，第2302页。
[6] ［元］脱脱等撰：《辽史》，第685页。
[7] 齐晓光：《内蒙古库伦旗七、八号辽墓》，《考古》1987年第7期。

图9　床金沟辽墓M5天井南墙外壁图①

（三）伞盖

《唐令拾遗》载"伞即盖也"②，其作用有两点：第一发挥其本身作用，在主人出行时提供保护，遮风挡雨；第二同旗鼓作用类似，具有象征主人身份和地位的作用。在辽代国舆中，装饰在帝王车驾上的伞形顶盖分为曲柄华盖和直柄华盖。尽管华盖被列入了辽代国舆行列，但根据笔者的推测，华盖的出现与契丹族对中原文化的接受和融合密不可分。华盖与总纛车、青幰车以及大舆的来源类似，均属于中原卤簿仪仗的范畴，是契丹与汉民族之间交往、交流、交融的产物。

自古以来，中原地区的政权常将伞盖作为馈赠赐予周边少数民族，《三国志·乌丸传》载"（袁）绍矫制赐蹋顿、（难）峭王、汗鲁王印绶，皆以为单于"，袁绍为了笼络乌桓，壮大自己的势力，赐予乌桓三王"安车、华盖、羽旄、黄屋左纛"等帝王车舆之物③。黄初五年（224）魏文帝曹丕遣骁骑将军秦朗降鲜卑"拜归义王，赐幢麾、曲盖、鼓吹，居并州如故"④。正光三年（522）北魏赐高车"朱画步挽一乘并幔褥、伞扇各一枚、青曲盖五枚、赤漆扇五枚、鼓角十枚"⑤。由上述史料可知，早在东汉末年，东胡族系的乌桓便已经开始接触中原帝王车舆，而契丹同属东胡族系，我们推测，自袁绍赏赐乌桓三王时起，伞盖的形制便烙印于东胡民族。虽然文献中并没有直接记载契丹采用中原地区的伞盖，但是契丹紧邻中原地区，历史上受到中原王朝的影响颇深，尤其是自契丹灭后晋时"金吾、黄麾、六军之仗，辽受之晋，晋受之后唐，后晋受之梁、唐，其来也有自"⑥，在此过程中伞盖应当伴随着车辂制度传入契丹。

史料中对于辽代史料伞盖的记载较少，为了方便分析，兹制成辽代使用伞盖次数表如下（见表4）：

在表4中，辽代帝王的高贵身份毋需多言，而其余三位的身份在当时亦属统治阶级。恕荣时任为辽帝报时使命的都亭驿使；纯慧大师于重熙十八年（1049）敕授上京管内都僧录，仙逝后追封为检校太傅、太尉；松寿之父的生平虽无详细记载，但松寿为其

---

① 孙建华：《巴林右旗床金沟5号辽墓发掘简报》，《文物》2002年第3期。
② ［日］仁井田升：《唐令拾遗》，长春出版社，1989年，第391页。
③ ［西晋］陈寿：《三国志》，第834页。
④ ［西晋］陈寿：《三国志》，第836页。
⑤ ［北齐］魏收：《魏书》，中华书局，1974年，第2311页。
⑥ ［元］脱脱等撰：《辽史》，第917页。

表4 辽代使用伞盖次数之统计

时　间	使用人物	史　料　记　载	资　料　来　源
969年	恕荣	执伞持幡,却去上摩尼之殿。	《全辽文》卷四《王正》
1031年	辽圣宗	以欲从人。盛暑不张于伞盖。去奢从俭。	《全辽文》卷六《张俭》
不详	纯慧大师	(重熙初)敷课于白伞盖,每宴坐诵持。	《全辽文》卷八《沙门真延》
不详	不详	皇帝牙帐以枪为硬寨,用毛绳连系。每枪下黑毡伞一,以庇卫士风雪。	《辽史》卷三二《营卫中》
1120年	松寿之父	临命终时,十方圣众,各持华盖来迎。	《全辽文》卷十一《沙门》

父特建法幢,侧面反映了其家境殷实。因此可推断,华盖在辽代的使用范围较为有限,主要集中于非富即贵的统治阶级。这一观点亦在辽墓壁画中得到印证。

伞盖作为辽代卤簿出行中的仪物,其形象在辽墓壁画车马仪仗图中亦较为常见,多为人所举,作打开状。如在浩特花辽墓、床金沟辽墓M5(图10)、叶茂台M16、萧和墓、库伦辽墓M1、库伦M6、库伦辽墓M7、库伦M8、郑家窝铺辽墓、滴水壶墓(图11)等墓葬中均有展现。除却墓主人身份不明的墓葬,库伦墓地的规模大小不亚于关山萧和墓地,且部分墓葬可追溯至辽代中期,繁盛于道宗中后期,该墓地属于重要的高级贵族当无疑问。萧

图10　床金沟辽墓M5天井左《仪仗图》[①]

图11　滴水壶墓甬道北壁《引马出行图》[②]

---

① 孙建华:《巴林右旗床金沟5号辽墓发掘简报》,《文物》2002年第3期,第51—64页。
② 王未想:《内蒙古巴林左旗滴水壶辽代壁画墓》,《文物》1999年第8期,第56页。

和墓的墓主人是身份尊贵的晋国王及秦国太妃，而滴水壶墓的墓主人则是一位崇佛笃深并与皇族关系密切的人物。因此，结合文献中提到的人物身份、家境以及辽墓壁画中的相关描绘，可推断出伞盖在辽代的使用范围主要集中于高级贵族阶层，成为展现他们等级特权的实物。

三、结　语

虽然政治上的分裂和割据给文化交流带来了不少麻烦和障碍，但我们应当同时看到，在分裂割据的历史背景下，人口迁徙、战争刺激、经济发展是促进文化认同发展的客观条件，并为文化认同赋予了新的内涵。以辽朝为例，尽管其由游牧民族契丹人所建，但它与中原地区是紧密相连的，在物质文化和精神文化上均受到了中原文化的深刻影响。在政权初期，辽朝即已确定向中原政权学习的方向，从而通过一系列主动朝贡和战争掠夺等措施，初步引入了唐、晋卤簿等文化元素。随着政权的不断壮大及治政理念的转变，辽朝开始将自身视为华夏正统文化的继承者，不断地学习与借鉴唐文化。基于此，在国舆的形制、装饰和随从人员人数方面，辽朝也逐渐接近唐制，并对之加以推崇。随着对中原文化的认同程度不断加深，辽朝国仗也在不断发展和完善之中，呈现出其独特的礼仪性特征。这些方面的发展不仅折射出了特定时代的光芒，还体现出了辽朝在应对不断变化的政治环境和文化形态方面的策略。因此，在历史的长河中，政治上的割据虽带来了不少挑战，但文化交流和认同的发展仍然在客观条件和历史背景的影响下逐步推进。

金代济南府官员考略*

邵京涛

山东艺术设计职业学院

内容提要：本文利用现存的金代文献及墓志、石刻等资料，统计出金代济南府职官共有53位，并对金代济南府官员的选任时间、入仕途径、官员活动等进行考察。从金代济南府官员的任职情况来看，以熙宗时期所选任的官员人数为最多，卫绍王时最少。此外，金代济南府官员的入仕途径大致可以分为六种：科举进士、恩荫、军功、世袭、归降、出职。通过对金代济南府官员的选任及其活动作整体考察，我们或可进一步窥探金代济南府地区的政治治理情况。

关键字：金代　济南府　官员选任　治迹

当前对于金代济南府官员的研究尚显不足，《济南通史·宋金元卷》《山东通史》等书虽然介绍了金代济南府职官的设置情况，但是却未能充分利用金代文献（如《大金国志校证》《归潜志》《元好问全集》等）对人员进行完全统计。盖因其成书年代较早，研究基础比较薄弱，故对金代济南府的任职人员关注不多。此外，其亦缺少对金代墓志、石刻等资料的使用。鉴于以上情况，笔者不揣浅见，试作此篇，以补金代济南府官员研究之不足。

一、金代济南府任职官员统计

天会六年（1128），金军攻占宋济南府。其后，天会八年（1130），又将济南府予伪齐。天会十五年（1137），废伪齐，仍名为济南府。后至泰和八年（1208），济南府升为上等散府。据《金史·百官志》记载，济南府应设有府尹一员，正三品。府尹之下设有同知一员，正四品；少尹一员，正五品。另设府判一员，秩从六品，"掌纪纲众务，分判吏、户、礼案事，专掌通检推排簿籍"[①]；推官一员，正七品，"掌同

---

* 本文选题曾得到渤海大学历史系孙红梅教授启发，谨在此致谢。

① ［元］脱脱等撰：《金史》，中华书局，1975年，第1311页。

府判，兵、刑、工案事"[①]；府教授、知法各一员，品级不详。此外，笔者在墓志石刻资料中发现尚有其他官职名称的存在，如济南府录事、同知济南尹事等。

通过梳理《金史》《元好问全集》《归潜志》《全金石刻文辑校》等文献及墓志石刻资料，我们将姓名可考的济南府官员作以下汇总（详见表1）。由表1可以看出，任职于济南府的官员人数多达53人，是非常可观的。

表1　金代济南府官员名录

姓　名	时　间	籍　贯	官　职
刘豫	天会六年	景州阜城人	知济南府
刘麟	天会七年	景州阜城人	知济南府
完颜卞	大定十四年	不详	济南尹
徒单恭	天眷二年	不详	济南尹
赤盏晖	天眷三年	来州人	济南尹
萧公建	天眷年间	奚五帐族人	济南府少尹
韩昉	皇统元年	燕京人	济南尹
任□	皇统七年	不详	济南府推官
完颜突合速	皇统八年	拿罕塞人	济南尹
斜卯阿里	皇统年间	不详	济南尹
谢銮	皇统九年	不详	移守济南
李德恭	皇统九年	不详	济南府推官、权判官
完颜没良虎	皇统九年	不详	济南府推官
夏绰	皇统九年	不详	济南府录事
韩为股	皇统九年	不详	同知济南尹事
完颜笃化叔	皇统九年	不详	行济南府尹
张岩老	皇统二年	不详	差充济南府节度掌书记
赵兴祥	天德初年	平州卢龙人	济南尹

---

① ［元］脱脱等撰：《金史》，第1311页。

续表

姓　名	时　间	籍　贯	官　职
完颜雍	天德二年	上京人	济南尹
徒单拔改	天德二年	会宁葛马合窟申人	济南尹
完颜按答海	贞元元年	不详	济南尹
张中孚	贞元三年	张义堡人	济南尹
仆散忠义	正隆六年	上京拔卢古河人	济南尹
完颜阿琐	大定二年	不详	济南尹
韩锡	大定二年	渔阳人	知济南府事、济南尹
徒单绎	大定年间	按出虎达阿人	同知济南府事
完颜毂英	大定二年	不详	济南尹
完颜耶补儿	大定年间	不详	同知济南尹事
完颜永元	大定六年	不详	济南尹
邹谷	大定年间	密州诸城人	济南府治中
刘萼	大定年间	大兴宛平人	济南尹
完颜樕柷	大定十四年	不详	济南府判
梁肃	大定十五年至大定十七年	奉圣州人	济南尹
刘玮	大定二十九年	咸平人	知济南府事
完颜永功	明昌元年	上京人	济南府判官
李愈	明昌元年	绛之正平人	同知济南府
路伯达	明昌元年	冀州人	同知济南府事
乌古论元忠	明昌二年	上京独拔古人	知济南府
完颜守贞	明昌五年、承安五年	不详	知济南府事、知济南府
张万公	承安三年、泰和六年	东平东阿人	知济南府
完颜阿里剌	承安二年	隶上京司属司	知济南府
范楫	承安四年	不详	知济南府事

续表

姓　　名	时　间	籍　　贯	官　职
蒲察西京	承安五年	不详	济南府判官
贾铉	泰和六年	博州博平人	知济南府
贾益谦	泰和八年	东平人	知济南府
蒲察张家奴	泰和八年	不详	知济南府事
刘昂	泰和年间	济南人	济南尹
乌古论夺剌	崇庆二年	不详	知济南府事
石抹元	贞祐初年	懿州路胡土虎猛安人	知济南府
奥屯忠孝	贞祐初年	懿州路胡土虎猛安人	知济南府事
完颜阿喜	贞祐二年	不详	知济南府事
完颜仲元	贞祐三年	中都人	知济南府事
成江	贞祐年间	不详	济南总管

从济南府官员的选任时间来看，金太宗时期共有2人，熙宗时期有14人，海陵王时期有6人，世宗时期计有12人，章宗时期有13人，卫绍王时期则仅有1人，宣宗时期共计5人。由此可知，金熙宗时期所选任的济南府官员人数最多，共有14人，约占金代济南府官员总数的26%。而卫绍王时期选任的济南府官员人数最少，只有1人，约占济南府官员总数的2%左右。金代济南府官员的选任，主要分布于熙宗、世宗和章宗三朝。出现这种现象的原因我们推测如下：

首先，天会七年（1129），北宋济南知府刘豫不战而降，济南因此免遭战火，建置得以完好保存。金朝为巩固地方统治，扶植刘豫，建立伪齐傀儡政权。其后，金廷徙刘豫"知东平府兼诸路马步军都总管"①"以豫子麟知济南府"②，此后济南府便归刘麟管辖。至天会十五年（1137），金熙宗诏废伪齐，降封豫为蜀王。废齐国尚书省，置行台尚书省于汴，归金政权中央直接管理。至此，济南府重新被金朝夺回。

其次，皇帝在位时间长短也是一个重要原因。世宗和章宗在位的时间较长，因而所选任的济南府官员数量也较多。卫绍王于泰和八年（1208）十一月即位为帝，到至宁元年（1213）八月蒙古军进攻中都时为纥石烈执中所弑，在位时间极短，故其选任的

---

① ［元］脱脱等撰：《金史》，第1759页。
② ［元］脱脱等撰：《金史》，第1762页。

济南府官员也较少。再次，统治者所实行的政策也会对官员的选任产生影响。天会五年（1127），"以河北、河东初降，职员多阙，以辽、宋之制不同"①，金太宗下令南北各因其素所习之业取士，号为"南北选"。至天眷元年（1138）五月，又诏南北选各以经义、词赋两科取士②。世宗和章宗时期也都极为注重科举取士，如金世宗大定十三年（1173），"以策、诗取士，始设女直国子学，诸路设女直府学，以新进士为教授"③。到大定二十八年（1188），再复经义科。金章宗完颜璟为金朝皇帝中文化水平最高者，其登基时金朝已立国七十余年，"礼乐刑政因辽、宋旧制，杂乱无贯，章宗即位，乃更定修正，为一代法"④。金朝国内的文化发展已经达至巅峰，科举取士也成为选拔人才的主要途径。

最后，还要包括外部环境因素的影响。宣宗时期，外有来自蒙古的军事威胁，国土日蹙，内部阶级矛盾与民族矛盾也日益加剧。迨贞祐元年（1213）秋，蒙古兵分三路南下，成吉思汗与其四子拖雷为中军，攻取雄、霸、莫、安、河间、沧、景、献、深、祁、济南、滨、棣、益都等郡⑤。"山东被兵，郡县望风而遁"⑥，但是蒙古军攻陷济南后不久又弃去。待到蒙古退兵以后，山东东路地区爆发了大规模的红袄军起义。兴定三年（1219），李全兵破济南，旋即又为金军收复⑦。至兴定四年（1220），济南府再陷于蒙古，自此以后，济南不复为金朝所有，故金哀宗时期再无济南府官员之记载。

二、金代济南府官员的入仕途径

金代济南府官员共有53位，其中入仕途径无法考证的有23人，依据存世的金代史料，对余下这30位济南府官员的入仕途径进行考析，如表2所示：

表2 金代济南府官员入仕途径考察表

姓　名	民　族	入仕途径	史料来源
刘　豫	汉族	降臣	《金史·刘豫传》
刘　麟	汉族	降臣	《金史·刘豫传》
徒单恭	女真族	恩荫	《金史·徒单恭传》
赤盏晖	女真族	降臣	《金史·赤盏晖传》

---

① ［元］脱脱等撰：《金史》，第1134页。
② 同上。
③ ［元］脱脱等撰：《金史》，第1133页。
④ ［元］脱脱等撰：《金史》，第1689页。
⑤ ［明］宋濂等撰：《元史》，中华书局，1976年，第17页。
⑥ ［元］脱脱等撰：《金史》，第2646页。
⑦ 周振鹤主编，余蔚著：《中国行政区划通史·辽金卷》，复旦大学出版社，2017年，第843页。

续 表

姓　　名	民　　族	入仕途径	史料来源
韩　昉	汉族	降臣	《金史·韩昉传》
完颜突合速	女真族	军功	《金史·突合速传》
斜卯阿里	女真族	军功	《金史·斜卯阿里传》
赵兴祥	汉族	降臣	《金史·赵兴祥传》
完颜雍	女真族	恩荫（宗室）	《金史·世宗本纪》
徒单拔改	女真族	军功	《金史·徒单阿里出虎传》
完颜按答海	女真族	世袭	《金史·完颜宗雄传》
张中孚	汉族	降臣	《金史·张中孚传》
仆散忠义	女真族	军功	《金史·仆散忠义传》
完颜阿琐	女真族	恩荫（宗室）	《金史·完颜宗强传》
韩　锡	汉族	恩荫	《金史·韩锡传》
徒单绎	女真族	出职	《金史·徒单绎传》
完颜毅英	女真族	军功	《金史·银术可传》
邹　谷	汉族	科举进士	《金史·邹谷传》
刘　萼	汉族	降臣	《金史·刘彦宗传》
完颜永功	女真族	恩荫（宗室）	《金史·完颜永功传》
李　愈	汉族	科举进士	《金史·李愈传》
路伯达	汉族	科举进士	《金史·路伯达传》
完颜守贞	女真族	世袭	《金史·完颜希尹传》
张万公	汉族	科举进士	《金史·张万公传》
贾　铉	汉族	科举进士	《金史·贾铉传》
贾益谦	汉族	科举进士	《金史·贾益谦传》
石抹元	契丹族	出职	《金史·石抹元传》
奥屯忠孝	女真族	科举进士	《金史·奥屯忠孝传》
完颜阿喜	女真族	世袭	《金史·完颜阿喜传》
完颜仲元	汉族	军功	《金史·完颜仲元传》

按《金史·选举志二》记载："自进士、举人、劳效、荫袭、恩例之外，入仕之途尚多，而所定之时不一。"①根据入仕途径的不同，可将这30位入仕途径可考的金代济南府官员，大致分为以下六种情况：

其一，通过科举考试而后入仕。凭借此种方式入仕的济南府官员共有7人，且全部为进士出身。如张万公，擢正隆二年（1157）进士第②；邹谷，中大定十三年（1173）进士第，"累官沈王府文学"③；贾益谦，大定十年（1170）词赋进士，"历仕州郡，以能称"④；李愈，业儒术，中正隆五年（1160）词赋进士，"调河南渑池主簿"⑤；路伯达，登正隆五年（1160）进士第，"调诸城主簿"⑥；贾铉，中大定十三年（1173）进士，"调滕州军事判官、单州司候，补尚书省令史"⑦；奥屯忠孝，中大定二十二年（1182）进士科，"调蒲州司候"⑧。通过科举入仕的济南府官员中，除了奥屯忠孝是女真人，其余的均为汉人。另外，济南府官员入仕时间大多集中在海陵王和金世宗时期，这与海陵王、世宗时期金朝的科举制度逐渐臻于完备相关。迨海陵天德三年（1151），将南北选合二为一，罢经义策试两科，后专以词赋取士。金世宗停止侵宋战争，励精图治，开创"大定之治"的局面。金世宗在位期间极为注重科举取士，大定四年（1164），世宗敕宰臣，"进士文优则取，勿限人数"。至大定二十八年（1188），金世宗又复置经义科。金朝国内文化发展达到新的高度，科举取士也已经成为国家选拔人才的主要途径。

其二，凭借恩荫的方式进入官僚群体有5人，即：完颜永功、韩锡、完颜雍（金世宗）、徒单恭、完颜阿琐。完颜永功，大定四年（1164），封郑王，大定十五年（1175），除刑部尚书；韩锡，以荫补阁门祗候⑨；完颜雍，即金世宗，皇统年间，"以宗室子例授光禄大夫，封葛王，为兵部尚书"⑩；徒单恭，依凭世戚，"天眷二年（1139），为奉国上将军"⑪；完颜阿琐，天德二年（1150），"以宗室子，授奉国上将军，累加金吾卫上将军，居于中都"⑫。

其三，通过建立军功的方式入仕，《金史·选举志》记载："凡军功有六，一曰川野见阵，最出当先，杀退敌军。二曰攻打抗拒州县山寨，夺得敌楼。三曰争取船

---

① ［元］脱脱等撰：《金史》，第1158页。
② ［元］脱脱等撰：《金史》，第2101页。
③ ［元］脱脱等撰：《金史》，第2288页。
④ ［元］脱脱等撰：《金史》，第2334页。
⑤ ［元］脱脱等撰：《金史》，第2129页。
⑥ ［元］脱脱等撰：《金史》，第2138页。
⑦ ［元］脱脱等撰：《金史》，第2191页。
⑧ ［元］脱脱等撰：《金史》，第2298页。
⑨ ［元］脱脱等撰：《金史》，第2148页。
⑩ ［元］脱脱等撰：《金史》，第121页。
⑪ ［元］脱脱等撰：《金史》，第2616页。
⑫ ［元］脱脱等撰：《金史》，第1608页。

桥，越险先登。四曰远探捕得喉舌。五曰险难之间，远处报事情成功。六曰谋事得济，越众立功。"①由上表可知，凭借军功进入仕途的济南府官员共计6人，即：完颜仲元、完颜縠英、斜卯阿里、完颜突合速、徒单拔改、仆散忠义。完颜仲元，本姓郭氏，"大安中，李雄募兵，仲元与完颜阿邻俱应募，数有功。贞祐三年（1215），与阿邻俱累功至节度。仲元为永定军节度使，赐姓完颜氏"②；完颜縠英，"年十六，父银术可授以甲，使从伐辽，常为先锋，授世袭谋克"③；斜卯阿里，从乌睹本攻下宁江州，授猛安④；完颜突合速，"攻唐、蔡、陈州及颍昌府皆克之"⑤，天眷初年，除彰德军节度使；徒单拔改，太祖时有战功，领谋克，曷速馆军帅，皇统四年（1144）为兵部侍郎；仆散忠义，领本部谋克兵，随完颜宗辅平定陕西，"行间射中宋大将，宋兵遂溃，由是知名。帅府录其功，承制署为谋克"⑥。

其四，是以近侍或者吏员的身份出职入仕。由表2可知，通过此种方式进入仕途的金代济南府官员人数最少，仅有2人。徒单绎，尚熙宗第七女沈国公主，"充符宝祇候，迁御院通进，授符宝郎"⑦；石抹元，契丹族，幼孤，补枢密院、尚书省译史，"调同知恩州军州事，迁监察御史，为同知淄州军州事"⑧。出职之人在任职一定年限以后，可免铨试，直接补官，授予差遣。不过，此二人出职入仕的品秩较低，后又得到升迁，辗转诸官，才得以出任济南府职官。

其五，通过世袭的方式进入仕途。《大金国志校证·除授》云："其世袭法，世袭千户，金国深重其赏，非宗室勋臣之家不封，勋臣之家亦止本色人及契丹、奚家而已。所袭官职，亦非一等，上自明威将军，下至千户、三百户。"⑨根据表2可知，凭借世袭方式得以入仕的济南府官员有3人，分别为完颜按答海、完颜阿喜、完颜守贞。其中，完颜按答海，宗雄次子，天眷二年（1139），"袭父猛安。除大宗正丞，以猛安让兄子唤端，加武定军节度使，奉朝请"⑩；完颜阿喜，宗室子，"袭父北京路笤柏山猛安，听讼明决，人信而爱之。察廉能，除彰国军节度副使"⑪；完颜守贞，贞元二年（1154），"袭祖谷神（即完颜希尹）谋克"⑫。通过世袭方式进入仕途的

---

① [元]脱脱等撰：《金史》，第1166页。
② [元]脱脱等撰：《金史》，第2265页。
③ [元]脱脱等撰：《金史》，第1659页。
④ [元]脱脱等撰：《金史》，第1799页。
⑤ [元]脱脱等撰：《金史》，第1803页。
⑥ [元]脱脱等撰：《金史》，第1935页。
⑦ [元]脱脱等撰：《金史》，第2622页。
⑧ [元]脱脱等撰：《金史》，第2769页。
⑨ [宋]宇文懋昭撰，崔文印校证：《大金国志校证》，中华书局，1986年，第507—508页。
⑩ [元]脱脱等撰：《金史》，第1683页。
⑪ [元]脱脱等撰：《金史》，第1569页。
⑫ [元]脱脱等撰：《金史》，第1686页

济南府官员大多出身于宗室贵戚之家，可见世袭亦是金代济南府官员入仕的重要途径。

其六，是凭借降臣身份而得以进入官僚群体。由表2可知，金代以降臣身份入仕的济南府官员共有7人。如刘豫，当挞懒攻济南时，"豫遂杀关胜出降"①，又《大金吊伐录校补》记载"右下知济南府刘豫可知东平府事、京东、京西、淮南等路安抚使、兼诸路马步军都总管"②；刘麟，天会七年（1129），金朝以刘麟知济南府事，齐国建，以济南为兴平军，刘麟为节度使，"充诸路兵马大总管，判济南府事"③；韩昉，仕辽，累世通显，辽天祚帝天庆二年（1112），"中进士第一，补右拾遗，转史馆修撰"④，辽朝灭亡之后，韩昉降金；刘萼，为刘彦宗季子，辽末以荫补阁门祇候。天辅七年（1123），"授礼宾使，累官德州防御使"⑤；赵兴祥，平州卢龙人，六世祖赵思温，"及娄室获辽主，兴祥乃归国，从宗望伐宋，为六宅使"⑥；张中孚，天会八年（1130），"睿宗以左副元帅次泾州，中孚率其将吏来降，睿宗以为镇洮军节度使知渭州，兼泾原路经略安抚使"⑦，降臣率众来降亦增加投降的诚意，使其更容易得到金朝统治者的信任；赤盏晖，辽季以破贼功，授礼宾副使，"领来、隰、迁、润四州屯兵"⑧，天辅六年（1122）投降，金廷"仍命领其众，从阇母定兴中府义、锦等州"⑨。金廷任命这些降臣为济南府职官，既是对其能力的一种认可，又有利于巩固金朝在济南府地区的统治。

三、金代济南府官员活动钩沉

金代的济南府官员承担着各种职能，并在任职期间留下一些治迹。因文中所统计之济南府官员半数以上来源于《金史》，而墓志、石刻资料对济南府官员的事迹亦提及较少，故下文仅简要论述济南府官员的活动。

1. 维护治安，招抚流亡

张万公，东平东阿人，擢正隆二年（1157）进士第。大定四年（1164），为辽阳府路辰渌盐司判官，"课最，超淄川长山令"⑩，在位期间有惠政，人为立祠。据《金史·张万公传》记载："时土寇未平，一旦至城下者几万人，万公登陴谕以乡里亲旧意，众感悟相率而去，邑人赖之，为立生祠。"⑪济南府介于金代山东东、西两路

---

① ［元］脱脱等撰：《金史》，第1759页。
② ［金］佚名编，金少英校补，李庆善整理：《大金吊伐录校补》，中华书局，2001年，第535页。
③ ［元］脱脱等撰：《金史》，第1762页。
④ ［元］脱脱等撰：《金史》，第2714页。
⑤ ［元］脱脱等撰：《金史》，第1770页。
⑥ ［元］脱脱等撰：《金史》，第2026页。
⑦ ［元］脱脱等撰：《金史》，第1788页。
⑧ ［元］脱脱等撰：《金史》，第1805页。
⑨ ［元］脱脱等撰：《金史》，第1805页。
⑩ 姚奠中主编：《元好问全集》，三晋出版社，2015年，第336页。
⑪ ［元］脱脱等撰：《金史》，第2101页。

之间，位置最为冲要。泰和六年（1206），"南鄙用兵，上以山东重地，须大臣镇抚之"①，命张万公判济南府、山东东西路宣抚使，便宜行事，"公为之布教条，问民所疾苦，贷通赋以宽流亡，假闲田以业单贫。戍边郡者，戒之以守疆场，毋敢妄动；莅州郡者，戒之以省符牒，毋敢妄扰"②。山东连岁旱蝗，张万公"虑民饥盗起，当预备赈济"③。时值兵兴，国用不给，"万公乃上言乞将僧道度牒、师德号、观院名额并盐引，付山东行部，于五州给卖，纳粟易换。又言督责有司禁戢盗贼之方"④。

2. 抵御外敌，镇守地方

贞祐二年（1214）春，"张汝楫据灵岩，遣别将攻长清"⑤，严实破走之，以功授长清尉。贞祐初年，蒙古兵取济南府支郡——淄州，淄州军事判官齐鹰扬等募兵备御，"城破，率众巷战"⑥，最后不屈而死。其后，金廷诏赠齐鹰扬为嘉议大夫、淄州刺史，"仍立庙于州，以时致祭"⑦。守兖州观察判官梁昱尝摄淄州刺史，"率军民力田，征科有度，馈饷不乏"⑧，保全淄州，土贼不敢发。

3. 开挖运河，发展经济

伪齐刘豫统治时期，其在济南府的重要施政措施便是开挖小清河，目的即是为了疏通滨海地区至济南府的盐运航道，扩大商贸通道，以增加政府财政收入。当时济南地区的水运主要依靠大清河，"自五代宋初以来，流经山东地区的大清河就得到整治疏浚，是东北达海口，西南汇通北宋首都东京开封府的重要水上交通运道"⑨。刘豫开凿小清河并非开出一条新河，而是引导泺水东行，使其流入疏浚挖掘好的济水故道。据于思容《齐乘·山川》记载："古泺水，自华不注山东北入大清河。伪齐刘豫乃导之东行，为小清河。自历城东迳章丘、邹平，又东迳般阳之长山、新城，又东迳高苑至博兴合时水，东北至马车渎入海，曲行几五百里。故自济南东传博兴，南源众水，古入济者，今并入小清焉。"⑩小清河的开凿，既可使济南北郊沼泽地区的积水得到宣泄，又能辅助大清河的航运，增强了济南和山东各地之间的物资交流。由于新开通的小清河与大清河、黄河联为一体，从而使济南"成为东西航运贸易的中心，各地物资流转，也在很大程度上促进了济南城市商业和其他经济的发展"⑪。

此外，刘豫在小清河航运开通之后，还整治了河海联运，"发展南北物质的海

---

① ［元］脱脱等撰：《金史》，第2105页。
② 姚奠中主编：《元好问全集》，第338页。
③ ［元］脱脱等撰：《金史》，第2105页。
④ ［元］脱脱等撰：《金史》，第2105页。
⑤ 姚奠中主编：《元好问全集》，第470页。
⑥ ［元］脱脱等撰：《金史》，第2653页。
⑦ ［元］脱脱等撰：《金史》，第2653页。
⑧ ［元］脱脱等撰：《金史》，第2252页。
⑨ 安作璋主编，张熙惟本卷主编：《济南通史·宋金元卷》，齐鲁书社，2008年，第127页。
⑩ 崔照忠主编：《青州文献系列之八·齐乘》，青岛出版社，2010年，第48页。
⑪ 安作璋主编，张熙惟本卷主编：《济南通史·宋金元卷》，第261页。

路运输交流"①。其后,直到阜昌七年(1136)九月,刘豫才罢沿海互市,说明在其统治期间,海上贸易是不间断的。当时山东半岛的海上贸易通过大清河和小清河而联运至内地,济南府亦因此成为一个水陆运输的转运枢纽。

---

① 安作璋主编,张熙惟本卷主编:《济南通史·宋金元卷》,第128页。

完颜娄室墓相关资料的梳理与浅思

徐媛媛

旅顺博物馆

内容提要：位于吉林省长春市区东10余公里石碑岭上的完颜娄室墓，在解放前便已被破坏殆尽，随葬品无存，仅存墓圹部分。1988年，吉林省考古工作者对完颜娄室墓地进行了清理和发掘，明确了墓的形制和位置。本文在将完颜娄室墓相关的早期著录及调查研究资料进行梳理的基础上，对其是否为家族墓地、夫妻合葬墓进行了初步的探讨。

关键词：完颜娄室　史迹　家族墓葬　夫妻合葬

完颜娄室 斡里衍[①]（1078—1130），女真族完颜部人，大金著名将领，开国功臣。幼时便显露出过人的天分，在军事方面战功卓著。跟随金太祖完颜阿骨打（1068—1123），在灭辽战争及对北宋的战役中，屡建战功，曾为黄龙府万户，亲自俘获天祚帝，太祖为表其功"赐铁券，惟死罪乃笞之，余罪不问"[②]。金太宗天会八年（1130），完颜娄室病死于径州军中。

完颜娄室死后归葬于济州之东南奥吉里，即今长春市东10余公里的石碑岭岭腹的南坡之上，现属市郊三道乡丰产村刘家炉屯[③]。金太宗完颜晟（1075—1135）亲往祭奠，"赠泰宁军节度使，兼侍中，加太子太师"。金睿宗完颜宗辅（1096—1135）称颂其自国初迄今"将帅无能出其右者"。皇统元年（1141），金熙宗完颜亶（1119—1150）赠"开府仪同三司，追封莘王。以正隆例改赠金源郡王，配享太宗庙廷，谥壮义"[④]，后改谥金源郡王。大定十七年（1177），金世宗完颜雍（1123—1189）念其生前有奇功，在其家乡（今长春东）立碑。

---

① 通常表述为"字斡里衍"，但已有学者通过解读女真人名，认为"斡里衍"应为第二女真名，此处采用后者。
② ［元］脱脱等撰：《金史》卷七十二《娄室传》，中华书局，1975年，第1651页。
③ 刘红宇：《长春近郊的金代完颜娄室墓》，《北方文物》1986年第4期，第36页；《长春市郊完颜娄室墓地考古新收获》，《北方文物》1990年第4期，第32页。
④ ［元］脱脱等撰：《金史》卷七十二《娄室传》，第1652页。

一、早期著录和调查研究

1. 早期著录

（1）《扈从东巡日录》

《扈从东巡日录》成书于清康熙二十三年（1684），共二卷，为高士奇[①]（1645—1704）在康熙二十一年随圣祖第二次东巡时所写下的日记。康熙此次东巡的目的，不仅是要向祖先禀告平定三藩成功，更重要的是视查东北边防，准备抗击沙俄侵略势力。

《扈从东巡日录》卷下载：

乙酉……驻跸英儿门去此百五十里，有大金壮（《金史》作庄）义王娄室墓神道碑，高八尺八寸，宽四尺五寸，厚二尺二寸，顶高三尺，上镌翰林院直学士、中大夫、知制诰兼行秘书监少监、虞王府文学、轻车都尉、太原郡开国伯、食邑七百户、赐紫金鱼袋王彦潜撰文，奉上大夫、大名府路兵马都总管判官、飞骑尉、赐绯鱼袋任询书丹额篆"大金开府仪同三司，金源郡壮义王完颜公神道碑"，其文备载娄室攻克黄龙府、白水泺及与宋军战于太原、氾水、蒲、解、富平、延绥之功，与经史所载无异，末云卒于泾州，归葬于济州之东南隩……[②]

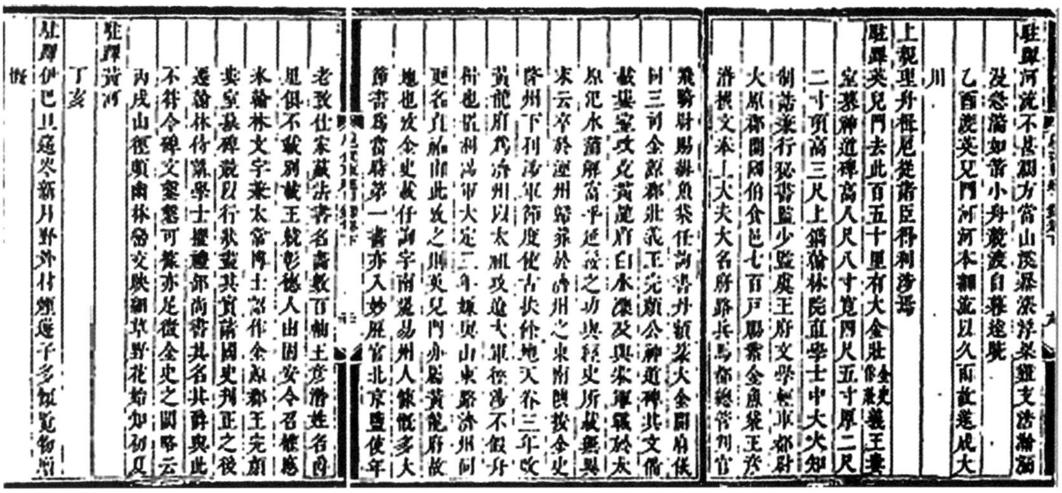

图1 《扈从东巡日录·卷下》书影

高士奇在其《扈从东巡日录》中不仅记录其所见，还对所记内容加以考证。英儿门，属黄龙府故地。黄龙府，《辽史》载"龙州黄龙府本渤海扶余府"，为辽军事重地。且高士奇考《金史》载任询之生平，却无王彦潜之记载。《金史》中别载："王

[①] 高士奇，字澹人，号江村、瓶庐，谥号文恪，浙江平湖人，官至二品礼部侍郎。作为康熙皇帝的文学侍从，高士奇深受康熙皇帝的器重，几次随康熙出巡，时常陪伴在康熙皇帝左右。

[②] [清]高士奇：《扈从东巡日录》卷下，第18—20页。

竞，诏作金源郡王完颜娄室墓碑，竞以行状尽其实，请国史刊正之。其名其爵，与此不符。”高士奇亲眼所见碑文，应是真实可靠的[①]。

（2）《盛京通志》

由董秉忠主修，清康熙二十三年刊行的《盛京通志》（三十二卷本）卷二十二之十七“陵墓”条有载：

> 完颜娄室墓
>
> 船厂之西二百里薄屯山上有金源郡王墓，有石碑一，石人三，石羊二。按：碑为娄室墓[②]。

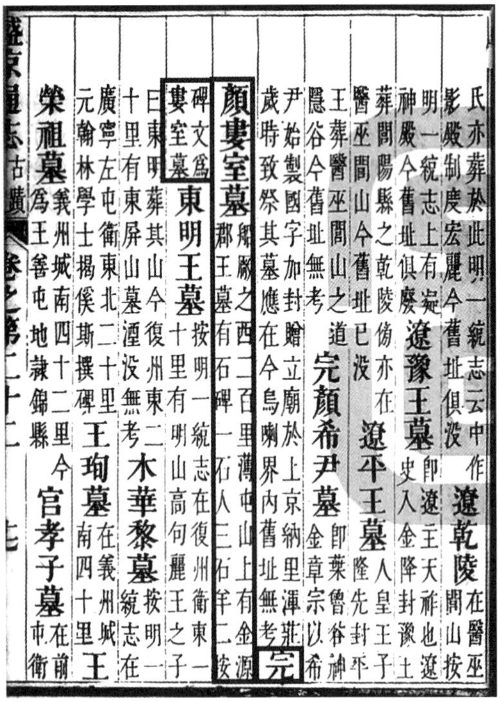
氏亦葬於此明一統志云中作影殿制度宏麗今舊址俱沒
遼乾陵 在醫巫閭山按明一統志上有寔神殿今舊址俱廢
遼豫王墓 卽遼王天祚也遼史入金降封豫王葬閭陽縣之乾陵傍亦在醫巫閭山今舊址已沒
遼平王墓 人皇王子隆先封平王葬醫巫閭山之道隱谷今舊址無考
完顏希尹墓 卽葉魯谷神金章宗以希尹始製國字加封贈立廟於上京納里渾莊歲時致祭其墓應在今烏喇界內舊址無考
完顏婁室墓 船廠之西二百里薄屯山上有金源郡王墓有石碑一石人三石羊二按碑文爲婁室墓
東明王墓 按明一統志在復州衛東一十里有明山高句麗王之子曰東明葬其山今復州東二十里有東屛山墓湮沒無考
木華黎墓 按明一統志在廣寧左屯衛東北二十里元翰林學士揭傒斯撰碑
王珣墓 在義州城南四十里
王榮祖墓 義州城南四十二里今爲王善屯地隷錦縣
官孝子墓 在前屯衛
盛京通志 古蹟 卷之第二十二 七

图2 《盛京通志·完颜娄室墓》书影

（3）《柳边纪略》

由杨宾[③]（1650—1720）撰写的《柳边纪略》，完成于清康熙四十六年（1707）前后，共五卷，最后一卷为诗。书中记载了当时柳条边外，即山海关以东的形势，山川、道里、卫所、官制、兵额、城堡、驿站、部落、寺庙、贡赋、物产、民情、风俗、文化等诸多内容。“柳边者，插柳为边”，时人也叫“柳条边”“条子边”，又名“盛京边墙”“柳墙”，是清顺治年间分段修筑，至康熙年间陆续完成的一项柳条篱笆工程，是清廷用来禁止内地人民进入关东打猎、采参和放牧的屏障。《柳边纪略》可谓是第一部比较全面系统记述黑龙江乃至东北历史地理的作品。

《柳边纪略》卷四载：

> 船厂西二百里薄屯山有金完颜娄室神道碑高八尺八寸阔四尺五寸厚一尺二寸顶高三尺两面镂蛟龙其阴残毁其阳篆二十字作五行文曰大金开府仪同三司金源郡壮义王完颜公神道碑碑身作楷书文曰大金故开府仪同三司左副元帅金源郡壮义王完颜公神道碑翰林直学士大中大夫知制诰兼行秘书少监虞王府文学轻车都尉太原郡开国伯食邑七百户赐紫金鱼袋臣王彦潜奉上大夫大名府路兵马都总管判官飞骑尉赐绯鱼袋臣任询明威将军东上阁门使兼行太庙署令上骑都尉平原县开国子食邑五百户臣左光庆王……[④]

---

① 兰延超：《高士奇及其〈扈从东巡日录〉研究》，东北师范大学硕士学位论文，2010年，第2—14、27页。

② 董秉忠主修：《盛京通志》卷二十二《古迹志附陵墓》，康熙二十三年本，第17页。

③ 杨宾，字可师，号耕文，别号大瓢，又号小铁，浙江山阴（今绍兴）人。

④ 杨宾：《柳边纪略》（四），第13—24页。

该书对碑书全文有完整的抄录。

（4）《满洲源流考》

由阿桂、于敏中等人于乾隆四十二年（1777）奉敕编撰而成，此书利用已有的满族史研究的成果，对满族的历史源流做了最详尽的考证，是一部关于满族发展史的重要专著。

《钦定满洲源流考》卷十二《疆域五·隆州》中有载：

《金完颜罗索碑》，天会八年葬于济州之东南昂吉里。按：罗索墓，在今吉林城西北二百余里博屯山北，无名小山，此济州之东南界也。济州即辽之黄龙府，据《许亢宗奉使行程录》黄龙府在拉林河西三百三十五里①。

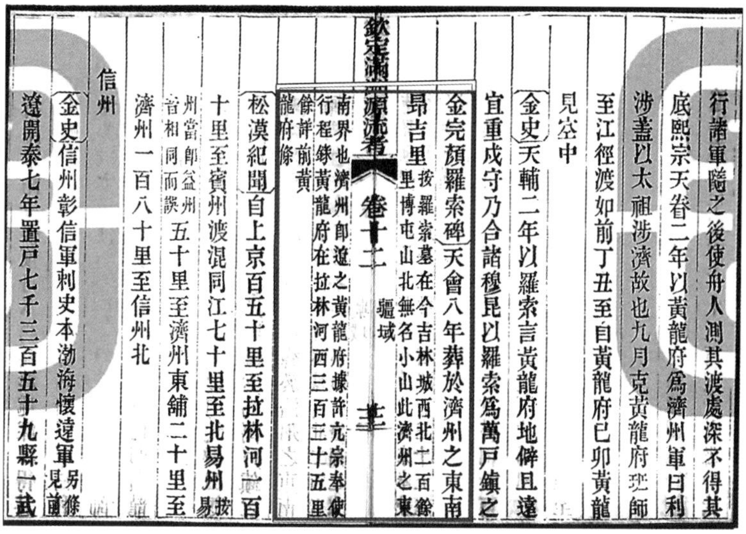
行諸軍隨之後使舟人測其渡處深不得其
底熙宗天眷二年以黃龍府爲濟州軍曰利
涉蓋以太祖涉濟故也九月克黃龍府遣師
至江徑渡如前丁丑至自黃龍府已卯黃龍
見空中
金史天輔二年以羅索言黃龍府地僻且遠
宜重戍守乃合諸穆昆以羅索爲萬戶鎮之
金完顔羅索碑天會八年葬於濟州之東南
昂吉里按羅索墓在今吉林城西北二百餘里博屯山北無名小山此濟州之東
欽定滿洲源流考 卷十二 疆域 十二
南界也濟州即遼之黃龍府據許亢宗奉使行程錄黃龍府在拉林河西三百三十五里餘詳前黃龍府條
松漠紀聞自上京百五十里至拉林河一百
十里至賓州渡混同江七十里至北易州按易州當即益州音相同而譌
五十里至濟州東鋪二十里至
濟州一百八十里至信州北
信州
金史信州彰信軍刺史本渤海懷遠軍另條見前
遼開泰七年置戶七千三百五十九縣一武

图3 《钦定满洲源流考·金完颜罗索碑》书影

完颜索罗，即完颜娄室。刘文生、朱国忱在《金代女真人名解读》一文中对此变化进行了阐释："娄室"，为第一女真名，女真语为lousi，汉意为"楼子""供佛之处或曰佛龛"；"斡里衍"，为第二女真名，女真文ulya(n)，金启孮记为ylja，汉意为"猪"。"娄室"一名最早的记录见于金世宗所立的《大金故开府仪同三司左副元帅金源郡壮义王完颜公神道碑》。元代《金史·娄室传》中所记人名认为"娄室"，直至清代才有所变化。文中明确指出，《满洲源流考》中将《金完颜娄室碑》改为《金完颜罗索碑》"是不正确的，大半犯了单纯从满语发音求近的错误"②。

（5）《吉林通志》

由长顺、讷钦修，李桂林、顾云纂，

① ［清］阿桂等撰：《钦定满洲源流考》卷十二《疆域五·隆州》，乾隆四十二年刻本，第12页；孙文良、陆玉华点校：《满洲源流考》，辽宁民族出版社，1988年，第187页。

② 刘文生、朱国忱：《金代女真人名解读》，《黑龙江民族丛刊（双月刊）》2009年第2期，第104—105页。

朱丝栏抄本，成书于光绪二十二年（1896），刻本于光绪二十六年（1900）刊行的《吉林通志》卷一百二十《金石志》中有载：

> 金完颜娄室碑
> 碑旧在伊通州北伊通边门南，地名石碑泡。今已佚，尺寸无考。
> 大金故开府仪同三司左副元帅金源郡壮义王完颜公神道碑
> 翰林直学士大中大夫知制诰兼行秘书少监虞王府文学轻车都尉太原郡开国伯食邑七百户赐紫金鱼袋臣王彦潜奉敕撰
> 奉上大夫大名府路兵马都总管判官飞骑尉赐绯鱼袋臣任询书
> ……柳边纪略
> 按：薄屯山，今为伊通州境。碑已佚，此从《柳边纪略》中录之，是康熙中尚存也，《满洲源流考》引已不全，则其佚当在乾隆时矣。所叙多与史合，而较史为详。……《详校》乃以为东南隩脱，吉里二字不录。……其谥传曰庄义，碑曰壮义，此当以碑为正。撰文之王彦潜无可考。任询，字君谟，易州军市人，正隆二年进士第，……篆额之左光庆，企弓孙，字君锡，……撰文书碑篆额等字，《柳边纪略》皆不载，今从《金史详校》所引补之云①。

（6）《东三省舆地图说》

光绪十三年（1887），曹廷杰②（1850—1926）以《古迹考》③（1884年始撰）、《东北边防辑要》（1885年完稿，辑为19篇）、《西伯利东偏纪要》④（1885年撰成，共118条）等著作为基础撰写《东三省舆地图说》。《东三省舆地图说》考证了历史沿革、地名沿革、边界地理、民族源流及分布、古遗迹位置，是一部具有考古性质的舆图说文献，在保护古迹以及考古上的作用巨大。

《东三省舆地图说·石碑岭说》有载：

> 石碑岭，在吉林城西二百十余里伊通边门内，金娄室墓碑也，碑有葬于济州之东南奥吉里一语，查济州为黄龙府，即农安城。今由石碑岭向北偏西一百六十里，至农安，是与碑文相符也。杨氏柳边纪略载其墓在船厂西二百里之薄屯山道里，尚不甚悬殊，乃谓黄龙府治，应在今石头河、双杨河之间，则失之远矣。……⑤

---

① 长顺、讷钦主修：《吉林通志》卷一百二十《金石志》，光绪二十六年刻本，第5—19页。
② 曹廷杰，本名楚训，字彝卿，湖北枝江人，清末民初研究东北史的著名学者，中国近代史上第一个对黑龙江中下游和乌苏里江流域进行了实地考察的中国学者，其所著的《东北边防辑要》《西伯利东偏纪要》《东三省舆地图说》等，是研究东北历史、地理、民族以及沙俄侵华史的重要历史文献。
③ 《古迹考》是曹廷杰周游东北各地，实地勘察的考古成果汇集。
④ 《西伯利东偏纪要》，又名《伯利探路记》或《俄界情形》，是《东北边防辑要》的续篇。《东北边防辑要》偏重于历史文献的搜集研究，《西伯利东偏纪要》则着重具体事实的调查分析。
⑤ ［清］曹廷杰：《东三省舆地图说》，《续修四库全书·史部·地理类》，湖北省图书馆藏清光绪著易堂铅印本，第16页。

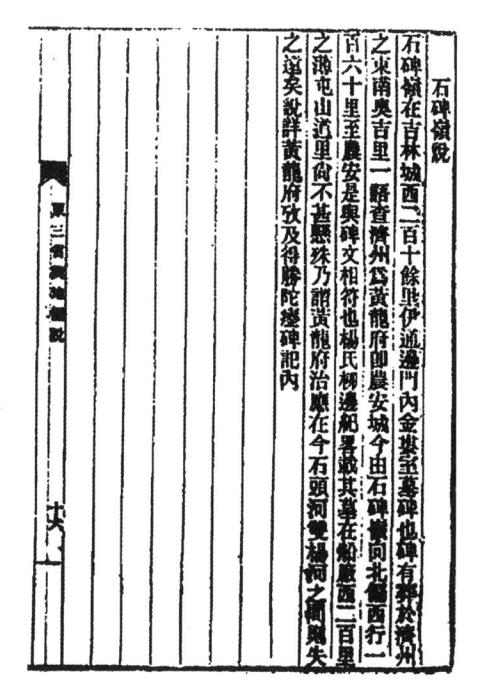

图4 《东三省舆地图说·石碑岭说》书影

（7）《双阳县乡土志》

民国四年（1915）成书、民国十五年（1926）修订再版铅印的，由吉人[①]主持监修，吴荣桂[②]（1882—1968）主编的《双阳县乡土志》，记录了双阳地区的自然、地理、人文、风俗、物产、交通等诸多方面的内容，为双阳地区的第一部地方志著作[③]。

《双阳县乡土志·山川·名胜附古迹考》中有载：

古坟二：一在石碑岭上（五区小河台北），石碑已无，只存碑座，半埋土中。石棺有二，一露土外，业经残破；一埋土中。民国元年经日人掘出，于棺中得金龟、宝剑、玉佩之属。立庙留祠，题为女真仪同三司左副元帅完颜公之神位。距今八百余年[④]。

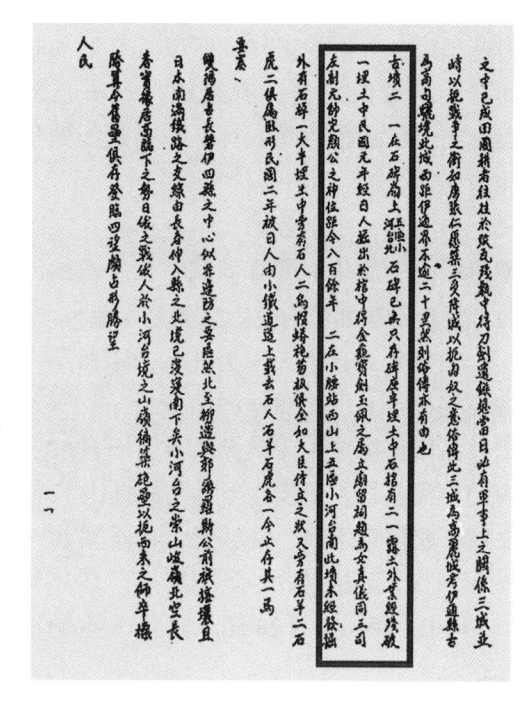

图5 《双阳县乡土志·古坟二》书影

2. 研究调查

最早对完颜娄室墓进行"调查"的是日本学者，同期的中国学者对其了解多停留于史籍，进行过实地考察的较少，金毓

---

① 吉人，号蔼峰，奉天辽阳人，时任双阳县知事。
② 吴荣桂，字子芬，笔名殿扬，祖籍顺天府（今北京市）。清光绪二十六年（1900），吴荣桂考中秀才第一名。光绪二十八年（1902），中贡生。宣统二年（1910），双阳改站为县，吴荣桂出任双阳县劝学所所长。民国二年（1913），在双阳县义务初等小学任教。吴荣桂卸任后，历任双阳县师范讲习所教员、吉长道立第二中学教员、吉林省立第二师范学校教员，一直履任到九一八事变前夕。当日寇侵占东北后，吴荣桂拒绝出任伪职，开始隐居故里，著有《吴氏范文集》、《冬烘吟草》（诗歌集）、《钱三元》等书。
③ 戴光耀：《〈双阳县乡土志〉整理与研究》，长春师范大学硕士学位论文，2021年，第10—11、25页。
④ 吴荣桂主编：《双阳县乡土志·山川·名胜附古迹考》，民国十五年（1926）再版修订铅印本，第11页。

黻先生可以说是代表人物之一。

（1）日本学者

秦大树认为："日本人从很早的时候就在中国的东北地区进行调查和盗掘，包括在今天的南北朝鲜（即汉乐浪郡）地区所做的大量工作。……日本人把在中国东北所做的考古工作也认为是在他们的势力范围以内开展的工作。所以其开始的时间早，持续时间长，有组织，规模也较大，在侵华战争期间，其工作更延展到华北地区。"[1]

1910年，东京帝国大学滨田耕作在对朝鲜境内的汉乐浪郡墓葬调查、发掘的同时，调查了东北境内的金完颜娄室墓[2]。

1912年，日本人挖掘此墓，未留下考古发掘报告。据旅顺博物馆最后一任日本馆长岛田贞彦《关于满洲吉林省石碑岭发现的金代遗物》记载，当时共挖掘出32件文物，获得金、银、铁、玉、骨器等40余件，归南满铁路株式会社所有。1936年（昭和十一年）2月26日，寄存于旅顺博物馆[3]。

1936年，园田一龟受伪满文教部之托，调查、盗掘了金上京遗址、金完颜希尹家族墓地和完颜娄室墓[4]，并在墓地采集了一些文物。之后，他于1941年发表的关于金代史迹的调查报告书中一并介绍了这两处墓地的情况[5]。

（2）中国学者

金毓黻先生是中国学者中对金代墓葬、城址等相关遗存进行实地调查研究的代表性人物。

金毓黻（1887—1962），字静庵，号千华山民，辽宁省辽阳县人。1913年考入北京大学文科，1916年夏毕业。九一八事变前宦游于奉天（今沈阳）、齐齐哈尔、吉林、长春等地，职位最高时任辽宁省政府委员兼教育厅厅长。后来主要以教学和研究为业。1925年，时年38岁的金毓黻携家眷客居长春，此时的他开始着手东北史研究。

对于完颜娄室墓，金毓黻先生在阅读《柳边纪略》和《双阳县乡土志》时，便通过其上所载，对墓葬及其被盗掘的情况有所了解，并在其日记中对相关内容做了记录：城北五区小河台北之石碑岭上，有一古墓中藏有石棺二具，一出土外，已残破，一埋土中。民国元年为日本人发掘，得金龟、宝剑、玉佩之属，立祠于其地，木（墓）主题曰"女真仪同三司左副元帅完颜公之神位"，旧有石碑，已无存，只剩碑座半埋土中。

1928年初，金毓黻为找寻《清朝未入关史事》一书，在朋友的介绍下结识了该书作者泉廉治。见面后，泉廉治得意地

---

[1] 秦大树：《20世纪前半叶宋元明考古的发现和研究》，《考古学研究（六）》，科学出版社，2006年，第536页。
[2] 秦大树：《宋元明考古》，文物出版社，2004年，第198—199页；秦大树：《20世纪前半叶宋元明考古的发现和研究》，《考古学研究（六）》，第539页。
[3] 岛田贞彦：《论说满洲吉林省石碑岭发见金代遗物について》，《考古学杂志》1938年第4期，第236—242页。
[4] 秦大树：《20世纪前半叶宋元明考古的发现和研究》，《考古学研究（六）》，第539页。
[5] 满洲国国务院文教部：《满洲国古迹古物调查报告书（第四编）：吉林·滨江两省に于ける金代の史迹》，国书刊行会，1941年，第43—59页。

向金毓黻谈起完颜娄室墓及日本人发掘之事,说中国人皆不知其具体位置,并说"掘墓之时,中国人知之者甚鲜,若在今日,则酿成交涉矣"。得意之态,溢于言表。当时金毓黻虽然列举了《柳边纪略》和《双阳县乡土志》所记,力挫对方谈锋,但他的心情还是十分沉重的,并深为当时中国政府的无能而黯然神伤。

时至5月下旬,长春县公安局局长修长余(字云汀)、梁钧甫邀金毓黻在益丰楼宴饮,陪坐中有一人叫刘棣选,家住石碑岭附近。金毓黻向他详细地询问了完颜娄室墓的具体位置和1912年时被日本人盗掘的情况,决定尽快踏查一番。27日(星期日),金毓黻终有机会踏访完颜娄室墓。当日,金毓黻邀长春县县长张书翰(字筱斋)和魏镜如、曹佩章、王秋清、李汝梅、关路夫、吴冼之、胡秀钟、张禹铭、孙渔滨、唐星棋等12人,带几个仆人,乘小铁道的马拉斗车,赶赴石碑岭。一行人清早出发,10点钟左右在稗子沟下车,按刘棣选所画的方向,步行过柳条边上了石碑岭。

完颜娄室墓坐落在石碑岭南坡。整个墓地已变得凌乱,墓倚岭面向东南,迎面对一岭,形势极佳。金毓黻找到一位当地的居民访问,得知当日日本人发掘时,有玉带扣、玉石牌、头盔、金碗、妇人头饰等,娄室之骨已粉,墓碑也已被毁……金毓黻在石碑岭上盘桓了许久,归来后心情仍久久不能平静,并在日记中详细记下了有关完颜娄室墓的所有情况,并挥笔写下纪行的诗两首。

访碑归来,县长张书翰将久修不成的《长春县志》总纂之责委托给金毓黻,先生知难而上,欣然接受,并为此倾注了大量的心血[①]。

此外,金毓黻先生还在《辽东文献征略》中对"金诜王印"进行了著录和考证。"金诜王印"由吉林双城县西北七里东城子村农民王某发现,铜质,驼钮,外似范金,剥落殆尽。厚约四分,钮高寸许[②]。金毓黻先生通过《金史·百官志》《诗经》《国语》等记载,再结合传统音韵、训诂,推断"诜王"之"诜"为"莘"之借字,实际则为"莘王",即"金诜王印"为金完颜娄室所用印。具体考释内容为:

> 按《金史·百官志》:凡封大王,国号二十,次国三十,小国三十,小国中有莘次,在二十九。《说文》有"诜"无"莘"。《诗·螽斯》:斯羽诜诜兮。《传》"诜诜,众多也"。《国语·晋语》"莘莘征夫",注"莘莘",众多也。是"诜""莘"二字义同也。古韵有真无先,凡先韵之字皆读入真韵,"先"字读入真韵。音与"辛"同……"先""辛"二字古音亦同也,"莘"字后出而"诜"为本字……"莘"为古国名,而金代沿用之。考金宗室及诸大臣,惟娄室追封莘王,

---

① 孙彦平:《访碑人过柳条边——金毓黻在长春考证、研究东北史的岁月》,《溥仪研究》2014年第2期,第116、119—120页。
② "印出城东南三合店村双城子古城,系农民某耕田所获。质似金,重三十二两,卧驼纽,文为大篆,似诸王之印。"高文垣、张蠃铭:《双城县志》卷十五《拾遗志·金石》,1926年铅印本。

其他无考①。

二、墓葬现状与随葬情况

1988年6月3日至17日，为配合旅游部门对该墓地的修复工作，长春市文物管理委员会办公室和郊区文物管理所对位于岭南坡的完颜娄室"家族墓地"进行了清理发掘。9月16日至21日，又对墓区作了进一步钻探和小面积发掘。"前后共开5米×5米探方11个，2米×10米探沟7条，2米×5米探沟1条，加上扩方面积，总计发掘444平方米"②，发现了"碑亭、被盗墓坑、石碑残块、墓前石雕残骸等一批遗迹、遗物"④。

1. 遗迹

（1）碑亭

完颜娄室神道碑碑亭，"平面近方形，进深11.5，面阔12米，方向为南偏西20°。其基础由一圈青砖砌筑，在砖砌基础内侧有长方形柱础石"。其构建方法为"先在地面挖一圈基槽，深约0.05～0.17米""以错缝垒砌的方法将青砖砌于基槽之中。地表以上均露1层砖，但四面基础的宽度及在地下部分的厚度，却不尽相同。……挨近砖砌基础内侧的柱础石，共发现4块。……所有柱础石，均一半埋在地下，一半露出地表。露出地表的部分凿刻平整，上有明显的凿痕，而埋入地下部分却不甚刻凿，二者之间界线分明"。根据发掘结果，可以得出此处亭址为砖木结构建筑，是由木柱支撑开放式亭阁。而由其中诸多形似鸟兽的建筑饰件，可以推断亭顶有脊，脊上饰有鸟兽⑤。

（2）龟趺

尚存两尊。材质为"石灰岩，颜色为浅灰白色到灰色，结构致密、坚硬"⑥，均坐北朝南，分东西两侧而卧，间距1.2米。这两尊龟背上均刻有比较完整的一圈雷纹。

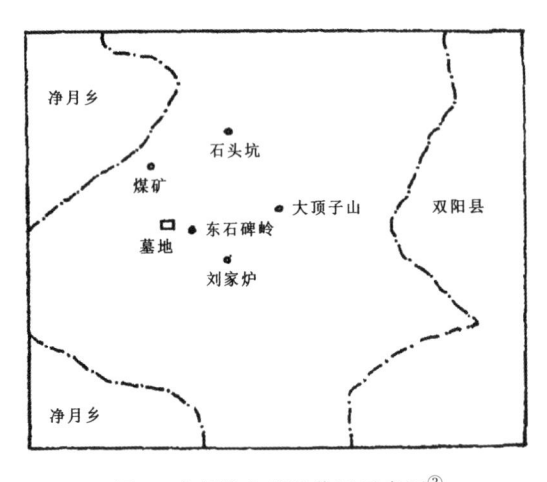

图6 完颜娄室墓地位置示意图③

---

① 金毓黻：《辽东文献征略》，四川民族出版社，2002年，第73页。现已有学者对此印为金代完颜娄室追封印进行质疑，本文在此不做进一步讨论。
② 长春市文物管理委员会办公室：《长春市石碑岭金代墓地发掘简报》，《考古》1991年第4期，第352页。
③ 刘红宇：《长春近郊的金代完颜娄室墓》，《北方文物》1986年第4期，第36页。
④ 刘红宇：《长春市郊完颜娄室墓地考古新收获》，《北方文物》1990年第4期，第32页；长春市文物管理委员会办公室：《长春市石碑岭金代墓地发掘简报》，《考古》1991年第4期，第352页，图左下角缺"净月乡"。
⑤ 刘红宇：《长春市郊完颜娄室墓地考古新收获》，《北方文物》1990年第4期，第32—35页；长春市文物管理委员会办公室：《长春市石碑岭金代墓地发掘简报》，《考古》1991年第4期，第352—353、359页。
⑥ 姜晓光：《修复东北金代女真名将完颜娄室的神道龟趺》，《耕耘录：吉林省博物院学术文集（2003—2010）》，吉林人民出版社，2010年，第183—185页。

地方历史与考古研究 · 61 ·

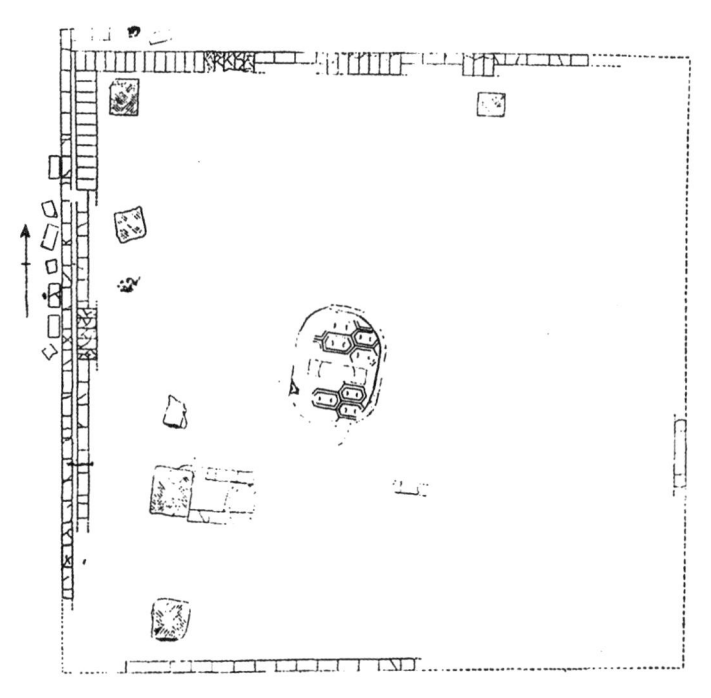

图7 完颜娄室神道碑碑亭址平面示意图[①]

西面一尊，位于碑亭内（亭址中央），距基础东壁4.9米，距西壁4.45米，距南壁3.85米，距北壁3.78米。无首，龟体保存完好，残长2.4米，宽1.5米，厚0.7米[②]，龟背壳厚0.30米。背上穿孔，呈梯形，上口长1.2米，宽0.28米，底口长0.64米，宽0.28米，深0.35米[③]。底座厚0.10米。"四肢伏地，后尾低垂。颈两侧各有5道斜纹，龟背主体图案为长六边形，共有六边形14个，周围是一圈雷纹，雷纹以下是一圈S纹，龟腹两侧有对称的半浮雕式花纹，长方形，其图案为缠枝花草。""龟腹两侧浮雕分别长0.54、宽0.45米。"[④]

东面一尊，位于碑亭东侧。身首分离，首部放置在西南4米处，龟体残长1.6米，宽1.2米，高0.75米，首长0.6米，龟背壳厚0.3米。背上穿孔，上口长1.26米，宽0.37米；底口长0.71米，宽0.37米，深0.21米。无底座。"形状基本与西侧者相同，只是龟壳周围仅有1圈'回'字纹，

---

① 刘红宇：《长春市郊完颜娄室墓地考古新收获》，《北方文物》1990年第4期，第32页；长春市文物管理委员会办公室：《长春市石碑岭金代墓地发掘简报》，《考古》1991年第4期，第353页。
② 刘红宇在其《长春近郊的金代完颜娄室墓》一文中记为厚0.7米；《长春市郊完颜娄室墓地考古新收获》《长春市石碑岭金代墓地发掘简报》文中记为高0.85米。
③ 在《长春市石碑岭金代墓地发掘简报》第354页，相关数据记录为"上口长1.10、宽0.31、下口长0.63、宽0.31、深0.35米"。
④ 刘红宇：《长春市郊完颜娄室墓地考古新收获》，《北方文物》1990年第4期，第36页；长春市文物管理委员会办公室：《长春市石碑岭金代墓地发掘简报》，《考古》1991年第4期，第353—354页。

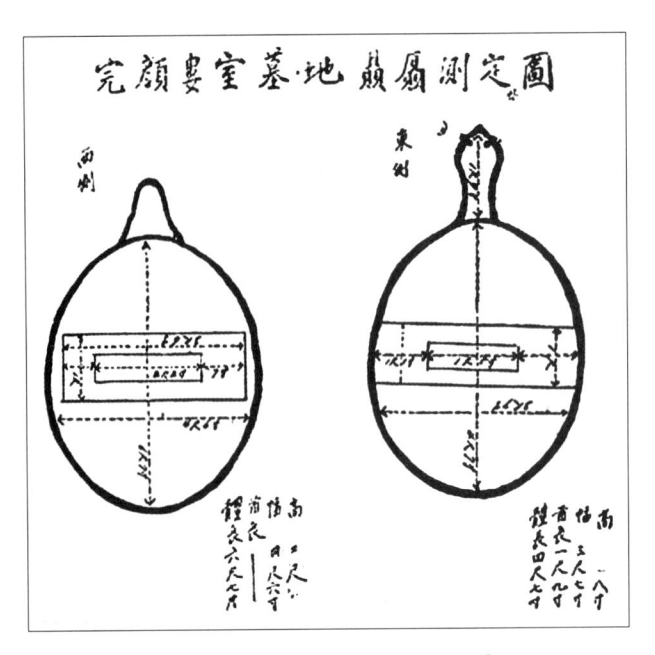

图8　完颜娄室墓地赑屃测定图[1]

龟腹两侧亦没有花纹。龟首向上昂起，顶端略尖，一对耳朵后垂，表情温和。"[2]

（3）砖石案台

砖石垒砌案台，位于石龟跌前，"距亭址基础南壁2.45米。该遗迹在正对龟首的地方间断，分成东西两段，间隔2.20米。西段残长1.9米，下面是东西并列的2块长方形石础，间距0.65米。石础一半埋在地下，一半露出地表，分别长0.47、宽0.46、厚0.16米和长0.69、宽0.65、厚0.34米，石础上顺砌两道半壁青砖，现存3层，残高0.17米。东段残长0.70米，为1道顺砌半壁青砖，现存2层，残高0.10米"。此砖石案台应是用来摆放祭祀物品的[3]。

（4）石板

石板均发现于龟跌附近深约0.3至0.5米的耕土中。堆放于墓地中的有9块，余下则多已被农民挪用于铺垫道路、井台、马圈等。所见石板均由青石凿刻而成，形状规整，可分为正方形和长方形两种。正方形的数量较少，边长1米左右，厚约0.1米，在边缘均有三条边凿出与其他石板相接的凹槽，槽宽0.1米左右。长方形的数量较多，其完整者的长度在1.8至2米，宽1.1米，厚0.15米。

---

① 满洲国国务院文教部：《满洲国古迹古物调查报告书（第四编）：吉林·滨江两省に于ける金代の史迹》，第48页。测定图所标尺寸为：东侧，较小，高八寸，幅三尺七寸，首长一尺九寸，体长四尺七寸；西侧，较大，高二尺、幅四尺六寸、体长六尺七寸。换算后的尺寸为：东侧，高0.27米，幅1.23米，首长0.63米，体长1.53米；西侧，高0.67米，幅1.53米，体长2.23米。与考古简报中所记录尺寸并无太大差距。

② 刘红宇：《长春近郊的金代完颜娄室墓》，《北方文物》1986年第4期，第36—37页；刘红宇：《长春市郊完颜娄室墓地考古新收获》，《北方文物》1990年第4期，第36页。

③ 刘红宇：《长春市郊完颜娄室墓地考古新收获》，《北方文物》1990年第4期，第34、35页；长春市文物管理委员会办公室：《长春市石碑岭金代墓地发掘简报》，《考古》1991年第4期，第354页。

根据墓地出土石板的形状判断，这些石板应为棺板。正方形石板为石棺的端板，长方形石板为石棺的侧板、底板或盖板，将端板凿有凹槽的三条边与两个侧板、一个底板相接，再在上面盖上盖板，即可组成一个长方形石棺。这一葬具，与当时流行的，由6块石板组合而成的石棺葬具基本一致[1]。

（5）石羊

1987年，长春市文物管理委员会办公室工作人员在石碑岭调查时，于墓地东侧200米左右的坡下，拾到1件石羊的头部。此石雕为绵羊形象，显得温顺服帖，长长的羊角向后弯曲，耳朵下垂，凿刻较粗糙，工法简练。其头高0.36米，宽0.30米，脖颈周长0.72米[2]。

2. 墓葬

墓葬位于碑亭东北45米处，为长方形土坑竖穴墓。墓口距地表0.40米，东西长3.40米，南北宽3.00米；墓坑深2.30米；墓底距地表2.70米，长宽与墓口相同。墓葬方向为南偏东5°[3]。墓内填土呈红褐色，伴之以碎青砖块和砾石。由于早年曾被盗掘，内无棺椁，仅残留青石椁板2块。其一，紧靠墓北壁，斜立，长方形，长1.82米，宽0.10米，厚0.24米；其二，靠近南壁，平铺在墓底，长方形，长1.73米，宽1.07米，厚0.24米。墓内未发现人骨及随葬品[4]。

3. 随葬

关于完颜娄室墓随葬品，现已有多篇研究成果，并已对其进行了较为详细的阐述和分类研究，本文便不再一一赘述。其基本情况为：据岛田贞彦的《关于满洲吉林省石碑岭发现的金代遗物》一文及旅顺博物馆旧帐考证，有黄金钏2件，黄金冠装饰3件，黄金耳环2件，黄金装饰品1件，黄金制有环装饰品1件，黄金笄1件，黄金宝石耳钳2件，黄金刀剑小尻1件，铁制小刀2件，黄金制冠装饰品3件，银制冠破片数片，石制砥1件，骨制装饰品破片数片，银制毛拔（银镊子）1件，银制网冠（银网冠）1件，白玉小刀柄（玉柄铁刀）3件，石制胡桃形装饰品（荷叶形石饰）1件，骨制带止（荷叶形石带具）2件，白玉制石带装饰品（透雕白玉荷花冠饰）2件，白玉制狮子形（白玉狮形佩饰）1件。旅顺博物馆旧藏于1936年2月26日入藏，其中前5件（套）旧帐标明在昭和十一年（1936）5月28日被人从博物馆盗走，后7件（套）实际数量12件，现仍保存在旅顺博物馆中。其中石制胡桃形装饰品（荷叶形石饰）现保存一对，其他的已无可考[5]。

---

[1] 刘红宇：《长春近郊的金代完颜娄室墓》，《北方文物》1986年第4期，第37—38页。

[2] 刘红宇：《长春市郊完颜娄室墓地考古新收获》，《北方文物》1990年第4期，第36页。

[3] 《长春市石碑岭金代墓地发掘简报》一文中，"墓葬方向"记为"175度"。

[4] 刘红宇：《长春市郊完颜娄室墓地考古新收获》，《北方文物》1990年第4期，第36页；长春市文物管理委员会办公室：《长春市石碑岭金代墓地发掘简报》，《考古》1991年第4期，第354页。

[5] 参见刘红宇：《长春近郊的金代完颜娄室墓》，《北方文物》1986年第4期，第37—38页；《长春市郊完颜娄室墓地考古新收获》，《北方文物》1990年第4期，第36—37页。孙传波：《旅顺博物馆藏金代完颜娄室墓出土的部分文物》，《北方文物》2001年第2期，第51—52、113—114页；《完颜娄室墓出土银镊子考》，《旅顺博物馆学苑》，万卷出版公司，2020年，第102—108页；《完颜娄室墓出土冠饰研究》，《收藏家》2021年第4期，第83—90页；《完颜娄室墓出土佩饰研究》，《旅顺博物馆学苑》，上海古籍出版社，2022年，第104—110页。刘立丽：《辽金古韵旅顺博物馆藏辽金文物展》，《收藏家》2014年第5期，第3—10页。

三、关于完颜娄室墓的思考

据现有的考古发现来看，如完颜娄室墓这般，以石椁为葬具的方形土坑竖穴墓，属于金代早期墓葬[1]，即金太祖至海陵王时期（1115—1160），主要发现于黑龙江西部、吉林省内。其结构为在土圹内依周壁用一块石板组成椁室，规模较大者，石椁长2.8米以上、宽1.9米以上，规模较小者则小于此尺寸。椁室内有木棺或石函，有的石函内有木匣，随葬品多为金、银、玉等贵重饰品及铁质生活用具和工具，地表多有封土、石像生、神道碑及碑亭等遗存[2]。

现所见的关于完颜娄室墓的著录，始见于清康熙年间，当时墓地立有"完颜娄室神道碑"，并有石人、石羊、石虎、望柱等石雕。根据《宋史·凶礼》所载"坟所有石羊、虎、望柱各二，三品以上加石人二人"，完颜娄室墓内的石雕亦应是与之相符，成组放置的。然而，石碑早在清后期便已下落不明；据传一尊石人曾于30年代被挪放于大连图书馆，后不知被运至何处；其他石雕现均亦不知失落何处。墓葬中文物，现可见的仅有12件，收藏于旅顺博物馆，另有金花饰、金钏、金钳等30余件随葬品已不知去向。

日本学者很早便对完颜娄室墓是否为家族墓地（父子墓地）、夫妻合葬（"娄室夫妇"）墓等细节问题进行过讨论，其依据主要为现仍保留于墓地中的两尊石龟趺以及早前发现的随葬品[3]，但由于实物性资料的缺乏，这些说法至今仍有待进一步的考证。

1."家族墓地"说

关于完颜娄室"家族墓地"或"父子墓地"这一说法，多见于早期的考古报告及其同期的研究成果，其主要依据为：

其一，根据石棺尺寸。

"……如果以一座石棺的用料为六块石板计算，那么埋在此墓地的石棺起码有数座。完颜娄室是金代开国大臣，死后追封为王，就其身份而言，埋在他墓葬附近的应是与其关系较近，而又有一定社会地位的亲属。"[4]

其二，根据神道碑尺寸。

如前著录所载，完颜娄室神道碑"高八尺八寸，阔四尺五寸，厚一尺二寸，顶高三尺"，墓地现存龟趺中，西侧较大者，背上穿孔的尺寸与碑的宽度、厚度相近，便应是著录中所提及的神道碑龟趺。而东侧龟趺，由于它仅距前者10余米，且形体较小，应另属一人，且其墓主虽与娄室关

---

[1] 学界现基本将所发现的金代墓葬分为三期：第一期，金太祖至海陵王时期（1115—1160），完颜娄室墓便是此期典型墓葬之一，此期墓葬多无明确纪年，墓主身份、族属也多不明确，但仍能从墓葬形制、随葬品种类及特征等方面看出，此期墓葬基本保持了女真、辽两种风格；第二期，金世宗至金章宗承安五年（1161—1200），完颜希尹墓是此期的典型墓葬无疑，此期墓葬类型较多，形制较齐全，为金墓风格的形成时期。此期纪年墓数量稍多，年代多为大定、明昌年间（1160—1196）；第三期，金章宗泰和元年至金灭国（1201—1234），典型墓葬有盖县路西金墓、铁岭县下塔子金墓、辽宁阜新金墓等。此期墓葬类型与中期相比，种类变少，统一性强，发现的纪年墓较少。参见卢青峰：《金代墓葬探究》，郑州大学硕士学位论文，2007年，第8—11页。

[2] 卢青峰：《金代墓葬探究》，第7页。

[3] 满洲国国务院文教部：《满洲国古迹古物调查报告书（第四编，吉林·滨江两省に于ける金代の史迹》，第49页。

[4] 刘红宇：《长春近郊的金代完颜娄室墓》，《北方文物》1986年第4期，第38页。

系密切，但辈分和名望却略低于娄室，因此有人推测完颜娄室长子活女很可能便是这东侧石碑的主人①。

然据目前可见的材料，这一说法虽存在一定的可能性，却还是在实物性资料方面有所欠缺，按照现今多使用的"完颜娄室墓"这一说法更为妥帖。

2."夫妻合葬"说

认为完颜娄室墓为夫妻合葬墓的主要依据，上文神道碑尺寸是其一，其二便是随葬品中的诸多饰品，诸如"金钏、鎏金笄、宝石金钳（耳饰）"，以及"墓中出土的冠饰"等等，尤其是冠饰，是女性用品的可能性极大②。

首先，是耳饰与腕饰（钏）。根据现所见的金代墓葬资料，明确墓主人为男性的墓葬中的饰品种类比较单一，主要为耳饰、腕饰和佩饰。其中，耳饰的材质多为金和石；腕饰，有镯和钏，多为银；佩饰则多为玉。黑龙江省绥滨县中兴墓葬M3，出土有金玉腰佩（金列鞢）一套、捏金丝耳坠一对、银钏一对、银柄铁匕首一把、石印，以及陶瓷器等③，这可以说明金代男子也有佩戴耳饰和腕饰的习俗④。

其次，是发饰——笄。"凡笄有二种：一是安发之笄，男子妇人俱有……一是为冠笄，皮弁笄、爵弁笄，唯男子有，而妇人无也。"这一段源自《仪礼注疏》卷三十五的文字基本说明了"笄"的作用。笄，是我国古代用来绾定发髻的实用性工具，男女绾髻时皆要用到，为固髻之笄。此外，它的另一个用途是用来系冠。古时冠的两侧通常开有小孔，冠戴于头上后，用笄从孔中穿透发髻，使冠固定在头上，即为"系冠之笄"。

大概在春秋战国时期，"簪"便开始被使用，除了原有的固冠、束发的实用功能外，其还具有装饰作用。秦汉以后，簪、钗等已成为妇女的主要饰品。然而，汉族男性也一直保持着在头顶盘一个发髻并用发簪固定的习俗，直至清朝满族入主中原，要求剃发易服，男子用簪才逐渐消失。完颜娄室为女真人，女真人的发式和发饰都有其独特的民族性。

关于女真人的发式，史学界早有定论，即为辫发。关于女真人辫发，记载较为细致的主要见于：《三朝北盟汇编》卷三，"妇人辫发盘髻，男子辫发垂后，耳垂金环，留脑后发，以色丝系之"；《大金国志》卷三十九，"人皆辫发，与契丹异。垂金环，留颅后发，以色丝系之"；《大金国志校正》，"栎发垂肩，与契丹异。垂金鏁〈锁〉，留颅后发，系以色丝，富人用珠金饰"。留颅后发，称为"栎发"。耳上垂以金环，一般无冠帽，常是科头露顶，如《衍庆图》⑤（图9）中的人物，未戴帽侍者、孩童和乐人皆留颅后发，系以色丝为辫，且头上多垂金饰，从这些成年男性

---

① 刘红宇：《长春近郊的金代完颜娄室墓》，《北方文物》1986年第4期，第38—39页。
② 孙传波：《完颜娄室墓出土冠饰研究》，《收藏家》2021年第4期，第86页。
③ 黑龙江省文物考古工作队：《黑龙江畔绥滨中兴古城和金代墓群》，《文物》1977年第4期，第42、44、47页。
④ 李芽：《中国古代耳饰研究》，上海戏剧学院博士学位论文，2013年，第106—115页；于国佳：《我国境内金代墓葬出土饰品研究》，黑龙江大学硕士学位论文，2017年，第45—49页。
⑤ 于恬：《金代佚名〈衍庆图〉考证》，《艺术品》2015年第10期，第93—94页。

的发式来看，显然是无法用"笄"。然而，"妇人辫发盘髻"，"笄"便有了用武之地。且根据现有的考古发掘资料，虽然在男性墓葬中，暂未有"笄"的发现，但在女性墓葬以及夫妻合葬墓均有出土。如辽宁省辽阳市隆昌金墓M2为女性墓葬，其中出土有骨笄；河北省迁安市小王庄金墓，为夫妻合葬墓，其随葬品中便有一鎏金錾刻花笄。

代网冠现所见出土品仅三件，除旅顺博物馆所藏的银网冠外，还有黑龙江阿城金代齐国王完颜晏墓的铁网冠，以及北京房山区金太祖完颜阿骨打睿陵的金网冠，经考证此二者皆为墓中女主人所有[1]。

图9 金代《衍庆图》

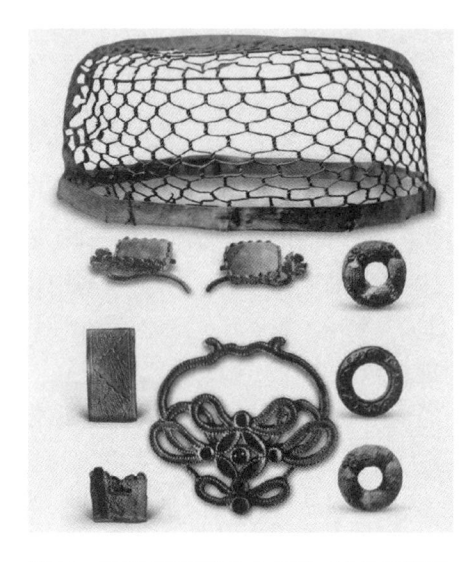

图10 完颜娄室墓出土冠饰（《旅顺博物馆陈列品图录》）[2]

其三，是冠饰，包括银网冠（银盛子）、透雕白玉荷花冠饰、鎏金巾环、花形金冠饰（图10）。据《金史·舆服志》所载，金代男性戴巾，其形状和宋代男性所戴幞头相似，女真女性则戴帽或冠。且金

综上所述，正如《双阳县乡土志·山川·名胜附古迹考》中所载，完颜娄室墓葬中"石棺有二，一露土外，业经残破；一埋土中"[3]，应为合葬墓，且根据现所见之材料，为夫妻合葬墓的可能性要大于父子合葬墓。

---

[1] 杜雪：《金代女性服饰研究》，北京服装学院学术硕士学位论文，2019年，第42—43页；孙传波：《完颜娄室墓出土冠饰研究》，《收藏家》2021年第4期，第86—90页。

[2] 《旅顺博物馆陈列品图录》（1935年）及《旅顺博物馆图录》（1943）中收录有3件完颜娄室墓出土冠饰，其中有花形金冠饰1件（1943年图录中命其名曰金制结纽状饰金具），鎏金巾环3件（1943年图录中称金铜环形装身具）。

[3] 吴荣桂主编：《双阳县乡土志·山川·名胜附古迹考》，第11页。

金末忠孝军将领蒲察官奴相关史事考实

张 岩

旅顺博物馆

内容提要：蒲察官奴是金末忠孝军的一员军事将领。三峰山之战后，他因骁勇善战得到金哀宗的重用。特别是在归德之战中，由蒲察官奴统领的忠孝军将火器（飞火枪）第一次成功运用于大规模集群作战，使此战成为中国古代军事史上一次以少胜多的经典战例。而他在归德之变的血腥屠戮也令其备受非议，不久后自己也殒命归德。蒲察官奴的军事生涯，是金末武将群体面对复杂时局发生心理变化的缩影，映射出金末统治阶级内部的权力斗争，并与其他因素相交织，最终导致了金朝的灭亡。

关键词：蒲察官奴　金哀宗　忠孝军　归德之变　归德之战

13世纪初，随着蒙古军队的大举进攻，金朝国势日渐衰微。为应对政治军事危机，金宣宗元光时期（1222—1223），"复取河朔诸路归正人，不问鞍马有无，译语能否，悉送密院，增月给三倍它军，授以官马，得千余人，岁时犒燕，名曰'忠孝军'"[①]。宣宗第三子完颜守礼（时任枢密使）负责管理忠孝军。后来守礼即位，便是金哀宗。"哀宗正因为在枢密院时掌握了这些军队，使得他在后来的皇位继承事件上取得了先机"[②]。可见，哀宗非常倚重忠孝军。

正大九年（1232）正月，金蒙三峰山—钧州之战，金军主力被蒙军击溃。金朝的完颜合达、移剌蒲阿、杨沃衍、樊泽、张惠、高英及忠孝军蒲察定住、完颜陈和尚等一大批将领阵亡，使金朝出现"朝中无将"的窘境。不久，蒲察官奴得到重用，成为一员忠孝军名将。本文将围绕蒲察官奴的相关事迹展开研究[③]。

---

① ［元］脱脱等撰：《金史》卷44《兵志》，吉林人民出版社，1995年，第579页。
② 李浩楠：《论金代的忠孝军》，《北方文物》2008年第2期，第74页。
③ 近年来，国内外历史学者对金蒙战争史及金代军事史等相关问题的研究渐深。有学者对野狐岭之战、三峰山之战等进行剖析；有学者致力于对金蒙兵制、军事机构、马政、官印封爵、军队后勤保障等制度展开探研；有学者选取金代军事人物，如高汝砺、侯挚、杨沃衍、完颜陈和尚、李全、武仙等武将履历进行深入分析。本文着眼于金代军事史的微观层面，选取忠孝军将领蒲察官奴作为研究个例，旨在探寻军事历史人物对古代战争及历史发展的贡献、作用及影响。

一、早年经历

据《大金国志》记述,蒲察官奴"本姓移刺"[1],"移刺"也写作"耶律""伊喇",为契丹姓氏。官奴在年少时曾被蒙古军虏获,随蒙军往来于河朔地区(黄河以北地区),后被关押在燕京监狱,不久他越狱重返金朝。金朝以"特恩"将官奴收编入忠孝军充当万户[2]。

正大四年(1227)二月,金将"(移剌)蒲阿、(纥石烈)牙吾塔复平阳,执知府李七斤,获马八千"[3]。此战,官奴"论功第一,迁本军(忠孝军)提控,佩金符"[4]。同年,另一位名将完颜陈和尚由紫薇军都统"转忠孝军提控"。

蒲察官奴与完颜陈和尚的前期人生轨迹颇为相似。如二人均曾被蒙军俘虏,后都越狱逃回金朝。二人都曾由金将移剌蒲阿统辖,均是通过战功逐步成为忠孝军将领,且都参加了1232年的金蒙三峰山之战。

平阳之战后的近五年里,史书对官奴军事履历无详细记载,或是因其战绩平平。而陈和尚在大昌原之战(1228)、卫州之战(1229)、倒回谷之战(1231)中多次立功,"自刑徒不四五(年),迁为御侮中郎将"[5],升为总领,已位在官奴之上。三峰山之战,陈和尚不屈身死。蒲察官奴则在混战中逃至南宋境内的襄阳。后来他得知蒙军暂停围攻汴京,又辗转第二次返回金朝。朝中大臣评价官奴"出入南北军,行数千里而不慑,其智能可取,宰相悦"[6],遂被保举提拔为"权副都尉",不久升为"正都尉"[7]。

随着蒙军的进逼,汴京城内粮草极端匮乏,又爆发了严重瘟疫,形势愈加危急。天兴元年(1232)十二月辛丑(农历十二月二十六日),金哀宗同部分大臣、将领率大军出京。蒲察官奴统领1 000名忠孝军马军(骑兵)也在随行军马中。

十二月甲辰(二十九日),平章政事、权枢密使兼右副元帅完颜白撒统率各军渡过黄河,进兵黄陵冈(今山东曹县西南),"先降大兵(蒙古军)两寨,得河朔降将"[8],击败蒙军回古乃部,取得阶段性胜利。

---

[1] 旧题[宋]宇文懋昭撰:《大金国志校证》,中华书局,2011年,第364页。
[2] 万户,官名,金初为高级领兵官。海陵王天德三年(1151),罢万户之官。金末招募义军,又恢复万户官名。金末时,万户官仅正九品。引自韩世明、都兴智:《〈金史〉之〈食货志〉与〈百官志〉校注》,中国社会科学出版社,2005年,第194页。
[3] [元]脱脱等撰:《金史》卷17《哀宗上》,第227页。
[4] [元]脱脱等撰:《金史》卷116《蒲察官奴传》,第1504页。
[5] [元]脱脱等撰:《金史》卷123《完颜陈和尚传》,第1585页。
[6] [清]李有棠撰:《金史纪事本末》卷50《官奴之叛》,中华书局,2015年,第818页。
[7] 据《金史》卷44《兵志》记载:哀宗正大二年(1225),议迁诸路精兵,直隶密院。先设总领六员,分路拣阅,因相合并。每总领司率数万人,军势既张,乃易总领之名为都尉,班在随朝四品之列。《金史》卷55《百官一》记载:正大二年,更总领名都尉,升秩为四品。四年(1227),又升为从三品。
[8] [元]脱脱等撰:《金史》卷113《白撒传》,第1473页。

黄陵冈之战，"官奴之功居多""几获镇州大将"①，于是中外皆以为可用，遂拜为元帅"②。哀宗初年，金朝对官制进行改革，却"并未革除将帅冗滥的弊端，其结果则是总领、都尉和元帅三种官衔并存，元帅之授予更滥……至于元帅之数，在金朝灭亡前夕，更是车载斗量"③。但官奴在1232年连升三级，可知其战功显著。

二、卫州之战

天兴二年（1233）正月丙午朔（初一），黄河北岸的金军遭到速不台、张柔所部蒙军的追击，陷入苦战。又逢天气突变，"北风大作，舟皆吹着（黄河）南岸"。丁未（初二），蒙军趁机再次突袭金军，金军败退，仓皇渡河南撤，"溺死者近千人"④。

此番出师不利，加上军粮告急，金朝君臣遂重新讨论进军方向，并开始出现了分歧。白撒认为：金军应北上进军东平，经营河朔，哀宗可秘密前往归德。太后之侄温敦昌孙认为：考虑到皇亲仍在汴京城内，金军"不如先取卫州，还京为便"⑤，反对哀宗前往归德。这时，负责前敌侦察的蒲察官奴返回报告说卫州有粮食。金哀宗随即下令白撒统军于初六进军卫州，自己则与亲卫军暂驻蒲城观望战局。

在进军卫州的路上，官奴的忠孝军骑兵充当先锋，一路上"号令明肃，抚劳周悉，所过无丝发之犯，老幼妇子坦然相视，无复畏避"⑥。金末乱世，忠孝军仍能保持严明军纪，可见官奴治军严谨。但随后白撒统领金军主力的军纪极端败坏，他们"纵军四出，剽掠俘虏，挑掘焚炙，靡所不至，哭声相接，尸骸盈野"⑦。金军的残暴引起了当地民众的憎恶，为其兵败埋下了伏笔。

《孙子兵法·谋攻篇》云："上兵伐谋，其次伐交，其次伐兵，其下攻城。攻城之法，为不得已。"⑧金军包围卫州城后，守城蒙军拒降，金军只得强攻。但由于仓促出战，他们没有准备攻城器具，只得"缚枪为云梯"，自然是久攻不克。此时发生了戏剧性一幕。蒙古汉军名将史天泽轻骑驰赴卫州，"奋戈突城下，呼守者曰'汝等勉力，援兵继来'。复跃出，敌（金军）愕眙"⑨。

乙卯（正月初十），白撒获得准确情报：蒙古大将撒吉思卜华（忒木氵）的援军已渡过黄河，进抵卫州西南。白撒急令金军撤退。丁巳（十二日），金军在撤退途

---

① 清代学者施国祁认为这位差点被官奴俘获的"镇州大将"是蒙古汉军名将史天泽，见［清］施国祁撰，陈晓伟点校：《金史详校》，中华书局，2021年，第610页。
② ［元］脱脱等撰：《金史》卷116《蒲察官奴传》，第1505页。
③ 王曾瑜：《金朝军制》，河北大学出版社，1996年，第55—56页。
④ ［元］脱脱等撰：《金史》卷113《白撒传》，第1473页。
⑤ 同上。
⑥ ［元］脱脱等撰：《金史》卷113《白撒传》，第1474页。
⑦ 同上。
⑧ ［春秋］孙武著，冯慧娟编：《孙子兵法》，辽宁美术出版社，2019年，第37页。
⑨ ［元］苏天爵撰：《元朝名臣事略》卷七《丞相史忠武王天泽》，中华书局，2019年，第122页。

中被蒙军追上，"撒吉思卜华与其将白撒战白公庙五日夜，俘斩万计，余众尽溃"①。白撒弃军遁逃，西面元帅刘益、上党公张开试图逃到百姓家避难，反被百姓所杀。

对于金军在卫州的失利，柏杨先生在评述"金帝国末路"时说："明年（1233）春天，完颜守绪到了黄河以北，用御旗向各城镇招降，表示皇帝御驾亲征，然而没有一个城镇响应，有些甚至登城拒战。完颜守绪这才发现他的政府得不到人民的支持，他所带的军队因没有粮食，陆续溃散，他只好撤退，但已不能返回开封，便退到开封东方一百三十公里外的归德。"②

天兴二年（1233）正月辛酉（十六日），金哀宗乘船仓皇逃至归德。三日后，他将卫州之败完全归罪于白撒，下令将其关押饿死。《金史》评价白撒"目不识书，奸黠有余……本非将才，恇怯误国"③，同时认为"卫州之举本自官奴，归之白撒则亦过矣"④。

查阅《中国历史地图集》（第六册 宋·辽·金时期），我们可以发现卫州紧靠黄河北岸，距离汴京较近。东平则位于汴京的东北方向，当时黄河下游尚未改道，所以路途河网密布、池沼众多⑤。较之卫州，汴京至东平的直线距离要远一倍多，东平距归德的路途也较远。假如进军东平，将

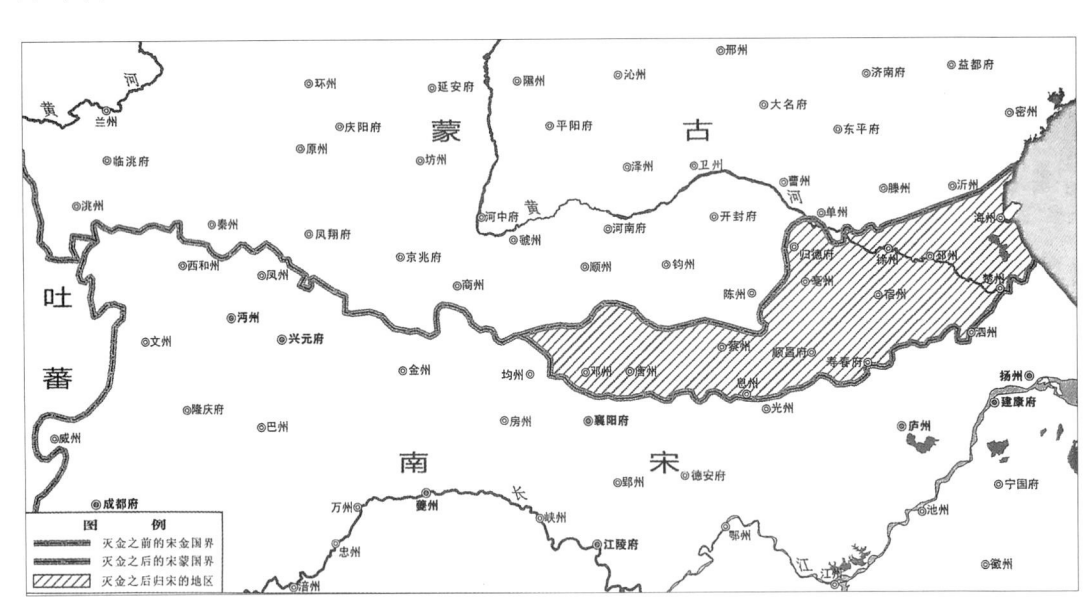

图1 金、蒙、宋三国边界示意图（1233—1234）

图片引自李湖光：《铁骑战北国：蒙金战争全史》，武汉大学出版社，2018年，第236页。原图未注"卫州"，笔者据谭其骧《中国历史地图集》（第6册 宋·辽·金时期），对"卫州"加以补注。

---

① [明]宋濂等撰：《元史》卷122《槊直腯鲁华传》，中华书局，2000年，第1991页。
② 柏杨：《中国人史纲》，人民文学出版社，2011年，第524页。
③ [元]脱脱等撰：《金史》卷113《白撒传》，第1475页。
④ [元]脱脱等撰：《金史》卷113《白撒传》，第1474页。
⑤ 对于汴京、卫州、东平及归德等金代南京路周边各城的地图分布，参见谭其骧：《中国历史地图集》（第6册 宋·辽·金时期），地图出版社，1982年，第52—53页。

有两个不利条件：一是不利于以步兵为主的金军快速开展军事行动。二是一旦蒙军骑兵绕至金军后方，威胁到坐守蒲城的哀宗，北上金军的回援效率也将受到河网因素制约。

进取卫州本为温敦昌孙的建议，蒲察官奴只是奉命侦察。《金史》中查不到温敦昌孙的战功，但因他忠君气节，被列入"忠义"；《金史纪事本末》也将其列为"末造殉节诸臣"，两书均将卫州之败归责官奴，似乎偏颇。导致金军在卫州战败的原因是多方面的，不应归责于某一个历史人物。

卫州之战是蒙金战争以来，金军对蒙古军发动的最后一次有组织的大规模反击，最终以金军溃败告终。此战极大影响了时局发展，直接导致了金哀宗迁徙归德，并在客观上导致了汴京崔立之变与归德官奴之变的发生。

三、第一次归德之变

哀宗逃至归德，随行军队由"护卫军五千人"减为"卫州既败，诸军从者二千人"[①]。蒲察官奴的忠孝马军也折损过半，仅剩450人。

各路金军溃兵陆续抵达归德。天兴二年（1233）二月，归德知府石盏女鲁欢谏言："军众食寡，惧不能给。"[②]考虑到归德兵多粮少，要求诸军出城就粮。于是，除哀宗的亲卫军、忠孝军及归德本地军队外，其他金军均被遣出归德。

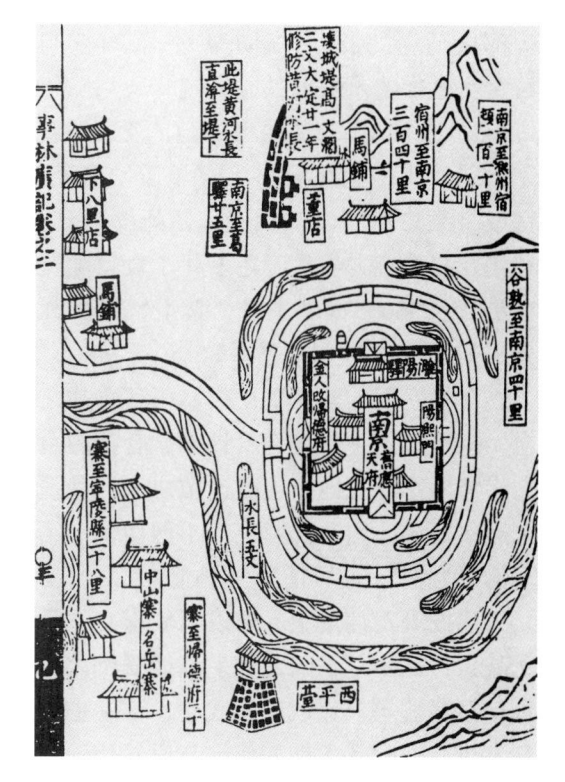

图2 宋金时期的归德城
归德在北宋称南京应天府，金代改称归德。图片出自《事林广记》和刻本乙集卷一《燕京图志》所收附图《南京城图》。转引自周思成：《隳三都：蒙古灭金围城史》，山西人民出版社，2021年，第九张彩图。

早在天兴元年（1232）五月，归德就出现过粮荒。女鲁欢在围城蒙军稍退之际，放出归德百姓自寻食物。卫州之战前，女鲁欢派出的护粮船队将其好不容易征集的一千五百石粮食运抵蒲城。后来，哀宗正是搭乘这些运粮船抵达归德的。

二月底，归德粮荒愈加严重。亲卫军也被遣往宿州就粮。三月初，城内军队仅有蒲察官奴的450名忠孝军以及归德果

---

① 旧题［宋］宇文懋昭撰：《大金国志校证》，第363—364页。
② ［元］脱脱等撰：《金史》卷116《蒲察官奴传》，第1505页。

毅都尉马用的280名城防军[1]，而官奴与石盏女鲁欢的矛盾也日益尖锐。天兴二年（1233）三月戊辰（二十四日），金哀宗设宴款待二人，意在缓和双方矛盾。当夜，官奴带领忠孝军发动兵变，杀死女鲁欢、马用及归德地方士兵，还杀死了哀宗随行官员侍从300多人。军将、禁卫、民庶死者三千[2]，哀宗也被忠孝军软禁。

金朝后期，忠孝军在彰显勇猛善战之余，也暴露了一些弊病。日本学者箭内亘指出忠孝军"在他军连战连败之余，独擅常胜军之名，固非偶然也。不但所谓'诸军倚以为重'，亦可谓为金军吐最后之气者矣。然彼等素性鸷狠，加以猛安谋克，已无战意，乣军复不归，哀宗欲挽既倒之国势，招募彼等，急欲买其欢心，不遑虑他日之患。不问其素性如何，与以三倍他军之月给，又屡加犒宴。故渐次放纵而乱暴，亦自然之势也"[3]。

这便是"第一次归德之变"。清代学者李有棠称其为"官奴之叛"。造成这一事件的原因是多方面。笔者从四方面进行分析。

（一）金末统治阶级内部权力斗争的日益加剧

金哀宗即位后，采取多项励精图治之举，金朝也一度显露出中兴之象，然而国内各种积弊已经太深，加上哀宗的性格缺陷，有学者对其评述："哀宗虽然知道人才是治国之本，但或是他本身性格的弱点，已失去了他的先辈们那种锐利的甄别人才的眼睛，或是积重难返的封建官场，就是再好的眼睛也无法甄别。后来哀宗无法判断臣属中哪些值得信任，哪些确有治国之才，哪些是专事谀媚的奸佞。"[4]

正月戊辰（二十三日），在哀宗抵达归德后的第七天，汴京爆发了"崔立之变"。两日后，哀宗得知下属未将两宫皇亲带出汴京，心情沮丧，也使他对手握重兵的将领产生戒备。他对蒲察官奴和石盏女鲁欢都不完全信任。为笼络归德地方势力，他擢升女鲁欢为"枢密副使、权参知政事"[5]，马用升为元帅。这样，女鲁欢的官阶在官奴之上，马用则与官奴平级。哀宗还时常"召（马）用计事，而不及官奴，故官奴有异心"[6]。但当亲卫军被遣

---

[1] 对于马用统军的数字记载，《金史》卷116《石盏女鲁欢传》与《蒲察官奴传》均记录为700人。现今研究论述在谈及归德之变时，多采纳700人之说。而《金史》卷18《哀宗下》记录归德之变时，马用军为280人。笔者推测：当哀宗抵达归德之初，马用所部应为700人，后为缓解城内日益严重的粮食危机，马用所属部分将士也被遣散出城，最后只有280人驻守归德城内。

[2] 归德之变中"死者三千"的数字记载，仅见于《金史》卷116《蒲察官奴传》，后被《金史纪事本末》卷50《官奴之叛》采纳。然而，《金史》卷18《哀宗下》、卷116《石盏女鲁欢传》、卷131《宋珪传》等对此事的记载均无3 000人的记录。推测此处的"死者三千"包括为避兵变之祸而出城逃亡的百姓人数，故有夸大之嫌，待细考。

[3] [日]箭内亘著，陈捷、陈清泉译：《辽金乣军及金代兵制考》，山西人民出版社，2015年，第127—128页

[4] 黄斌、刘厚生：《大金国史话》，吉林人民出版社，2002年，第318页。

[5] [元]脱脱等撰：《金史》卷18《哀宗下》，第238页。

[6] [元]脱脱等撰：《金史》卷116《石盏女鲁欢传》，第1504页。

出城后，哀宗私下对官奴说"女鲁欢尽散卫兵，卿当小心"①，暗示官奴要对归德守军做好防备。

"哀宗留下他们共守危城归德，不仅不弥合这种矛盾，反而有意予以激化，后果当可想而知。"②哀宗的本意是为维护自身安全，但他忽略了双方不是温文儒雅的文臣，而是久经沙场的武将，反倒加深了双方矛盾。

（二）对下一步迁徙方向的政见分歧

哀宗出走汴京后，迁徙方向始终是一个争论焦点。有学者认为："金哀宗出走汴京，金统治集团内部形成东迁派、西迁派、北进派。"③金朝内部产生了"以蒲察官奴、国用安（笔者注：国用安是盘踞在邳州、海州的地方军阀。）为代表的东迁论者和以完颜仲德为代表的西迁论者两大势力……东迁论者主张金哀宗东幸海州，然后北上收复山东，以图恢复"④。

在抵达归德之初，哀宗也曾考虑过东迁，并以"仲德行尚书省于徐州，既至，遣人与国用安通问"⑤。正月乙亥（三十日），哀宗又派右选徽提点近侍局事移剌粘古前往徐州"相地形，察仓库虚实"⑥，近侍局直长阿勒根兀惹前往徐、宿、邳、海地区进行实地考察。兀惹返回后向哀宗汇报："海州可就山东豪杰以图恢复，且已具舟楫，可通辽东。"⑦

此时蒙军已抵达归德城外，形势危急，官奴进谏：如果不东迁，"请上北渡，再图恢复，女鲁欢沮（阻）之，自是有异心矣"⑧。同时，左丞李蹊、左右司郎中张天纲、近侍局副使李大节等上书哀宗称官奴有反状。

围绕迁徙路线产生的政见分歧使蒲察官奴面临朝廷官员、归德地方官员的双重阻力，这让他在政治上陷入孤立。对于武将出身的官奴来说，他更崇尚采用野蛮暴力手段解决问题。

（三）归德城内物资短缺加剧了各方势力的争夺

第一次归德之变时，忠孝军士兵将石盏女鲁欢押解去见蒲察官奴。官奴对女鲁欢说"汝自车驾到府，上供不给，好酱亦不与，汝罪何辞"⑨，意指女鲁欢将物资隐匿，不供应给皇帝。众军士将女鲁欢押至其家进行抄掠，"检其家杂酱凡二十瓮，且出所有金具"，然后将他杀死。

兵变后，哀宗忌惮蒲察官奴，赦免并升任他为枢密副使、权参知政事⑩，并昭示石盏女鲁欢的罪行。到哀宗抵达蔡州后，女鲁欢之侄大安入蔡，请求为女鲁欢平反。

---

① ［元］脱脱等撰：《金史》卷116《蒲察官奴传》，第1505页。
② 李锡厚、白滨著：《辽金西夏史》，上海人民出版社，2016年，第293页。
③ 李俊：《金哀宗弃汴迁蔡始末考论》，《佳木斯大学社会科学学报》2020年第4期，第131—132页。
④ 李俊：《金哀宗弃汴迁蔡始末考论》，《佳木斯大学社会科学学报》2020年第4期，第133页。
⑤ ［元］脱脱等撰：《金史》卷119《完颜仲德传》，第1540页。
⑥ ［元］脱脱等撰：《金史》卷17《哀宗上》，第238页。
⑦ ［元］脱脱等撰：《金史》卷116《蒲察官奴传》，第1505页。
⑧ 同上。
⑨ ［元］脱脱等撰：《金史》卷116《石盏女鲁欢传》，第1504页。
⑩ ［元］脱脱等撰：《金史》卷116《蒲察官奴传》，第1506页。

哀宗说:"朕方暴露,遣人征援兵,彼(女鲁欢)留精锐自防,发其羸弱者以来。既到睢阳(归德),彼厚自奉养,使朕醯酱有阙。朕为人君,不当语此细事,但四海郡县孰非国家所有?坐保一城,臣子之分,彼乃自负而有骄君上之心,非反而何?然朕方驾驭人材以济艰难,录功忘过此其时也,其厘正之。"①可见,哀宗为女鲁欢平反的态度比较勉强。

(四)归德周边各路金军的混乱状态

随着蒙军进攻,各地金军或据城自保、或叛金降蒙、或哗变四散、或举兵作乱,陷入混乱失控境地,不仅失去了对归德城内局势的制衡,还对归德产生了负面影响。在归德之变前发生的鱼山张瓛之乱与亲卫军哗变事件就是典型事例。

金末,属山东西路辖制的徐、宿、邳、海等地的局势动荡。盘踞于此的国用安、王德全、刘安国、封仙、杜政等各股军阀之间的羁绊颇深。他们原为红袄起义军或地主武装。为了安抚他们,哀宗封他们为"十郡王"。可他们依然与蒙古、南宋、红袄军暗中往来,对金朝时叛时服,拥兵自重,相互攻伐。哀宗抵达归德后,曾派尚书右丞兼枢密副使完颜仲德前往徐州主持军政,力图控制局势。

二月,驻守鱼山(砀山)的金军总领张瓛作乱,杀死元帅完颜胡土,准备降蒙。鱼山位于归德与徐州两城之间,是扼守两城水陆交通联系的要地。归德兵寡,无力平叛。完颜仲德手下无兵,只得召集徐州诸将"累议讨之,德全不从,即领麾下十许人,亲劝民兵得三百人,径往鱼山"②。由于王德全等将领不配合,仲德临时组建的这支民兵队伍显得十分寒酸,幸好永州元帅严禄及时设计诛杀叛乱诸将,才平息了张瓛之乱。

有的金军则发生哗变。如孛术鲁阿海统领的皇帝亲卫军出城后,原计划前往"宿州就食,军士有不愿者,谇语道中",想去汴京或陈州。阿海不得不放任他们,并发放钱券,待军心稍定之时,阿海将四名"谇语者"抓捕处死,激起亲卫军士兵哗变。二月庚子(二十五日)夜,哗变士兵劫掠了武邦杰、蒲察咬住等九户民家,随即一哄而散。原本"侍卫亲军留在归德,多少有些震慑作用"③,但当他们离开归德后"数日,遂有官奴之变"④。

除以上各因素外,蒙古军队对归德城的进逼围困也是归德之变的外部因素之一。

四、归德之战

归德,古称睢阳、宋州,为今天的河南商丘,位据黄河与淮河之间,连通大运河,自古以来都有重要的战略地位。武王灭商后,曾封微子启于此建立宋国。西汉七国之乱时,汉军在此地成功抵御叛乱的吴楚士兵。安史之乱时,唐将张巡、许远力守睢阳,对抗尹子琦部叛军。后周时期,赵匡胤曾担任宋州归德军节度使,北宋建

---

① [元]脱脱等撰:《金史》卷119《乌古论镐传》,第1537页。
② [元]脱脱等撰:《金史》卷119《完颜仲德传》,第1540页。
③ 周思成:《隳三都:蒙古灭金围城史》,山西人民出版社,2021年,第289页。
④ [元]脱脱等撰:《金史》卷116《石盏女鲁欢传》,第1504页。

立后，归德被视为龙兴之地，1006年置应天府，1014年建为北宋南京。靖康之变后，赵构在归德即位为南宋高宗。到金代，归德成为汴京（开封）、中京（洛阳）的坚实后盾。

蒙军深知归德的重要战略意义。"义宗（笔者注：哀宗）甯归德。撒吉思卜华追蹑其后，薄北门而军"①。史天泽、张柔等诸军也随之围困归德，哀宗再次陷入危机。

为摆脱困境，金哀宗与蒲察官奴商议出一条诈降突围之策。当时，官奴的母亲被蒙军俘获。于是，官奴计划"因其母以计请和，故官奴密与忒木䚟（即撒吉思卜华）议和事，令阿里合往言，欲劫上以降"②。撒吉思卜华对此深信不疑，不但与官奴相约乘舟会面对饮，将其母送还，还派出多名使者进入归德。这些蒙军使者一进城，便被忠孝军扣押，官奴从他们口中得知撒吉思卜华的大营位于城北王家寺。于是，他便策划"斫营之策"，准备突袭蒙军。

除轻信官奴的诈降之计，撒吉思卜华还犯了一个致命的军事错误——他统领的蒙军在归德城北扎营时，采取"背水而营"。《孙子兵法·行军篇》有语："凡处军相敌……绝水必远水……欲战者，无附于水而迎客。"③强调军队必须远离河流驻屯扎营，在列阵迎敌时也要避免紧靠水边的"背水一战"。这种地形还极易遭到水上敌军的攻击，蒙军骑兵无法发挥机动优势。对此，史天泽劝谏："若敌来犯，我进退失据，此岂驻兵地耶？"④但撒吉思卜华不听，这为其后来战败埋下了伏笔。

五月五日深夜，蒲察官奴带领忠孝军450人，携带兵器火器，悄悄出归德城南门，乘舟由东向北移动。他们先是袭杀了在归德周边巡逻的蒙古士兵，随后抵至王家寺的蒙军大营附近埋伏。四更时分，忠孝军发动突袭，睡梦中的蒙军慌忙反击，人数处于绝对劣势的忠孝军一度退却。此刻，官奴沉着冷静，下令"分军五七十"⑤，乘船快速迂回至蒙军大营后方水域，"腹背攻之，持火枪突入，北军（蒙军）不能支，即大溃，溺水死者凡三千五百余人"，撒吉思卜华战死，"（蒙古）军大歼，藁帅董公（董俊），完帅郑公（郑义）、韩公，十千户皆在死列"。忠孝军大胜蒙军。

在这场战斗中，忠孝军使用了飞火枪。《金史》记载这种火器"以敕黄纸十六重为筒，长二尺许，实以柳炭、铁滓、磁末、硫黄、砒霜之属，以绳系枪端。军士各悬小铁罐藏火，临阵烧之，焰出枪前丈余，药尽而筒不损"⑥。飞火枪（图3）是在传统长矛上捆绑燃料筒的兵器，体量小、

---

① [明]宋濂等撰：《元史》卷122《槊直腯鲁华传》，第1991页。
② [元]脱脱等撰：《金史》卷116《蒲察官奴传》，第1506页。
③ [春秋]孙武著，冯慧娟编：《孙子兵法》，第98页。
④ [元]苏天爵撰：《元朝名臣事略》卷七《丞相史忠武王天泽》，第122页。
⑤ 清代学者施国祁认为，"'五'，北作'伍'，非。案五七十乃约略之词，若作'伍'，则复衍矣"。见[清]施国祁撰，陈晓伟点校：《金史详校》，第610页。
⑥ [元]脱脱等撰：《金史》卷116《蒲察官奴传》，第1506页。

重量轻，便于单兵携带。使用时，士兵先点燃筒中的火药，可喷射出一丈多远的火焰杀伤敌军，还使用锋利的枪头攻击敌人。

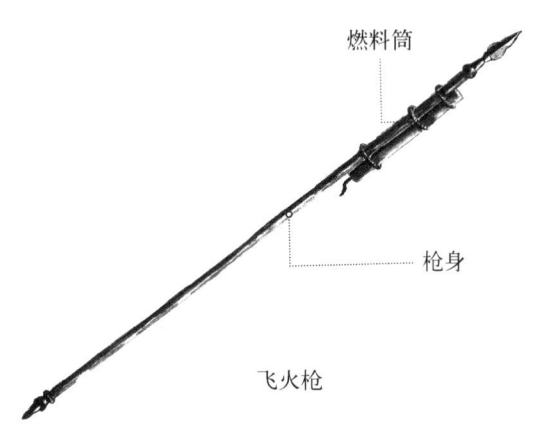

图3　飞火枪

图片引自伯仲编著：《国粹图典·兵器》，中国画报出版社，2016年，第94页。

归德之战，金军以450人大胜蒙军3 500人，是中国古代军事史一次以少胜多的经典战例。蒲察官奴统领的忠孝军将火器成功运用于集群作战，成为中国历史上的第一支火枪队。有学者指出："飞火枪既可用作火器烧灼敌人，又能当冷兵器刺杀敌人，它是火药与冷兵器结合的产物，或可视为现代步枪的前身。"[1]也有学者评价："这是我国兵器发展史上第一次装备集群作战的单兵火枪，也是最早的一种单兵两用火枪。它的创制，标志着我国单兵火枪的正式诞生。"[2]

此战也显示出蒲察官奴的军事才能与胆略。战前，官奴制定了周密的作战计划。如，他用计诈降并探知蒙军大营位置。出战前，他让哀宗"御北门，系舟待之，虑不胜则入徐州而遁"[3]，这是考虑到一旦战事不利，能将哀宗转移至徐州的应急之举。在敌众我寡且初战不利的情形下，官奴及时调整部署，组织忠孝军使用飞火枪前后夹攻蒙军，应了《尉缭子》所言"善御敌者，正兵先合，而后扼之，此必胜之道也"[4]，最终忠孝军几乎全歼蒙军，也使蒲察官奴与蒙古结下血海深仇，此可作为"官奴没有叛金"的依据之一。

归德之战是金军对蒙军取得的一次胜利。然而此次胜利仅有战术意义，无法从战略层面扭转金朝覆亡的必然结局。战后，蒲察官奴升任参知政事兼左副元帅，仕途达到了顶峰。荣耀的背后暗含着危机。"这次胜利并未能使金朝廷摆脱困境，相反却因哀宗和官奴之间日成水火，而变得无法在归德立足了"[5]。因不满于蒲察官奴的专权跋扈，"反官奴势力"已在暗中谋划清除官奴。

五、第二次归德之变

战后，归德暂时解围，下一步的迁徙问题又被提上议程，城内又现分歧。特别是当主持蔡、息、陈、颍等地军务的总帅乌古论镐押送粮草至归德后，力劝哀宗前往蔡州。

哀宗的侍从护卫久居皇宫，多日被

---

[1] 杨泓、于炳文编著：《中国古代物质文化史·兵器》，开明出版社，2018年，第167页。
[2] 傅璇琮、王烨：《中国古代兵器》，中国商业出版社，2015年，第157页。
[3] ［元］脱脱等撰：《金史》卷116《蒲察官奴传》，第1506页。
[4] 孙武、司马穰苴著：《图解武经七书·尉缭子》，黄山书社，2016年，第197页。
[5] 李锡厚、白滨著：《辽金西夏史》，第294页。

困归德使他们饱受饥苦。他们从未去过蔡州，只是听说蔡州城池坚固、兵众粮广，也都力劝哀宗南迁蔡州，哀宗有所心动。只有蒲察官奴曾"从点检内族斜烈过蔡，知其备御不及睢阳（归德），力争以为不可"①，他对蔡州的薄弱城防有着清醒认识，坚决反对哀宗迁蔡，并向众人说"敢言南迁者斩"，用言语威胁有异议的官员，这直接给他带来了杀身之祸。

五月己未，官奴带领忠孝军一部前往亳州。临行前，他命习显统领归德忠孝军，并将哀宗软禁于城内照壁堂。此时，归德城内出现了一条非常不利于官奴的传言："官奴密令兀惹计构国用安，胁上传位，恢复山东。事不成则献上于宋，自赎反复之罪。"②

哀宗的侍从护卫认为官奴有反叛之心，多次劝哀宗清除官奴。于是，哀宗暗中命内侍宋珪"与奉御吾古孙爱实、纳兰忆答、护卫女奚烈完出、范陈僧、王山儿等谋诛之"③。

六月己卯（初六），哀宗以议事之由，命人赴亳州将官奴召回归德。官奴毫无防备，当他步入照壁堂时，被事先埋伏好的众侍卫杀死。这位带有传奇色彩且饱受争议的枭雄的人生最终落幕。

随后，归德忠孝军将领白进、阿里合相继被杀。归德忠孝军士兵"闻难皆擐甲"，准备应战。哀宗不得不亲自出面安抚他们，并命范陈僧、王山儿为忠孝军元帅。

哀宗派兵前往亳州，杀死了逃到亳州的习显及亳州忠孝军将领数人，并派兵在半路袭杀了前去联络国用安的"东迁派"阿勒根兀惹。这就是"第二次归德之变"。

这里出现了一个值得思考的问题：为何在归德之战后的近一个月时间，掌控归德城内军政大权并曾力主东迁的蒲察官奴没有东迁徐邳，而是前往亳州呢？

笔者根据当时形势分析：徐州的完颜仲德虽在名义上主持军政，但他手中并无太多军队，且其主张西迁，与官奴政见不一。邳州的国用安曾建议哀宗"权幸山东"，亦可借海州北上东北以复兴大业，并"遣人以蜡书言迁蔡有六不可"④，逐条列举、言辞凿凿，似乎有几分道理。

前文提及，国用安原系红袄军，他在金、蒙、宋三方反复叛降。另外，当时辽东尚有蒲鲜万奴的东夏政权，且蒙军在占领汴京后，蒙古大汗窝阔台正在筹划对东夏的征讨。所以，金哀宗东迁徐州进而"可通辽东"无异于幻想。

另外，西迁也是不现实的。早在汴京时，哀宗曾召河南西部的恒山公武仙统兵入援。武仙大军在行至眉山店（今河南郭店西北）时遭蒙军围攻后大败，残部转投驻守邓州的金军总帅移剌瑷。邓州曾是哀宗筹划西迁的备选地之一。但此时"邓州仓廪亦乏，（武仙）乃分军新野、顺阳、淅川就食民家"⑤。从此，"武仙抗蒙的信念开始动摇，面对哀宗的召援犹豫不决，踌

---

① ［元］脱脱等撰：《金史》卷116《蒲察官奴传》，第1507页。
② 同上。
③ ［元］脱脱等撰：《金史》卷131《宋珪传》，第1663页。
④ ［元］脱脱等撰：《金史》卷117《国用安传》，第1515页。
⑤ ［元］脱脱等撰：《金史》卷118《武仙传》，第1525页。

踌不前。哀宗逃亡期间，武仙已无心维护濒于灭亡的金政权，自己攻南宋金州以求自保，结果兵败"[1]。四月甲辰，邓州城内粮尽，"邓州节度使移剌瑗以其城叛，与白华俱亡入宋"[2]。

我们再结合《金史·地理志》（表1）对金代各城相关情况进行分析。

表1 《金史·地理志》所载哀宗"弃汴奔蔡"涉及诸城池概况表

城池名	级别及主官官职	驻军名称	所辖户口数目
归德	中，节度使	宣武军	七万六千三百八十九
亳州	上，防御使	集庆军	六万五百三十五
宿州	中，防御使	保静军	五万五千五十八
徐州	下，节度使	武宁军	四万四千六百八十九
蔡州	中，防御使	镇南军	三万六千九十三
海州	中，刺史	未记录	三万六百九十一
邳州	中，刺史	淮阳军	二万七千二百三十二
邓州	下，节度使	武胜军	二万四千九百八十九

注：据《金史·百官志》记载，节度使级别为从三品。防御使级别为从四品。刺史级别为正五品。金末，官员滥封导致官制混乱，各地驻守主官的官职多有变化。此仍可作为金代城池概况参考。

通过对各城主官品级及户口数目记录分析可知：当时的亳州是与归德相仿的城池，条件明显优于周边各城，且位置临近归德。我们设想一下，身处1233年5月的蒲察官奴面临的复杂形势是：武仙动摇与邓州降宋已彻底堵住了西迁之路。徐州的完颜仲德手下无兵，且与官奴政见不同；邳州国用安的政治立场不可靠，东迁无望。南边的蔡州城防又极为薄弱。

由此，除了亳州，蒲察官奴别无选择。归德之战后，他即刻动身奔赴亳州考察，说明他或已放弃东迁徐邳，并想把亳州作为下一个临时栖身地。假设官奴确有串通国用安进而投降南宋的异志，完全可以在归德之战后大权独揽、内外暂无威胁的情况下，拥兵挟持哀宗直奔国用安，完全没必要辗转南下亳州，白白耽误了一个月。据此推测，之前归德城内风传官奴将在东迁之后"献上于宋"的说法，大概率是"反官奴势力"为清除官奴而捏造的谣言。蒲察官奴放弃东迁徐州、谋迁亳州，可作为"官奴没有叛金"的依据之二。

第二次归德之变后，哀宗便出发前往蔡州，途中，他曾路过并留居亳州数日，并派出左右司郎中乌古论蒲鲜前往蔡州先行准备。蒲鲜抵蔡后发现实情果如官奴所言，急忙返回，在半路遇上哀宗一行。蒲鲜"言其（蔡州）城池兵粮果不足恃，上已在道，无可奈何。及蔡受兵，始悔不用官奴之言"[3]。哀宗抵蔡看到实情，对自己未听官奴建议并杀死官奴感到懊悔，下令从亳州征调民丁向蔡州转运"铁甲糇粮"，可见当时的蔡州城防及物资条件均不如亳州。哀宗还"特诏尚书省月给其（官奴）母妻粮，俾无失所"[4]，事实上已为蒲察官奴平反，可作

---

[1] 张哲、张迪、刘力：《金末汉人武装首领武仙的历史抉择》，《东北史地》2013年第5期，第59页。
[2] [元]脱脱等撰：《金史》卷17《哀宗上》，第238页。
[3] [元]脱脱等撰：《金史》卷116《蒲察官奴传》，第1507页。
[4] 同上。

为"官奴没有叛金"的依据之三。

蔡州成为金哀宗的最后栖身地。天兴三年（1234）正月，蒙宋联军攻破蔡州城，哀宗自缢身亡，金朝覆灭。

两次归德之变，深层反映出"金统治者的懦弱无能，统治集团的勾心斗角、分崩离析。这种自相残杀，削弱了自身的力量，进一步加速了金朝的灭亡"[①]。

六、结　语

纵观蒲察官奴的一生，在金、蒙、宋三国之间驰骋往来，飘忽行事的风格好似神龙见首不见尾，犹如一个有传奇色彩的游侠。早年，由宋归金的官奴一度被邓州总帅粘合怀疑。为证明自己对金朝的忠诚，官奴曾"掩宋军得马三百，至邓州城下，移书粘合辨理屈直，留马于邓而去"[②]，颇为洒脱豪爽。《金史》中多处记载官奴"智略有可取""几获镇州大将，中外皆以为可用""平章白撒率诸将战，官奴之功居多""惟官奴一军号令明肃，秋毫无犯"，足见他骁勇善战、治军有方，特别是他在归德之战的表现，堪称一员名将。金末的复杂局势及其多年沙场经历，铸成了官奴智勇双全与跋扈残忍的两面性格。黎东方教授对其评价："蒲察官奴是完颜彝死后，忠孝军的重要领袖……蒲察官奴忠勇有余，可惜相当跋扈。"[③]

德国军事理论家、军事历史学家卡尔·冯·克劳塞维茨在论述"军队的武德"时认为："个人勇敢所固有的那种不受控制和随心所欲地显示力量的倾向，是军人的勇敢所必须摆脱的，因为它必须服从更高的要求：服从命令、遵守纪律、遵循规则和方法等。"[④]

官奴的桀骜不驯是与"军队的武德"大相径庭的个性缺陷。比如官奴早年曾因放荡不羁被关押入狱，加入忠孝军后依然沉迷于赌博。他出身低微，因屡立战功在短期内快速提拔，行事日益跋扈。他虽多谋，但缺乏战略头脑及政治远见，片面崇尚暴力手段。两次归德之变，大批官兵被杀，殃及城中无辜百姓，进一步削弱了金军力量，丧失民心，加剧了金朝的分裂瓦解。

《金史》评价蒲察官奴："素行反侧，倏南倏北，若龙断然。哀宗一旦倚为腹心，终为所制，照碧之处，何异幽囚，其事与梁武、侯景大同而小异。"[⑤]笔者在前文列举了归德之战、谋迁亳州、哀宗平反等三条"官奴没有叛金"的依据，毕竟官奴并未做出如侯景"囚杀君王、自立为帝"之事。但他也无法如完颜陈和尚一样位列"忠义"。《金史》借鉴了元好问《中州集》对"官奴之变"的评述，未将蒲察官奴列入"叛臣""逆臣"，而为其立传，评议比较中肯。

[①] ［清］李有棠著，蒋秀松译评：《白话精评金史纪事本末》，辽沈书社，1994年，第407页。
[②] ［元］脱脱等撰：《金史》卷116《蒲察官奴传》，第1505页。
[③] 黎东方：《黎东方讲史·细说元朝》，上海人民出版社，2013年，第92页。
[④] ［德］克劳塞维茨：《战争论》，天津人民出版社，2020年，第166页。
[⑤] ［元］脱脱等撰：《金史》卷116《蒲察官奴传》，第1509页。

满铁哈尔滨图书馆和满铁的北方调查

李勤璞

浙江师范大学边疆研究院

内容提要：满铁1923年5月1日设立哈尔滨图书馆，1936年4月1日合并中东铁路中央图书馆，1943年2月改隶满铁调查部，作为关于"北满及北方"专门图书馆。该图书馆细密地积集、整理与揭示文献，促进满铁的北方调查。

关键词：满铁　哈尔滨图书馆　资料情报　北方调查

在乾隆皇帝治世的第二十四年（1759），中国达到历史上最大版图[1]，但在后来他做太上皇的几年，全局性的衰落突然显现出来，在这个古老广大、日复一日低迷的农业国，各地时时爆发无法生存者的动乱。同期（19世纪）俄罗斯和日本陆续转变为现代工业国家[2]，竞相并吞朝鲜、我国的蒙古地区和东北三省。最初是寂寞边地的一些地方，变成俄日盘踞的立足处，他们以此为基点，进一步侵略中国。

国际都市哈尔滨就是这样的地方，最初在松花江南岸低湿空旷的平野，坐落着数户人家，俄罗斯人1896年获得东清铁路[3]铺设权，1898年选在此地建设都市[4]。这一年制订城市规划，第二年修筑中央教堂。1903年建成哈尔滨大连间铁路，以哈尔滨为交叉点，在连接东北深处西北—东南铁路线之外，俄罗斯人又有了连接东三省南北的铁路线。第二年日俄战争，俄国战败，遂将长春（宽城子）以南铁路转给日本。日本1906年设立南满洲铁道株式

---

[1] 石桥崇雄：《大清帝国》，讲谈社，2003年，第171—172、182页。

[2] 沙学浚：《工业化与中国前途》（1941），收入同氏《国防地理新论》，（上海）商务印书馆，1946年，第11—18页。

[3] 西伯利亚铁路穿过我国境内的路段，汉字称东省铁路、东清铁路，进入民国称中东铁路、中东路，日本投降以后改称中国长春铁路。中东铁路略史，参看张其昀《中国区域志》甲编（二），中国文化出版事业委员会，1958年（初版1925年），第478—480页；西伯利亚铁路、中东铁路，参看马丁·吉尔伯特著，王玉涵译：《俄国历史地图》，中国青年出版社，2009年，第61页；谭桂恋：《中东铁路的修筑与经营》，联经出版公司，2016年，卷首地图三和地图一。

[4] 中村义人编：《哈尔宾乃概念》第四版，哈尔滨日本商业会议所，1926年，第1—2页。

会社（简称满铁）①经营这段所谓南满铁道及附属地，哈尔滨仍在东清铁路势力之下，也仍是东北北部和俄国西伯利亚及远东的中心都市，盛称"东方莫斯科""东方巴黎"。俄国1917年发生革命，国力减弱，中国借此机会恢复中东铁路附属地权力。日本建立傀儡伪满洲国，哈尔滨成为特别市，日本人急剧增加。1935年满铁接收中东铁路，伪满时期哈尔滨实际处于日本统治之下，日本人制订新的都市计划，直到其战败投降，哈尔滨才回归中国②。

在哈尔滨，日本人长期设立关东军③特务机关、满铁事务所及调查机关、日露协会学校（"露"即露西亚，指俄罗斯国）、哈尔滨商品陈列馆等很多组织与学校，出版书籍报刊，经营工商业。本文考察在哈尔滨的满铁图书馆的演变④，并探明它对现代日本侵据我国蒙古地区、东三省北部，以及俄罗斯苏联，所发挥的作用。

一、早期哈尔滨的日本人社会

日本人困守东海中的列岛，自近代往北扩张，占领虾夷地，并往那里移民，改称其地为"北海道"⑤。由此开始急切地南进、北进，占领更多的海外地区。首先北进朝鲜国，⑥然后越过鸭绿江到我国东北（东三省与内蒙古东部）和外蒙古，再北上俄苏西伯利亚及远东地区⑦。甲午战争（1894）、日俄战争（1905）日本人得胜，又踊跃出兵发生革命的俄国西伯利亚及远东地区（1917—1922），借口是保护日本侨民及其财产，意图则是永久

---

① 日本南满洲铁道株式会社，本部在大连。关于满铁、满铁调查部，本文多参考苏崇民《满铁史》（中华书局，1990年）、解学诗《隔世遗思——评满铁调查部》（人民出版社，2003年）这两部实证研究的巨著。另看张其昀：《中国区域志》甲编（二），第445—446页。

② 哈尔滨略史，参看张其昀：《中国区域志》甲编（二），第439—440页；中村义人编：《哈尔宾乃概念》第四版，附录第4—5页；殷肇瀛：《哈尔滨指南》卷一，东陲商报馆，1932年，第1—4页；满铁铁路总局：《哈尔滨案内》，满铁铁路总局，1935年；铁夫：《哈尔滨的起源》，《边疆建设》1.2（1946），第48—49页；《ハルピン概况》，アジア历史资料センター（http://www.jacar.go.jp）；中西僚太郎：《20世纪前半における日本人作成のハルビン案内书と市街地图》，《历史人类》50（2022），第4—6页。哈尔滨地名，日本人最初用汉字写作"哈尔宾"。

③ 参看小林英夫：《关东军の历史》，《アジア太平洋讨究》23（2014），第79—136页。

④ 东北三省清末民国时期图书馆开设和藏书阅读情况，有在地的观察。布村一男：《满洲图书馆史觉书》，《图书馆杂志》33.4（1939），第85—87页；刘贵德：《建国前之图书馆》，《图书馆杂志》37.3（1943），第158—159页。

⑤ 张素玢：《从北国到南岛——日本北海道的移民拓垦经验在台湾》，《辅仁历史学报》18（2006），第49—61页。参看煎本孝（1947—）：《日本における北方研究の再检讨——自然志—自然と文化の人类学—の视点から——》，Anthropological Science（Japanese Series）115.1（2007），第1—13页。如今的北海道、千岛群岛、桦太（库页），以前日本人泛称为虾夷地。山下义行：《虾夷地の人——最上德内のことなど——》，《收书月报》58（1940），第14页；虾夷地，フリー百科事典［ウィキペディア（Wikipedia）］，https://ja.wikipedia.org/wiki/虾夷地，2022年7月9日检阅。

⑥ 《韩国并合》，《地学杂志》22.9（1910），第56—57页；山边健太郎：《日韩并合小史》，岩波书店，1975年。

⑦ 李凡：《日苏关系史（1917—1991）》，人民出版社，2005年，第16—18页。

占据[1]。

1897年（光绪二十三年，日本明治卅年）8月，西伯利亚铁路动工铺设，日本人亦随之到来。长崎县宫本千代，是铁路建设局卫生系主任波莱蒂卡（俄人）的佣人，她跟随主人于1898年5月下旬自海参崴到哈尔滨，时年十六岁，这是最初来到哈尔滨的日本人。接着来到哈尔滨的日本人是宫本千代的哥哥一家：平道弥吉夫妻和儿子，以及另外三人。由于铁路医院需要洗衣工，卫生系主任希望宫本千代找人手，于是她从老家把这六人叫来，六人同年秋天到达，这七人是最早来到哈尔滨的日本人。翌年解冰之后，又有男女七名洗衣工从哈巴罗夫斯克（伯力）乘船沿黑龙江上溯到来，他们也是长崎县人，在香坊开业。本年在埠头区日本人街（中国六道街）陆续开了日本饭馆（妓馆）、食杂店、钟表修理铺和照相铺。到次年（1900）义和团进攻哈尔滨以前，日本人增加至200人。义和团结束后，日本人持续增加[2]。另一说称，平光弥等几名日本人来修铁路，是哈尔滨最初的日本人，属于日本浦潮（浦盐，海参崴）领事馆管理。至1898年计有8人，1902年增至519人，都是修路者及女人（妓女占多数[3]），次年增加到千人，日俄战争时日本人全逃亡了，仅留下间谍。1906年有日本人320人，基本是妓女和洗衣工、钟表商。1907年三井物产株式会社设立分店，是日本实业界来到哈尔滨经营的开始。到1921年，哈尔滨在住日本人1 165户，男性2 147名，女性1 614名，共计3 761名[4]。

日本人积极组织起来，发展在地盘踞的坚实力量，并以本国政府武力为后盾。1901年11月组织"松花俱乐部"（后改称松花会，第一任会长是大和商会商店主铃木定次郎）[5]以互相联络，这是其后1908年设立的"日本居留民会"前身。1904年起，日本人还创办很多银行、会社、商店、旅馆和医院等等机构，1907年设立总领事馆，1908年日露协会设立哈尔宾商品陈列馆[6]，陈列馆亦从事调查，并出版杂志如财政经济方面的《露文馆报》、经济方面的《露亚时报》。1908年侨民设立私塾式的日本小学校，1920年4月1日移交

---

[1] 马士、宓亨利:《远东国际关系史》，商务印书馆，1975年，第616—633页；细谷千博:《シベリア出兵をめぐる日米关系》，《国际政治》17（1961），第73—90页；西原征夫著，赵晨译:《哈尔滨特务机关——日本关东军情报部简史》，群众出版社，1986年，第17、22—23页；李凡:《日苏关系史（1917—1991）》，第18—36页。

[2] 军司义男:《东清铁道资料》，满铁社员会，1944年，第88—89页。军司有《哈尔滨に于ける邦人发展史》，先刊于《北窗》1939年第1卷第1号，第28—33页。

[3] 同期俄罗斯远东地区城镇遍布日本妓女。这些妓女身处本国社会底层，但十分爱国，随时收集情报并冒险交给日本机关。参看王振坤、张颖:《日特祸华史——日本帝国主义侵华谍略活动史实》第一卷，群众出版社，1988年，第77—78、87—88页；土岐康子:《极东ロシアと日本人娼妇》，《ロシア史研究》57（1995），第19—35页。

[4] 哈尔宾商品陈列馆编:《哈尔宾案内》，哈尔宾商品陈列馆，1922年，第80、52页。

[5] 军司义男:《东清铁道资料》，第89页。

[6] 陈列馆开设宗旨见日本政府《官报》（大藏省印刷局）第1795号（1918年7月26日），第6—7页。日露协会系满铁第一任总裁后藤新平（1857—1929）倡导，日本政界、陆军部和财阀人物1906年在东京成立。

满铁经营，由满铁哈尔滨事务所管理，称"日本寻常高等小学校"①。1910年设立日本红十字会长春支部哈尔滨派出所，1916年改为"日本红十字支部"。1914年设立"星士会"，1920年改名"在乡军人支部"，1915年设立本愿寺幼稚园。1917年12月3日，日本出兵西伯利亚之际，驻旅顺关东都督增派警队乘火车来哈尔滨，以武力保护日本侨民，并发给侨民枪支弹药，组织自卫团。满铁1917年设立哈尔滨公所，1921年设立哈尔滨满铁营业所②，前者负责刺探俄罗斯情报，后者作物资及运输业务。1918年设立陆军交通支部，1919年设立陆军特务机关（哈尔滨特务机关）③、派遣队司令部、东支南线管理局，配合日本侵入东北北部和俄罗斯的行动。1920年设立日露协会学校（伪满哈尔滨学院前身），1921—1922年设立朝鲜人小学校和幼儿园，这两年间新办七种日文和一种俄文的报纸，1922年设立中国语学堂④。

二、满铁哈尔滨事务所资料室

我国东北北部非常深广，与俄苏（苏维埃联邦1922年12月30日成立）西伯利亚及远东地区接壤，哈尔滨是政治军事、经济交通的中心地。满铁公司成立以后，1908年10月在哈尔滨新市街新买卖街购买房屋，设立机构，派遣人员驻扎，承担事务。次年7月满铁公司补助设立"日满商会"，承担满铁的煤炭贩卖、满铁与东清铁路货物联络与运输业务⑤，其后煤炭业务增加，1915年8月在埠头区新设贩卖课出张所，接过日满商会的代理业务。1915年6月满铁公司运输部营业课派员驻哈尔滨，负责与中东铁路运输联络，1917年2月15日设立哈尔滨公所，办理前举运输联络诸事务⑥；1921年6月在埠头区设立运输营业所，把运输业务接过去，公所所长兼营业所长⑦。

从出版的调查资料看，满铁在1918年以前对东北北部和俄国的实况调查，由大连本社调查部进行，森御荫（？—1934）是中坚人物。森在东京外国语学校中退，1894年东京师范学校毕业，1899至1904年在俄国作一般经济的调查，1904至1906年作陆军翻译，1908年入满铁公司调查课，1918年调任日露协会哈尔滨商品陈列馆馆长，其最后刊行的文章在1933年。他游历多方，勤于执笔，满铁期间印行主要调查著作有：

---

① 佐田弘治郎编辑：《南满洲铁道株式会社第二次十年史》，南满洲铁道株式会社，1928年，第1138页。
② 哈尔滨商品陈列馆编：《哈尔滨案内》，第59、63页。
③ 西原征夫著，赵晨译：《哈尔滨特务机关》，第1—24页；伊藤武雄：《満鉄に生きて》，劲草书房，1964年，第68页。
④ 以上除另有注明，均据哈尔滨商品陈列馆编：《哈尔滨案内》，第81—85、54—55页。另可参看入江寅次：《邦人海外发展史》，井田书店，1942年，第437—449页。
⑤ 铃木完孝编：《哈尔滨市街地图》，铃木冥北堂，1913年。四边都是配有照片的商家广告，底边广告有"新市街日满商会　南满铁道株式会社出张所"，下方为一座西洋楼房。
⑥ 南满洲铁道总裁室弘报课：《满洲一日一话》，满铁，1941年，第34—35页。
⑦ 佐田弘治郎编辑：《南满洲铁道株式会社第二次十年史》，第1277—1278页。

《露国极东经济调查资料》《松花江黑龙江及两江沿岸经济调查资料》（以上1910年印行），《露国占领前后ニ于ケル大连及旅顺》《西部西伯利亚经济调查资料》（以上1911），《东部西伯利亚经济调查资料》《东清铁道沿线ニ于ケル森林东清铁道ニ要スル燃料》（满铁《资料汇存》第5号），《北满洲ニ于ケル物资流动状态》（《资料汇存》第6号，以上1913），《东清乌苏里两铁道输送货物》（《资料汇存》第7号，1914），《勘察加州经济调查资料》（1915），《西伯利亚经济状态卜日露贸易资料》（1917）[①]。

第一次世界大战及俄国革命期间，中国、俄国特别是中东铁路及俄领远东地区变动迅速，满铁感到在东三省南部（日文"南满"）作调查的同时，有必要在东三省北部（"北满"）着手调查，便越来越注重将国际都市哈尔滨作为收集情报、攫取利益的据点，乃更张设置，1923年4月21日把哈尔滨公所升为事务所，旧有运输营业所取消，业务归事务所下的运输课。由于新买卖街的办公处狭小不便，1924年5月在车站街另建新房，1925年8月搬过去[②]。

哈尔滨事务所置庶务、运输、调查三课，交给调查课的任务是对东北北部及与苏联接壤地方进行一般的经济调查，并收集苏联方面基本情报，包括资料、法政、情报、经济、产业、交通、运输七方面[③]，资料收集居于首位。

调查课之下设资料系，资料系之资料室也在此时起步。哈尔滨公所往年配备的与事务所成立以后按新规程购买的图书，加上本社调查课和大连图书馆让与资料课的俄文日文书1 000余册，总数达2 000余册，其中包括满铁收买哈尔滨オゾ文库[④]之际分给的复本俄文书249册[⑤]。图书内容是关于我国东北和蒙古地区及俄领远东西伯利亚政治经济产业的，俄国、中国、日本、朝鲜及西亚诸国事情者也占相当部分。工作是就这些书着手整理、编辑资料，

---

① 井村哲郎编：《满铁调查部——关系者の证言》，アジア经济研究所，1996年，第762—763页。国立国会图书馆デジタルコレクション（https://dl.ndl.go.jp/）检索词汇"森御荫"，2022年7月21日。满铁庶务部庶务课：《南满洲铁道株式会社刊行书类目录（大正十二年四月现在）》，南满洲铁道株式会社，1923年，第3—4页。森御荫1918年是哈尔滨商品陈列馆馆长，见日露协会编：《讲演会速记录》，日露协会，1918年，目次。

② 佐田弘治郎编辑：《南满洲铁道株式会社第二次十年史》，第1278页。关于满铁哈尔滨公所、事务所及其对东北北部与苏联的调查，参看解学诗：《隔世遗思》，第119—121、71—81页。

③ 山内胜雄（哈尔滨事务所调查课长）：《发刊の辞》，《调查时报》另第1号，哈尔滨事务所调查课，1923年10月，第1页；佐田弘治郎编辑：《南满洲铁道株式会社第二次十年史》，第1260—1262、1277—1278页；参照佐田弘治郎编辑：《南满洲铁道株式会社二十年略史》，南满洲铁道株式会社，1927年，第336、340页；山田豪一：《满铁调查部 荣光と挫折の四十年》，日本经济新闻社，1977年，第71—73页；原觉天：《现代アジア研究成立史论》，劲草书房，1984年，第544—549、559—566页；苏崇民：《满铁史》，第415—416页。

④ 俄文书オゾ（译音ao—zao）文库（Офицерство Заамурского Округа，后黑龙江军管区参谋部将校图书室，缩写О3О），对于日本的北进具有及时雨的意义，满铁大连图书馆因此编印出版目录（1930），至今仍被提起，引为自豪。关于后黑龙江军管区，参看满铁哈尔滨事务所编：《北满洲概观》，满洲文化协会，1933年，第6—7页；军司义男：《东清铁道资料》，第142—143页。

⑤ 佐田弘治郎编辑：《南满洲铁道株式会社第二次十年史》，第1262页。

同时收集新的图书报刊。事务所杂志《调查时报》创刊号末尾，刊出资料系撰写的《调查课资料概说》一篇①，详细说明资料的用途、内容和性质，分类整理的规则和所内所外利用者的身份。截至1923年9月20日，调查课藏有杂志报刊一百余种：

俄文杂志25种，哈尔滨、俄国各地、柏林出版；

俄文报纸17种，俄国各地、哈尔滨出版；

日文杂志31种，日本各地、哈尔滨、大连、长春、奉天、北京、朝鲜京城出版；

日文报纸15种，日本各地、大连、奉天、哈尔滨、长春出版；

中文杂志报纸16种，哈尔滨、奉天、上海、天津、北京、吉林、齐齐哈尔、大连出版；

英文杂志报纸4种，天津、哈尔滨、大连出版。

资料系评论说，这一宗资料加上大连满铁本社调查课所藏俄文书约5 000册，作为研究俄国及远东中俄地区的资料，在质和量上，日本、俄国之外是没有的；该系所藏资料侧重中国东北北部和与苏联接壤地区，将对东北北部及与其接壤地方进行一般的经济调查和彻底的企业调查，并对该地方种种事象的解释，均起重要作用。

资料分普通资料和秘密资料，后者在另处保管。资料按外形分图书、小册子及公文、杂志、报纸、地图、标本和样本。为在实地调查中起到明快的参考作用，资料按该课设立的内容分类法分类，再持续整理编目，揭示资料的内容。图书、小册子按日中英文、俄文欧文两类保管；杂志每半年做成合订本，编入图书之列，但分场所保管。资料的整理登记，常见办法是将篇名析出，做成卡片；一册之内若含有不同内容的数篇，或有丛书（如满铁调查课编著《满蒙全书》七卷、满铁各种调查报告书）包含子目，则将第一篇篇名（日文称"件名"）和丛书书名写入卡片，第二篇以下篇名及子目写入新的卡片；杂志中重要篇目也这样做，报纸上重要篇目，则剪贴成册。图书报刊及著录卡片、剪报册，均按照资料分类表分类保管，事后编印发行印刷本目录，同时就馆藏图书及新书撰写发表介绍文，以推广利用。《调查时报》第1号刊登中东铁路公司新刊俄文《东省铁路沿革史》第一卷的情况和本卷及即将印行的第二卷全部目录；还有杂志《哈调资料》第1至6号及一期号外的书名、出版年月，注明其性质（普通、极秘、秘）②，这就是当时日本人说的最新情报。

1926年9月调查课被废除，资料系由所长直辖或庶务课管理。图书由1923年资料室开设之时2 000余册，至1926年购入新刊书籍杂志2 700余册后，俄文资料已积累至3 000册③，1932年4月末藏书约12 500册；每月购入及受赠日文中文欧文政治经济交通方面定期月刊杂志150余种，

---

① 调查课资料系（小林）：《哈尔滨事务所调查课资料概说》，《调查时报》第1号，第140—148页。

② 调查课资料系（小林）：《哈尔滨事务所调查课资料概说》，《调查时报》第1号，第140—148页；《新著图书绍介》《哈调资料近刊目录》，《调查时报》第1号，第149—152页。

③ 昭和二年的情况见佐田弘治郎编辑：《南满洲铁道株式会社第二次十年史》，第1262页。

日中英俄文报纸30余种①。

日本陆军认为俄罗斯是日本注定的敌人，自1885年春就在符拉迪沃斯托克就地调查收集俄国情报。在出兵西伯利亚的时候，军部在哈尔滨设情报机关，此后直到投降，哈尔滨特务机关作为关东军的情报部门，一直是日本面向我国东三省内蒙古和苏联的情报收集分析与谋略策划的中枢。为获得对苏作战的兵要地志以及运输的准确资料，1925年8月日军开始实施新制度，特务机关成员以满铁哈尔滨事务所调查课嘱托身份，参加满铁调查员中东铁路、苏联西伯利亚铁路沿线实地调查，以及兴安岭及其他重要地区的地理勘察，获得作战资料，以供编成东北北部的兵要地志②，并使用调查课资料室的俄文书作充分研究③。

三、满铁哈尔滨图书馆

日本出兵占领西伯利亚的时候，随日军来哈尔滨的日本人显著增加，1923年满铁在哈尔滨原属于日本居留民会、前述1920年以来由满铁经营的小学校（哈尔滨埠头区石头街道）的校舍楼上开办图书馆，5月1日成立，6月10日开馆。1925年9月起，楼下也供图书馆使用，10月份完成室内改造，楼下作书库，阅览室在楼上，1931年7月又内外装修一遍，这样一直到1936年3月。

草创时期④主事栗栖义助，1884年5月6日出生于山口县吉敷郡大道村，陆军士官学校卒业，后成为驻韩国日军少尉，1907年7月23日出动镇压京城抗日运动。1915年5月6日以陆军步兵中尉退伍，同年来到大连，投入大陆浪人川岛浪速策划的第二次满蒙独立活动（1915年夏至1917年秋），在蒙匪巴布扎布三百马贼中作指挥并参战，蒙匪1916年11月初在林西县被击溃，1916年6月至次年栗栖还任大连日文报纸《辽东新报》记者，1918年入满铁公司，派至安东（今丹东）简易图书馆工作⑤。后被满铁

---

① 1929年4月，东京《调查及资料汇报》（全国经济调查机关联合会）第101号（第67—68页），在《南满洲铁道株式会社哈尔滨事务所资料室购读外国杂志》题下，列出俄文杂志名称32种。以上关于哈尔滨事务所资料室，除非另有注脚，均根据满铁哈尔滨事务所：《图书目录昭和七年四月末现在》，满铁哈尔滨事务所资料室，1932年，例言，第1页。

② 参看源昌久：《关东军の兵要地志类作成过程に关する一考察：书志学的研究》，《淑德大学社会学部研究纪要》38（2004），第203—218页。

③ 西原征夫著，赵晨译：《哈尔滨特务机关》，第1—2、14、24—29页。

④ 满铁哈尔滨图书馆史（1923—1945）已有不少研究。冈村敬二：《满铁图书馆藏书集积の历史（Ⅱ）》，《图书馆学会年报》36.2（1990），第69—70页；村上美代治著，穆传金译：《历史演变中的满铁图书馆》（1999），收入《满铁图书馆资料二种》，大连，2020年，第360—361、409—410、472—475、590—593页；吴利薇：《"满铁"哈尔滨图书馆》，《外国问题研究》2011年第1期，第30—34页；冷绣锦：《满铁图书馆研究》，辽宁人民出版社，2011年，第260—269页。

⑤ 《职员录明治四十四年现在（甲）》，印刷局，1911年，第375页；《官报》第827号（1915年5月7日），第145页；《图书馆杂志》47（1921），第39页；西创生：《满洲艺术坛の人々》哈尔滨部，旷阳社出版部，1929年，第18页；会田勉：《川岛浪速翁》，文粹阁，1936年，第227页；藤原镰兄：《信浓健儿》，高日本社，1939年，第406页；梁濑春雄：《日本民族海外跃进史》，元元书房，1943年，第28—29页；《大分联队写真集》，国书刊行会，1978年，第61页。

派遣参加文部省图书馆员教习所第一期培训班，1921年6月1日入学，1922年3月毕业①，8月已在安东图书馆主事任上，1923年5月调往满铁哈尔滨事务所，担任资料室主事和图书馆主事②，1927年兼任《辽东新报》哈尔滨嘱托通讯员③，1928—1930年间发表几篇东北北部资料介绍文章④，有深入的地理观察和见解，1953年前去世⑤。

栗栖1930年10月23日从满铁退职，哈尔滨图书馆由满铁哈尔滨事务所庶务课主任岛一郎兼管，1931年1月30日胜家清胜⑥被任命为馆长，由于工作操劳损害了健康，他从1933年7月起回日本疗养约三个月，其间馆务由满铁大连图书馆、奉天图书馆代行。1934年1月10日胜家清胜被任命为大连埠头图书馆馆长，同日竹内正一被任命为哈尔滨图书馆馆长，17日到任，在任至1936年3月31日。到1933年12月末，共有馆员5名，其中日本人3名，俄罗斯人1名，中国人1名。

开馆时藏书2 768册，其后1923年6月获得满铁大连图书馆俄文书复本，加上满铁巡回书库历年援助，1932年末藏书达25 932册⑦，在当时满铁各图书馆中，藏书量仅次于大连图书馆和奉天（沈阳）图书馆。所谓馆史短，藏书多。1933年12月末尾，藏报纸51种，杂志156种，馆藏书类别和数量是："露、支、满、蒙资料"（俄国、中国、东三省、外蒙）6 126册，书志、事汇、丛书8 324册，宗教、哲学、教育1 418册，文学、语学2 558册，小说、戏曲1 314册，传记、历史、地志1 471册，法制、经济、社会2 383册，数学、药学、医学731册，工学、海事、兵事688册，美

---

① 管理部编，乔世国译：《地方行政权移交之前的满铁图书馆概况》（1937），收入《满铁图书馆资料二种》，第253页。栗栖的妻子栗栖つた（1894—）不是满铁职员，但一起参加图书馆员培训和结业，见天野敬太郎、森清编：《图书馆总览 昭和十三年版》，青年图书馆员联盟，1938年，第217页。她长于报章文学，并在1931年4月18日开办了民众图书馆。

② 青山天洞编：《朝鲜满蒙大观》，朝鲜满蒙大观发行所，1928年，第613页。阙名：《会务报告》，《调查及资料汇报》（全国经济调查机关联合会）第101号（1929年4月），第61页；第105号（1929年8月），第80页；第109号（1929年12月），第55页。满铁安东图书馆1910年12月24日设立，参看川口清德：《安东の现势》，安东县文荣堂，1925年，第12页。

③ 满洲公论社：《满洲新闻杂志总览昭和二年》，满洲公论社，1927年，第10页。

④ 栗栖义助：《北满资料闲话》，《满蒙》8，中日文化协会，1928年，第178—183页；《北满关系资料》，《书香》第6、8、9、12号（1929—1930）连载；《长春か哈尔宾か》，《东洋》35.9（1932），第102—108页。

⑤ 《图书馆职员养成所同窗会三十年记念志》，图书馆职员养成所同窗会，1953年，第105页。

⑥ 胜家清胜（1897—？）的行事，看《满洲绅士录》第四版，满蒙资料协会，1943年，第408页；冈村敬二：《战前期"外地"活动的图书馆员リスト（途上版）》，收入其《战前期"外地"で活动した图书馆员に关する总合的研究》，文部科学省科学研究费补助金研究成果报告书，2012年，第111页。胜家著有详尽的《满铁沙河口图书馆沿革史》，满铁沙河口图书馆，1937年。

⑦ 黄福庆：《论后藤新平的满洲殖民政策》（1986），收入李勤璞编：《大连史论文初集》，万卷出版社，2012年，第108页；苏崇民：《满铁史》，第416—417页。

⑧ 到1929年，满铁哈尔滨图书馆藏书数20 085册，大连图书馆153 418册，奉天图书馆44 687册。佐藤弘治郎编：《统计年报 昭和四年度》，南满洲铁道株式会社，1931年，第722页。

术、诸艺、运动608册，产业、贸易、交通605册，家事、社交318册，儿童图书448册，合计26 992册[8]。数量最多的是书志、事汇、丛书部（包括杂志和50页以上的小册子），实际上"露、支、满、蒙"类资料最多，是建馆以来的特点。伪满洲国建立以后，更加注重收集远东西伯利亚资料。《新著图书月报》隔月刊1931年7月发行，印数300部；《图书馆新报》1931年11月发刊，至第3号休刊，印数500部；配合"九一八事变"后的情势，1932年10月号改题《新著极东资料月报》，增加露支满蒙关系资料的报道；1931年10月开设"露支满蒙研究室"，主要目的是进行时局研究。"九一八事变"当月，哈尔滨中国政府严加戒备，市面平静，但是哈尔滨特务机关长百武晴吉与甘粕正彦、吉村宗吉等人共同策划，在市内掀起反日活动，制造关东军出兵占领的借口[1]，次年一月，馆员作为武装自卫团员日夜保护在地日本人。

1935年苏联将中东铁路卖给伪满，伪满委托满铁公司接收经营，满铁哈尔滨图书馆由满铁地方部管辖改为由新成立的哈尔滨铁路局管辖，1936年4月1日并入哈尔滨铁路局图书馆，改称哈尔滨铁路图书馆埠头区分馆，大约同一天搬到新址地段街189号，作为面向大众的图书馆继续存在[2]。

竹内正一（1902—1974）生于大连，父亲是以收集木鱼闻名的竹内坦道（号默庵），《满洲新报》大连分社社长。竹内在大连小学毕业，1921年3月从北京顺天中学毕业，4月考入早稻田大学预科，1926年从早稻田大学文学部法国文学专业毕业，同年10月入满铁大连图书馆担任司书，在小野求太郎的西洋书系，跟白俄罗斯人助手一道工作，并整理寄存的大谷文库藏书。后又至地方系，1934年1月他任满铁哈尔滨图书馆馆长，时年三十二岁[3]，1936年4月任哈尔滨铁路图书馆主事。1938年，竹内出版第一本小说集《冰花》，1939年5月创刊《北窗》，1940年12月由哈尔滨图书馆主事转到满铁奉天图书馆工作，1942年出版小说《哈尔宾入城》，一时闻名，1943年2月25日升为满铁副参事；1943年2月关东州读书协会总会创立，他被任命为联络部长。1944年11月12—14日第三届大东亚文学家大会在日寇占领的南京召开，他与山田清三郎、古丁（徐长吉笔名，1914—1964）等八人一道，作为伪满洲国的代表参加[4]。1945年1月1日竹内从满铁辞职，就任满洲出版文化研究所常务理事，1945年8月投降撤回日本[5]。

---

① 关宽治、岛田俊彦著，王振锁、王家骅译：《满洲事变》，上海译文出版社，1983年，第274—279页。
② 以上除了另出脚注，均根据胜家清胜：《创立十周年を迎へた——哈尔滨图书馆》，《书香》58（1934），第8—10页；哈尔滨铁路图书馆：《哈尔滨铁路图书馆要览》，哈尔滨铁路图书馆编印，1937年，第2—3页。
③ 1934年，满铁哈尔滨事务所所长以下有庶务课、运输课（领有调查系等三系）、哈尔滨寻常高等小学校与哈尔滨图书馆。多田辰应：《满洲官民职员录　昭和九年版》，多田商会，1934年，第103页。
④ 梅定娥：《古丁と"大东亚战争"》，《日本研究》32（2006），第126—127页。
⑤ 冈村敬二：《战前期"外地"活动的图书馆员リスト（途上版）》，第134页。顺天中学，日本侨民在北京办的学校。

四、中东铁路中央图书馆和哈尔滨铁路图书馆

俄罗斯人在哈尔滨则更早建立图书馆,其最初的发起者共八人,设立费700卢布,有图书杂志300部,馆名Библиотека—читальня города Сунгари,"松花里市阅读室",从1902年创立到1905年改为中央图书馆,一直由エリ·ゲ·シャドリン(Л. Г. Шадрин,沙德林)担任司书。铁路俱乐部设立以后,图书馆编入俱乐部。初期图书馆不受重视,生存艰难,搬家11次,图书财产多有损失,1905年末至1907年4月7日俱乐部连同图书馆关闭。1907年重新开馆,图书约2 500册,1907年铁路干部委员会决定每年拨款7 000卢布,至1914年1月1日藏书达10 000册,1925年末达22 000册。1902—1925年间,图书馆先后有五位负责人。

东清铁路是有两万职工的庞大组织,从粗活到精密工种和科学研究都有相关人员,运用精密的设备需要高度发达的技术,铁路沿线的从业人员、哈尔滨的法科大学和工科大学都需要图书。当时铁路内部各部门各自采购图书,互不流通,也没有专业的管理员,人们读书就是读沿线俱乐部图书馆里的古典文学书。于是铁路管理局决定建立一所兼顾近代科学与大众需求的图书馆,新创立的中东铁路中央图书馆(Центральная Библиотека КВЖД, Central Library of the Chinese Eastern Railway)1925年10月3日开馆,以俱乐部图书馆22 000册专门图书发端,1926年订购一般书、专门书和定期刊行物,购入的图书包括四国语言,外加中文书200册以上,中文书经费约6 000卢布。同时为专业书作解题,设立图书解题室。1926年5月,从购入德文书着手,同一年购入俄国、美国、英国、法国书籍。5月设立中国部,1926年图书达到6 500册。购买欧文俄文书之外,设立关注亚洲问题的"亚细亚部",藏书5 000册,其中有俄国东洋学者写的极为珍贵的旧书,还有最近5年间英法德国新刊的书①。

中东铁路中央图书馆定期在本地俄文报纸《满洲新闻》附录刊登馆藏书目和新刊批评。解题室编辑的书目,揭载举凡铁道统计、大豆鉴别及其产业的意义,中国的历史、地理、语言、人类学、东北地质、中国法学、中国工人问题等等的论文提要。解题室的解题和馆藏图书为公司内部和哈尔滨当地的大学教师运用,用以撰写相关著作。图书馆在学术上起到联系苏联和东北的作用,把本地学界的劳作介绍给苏联,又把苏联学界的劳作介绍给本地,日本人在此地,正好及时获得资料与情报。至于图书册数,则从1926年1月1日的25 168册,到1929年1月1日的10万册以上。1929年根据4年间图书利用率,拟定收集方向为关于"远东"的图书。已

---

① エヌ·エヌ·ウリフォノフ(Н. Н. Трифонов,按:日文假名似无法表示俄文音节три,故第一个假名不确)著,大桥国太郎译:《东支铁道中央图书馆史》(1927),收入田口稔编:《北满铁路中央图书馆史(接收纪念志第二册)》,满铁哈尔滨铁路图书馆,1935年,第3—12页。ウリフォノフ1925年10月中央图书馆开馆之际就任馆长,直到1927年。

经建立 Азиатика（拉丁语 Asiatica，アジアティカ，亚细亚的）图书专藏，约5万册，其中有很多稀见书，还不断补充俄文书及外文新刊书，藏书量向20万册迈进。图书馆一直在编辑各类目录，包括着手编辑 Азиатика 专藏目录①。1930年秋，图书馆搬至哈尔滨南岗大直街铁路局（今哈尔滨铁路局）大门前。

日本人长久以来占领我国东北和苏联西伯利亚远东地区的意图，至"九一八事变"占领东北后，部分得以实现。当时借口保护侨民及其财产，满铁配合关东军武力占领哈尔滨，压制中东铁路，使其不能营业。1933年至翌年9月，当地警务部门查封中东铁路图书馆，没收很多图书。1935年3月23日，苏联单方面把中苏合办中东铁路卖给"伪满"，至此东北铁路全部由满铁经营②，中东铁路中央图书馆同时转入满铁，与旧有满铁哈尔滨图书馆合并，整理之后5月10日重新开馆，中央图书馆称本馆，叫"哈尔滨铁路图书馆"（馆长先后是许成琮、金振声，主事竹内正一），满铁旧馆改称哈尔滨铁路图书馆埠头区分馆③。本馆是满铁公司的参考图书馆，分馆为大众图书馆，此后哈尔滨图书馆自我介绍是"本馆哈尔滨市南岗大直街124号，分馆哈尔滨市埠头区地段街189号；创立：本馆明治三十五年（昭和十年三月从北满铁路接收），分馆大正十二年（旧满铁哈尔滨图书馆）"④（原文）。1937年4月1日馆员如下表。

馆 长	金振声（中国人，哈尔滨铁路局参事）
主 事	竹内正一（哈尔滨铁路局职员）
庶务班	大久保三次，山口吉康，田中英二，山田秀雄，张蕴琴，М·М·シカノフ（М. М. Сиканов），Н·Н·ウオドロチエンコ（Н. Н. Бодраченко？），高百良
洋书班	金在斗，大桥国太郎，А·П·ゲードック（A. P. Haddock，英文名），В·А·イワスイッチ（В. А. Ивасич），陈仲选，Т·И·スタロセリツエワ（Т. И. Старосельцева，女），Б·О·ヨガンソン（B. O. Johnson，英文名），Л·Г·ワルローワ（Л. Г. Варлова，女）
和汉书班	神崎刚，佐佐木正，马熙荣，蔡树勋，傅静娴，马淑芳
出纳班	石川国雄，司廉泉，В·А·ゼンコウワ（В. А. Зенкова，女），А·С·マシユルエワ（Масюрева，女）
分 馆	伊贺清人，И·Г·モデストフ（И. Г. Модестов），楚泽民，刘开业

当时所藏书刊，从中东铁路图书馆接收图书汉籍37 133册，俄文58 506册，欧文12 784册，合计108 423册；埠头区分

---

① 以上关于中东铁路图书馆，除了另出注脚，均根据エフ·ベクヴィルスキイ（Ф. Бекверский）著，大桥国太郎译：《中东铁路中央图书馆》（1930），收入田口稔编：《北满铁路中央图书馆史》，第13—23页。另有一篇根据俄文史料的研究，见彭传勇、石金焕：《中东铁路中央图书馆学术活动评析》，《西伯利亚研究》47.3（2020），第79—87页。

② 《满洲日报》（南满洲铁道株式会社）1935年3月24日的报道。苏崇民：《满铁史》，第450—452页。

③ 南满洲铁道株式会社总裁室人事课：《南满洲铁道株式会社社员录（昭和十二年九月一日现在）》，南满洲铁道株式会社，1937年，第222页。

④ 竹内正一编辑：《哈尔滨图书馆增加图书目录》第11号，满铁哈尔滨图书馆，1939年，卷首，"南满洲铁道株式会社哈尔滨图书馆案内"；《增加图书目录》1至17号（1942），均这样自我介绍。

馆藏书30 179册。订阅杂志日文118种，西文32种，汉文5种，合计155种。订阅报纸日文16种，汉文10种，俄文6种，欧文6种，合计38种[①]。

五、哈尔滨图书馆与北方调查的关系

满铁哈尔滨图书馆的任务和收集资料的倾向，在其接收中东铁路图书馆图书以后的馆藏图书分类编目中可以见出。依1938年8月《增加图书馆目录》，馆藏书分成满蒙、一般两类，满蒙置于前；满蒙类里又以"哈尔滨及西伯利亚关系"类置于最先，这一类之后才开始"总记"类，总记以下各类跟"一般"之下分类相同。编辑的馆藏俄文欧文《亚细亚文库目录》（Каталог книг Азиатского отдела Харбинской библиотеки Ю. М. Ж. Д.）1938年出版，分类仍是哈尔滨、西伯利亚图书在先。比较而言，满铁大连图书馆也分两类：一类是满蒙，一类是一般；满蒙之下的分类跟一般内部分类一致，单册印本目录则将满蒙类置于前。哈尔滨图书馆突出哈尔滨和西伯利亚，是资料收集分析的焦点。满铁各资料室、图书馆未使用一致的图书分类法，而且随着时局、调查焦点的改变而改变，哈尔滨事务所资料室的图书分类与哈尔滨图书馆接近。

哈尔滨事务所调查课设立资料系、资料室，是为满铁公司调查研究业务的需要，除秘密资料另处编目收存外，其余均允许社会上的研究者入馆内阅览[②]。当初哈尔滨未被日本占领时，日本侨民不多，满铁公司在并非满铁附属地的哈尔滨设立图书馆，其目的有二：利用国际性都市哈尔滨收集加工有用资料和情报，供满铁和关东军使用[③]，同时收集陈设一般书刊为社会读者提供阅览，且积极编辑各种目录，付诸印行流通，图书资料一贯具有开放性[④]，在国际都市为先进国日本争地位，以与俄国抗衡。

日本人1937年侵据华北，但未能按其预想迅速战胜中国，从而陷入持久战，从那时起满铁各图书馆失去过去从容的运行状态，变成满铁公司调查情报部门的服务机构，更直接配合调查活动。1939年4月，满铁改组调查机关，成立大调查部[⑤]，1942年2月再作调整，大连调查部第三调查室改称北方调查室，调查对象为苏联和外蒙古，以与军部领导的苏联研究会的调查活动分工配合；在哈尔滨的北满经济调查所改属满铁新京支社，哈尔滨图书馆改隶在沈阳的满铁铁道总局[⑥]。

1943年2月3至4日，满铁调查部本部

---

① 《哈尔滨铁路图书馆要览》，第1—11、15—20页。万翔先生恢复表中人物俄语原名。
② 南满洲铁道株式会社哈尔滨事务所：《图书目录昭和七年四月末现在》，例言，第2页。
③ 《昭和十五年度调查计划》（《满铁调查部报》抽印本，满铁调查部），第92—97页；西原征夫著，赵晨译：《哈尔滨特务机关》，第26—27、116—117、127页。
④ 参看黄福庆：《论后藤新平的满洲殖民政策》，第106—109页。
⑤ 满铁弘报课：《满铁と调查 昭和十五年度》，满铁，1940年。
⑥ 黄福庆：《九一八事变后满铁调查机关的组织体系（1932—1943）》（1995），收入李勤璞编：《大连史论文初集》，第254—256页；解学诗：《隔世遗思》，第386—399页。

次长在大连召集会议，除大连、奉天、哈尔滨三所图书馆馆长之外，与会者还有大连调查部本部、沈阳铁道总局调查局资料室、北满经济调查所及其资料室干部，实施1942年末确定的图书资料业务调整案。三所图书馆从此改隶调查部，新的分工是：大连图书馆作为东亚学术综合专门图书馆，奉天图书馆是以交通业务为中心的公司专门业务图书馆，哈尔滨图书馆是关于北满及北方的专门图书馆，这样重新发足，并作收藏资料的馆际调整转移。各图书馆需与所在地资料机关密切联络，哈尔滨当地有北满经济调查所资料班[①]。

满铁哈尔滨事务所调查的地域，当时满铁、关东军和日本个人称之为"北方"[②]，满铁大连本社设立过北方调查室等以北方地域为研究对象的机构，哈尔滨图书馆从一开始就面向"北方"，迅速成长为满铁三大图书馆之一，对调查起到先行的文献情报聚集分析作用。除了一贯面向读者，勉力编印新书目录和特别目录、举办图书资料介绍推荐活动，哈尔滨图书馆各种引人注意的目录出版物，像世界最高水平的俄文欧文书目亚细亚文库目录（1938）及其追录（1942），可媲美满铁大连图书馆1930年出版的俄文オゾ文库目录 Общество Южно—Маньчжурской железной дороги. Каталог русских книг、1937年出版的欧文远东文库目录 Far East, Classified catalogue of books in European languages in the Dairen Library of the South Manchuria Railway Company，为研究者和图书馆界称赞，这些目录正是在接收中东铁路图书馆，获得大量贵重图书之后编成的[③]。

当时日本人所说"北方"，所指地域不太一致，或指我国东北北部、苏联的西伯利亚和远东地区以及外蒙古，或指苏联全体和我国东北北部与蒙古地区。1930年代到1945年投降以前，是日本具体备战、规划占领并统治西伯利亚与远东措施的时期[④]，北方更多指西伯利亚、远东和全苏联。更大的范围是从苏联东欧直到库页岛、越海包括阿拉斯加，北抵北极，南含东北和蒙古地区[⑤]。现在日本北海道和北海道大学有许多研究组织、博物馆、书刊、图书馆专藏以"北""北方"命名。其所针对的地域，与现今著名的研究机构北海道大学斯拉夫·欧亚研究中心（スラブ·ユー

---

① 《调查部所管各图书馆长会议报告》，《书香》144（1943），第45页。
② 西原征夫著，赵晨译：《哈尔滨特务机关》，第1—2页；解学诗：《隔世遗思》，第70—71页。
③ 满铁后期调查员布村一男（笔名布村一夫，1912—1993）是善用这些俄文图书的代表。他于1938年4月任哈尔滨工科大学图书馆司书，次年4月22日为北满经济调查所调查员，9月1日调至大连调查部第三调查室（即苏联调查室）工业班，有报告《ソ联邦の电气业》（ソ联邦政治经济丛书第一部第五篇，满铁1941年7月印行，秘密资料，正文112页）；根据俄文资料编写的《しべりや小史》（满洲日日新闻社，1942年10月）则是日本第一部西伯利亚史。
④ 苏崇民：《满铁史》，第807页；解学诗：《隔世遗思》，第597—610、683—690页；西原征夫著，赵晨译：《哈尔滨特务机关》，第51页。
⑤ 日本现在的观点相同。斋藤晨二：《シベリア研究の展开と课题》，《民族学研究》63.1（1998），第68页。佐佐木史郎：《シベリア·极东ロシア调查の30年》，《第30回北方民族文化シンポジウム网走报告书》，北方文化振兴协会，2016年，第10页。

ラシア研究センター，最初是北海道大学1953年建立的斯拉夫研究室①）正好重合，后者研究部门包括俄罗斯、西伯利亚和极东、中央欧亚、东欧、地域比较。从日本的立场来说，"北方"构成一个稳固的地域对象，研究方法为学际综合。

面对这样广大的范围，首先遇到语言问题，掌握俄文最为必要，辅以欧文，乃至堪察加、库页岛、黑龙江流域的土著语言和汉语。再就是立足于当前时局、带着明确的意向，实地调查和情报收集，作应用于未来行动的分析叙述②。这种研究方法和知识性质，被投降以后的日本地域学研究继承下来，其中代表性机构，有跟满铁有渊源的、1960年创立至今的亚洲经济研究所③。满铁发展出这种意图明确的调查方法、调查对象和现况知识，程序则是先机上调查（文献研究），尔后实地调查（field研究）④；资料图书部门在图书资料的收集，分类主题的设定，目录、剪报与索引的制作等诸方面作有力的供给。比较同时期世界各地农业社会，有些仍以渺小的个体生命在浩瀚的故纸堆中作面向空茫往昔的博古或经注而又读书者寥寥的情况，令人有深刻的隔世之感。

结　语

从地理历史上看，东北社会是山东河北的延长，阴山山脉前怀社会是山西省的延长，燕京口外社会是直隶省的延长。就哈尔滨的所在而言，明初在广大的东北撤除前朝的路、县等民政建制，变成军政社会，又画出边墙，使东北社会收缩，局促于边墙之内，人口、文教不能靠自身滋长扩充，也不能自然地达到直鲁那样人烟稠密，并向东—北方向扩张的内地社会，终至人口离散、社会崩溃。明太祖这个举动后果严重，使得女真部落得以在空阔的天地林水之间无拘束地发展，最后占领辽沈，进入山海关，推翻明朝⑤。清朝入关之后，顺治年间短期实行辽东招垦政策，随即就将东北封禁，直到清末，使得二百多年东北人烟稀少、河山荒芜，第二次历史性地使东北空虚⑥。日本转化为工业国和海上强国，因中国没有国防能力，黄海、东海成了日本人徜徉的内湖，东北、华北、绥远乃至江南、华南被其陆续占据，成为在中国内部的日本。志在据有朝鲜、全中国、苏联亚洲部分，建立"大陆日本"的日本人，在中国恣意行动，先占据东北，建立

---

① 参看スラブ研究センター创立40周年纪念资料集编集委员会：《スラブ研究センターの40年》，北海道大学スラブ研究センター，1995年。
② 参看田口稔：《北方圈の文献学的考察》，《北窗》5.4（1943），第49—56页。此文收入同氏：《地人庄记》，满洲时代社，1944年。
③ 日本贸易振兴机构アジア经济研究所，英文略称IDE—JETRO。该研究所自我介绍，见https://www.ide.go.jp/Japanese/Info.html。2024年9月12日查阅。
④ 参看满铁弘报课：《满铁と调查　昭和十五年度》，第53—54页；解学诗：《隔世遗思》，第729—730页。
⑤ 赵中孚：《明清之际的辽东军垦社会》（1988），收入同氏《近世东三省研究论文集》，成文出版社，1999年，第665—681页。赵中孚先生已故，先世隶属八旗满洲，本籍沈阳。
⑥ 伊藤武雄：《满铁に生きて》，第166—167页。

起先进的交通、矿山、重工业，以生产与征发物资，束缚、攻击、瓦解中国。满铁哈尔滨图书馆就是一个例子，其收集资料与情报，作细致编辑揭示，为日本侵占北方作充分知识准备。就知识而言，满铁北方调查的行动的意向性、探求方法、现状综合、调查与情报在时间地点上的准确限定及其实际效用，这些要素关乎现代知识的本质，跟古老的藏书楼、书目与知识体系成鲜明的对比。这种知识的应用，造成现代中国深重的灾难，如果没有发生太平洋战争，全中国都将陷入日本人的占领与统治之下。

附记：郭宝泉（沈阳日报社）、王清原（辽宁省图书馆）、张素玢（台湾师范大学）、王子平、冷绣锦（俱大连图书馆）、陈言（首都师范大学）、学生吴宇翔（浙江师范大学）诸位多年以来惠赠难得的资料，万翔（西北大学）校订俄文，张松（黑龙江省社会科学院）校订全稿，谨此志谢。

大东沟机场抗美援朝时期空军指挥所旧址及附属建筑群调查报告

关 寒　孙梦雪

抗美援朝纪念馆（丹东市抗美援朝研究中心）

内容提要：本文通过对丹东市大东沟机场抗美援朝时期空军指挥所旧址及附属建筑群的调查，对其地理位置、历史流变、附属建筑、具体功用、参战部队成绩以及后续开发利用可能性等方面进行详细梳理和探究，以期加强对其保护和利用，更好地助力丹东红色文旅融合发展。

关键词：大东沟机场　志愿军空军　抗美援朝　遗址考察　遗址保护

大东沟机场位于丹东东港市前阳镇石桥岗村，是丹东地区抗美援朝时期一线主战机场之一，现已被废弃。笔者团队通过近半年实地走访调查，发现目前机场周边尚保留抗美援朝时期空军地下指挥所旧址、飞行员宿舍旧址、雷达阵地遗址、弹药库旧址、飞机储油库旧址、物资储备仓库旧址等附属建筑遗存。调查报告如下。

一、大东沟机场的地理位置

大东沟机场位于东港市前阳镇石桥岗村委会西南200米的黄海冲积平原上。该地属于北温带湿润地区大陆性季风气候，冬无严寒，夏无酷暑。从地理位置来看，其北面与石门村、脉起村接壤；东边与前阳镇区接壤，西边与龙潭村接壤，南边与榆树村、平安村接壤，前门线贯穿全境，村庄南侧边界为201国道，交通便捷，地理位置十分重要。从地形地貌来看，这里还是中朝边界的鸭绿江口突出部，西面为低矮的丘陵，东面则地势平坦，为鸭绿江的冲积平原。军机出入隐蔽，巡航半径可辐射战场全部，是一个得天独厚的空军基地。从考古调查来看，三个地下指挥所旧址均位于机场北侧丘陵的顶端和缓坡台地上，它们之间相距300—500米，符合军事工程学的隐蔽规则。

二、大东沟机场的准确称谓

目前军史专家和社会研究人士普遍称该机场为大东沟机场或刘小园机场。笔者见到的一件护士预防接种证，纸质，长9.3厘米，宽6厘米。护士名为董淑兰，年龄17岁。证件由东北军区防疫委员会印制，签发时间为1952年4月14日，签发者钤印的官防为"中国人民解放军东北军区空军石桥岗基地场站"。从证件的关防不难看出，大东沟机场的准确称谓应为"中国人民解放军东北军区空军石桥岗基地"。大东沟机场或刘小园机场，应是当时社会人士对其简称或习惯说法，久而久之，流传至今。同时，如果将志愿军飞行员证书的关防和接种证书的关防相比较，不难看出志愿军空军飞行员归属中朝空军联合司令部管辖，地勤人员则归中国人民解放军东北军区空军基地场站负责。

三、地下指挥所旧址及附属建筑群分布情况

1. 石桥岗村1号空军地下指挥所旧址：指挥所旧址位于石桥岗村委会南侧20米外的丘陵台地上，坐东朝西，钢混结构。平面呈长方形，长20米，宽10米，面积200平方米。防爆层上盖有封土，厚近2—3米。东门、西门前面均建有三角形钢混防弹屏蔽。东门周围分布有近现代墓葬，旧址四面土坡均被耕种为玉米地，东南3 000米为前阳镇，西侧紧邻石线公路。根据浪头机场抗美援朝时期空军地下指挥所旧址修建的时间和先修建地下指挥所再修建机场的顺序来看，该指挥所旧址的修建时间为1950年末。

2. 石桥岗村2号空军地下指挥所旧址：指挥所旧址位于石桥岗村委会南侧100米的丘陵缓坡上，坐北朝南，紧邻石线公路。占地面积约10 000平方米。抗美援朝结束后，部队对其进行改造，钢筋混凝土防弹屏蔽、防爆门等设施均已损毁。

3. 榆树村空军地下指挥所旧址：指挥所旧址位于榆树村北30米的丘陵台地上。坐东北朝西南，平面呈"鱼骨形"。钢混结构，占地面积12 342平方米。长33.8米，宽8.5米，内部分布有6个房间，面积约300平方米。6个房间分别为中、苏空军地面指挥人员使用。东北两个为苏联空军使用，西南两个为中国空军使用。防爆层上盖有封土，厚近2—3米。顶部建有一烟囱，高6米。上面的避雷针装饰有铜制五角星，烟囱下面与指挥所顶部结合处已被水泥抹死。根据水泥的灰号来看，疑为后建而成。现在旧址周边土坡均被当地居民耕种为玉米地，其修建时间为1950年末。

4. 空军飞行员宿舍遗址：位于前阳镇北大街，当地人称"八栋楼"。园区占地面积81 924平方米，院内自北向南共分布有八栋三层砖混楼房，为典型苏式建筑风格。据当地人介绍，这些楼均为60、70年代所建，并非抗美援朝时期空军飞行员所用。据空十七师的战斗英雄后代子女回忆，抗美援朝时期中、苏两国的空军飞行员就住在此处。当时这里都是平房，每天早晨苏联空军飞行员都穿着短裤围着营区跑步锻炼。起初我方的空军飞行员都感到好奇，时间长了，大家也开始效仿他们进行晨跑，磨炼意志、强健体魄。

5. 空军弹药库旧址：位于前阳镇石门村，坐落于院落之内，现已废弃。院墙为红砖砌筑，水泥勾缝。院落长200米，宽50米，面积10 000平方米。院内共分布平房8座，均为硬山式，块石砌筑基础，上以红砖卧砌至顶。东、西二门的警卫室旧址保存一般，基础有所塌陷，其余用房保存较好。在院内西侧共分布有2排12个高射炮炮位。炮位呈半圆形，土筑，直径2米。炮位的部署，说明美军飞机会经常由

此方向偷袭弹药库。因此一遇敌情，即以密集火力予以回击。据当地村民介绍，弹药库所在的洞穴，今不可寻。

6. 空军油库旧址：位于前阳镇毕家堡子村，南距石桥岗村委会1 500米。紧邻石石线村级公路，占地面积约10万平方米。除地下油料库及防空洞保持完整外，地上建筑基本损毁。

7. 团部驻地旧址：今前阳镇石桥岗村小学，硬山式，顶部后期改建。砖混结构，长137米，宽12米，高6米。据当地村民介绍，抗美援朝时期志愿军空军49团部曾经在此办公。

8. 机场运输铁路线旧址：铁路线呈环形分布，东北与毕家堡子油库相连，西北与石门村弹药库相连，主要为机场运输机油和弹药，现已废弃。

9. 机场后勤保障部旧址：位于石桥岗村南200米的平原上，坐北朝南，硬山式，红砖卧砌至顶。长33米，宽8米，高6米。南面为玉米地，并紧邻通往石石线的村间小路。

10. 地堡式储油库旧址：据当地人介绍，原来机场周边共有9座日式地堡储油库，随着岁月侵蚀和人为拆迁，目前只有4座地堡保存较好。有研究者认为这些地堡在抗美援朝时期曾经被志愿军空军作为发电站使用，这种说法值得商榷。从浪头机场的抗美援朝空军遗迹调查来看，其发电站有固定的制式形制，和日式地堡有本质的区别，因此我们要细心甄别，认真对待。

1号日式地堡储油库：位于石桥岗村委会西南150米处的台地上，立面呈龟形，平面呈椭圆形。长4米，宽3米，高2米。石混结构，东侧紧邻石石线公路，交通极为便利，为机油转运提供便利条件。

2号日式地堡储油库：位于石桥岗村委会东北约200米，立面呈龟形，平面呈椭圆形，长4米，宽3米，高2米。石混结构，紧邻石石线公路，交通极为便利。

3号日式地堡储油库：位于榆树村西南30米处的玉米地里，立面呈龟形，平面呈椭圆形，石混结构。长4米，宽3米，高2米。文物本体保存较好，门边早期应略有损毁，后期被当地村民用水泥重新涂抹。并在水泥未干之时，用工具刻划完工时间"一九八〇年八月三十日"。地堡东北侧紧邻石石线公路，交通十分便利。

4号日式地堡储油库：位于榆树村指挥所旧址西南约200米处，立面呈龟形，平面呈椭圆形，石混结构。长4米，宽3米，高2米。保存较好，北侧紧邻石石线公路。

11. 雷达阵地遗址：位于石桥岗村委会200米处的丘陵台地上，占地面积不详，现为玉米地。

12. 修理厂、航材库旧址：位于石桥岗村委会西侧100米，紧邻石石线村级公路，占地面积约4 000平方米，建筑面积约1 800平方米，文物本体保存较好。

四、大东沟机场修建任务计划

辽东省政府根据1950年各县战勤动员情况，为合理调整全省负担，提出1951年上半年战勤动员计划。计划确定修建安东大东沟、凤城两个机场。由数县动员民工、大车包工负责，此数县除此任务外，基本上不再出其他战勤。经过测算，安东大东沟机场修建共需用70万个工时，大车9 000个工时。为了方便组织领导及分工负责，根据各市、县战勤负担情况，服勤期限1个半月，具体分配情况见下表①。

大东沟机场修建任务分配表

县名	民工任务数		大车任务数	
	总工数	人数	总工数	车数
安东市	28 495	634	635	15
安东县	189 343	4 207	2 767	61
岫岩县	187 643	4 170	2 349	52
庄河县	294 519	6 545	3 249	72
总计	700 000	15 556	9 000	200

五、地下指挥所战时的作用及参战部队取得的成绩

抗美援朝时期空军地下指挥所的作用主要是依靠远距离雷达向米格—15飞行员通报所有已发现目标的位置和所处的空中情况。在发现空中敌人后，地下指挥所即根据中朝空军联合司令部的指示来下达大队出动命令。引导员通过扫描雷达的屏幕来监视空中的情况，并引导米格—15在与敌机F—86建立目视接触之前占据有利的战术位置。在与F—86建立目视接触之后，米格—15编队长便担负起飞机战斗的任务，此时地下指挥所的任务则是随时通报战况。在战斗中，米格—15的队形取决于敌人兵力配置和敌我之间的距离。敌机F—86经常打破常规变换空中结构，因此我方空军通常采取的最有效的"攻击—掩护—增加兵力"战术有时也不能很好地发挥作用。

空中情况瞬息万变，必须随时改变战术。在米格—15楔入F—86战斗队形之后，整个战斗就分解为中队战斗和双机格斗，正在与敌机展开厮杀的大队长机已经不能对全体部署的行动进行指挥，因此必须预先分配指挥权。各中队长有权根据具体情况来独立作出决定。这时的空军地下指挥所负责通报敌人预备队是否接近和剩余油量，并引导我方歼击机适时撤出战斗，通常还要为掩护撤离而派出补充兵力②。

抗美援朝战争期间，大东沟机场占用了两个村的土地；跑道南头是榆树村，跑道北头是石桥岗村；石桥岗村是49团机关所在地，南头停机坪停的是志愿军空17师等轮战部队的战机，北头停机坪上停的是苏联空军的战机。作为空军师、团轮战机场，1950年11月，苏联空军，著名的303红旗师的三个飞行团于1951年5月进场，志愿军空四师12团、空6师、空17师也相继进驻。在"空联司"的统一指挥下，在轮战指挥所的直接领导下，空6师、空17师战绩显著。

六、加强对指挥所旧址的保护、开发和利用，继续做好红色文化的文旅融合与发展

指挥所旧址群由于位于鸭绿江口，并且长期暴露在野外，备受风雨侵蚀，因此文物本体受潮湿影响很大。由于是钢筋混凝土建造而成，并且为战时使用，因此防水工程相对薄弱。历经70多年，现在总体

---

① 《辽东省政府1950年各县战勤动员情况》（内部资料），第1—3页。
② 靳涛：《米格-15在朝鲜战场上的经验与教训》，《军事史林》1998年第3期，第37页。

看指挥所旧址防护功能尚可，但密闭工程较差。从现场调查来看，部分防爆门缺失、锈蚀、腐烂、损坏；顶部、墙面、地面潮湿，有积水；钢筋混凝土起鼓、酥碱、老化。同时丹东地区是辽宁地区降雨量最大的区域之一，年降水量900—1 300毫米，多集中在七、八月。雨季空气潮湿，同时室内外温差较大，导致墙体表面出现冷凝结露现象。水汽长期渗透侵蚀，使得混凝土碱性降低，破坏了钢筋的钝化层，使钢筋失去了防腐功能。因此文物的归属单位应该制定文物本体修缮方案，通过室内外制作防水层、电路改造工程、空调和除湿系统工程来消除旧址已知隐患，提高旧址相关设施的耐久性，保证旧址的本体安全与相关参访活动的耐久性和顺利性。

从文旅融合发展的角度来看，政府应考虑制定建设抗美援朝空军主题博物馆城的发展思路。丹东不仅旅游优势得天独厚，而且具有悠久的历史和灿烂的文化，但目前无论是全域旅游规划还是城市文化导向，均倾向于对自然山水的开发和利用，如"弘扬海洋文化、最美风景在路上""约老、享老、高质量养老"等发展理念，缺少对人文历史的挖掘和利用，特别是抗美援朝时期的历史遗迹开发少之又少。丹东是抗美援朝时期的前沿阵地，素有英雄城市之美誉。抗美援朝时期遗址、遗迹众多，其中志愿军空军的历史遗迹不仅保存较好，而且文物价值和文物等级在全省乃至全国都是首屈一指。制定建设以抗美援朝纪念馆为龙头，以浪头、大堡、青椅山、大东沟四机场的抗美援朝空军历史遗迹为纽带的"一馆四区"主题博物馆城的发展理念势在必行。我们要通过改造抗美援朝纪念馆园区整体规划、打造抗美援朝红色文化旅游小镇、筹建各机场抗美援朝空军专题馆等一系列手段，营造出一块用以完整展示"空中拼刺刀"精神的区域空间。

综上，大东沟机场抗美援朝时期志愿军空军轮战部队指挥所旧址及附属建筑旧址群的发现对于我们研究抗美援朝时期志愿军空军的指挥、建制及战斗史实、保护利用等诸多问题提供了重要的实物参考资料，加强对其调查、保护和利用，将会更好地助力丹东红色文旅融合发展。

17—19世纪中叶西方地图中的大连地区地理认知研究

韩一夫

旅顺博物馆

内容提要：本文以大连地区为研究对象，通过17—19世纪中叶西方地图及相关文字记录内容，梳理这一时期西方对于大连地区地理认知的发展阶段，以及对大连地区行政建制、自然景观等信息的介绍，并在此基础上分析得出结论：这一时期西方对于大连地区认识不断深入，地名标注由音译转向以西方人名命名，其背后的主要原因是航行目的的转变以及殖民主义的兴起。另外，还根据现有材料对大连湾名称的由来进行了简要讨论。

关键词：大连　辽东半岛　地图史

大连位于辽东半岛最南端，三面环海，东濒黄海，西临渤海，南与山东半岛隔海相望，北依东北平原，地理位置得天独厚。大连的海岸线曲折，拥有众多天然深水良港，自古以来便是重要的海上交通枢纽，是沟通中原与东北腹地的重要通道。

自17世纪以来，随着大航海时代的到来，中西文化交流迎来了第三次高潮。大量西方传教士进入中国，不仅带来了现代测绘技术，还将在中国的所见所闻记录成书，辅以地图传回西方，极大地丰富了西方对中国的地理认知。进入19世纪，随着鸦片战争的爆发及《南京条约》的签订，中国沿海城市陆续"开埠"，外国商船开始频繁往来于中国沿海。为了保障航行安全，西方列强对途经的海岸线进行了详尽的测绘。本文将通过整理17至19世纪中叶西方绘制的地图，深入研究这一时期西方对大连地区的地理认知。

一、17世纪西方地图中的大连

谈起来华传教士绘制的地图，首先要提到的就是《坤舆万国全图》。1584年，意大利传教士利玛窦到达广东肇庆，编制《山海舆地全图》。1601年，利玛窦抵京师献图，深受明神宗喜爱。该图后经多次重绘，于1602年由太仆寺少卿李之藻出资刊行，改称《坤舆万国全图》。该图不但第一次为中国展示了世界全貌，同时也反映了17世纪初西方对于中国的地理认知。但受限于比例问题，该图仅简单绘制了辽东半岛大致形状并注有"辽东"字样①（图1）。

至17世纪中叶，尼古拉斯·桑松（Nicolas Sanson）绘制的地图②中将辽东半岛标注为"LIAUTUM"，金州标注为"ChinCeu"，复州标注为"FoCeu"，普兰店湾标注为"IamPorto（Porto即为法语港口之意）"，最南端标注有"Scifuen"。图中对于海岸线的形态描绘不甚清晰，仅初具半岛形态（图2）。

至17世纪末，西方地图中的大连仍不具备准确的形态，但地名标注详细程度较前有了较大的提高。图3是由意大利僧侣兼地理学家文森佐·科罗内利（Vincenzo Maria Coronelli）绘制的《中华帝国山东省》③局部，1690年出版。图中大连地区标注有复州（Focheu）、金州（Kincheu）、旅顺（Liuxun）等。

在这一时期的地图中，海岸线的描绘普遍不够精确，仅呈现出初步的半岛形态。地名的标注通常参考行政建制，一般标注至卫一级。尽管细节仍显不足，但这

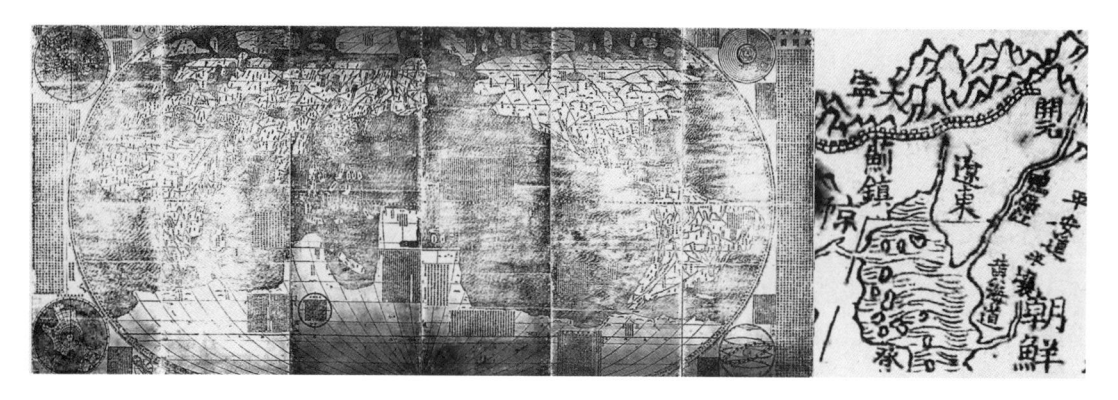

图1 《坤舆万国全图》及辽东局部

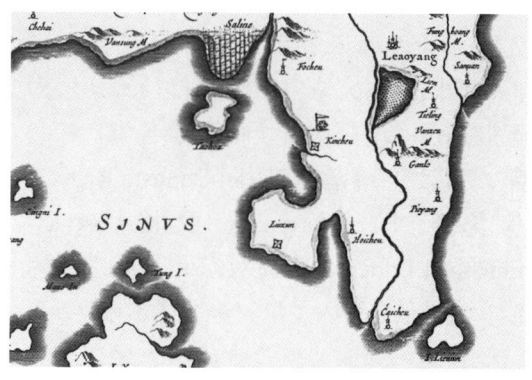

图2 桑松绘制的中国地图局部

图3 科罗内利绘制的《中华帝国山东省》局部

---

① 美国国会图书馆《坤舆万国全图》，https://www.loc.gov/item/2010585650/。
② 以色列国家图书馆，https://www.nli.org.il/en/maps/NNL_ALEPH990024675900205171/NLI。
③ 法国国家图书馆，http://catalogue.bnf.fr/ark:/12148/cb40666351x。

些地图为后续的地理探索和文化交流奠定了基础。

二、《皇舆全览图》与唐维勒《中国地图》

进入18世纪，随着地理学的进步和测绘技术的发展，西方对中国的认识逐渐深化。特别是在地图制作方面，耶稣会传教士们发挥了重要作用。中俄尼布楚谈判时，法国耶稣会士张诚（J. F. Gerbillon）就向清政府进呈了一张新地图，引起了康熙的注意。1698年，奉康熙之命返欧招募新教士的法国耶稣会士白晋（Joachim Bouvet）回到中国，与他一同抵华的还有8名西方传教士，其中巴多明（Dominique Parrenin）颇受康熙器重。巴多明在仔细审查各省地图后，发现许多府县城镇的位置与实际情况存在偏差，于是上奏提议重新测绘全国各省地图。出于谨慎考虑，康熙决定先进行试测。1707年，他令张诚、白晋等人先行测绘北京及邻近地区。经过数月努力，地图绘制完毕。康熙亲自校阅，认为远胜旧图，于是决定全面测绘各省。1709年，传教士雷孝思（Jean-Baptiste Régis）、杜德美（Pierre Jartoux）、费隐（Xavier-Ehrenbert Fridelli）奉命对东北地区进行测绘。成果最终并入《皇舆全览图》中。

目前，康熙《皇舆全览图》存在多个版本，本文以《清廷三大实测全图集》[①]中的版本为例简要介绍（图4）。图中关外地区（包含大连）以满文标注，如永宁县治标注为"Yung Ning GiyanHoton"（永宁监和屯，"Hoton"和屯即为满语"城"之意），长兴岛标注为"Qang Sing Doo"，老铁山标注为"Tiye Shan Alin"（"Alin"阿林即为满语"山"之意），蛇岛标注为"She Shan Alin Chu"（蛇山阿林处），旅顺城标注为"Lioi Shun Hoton"，小平岛标注为"Shoo Bing Teo"，登沙河标注为"Deng Sha Ho Bira"（登沙河必拉，"Bira"必拉即为满语"河"之意）[②]。可以看到，这一时期的大连地区地名标注以汉语名音译至满语为主，有些地名使用纯音译，有些地名采用整体音译后重复意译通名作为后缀。

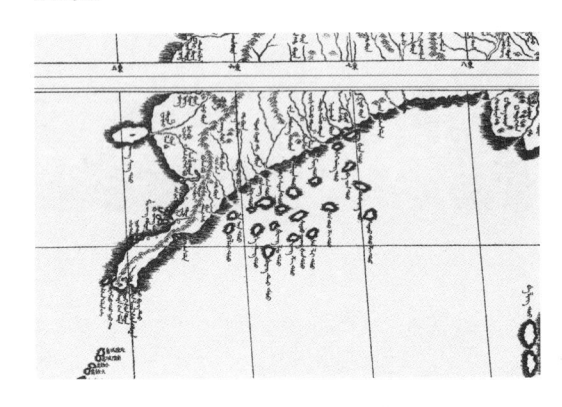

图4 康熙《皇舆全览图》局部

这一时期，恰逢耶稣会士在欧洲与神学家进行的中华礼仪之争进入白热化阶段，因此将中国的各种情况包括地理情况介绍给整个欧洲也变得极为重要。1734年，法国制图学家唐维勒（Jean-Baptiste Bourguignon d'Anville）根据康熙朝测量成果绘制了《中华帝国全图》（图5），1735年收入杜赫德《中华帝国全志》中出版。

---

① 汪前进、刘若芳：《清廷三大实测全图集》，外文出版社，2007年。
② 本文满语均采用《新满汉大词典》方案转写。

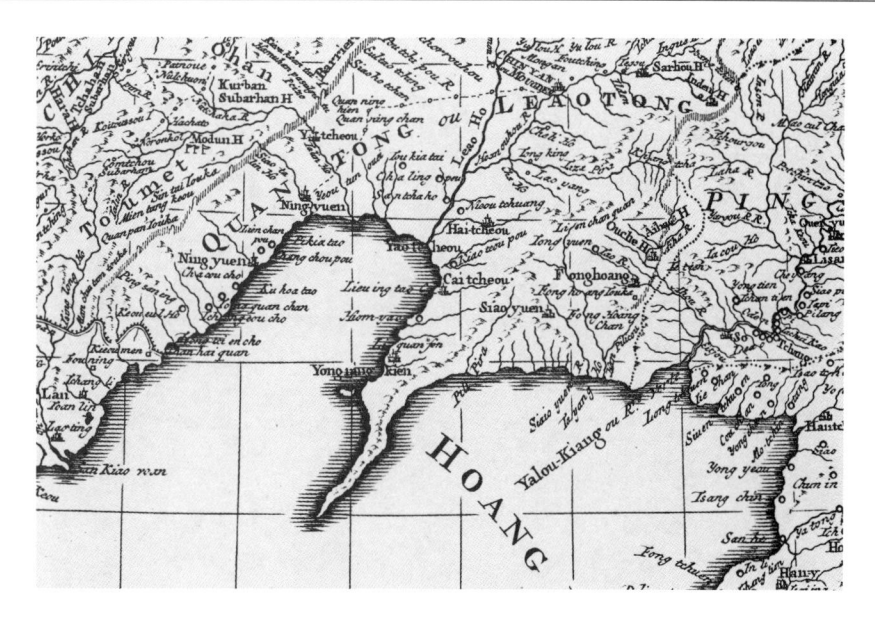

图5 唐维勒绘制的《中华帝国全图》局部

此后，唐维勒又根据这些实测资料绘制了《中华帝国新图集》①（Nouvel atlas de la Chine），于1737年在巴黎出版。

比较可惜的是，由于辽东特殊的地理位置，唐维勒在《中华帝国新图集》中并未将这一区域单独成图，仅能在3幅总图中见到。图中将大连画为一个细长形的尖角，中间绘有一条南北向的山脉用以表示纵贯大连地区的长白山系千山山脉余脉，另绘有长兴岛。地图标注则相对简单，只在永宁县治所处标注有"Yong-ning Kien Kotun"，碧流河标注"Pili Pira"，李官标注"Li-quan-fen"（即"李官坟"）。可以看出，这些标注应当是根据《皇舆全览图》音译而来。

由于唐维勒绘制的中国地图是基于《皇舆全览图》的实测资料，因此直到19世纪初，唐维勒的中国地图一直被欧洲人视为权威并反复绘制出版（图6）。吴莉苇在《欧洲近代早期的中国地图所见之欧人中国地理观》中统计并总结："1737年至19世纪初问世的含'中国'的地图，110份样本中有88份可认为与唐维勒地图有关。这88份地图除5张为唐维勒所绘，能断定完全依照唐维勒地图的有31份，其余52份多少与唐维勒地图相关。"②

值得注意的是，唐维勒图中称"QUAN TONG ou LEAOTONG"（关东或辽东）。随后出版的一些地图将辽东一带划出中国本土而归入"CHINA TARTARY"（中国鞑靼），或者把辽东部分直接标入"COREA"（朝鲜）。吴莉苇认为："这类变异或许同唐维勒1737年的图集里在中国全图和分省图中都把辽东部分算作中国本土

---

① 美国国会图书馆，https://www.loc.gov/item/2021668534/。
② 吴莉苇：《欧洲近代早期的中国地图所见之欧人中国地理观》，《世界历史》2008年第6期，第111—116、160页。

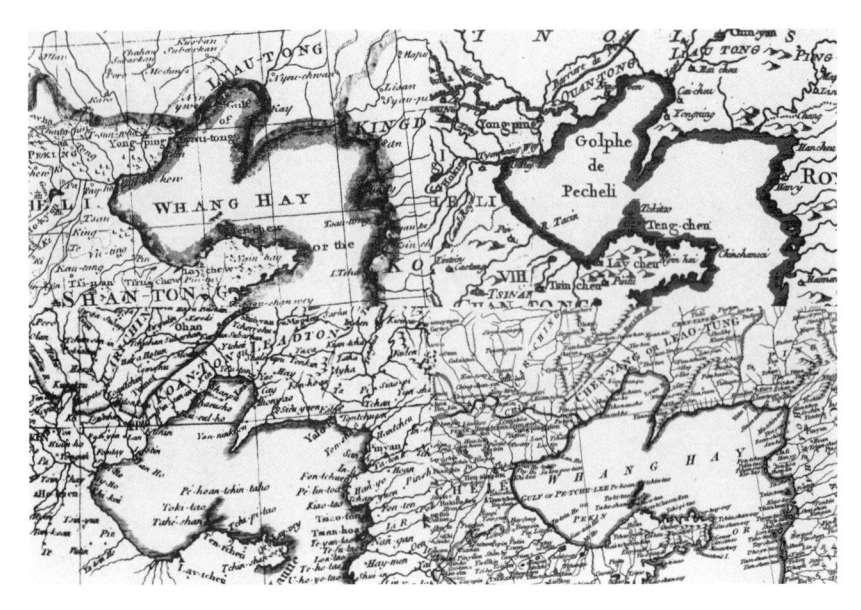

图6 可能依照唐维勒地图绘制的其他18世纪中国地图
（左上 Emanuel Bowen 1747[①]；右上 Bellin, Jacques Nicolas 1748[②]；左下 Rigobert Bonne 1786[③]，右下 William Guthrie 1799[④]）

诸省之外的一个'特区'有关，而唐维勒这种做法当反映出在华耶稣会士的观念，耶稣会士的观念又受到清朝统治者对这部分领土历史属性认知的影响。"笔者认同这一观点。

三、1816年阿美士德使团访华

1815年，滑铁卢战役结束后，欧洲迎来了短暂的和平。英国政府把目光投向了东方，外交官阿美士德勋爵（William Amherst）被委派前往中国，代表英国寻求与清政府建立更牢固的联系。他于1816年2月9日乘坐英国皇家海军阿尔塞斯特号（H.M.S. Alceste，以下简称"阿尔塞斯特号"）离开斯皮特海德港，途经马德拉、里约热内卢（礼节性地拜访在英国保护下流亡于此的葡萄牙王室）、好望角、雅加达，穿过邦加海峡进入南海。7月10日，该船与莱拉号、休伊特将军号以及两艘东印度公司船只"发现号"和"调查号"在香港水域汇合；13日，五条船启程沿海岸线向北行驶；17日，船队驶过台湾海峡，次日驶过舟山群岛。1816年7月26日，船队抵达渤海（Gulf of Pe-tche-lee，即北直隶湾）。

由于英国政府希望阿美士德勋爵率领的使团在回程时沿着马戛尔尼所走的陆路

---

① 澳大利亚国家图书馆，https://catalogue.nla.gov.au/catalog/3425103。
② 美国国立国会图书馆，https://www.loc.gov/item/2006629393/。
③ 纽约公共图书馆，https://digitalcollections.nypl.org/items/19e41370-857d-0132-88ba-58d385a7b928。
④ 美国国立国会图书馆，https://www.loc.gov/item/2006629368/。

返回广州，英国海军部便制定了航行计划，要求船队提前离开，避免清政府迫使使团经由海路回程。8月11日，阿尔塞斯特号启程，计划沿海岸线向北航行，对沿途地理情况进行记录和测绘。测绘成果于1818年以《阿尔塞斯特号和莱拉号在东海和黄海的轨迹和发现地图》名称出版（图7），并著有《阿尔塞斯特号船沿着韩国海岸航行》（Voyage of His Majesty's ship Alceste, along the coast of Corea, to the land of Lewchew）一书[1]。其中关于大连地区的内容部分摘录如下[2]：

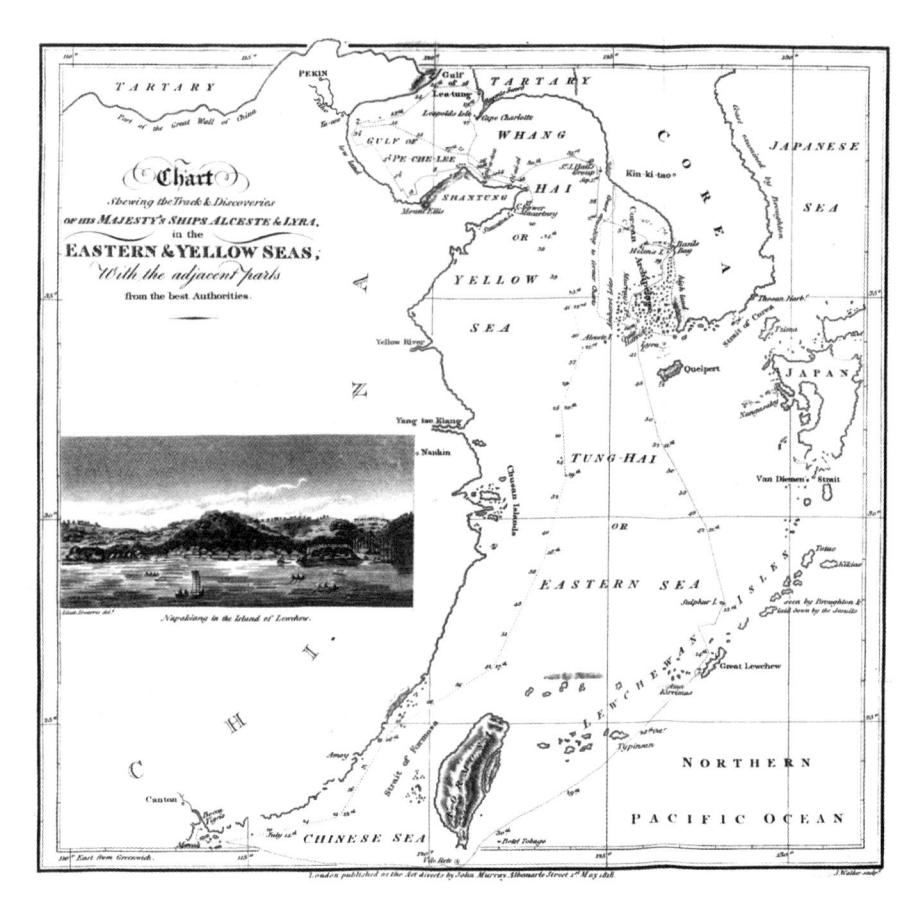

图7 阿尔塞斯特号和莱拉号在东海和黄海的轨迹和发现地图

（8月）15日傍晚，我们停泊在受西北风和南风庇护的罗斯湾中，港口是向南和向西开放的，北纬39°33′，东经121°19′。我们发现这里有一股水从岩石中喷涌而出，非常壮观。当地人很可能从未见过我们这种级别的船，第二天早上他们聚集在海滩上，但没有表现出上船的意愿。事实上，

---

[1] John McLeod. *Voyage of His Majesty's ship Alceste, along the coast of Corea, to the land of Lewchew*. London: John Murray, 1818.
[2] 以下外文文献引用如无特殊说明，均为笔者译。

这里的人们似乎不像一般的海岸居民那样擅长两栖生活；虽然从海湾顶端向内陆延伸出一个非常大而美丽的港口，可以停泊12英尺或15英尺长的船只，但几乎看不到渔船或其他船只……完成水补给后，我们于19日起锚，沿着海岸继续向南航行。下午四点，我们看到了一座相当大的城镇，它位于两座红色悬崖之间的凹陷处，周围的环境相当优美，树木也比平时多。它似乎是个贸易场所，许多帆船停泊在海岸边。从这里一直延伸到黄海的狭窄海角，形成了辽东湾的东部边界。因其形似军刀，所以将它命名为摄政王之剑。最南端是中国鞑靼的最尖端，为了纪念公主殿下，将其命名为夏洛特角。利奥波德岛位于这个海角的西北一点。

根据描述可推断，其中的罗斯湾（Ross Bay）应为今长兴岛南侧水域，即葫芦山湾附近；两座红色悬崖之间的城镇应为金州城。金州城以南地区被命名为"摄政王之剑"（Regent's Sword）；老铁山西角被命名为"夏洛特角"（Cape Charlotte），以表达对时任摄政王的威尔士亲王乔治四世及其女儿夏洛特公主的敬意。利奥波德岛应为今老铁山西北方向的海猫岛。

可以看到，这一时期英国测绘者开始以英国王室或官员名字对中国的部分地理地标进行命名，主要是海港、海岬和岛屿等自然地理标志。

四、1855年黑船事件与"大连湾"

19世纪以来，美国对华贸易不断增加，同时远洋捕鲸业也不断发展，因此一直谋求在太平洋西侧拥有可供船只停泊补给的港口。但是德川幕府一直坚持锁国政策，甚至于1825年发布"异国船驱逐令"，对于外国船只（除中国、朝鲜、琉球）一旦发现就实行炮击。但是，中国在第一次鸦片战争中的战败对德川幕府产生了极大的冲击，幕府认识到了西方军事力量的强大，因此于1842年废除了"异国船驱逐令"并颁布了"薪水给与令"，允许对遇难的船只进行柴火和水补给。随后，美国政府派遣詹姆斯·比德尔（James Biddle）试图劝说德川幕府开放港口与贸易，仍未成功。

1852年，马休·佩里被任命为东印度舰队司令长官，携带着时任美国总统菲尔莫尔的亲笔书信与打开日本国门的重要任务，乘坐蒸汽护卫舰"密西西比"号于11月出发前往日本。途经开普敦、毛里求斯、马六甲海峡、香港，于翌年5月到达上海。随后率领其他8只舰船，于5月26日途经琉球，7月8日到达浦贺。由于船只的船体上都涂有防止生锈的黑色柏油，因此日本人称为"黑船"。佩里要求将美国总统的国书递交日本官方，时值幕府将军德川家庆重病，幕府老中阿部正弘以此为由称需要一年时间延期回复。佩里没有继续进行外交谈判，只是预告他一年后还会再来，随后率舰绕航江户湾。舰队最终于7月17日离开江户返回香港岛。十天后，德川家庆病逝。1854年2月13日，佩里再次率领九艘军舰驶入江户湾，这一次幕府诸臣无计可施，被迫与美国缔结《神奈川条约》，打开国门。

在马休·佩里率领的舰队中，少尉指挥官威廉·刘易斯·莫里（William Lewis Maury）和旗中尉西拉斯·本特（Silas Bent

Ⅲ）主要负责水文测绘工作。莫里1813年出生于弗吉尼亚州。1829年成为美国海军中士，后任职于美国海军天文台，曾参与美国著名的"威尔克斯远征"。1853年加入马休·佩里舰队租借的商船Caprice号，任中尉指挥官，后转至"密西西比"号。本特1820年出生于密苏里州。1836年被任命为美国海军中士，1849年任中尉，后加入马休·佩里舰队。1855年，两人合作记录的海图经由整理绘制成《中国和日本岛屿沿岸海图（包括马里亚纳和部分菲律宾）》[①]（图8），收入佩里提交至美国国会的《日本远征记》[②]中，并于1856年整理后出版。可惜的是，《日本远征记》仅记录了舰队在中国南海、东海以及琉球、日本等地的行动，没有对中国黄海、渤海地区相关测绘活动的记录，仅在海图中可见辽东湾附近的海岸线及水文信息。

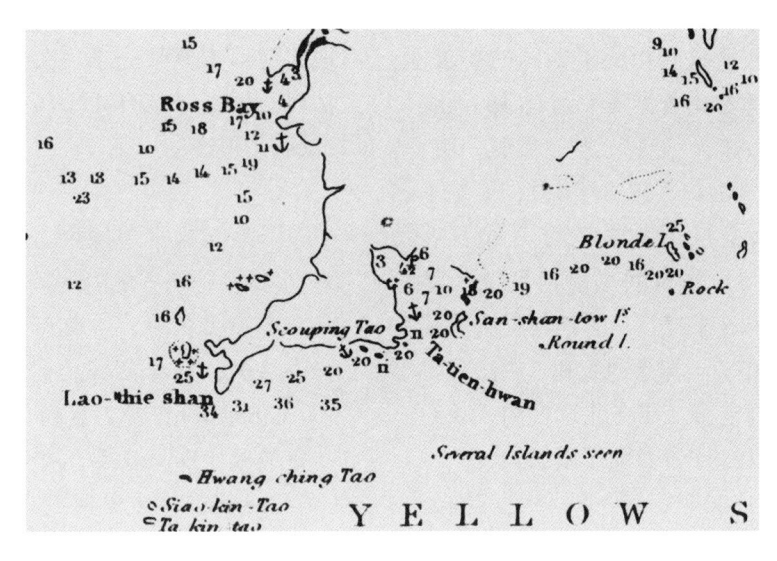

图8 《中国和日本岛屿沿岸海图（包括马里亚纳和部分菲律宾）》局部

从图中可以看到，船队对于大连西部的海岸线以及大连湾地区都进行了比较详细的测绘。除罗斯湾外，标注地名均为音译，从西到东依次为老铁山（Lao-thieshan）、小平岛（Scouping Tao）、大连湾（Ta-tien-hwan）、三山岛（San-shan-tow）。船只停泊地有今葫芦山湾、西中岛南侧、羊头洼、小平岛、大连湾等。这是目前可见资料中最早标注有"大连湾"名称的地图。

五、1860年第二次鸦片战争期间

19世纪50年代，西方帝国主义迅速发展。西方列强的共同目标是扩大海外市场和建立新的停靠港。中法《黄埔条约》和中美《望厦条约》都包含允许在生效12年

---

① 美国国会图书馆，https://www.loc.gov/item/92684883/。
② Hawks, Francis L. *Narrative of the expedition of an American squadron to the China seas and Japan*. New York: D. Appleton and company, 1857.

后重新谈判制定条约的条款。为了扩大其在中国的特权，英国以其最惠国地位为由，要求清朝当局重新谈判《南京条约》，但修约要求并没有得到清政府的允许。1856年，广西西林教案和亚罗号事件先后爆发，成为英、法联合出兵中国的导火索。

1857年9月，英法联军抵达广东洋面，年底占领广州。1858年2月，英、法、美、俄公使分别照会清政府，要求于3月底以前派全权代表到上海进行谈判，否则即向白河口进发。3月底清政府拒绝了四国的要求，四国公使决定率领由香港集中到上海的英舰十余艘、法舰六艘、美舰三艘、俄舰一艘，分批北上攻打大沽口。1858年4月，英法军舰载有2600多人抵达大沽口，5月20日展开登陆作战，5月26日联军沿河到达天津城。6月26日和6月27日，清朝与英法两国分别签订了《中英天津条约》和《中法天津条约》。条约规定第二年在北京换约。条约签订后联军于1858年7月陆续南撤。

1859年6月20日，英、法、美三国公使到达大沽口外，新任英国驻华公使卜鲁斯（Frederick Bruce）和法国驻华公使布尔布隆（Alphonse de Bourboulon）奉命进京换约。但由于英、法军队坚持武装进京，清军开炮攻击。6月25日，英法联军发兵攻打大沽口。经过一昼夜的激战，英法联军惨败，陆续离开大沽口，向南撤退到杭州湾。这也是鸦片战争以来，清军第一次的胜利。9月，联军战败的消息传到伦敦，舆论大哗。英政府举行了四次紧急内阁会议，在巴麦尊的策划下，决定再次扩大战争，并以攻入北京作为目标。同伦敦一样，巴黎也激起了新的战争狂热。经过协商，决定继续联合出兵中国。11月，英、法两国政府分别再次任命额尔金、葛罗为特命全权代表，以陆军中将格兰特、陆军中将孟托班为联军总司令，率英军约一万三千人和法军约七千人组成一支新的远征军，前往中国。

由于法军在远东地区没有可供舰队修整补给的殖民地，因此英法两军商定于北直隶湾（Pei-chi-li Bay）附近寻找适合的泊地，待双方修整完毕后会合，共同攻打大沽口。根据1860年4月16日《泰晤士报（Times）》报道：

第三次中国战争（即第三次大沽口之战）——香港和上海已开始认真准备。据宣布，四艘船只奉命由上海启航，包括英国皇家海军桑普森号（Sampson）、阿克泰因号（Actaeon）、白鸽号（Dove）和炮艇阿尔及利亚号（Algerine）；其中两艘是著名的测量船。据可靠消息称，这支小型远征队旨在侦察北直隶湾和白河河口，并占领一些可供我军使用的便利土地。

1898年7月出版的《联合服务杂志》刊登了英国皇家海军总军需官威廉·布莱克尼的文章《亚瑟港或中国站，1860》[①]，在文中他回忆了自己在1860年作为阿克泰因号的船员在大连地区的测绘活动，部分辑录如下：

1860年2月初，正当我们忙于冬

---

① William Blakeney. Port Arthur; Or, The China Station, 1860. *The United Service Magazine*, 7, 1898, pp.381-238.

季海图工作时，突然接到"晴天霹雳"的命令，命令阿克泰因号及其接驳船白鸽号（炮艇）立即准备出海；没人知道他们的目的是什么，但我们推测这一定与攻击大沽炮台有关……

2月15日星期三，阿克泰因号及白鸽号，连同炮艇阿尔及利亚号、威廉·亚瑟（William Arthur）中尉和明轮护卫舰桑普森号，都在桑普森号的高级军官乔治·萨姆纳·汉德（George Sumner Hand）船长的指挥下，顺着吴淞江而下。第二天早晨，舰队出海；阿克泰因号（当时被称为诺亚方舟）被桑普森号拖着。战舰的轮子在激流中搅动着浑浊的河水，将我们无助而屈辱地拖向未知的水域，现在我清楚地记得当时的情景。直到我们以紧密的航行顺序（桑普森号和阿克泰因号、阿尔及利亚号和白鸽号）顺利驶入黄海，并逐渐先向东北方向行驶，然后向北行驶时，才有信号表示我们的目的地是大连湾港。1898年，这个名字对我们来说已经足够熟悉，我相信，在不久的将来，这个名字注定会令人不快①。但在1860年，在我们航行的海图上（我写这些笔记时，它就摊在我面前），大连湾附近地区只出现了模糊的轮廓，而后来被称为旅顺港的凹陷处根本没有标记。

2月20日星期一晚上，桑普森号和阿克泰因号停泊在大连湾入口处，第二天早上，白鸽号和阿尔及利亚号在这里会合，接下来的十天我们一直在进行勘测作业。这些工作是在特别艰苦的条件下进行的——夜间气温低至华氏14度，白天很少超过华氏26度；几英尺厚的冰块漂浮在周围；水湾的顶部结冰了，海水的泡沫也结冰了；而当测深线从水中被拉出来落入测深员的手中时，上面覆盖着冰。

在获得足够的数据来制作舰队和运输船所需的海图后，再过四个月，舰队和运输船将在大连湾会合，阿克泰因号、桑普森号和白鸽号沿着三条不同的路线穿越了北直隶海峡（Strait of Pechili），相距约三英里……从2月29日抵达芝罘港（不久后被开放为"通商口岸"）起，我们在整个3月、4月和5月都在勘测山东海岸——北部从芝罘到威海卫，南部距离胶州只有几英里。

6月初（1860年），我们返回了舰队和运输船的指定集合地点大连湾。我们的四艘船已经抵达，其他船只也陆续抵达，拖着购买（或者说是夺取）过来作为货船的帆船，海湾变得热闹起来。雾气弥漫，使我们的船只在相互靠近时变得危险。

6月的最后几天，老旧的阿克泰因号被炮艇阿尔及利亚号拖着向西驶向老铁山（Liau-ti-shan）海角（小艇在岸边搜寻凹陷处），拖绳从那里漂流而去，我们扬帆前进。

我们在海角以北约5英里处的鸽子湾（笔者注：Pigeon Bay，即今羊头洼）停泊过夜，第二天早上登上海

---

① 笔者注：1898年3月，沙俄强租旅大，此文写于当年7月。

拔约1 500英尺的山顶（笔者注：老铁山山顶），从那里我们第一次看到了现在著名的亚瑟港——这个名字是由阿克泰因号的指挥官约翰·沃德以威廉·亚瑟中尉的名字命名的，他指挥的阿尔及利亚号是第一艘进入该港的船只。

我们在当时尚未被明确测绘的辽东湾东海岸航行了三个星期；一会儿是乘坐炮艇全速前进，一会儿是船员们在闷热难耐的遮阳篷下，挥舞着桨对抗风浪——那时我们没有蒸汽船。但最后，在为未来的海图收集了足够的数据后，阿克泰因号、接驳船白鸽号、阿尔及利亚号、利文号（Leven）和斯莱尼号（Slaney）重新加入了大连湾的舰队。

此次测绘主要是为英国海军进发攻打大沽口作相关准备，测绘成果主要为英军制定相关战斗和补给计划提供了安全保障。第二次鸦片战争结束后，许多英军参战人员在撰写回忆录时都引用了海岸线数据绘制简图。1861年10月，英国海军部出版了2827号海图《中国北部海岸辽东省——大连湾》，并于1862年7月修订再版[1]（图9）。1862年5月，英国海军部将整个辽东半岛地区的数据以1256号海图《中国东部海岸——北直隶湾及辽东》名称出版[2]（图10）。

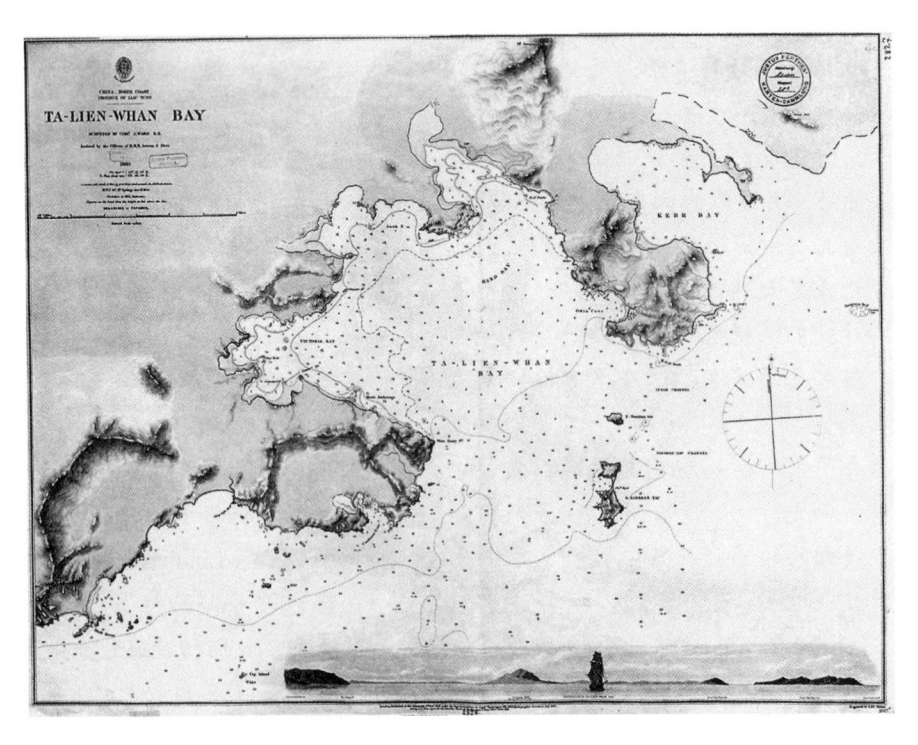

图9 《中国北部海岸辽东省——大连湾》

---

[1] 埃尔福特大学/哥达研究性图书馆，https://dhb.thulb.uni-jena.de/rsc/viewer/ufb_derivate_00017554/。
[2] 埃尔福特大学/哥达研究性图书馆，https://dhb.thulb.uni-jena.de/rsc/viewer/ufb_derivate_00019228/。

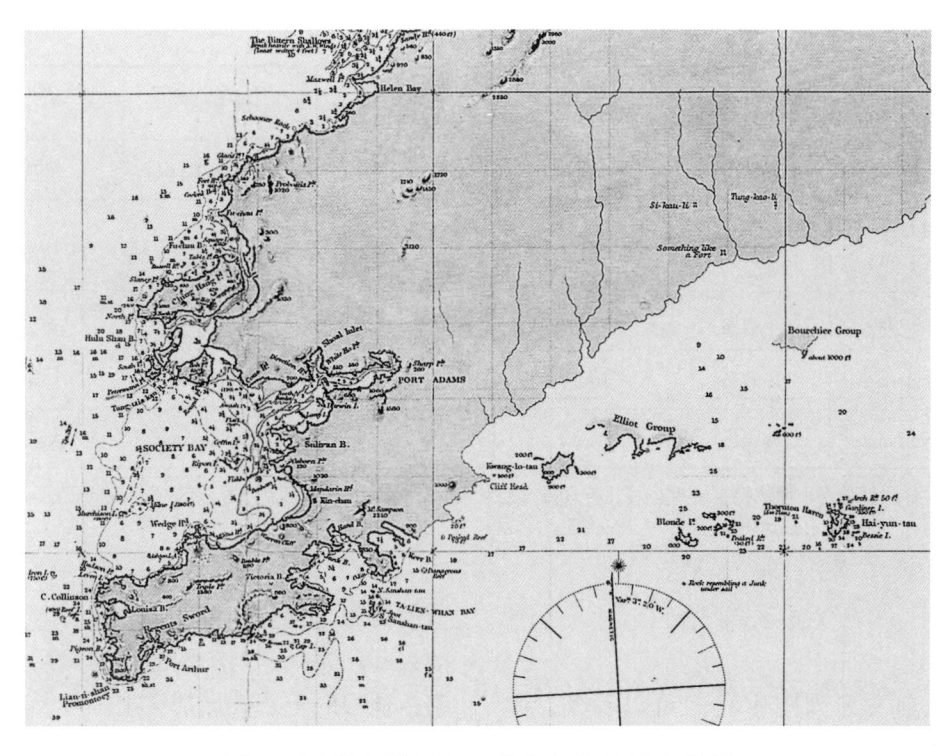

图10 《中国东部海岸——北直隶湾及辽东》局部

从图中我们可以看到，这些地名采取了多种方式表述。部分标注与今地名对应关系如表1所示。可以看到，部分地名以汉语名称直接音译，通名部分音译或意译。例外的是大连湾，译作"TA-LIEN-WHAN BAY"，即将"TA-LIEN-WHAN"视作一个整体，于其后重复翻译"WHAN"为"Bay"。但参阅参战英军人员的回忆录可发现，亦有简图标注为"Ta-Lien Bay"。

除了表中所列的音译地名外，图中其他地名几乎均为英文名称，又可分为两类：一类是使用人名或船名进行命名，如"M.t Sampson"以护卫舰桑普森号命名，"Port Arthur"以阿尔及利亚号指挥官威廉亚瑟命名，"Hand Bay"以桑普森号指挥官汉德命名；另一类则由地理特征总结作为名称，如"Double P.k""Triple P.k"，描述了山体的峰尖数量。

表1 图8、9中部分标注与今地名对应关系

图中标注	今名称	图中标注	今名称	图中标注	今名称
Fu-Chau B.	复州湾	Helen Bay	太平湾	Pigeon B.	羊头洼
Ching Hang I.d	长兴岛	SOCIETY BAY	普兰店湾及金州湾	Port Arthur	旅顺口
Hulu Shan B.	葫芦山湾	Murchison I.	猪岛	Bluff Bevan	小平岛
Kin-chau	金州	Double P.k	鞍子山-子山	Cambrian Cove	老虎滩

续表

图中标注	今名称	图中标注	今名称	图中标注	今名称
Liau-ti-shan	老铁山	Wedge H.d	黄龙尾嘴	VICTORIA Bay	香炉礁
TA-LIEN-WHAN BAY	大连湾	Triple P.k	鱼皮砬子-黄花岭-老座山	Hand Bay	红土崖子湾
Sanshan-tau	三山岛	Louisa B.	双岛湾	Odin Cove	大孤山湾
Kwanglo-tau	广鹿岛	Iron I.	蛇岛	Kerr Bay	大窑湾
Hai-yun-tau	海洋岛	Reef I.	海猫岛	M.t Sampson	大黑山

注：图中标注部分系由原图摘录，大小写并不具备其他意义。"B." 为 Bay 缩写，"I.d" "I." 为 Island 缩写，"P.k" 为 Peak 缩写，"H.d" 为 Head 缩写，"P.t" 为 Point 缩写，"M.t" 为 Mountain 缩写。

六、结 语

从前文所列图中我们可以看到，图中的地名标注存在一个显著的变化趋势：17—18世纪，地名标注几乎全部为音译。自19世纪初起，开始出现了以外国人名或船名命名中国地名。事实上，早在马戛尔尼使团访华期间，英国皇家海军狮号舰长埃拉斯穆斯·高尔就曾以使团中的部分人名命名了多处地理地标，如斯当东岛、高尔角和马戛尔尼角。但这一时期，命名主要集中于自然地理地标，其主要目的应当还是为了保障航行安全。对于有人居住的地方，仍倾向于使用音译方式记录，如山东（SHANTUNG）、北京（PEKIN）、南京（Nankin）等。至19世纪中叶，除了已经沿用多年的名称，这种西方式的命名方式几乎应用于所有新探索测绘的区域。这一变化的原因可以归结为三个方面：航行安全与地缘政治的转变、殖民主义的兴起以及马戛尔尼访华所引发的中西关系变化。

首先是航行安全与地缘政治的转变。19世纪初，西方国家开展测绘活动的主要目的是为了保障航行安全。随着海上贸易的兴起，尤其是与中国的贸易关系日益紧密，地图的重要性愈加突出。对大连地区的标注最初主要关注其地理特征和航道安全，例如标记海岸线和可供停泊的天然良港等自然地理特征，帮助船只安全航行。然而，随着列强在华可得之利增大，辽东半岛逐渐被视为保护京畿地区的重要一环。这一地区的战略地位使其成为各国势力角逐的焦点，西方国家在地图上开始强调与安全和地缘政治相关的地点，逐步将地名标注转向更为西化的形式。这种变化不仅反映了地理认知的深化，也显现出西方国家在该地区日益增强的控制意图。

其次是殖民主义的兴起。17—19世纪，英国、法国、荷兰等国家正值殖民主义的鼎盛时期。随着地理大发现的推进，西方国家在全球范围内扩展势力，尤其是在非洲、美洲和印度的殖民活动中表现得特别明显。这种殖民主义的兴起为西方国家对中国的系统性探索和研究提供了深层次的动力。在这一时期，地图已不仅是对地理的描绘，更是政治和军事的工具。西方列强通过绘制详细的地图,标注出资源丰富、交通便利的地区,以便进行有效的控制和管理。渤海海峡北部的大连地区因其特殊的战略位置引起了殖民者的关注,他们在地图上逐渐舍弃了原有地名,以西方人名取而代之,这一过程实际上是西方国家增强对辽东半岛监视的表现。

最后是马戛尔尼访华的影响。18世纪末,英国派遣马戛尔尼访问中国,旨在开拓与中国的贸易关系,并希望改善两国的外交交往。这次访华不仅是中英关系的一个重要节点,更是西方对中国认知的一次大转弯。马戛尔尼在中国的见闻展示了一个正走向衰败的中国,这在一定程度上使西方国家对中国开始重新审视。在西方看来,清王朝的衰退使他们能够以高人一等的姿态对待中国,这种优越感在外交交往和地图标注中均有所体现。这不仅是对地理的认知深化,也是对中国的重新定位,反映出西方国家在处理中国问题时的傲慢与控制欲。

综上所述,17—19世纪中叶西方地图中大连地区地名变化的原因是多方面的。首先,航行安全与地缘政治的转变促使地图成为保障列强利益的重要工具,强调地理特征与战略位置。其次,殖民主义的盛行推动了西方对辽东地区的关注,促使地图标注逐渐细化,反映了他们对该地区的控制意图。最后,马戛尔尼访华后西方对中国认知的变化直接影响了地图标注的方式和态度,进一步加深了对辽东半岛的地理认知。这些因素交织在一起,使这些地图不仅成为反映历史与地理关系的重要载体,也体现了西方国家在对待中国问题上的态度。

由此,我们应当深刻反思并严厉谴责殖民者和殖民主义对中国造成的深重伤害。近代以来,外国列强通过不平等条约强行侵占中国的领土和资源,导致了国家的分裂与民众的苦难。这不仅是对中华民族尊严的侵犯,也是对中华文化的重大冲击。对于我们而言,反思殖民史不仅是对过去的总结,也是对未来的启示。我们要认识到,只有通过坚持民族自尊心和自信心,才能实现中华民族伟大复兴。

七、余 论

大连湾名称的由来,一直是大连地方史研究的焦点问题。早在《南金乡土志》中乔德秀先生便写道:"大连湾为辽东半岛之东岸第一大澳,……湾首分三小澳,南曰得胜澳,西曰华船澳,北曰手澳,……西向之小澳曰阿丁澳,此四澳可停泊,聚数澳于大澳,故以大连名。"[①]该观点与郇和(Robert Swinhoe,英国驻厦门领馆外交官,第二次鸦片战争英军借调翻译)在其回忆录《1860中国北方战役记事(Narrative of the Northern China Campaign of 1860)》中的记载[②]相符:

> 大连湾这个美丽的海湾位于辽东半岛最南端,被英国远征队选为在白河登陆前的集合地点,这个名字是如

---

① [清]乔德秀:《南金乡土志》,哈尔滨出版社,2003年,第84—85页。
② Swinhoe, Robert. *Narrative of the Northern China Campaign of 1860*. London: Elder Smith Co., 1861.

何被赋予的，至今仍是一个谜，除非它出现在某张古老的耶稣会地图上。现在的本地人也不知道这个名字从何而来，当我和他们谈论这个话题时，他们多次大笑起来。一些人将这个表达解释为"一系列海湾联合起来"，另一些人则将其解释为"环绕着许多海湾"。

1936年，大连市役所发行的《大连市史》①出版，其中第一编第二章就对大连的名称由来进行了探讨。内容节选如下：

"大连湾"这个名字首次出现在文献中应当是1860年约翰·沃德绘制的英国海图……第二次鸦片战争爆发后，英国将4万兵力调往华北。当时在香港的英国海军上将霍普指派商船桑普森号的船长汉德前往辽东寻找舰队的锚地和军队的营地。因此汉德勘察了附近的海岸线，根据当地人的俗称将海湾命名为"大连湾"，另将船只停泊的港口内部称为"维多利亚湾"……第二次鸦片战争结束后，辽东半岛被英国军队占领，为了永久了解其位置，英军进行了陆地测量，绘制了海洋地图，并为每个重要地点赋予了纪念名称。现在的大连港以英国女王的名字命名为"维多利亚湾"，旅顺以女王的女婿亚瑟亲王的名字命名为"亚瑟港"……金州大黑山为纪念圣经中的巨人而被命名为"桑普森山"。英国占领后，1860年6月和7月，英国舰队驻扎大连湾时，指挥官约翰·沃德协同阿克泰因号及白鸽号上的各位士官，对整个辽东半岛和渤海湾进行了详细勘察，并绘制了海图：图上标注了大连湾、汉德湾以及维多利亚湾。可以肯定地说，现存资料中第一次出现"大连湾"的字样就是从这里来的。关于这个名字的来历，在第二次鸦片战争期间，英国舰队的翻译官郇和的《中国北方战役记事》中提到：除非有一位在两百多年前以北京为中心进行传教的天主教徒所制作的古地图中有记述，才能解释得通。是基于这唯一的一张图命名的。

笔者认为，这一段文字中存在几处错误：

其一，"大连湾"的罗马拼写最早见于文献的应当为前文所述佩里远征队所绘制的地图中，图绘制于1853—1855年间，1856年出版。考虑到当时威妥玛拼音法尚未发明，绘制者仅能参考利玛窦的《西字奇迹》、马礼逊的《华英字典》等早期汉语拉丁字母拼写方案，因此虽然其拼写与英国测绘地图不同，但应为"大连湾"的罗马字符音译无疑。可以参考第二次鸦片战争期间，英军内部对于金州也有Kinchow、Kin-chau等不同拼法。因此，"大连湾"这一名称最早见诸文献应是1856年出版的《中国和日本岛屿沿岸海图（包括马里亚纳和部分菲律宾）》。

其二，部分事实有误。其错误包含但不限于：1. 桑普森号并非英国商船，其

---

① ［日］浅野虎三郎：《大连市史》，大连市役所，1936年，第25—27页。

全名为英国皇家海军桑普森号（H.M.S Sampson），该船为二等蒸汽（桨）护卫舰，于1844年下水，装载吨数1 299吨，排水量2 100吨。2. 旅顺被命名为"亚瑟港"是以阿尔及利亚号指挥官威廉·亚瑟命名。维多利亚女王并没有名为亚瑟的女婿，只有第三子康诺特和斯特拉森公爵亚瑟王子（Arthur William Patrick Albert）名为亚瑟，但与此无关。3. 大黑山被命名为"桑普森山"系以测绘船桑普森号为名，与圣经中的巨人参孙（Samson）无关。

其三，在引用郇和的回忆录时，出现了语境翻译偏差。其英文原文为："How the name of Talien-wan (wan signifying bay) came to be applied to this fine bay in the most southern peninsula of Leautung, which was chosen for the rendezvous of the British expedition previous to the descent on the Peiho, remains a mystery, unless it occurs in some old Jesuit map."可见郇和所表达的意思是大连湾之名的起源无人知晓，除非假设存在这样一幅地图。而浅野虎三郎在翻译时忽略了语境，并补充了部分不存在的细节（如两百年前、在北京传教等）。

董志正先生在《大连名称的由来》[①]一文中援引《大连市史》并推断："'大连湾称呼，见之于文献的，是以一八六〇年英人约翰·瓦特测量的《英国海图》为最早。'一八六〇年，英国'沙普琳'号商船（实际上是间谍船）船长哈恩特到这里测量海湾时，据当地居民说，这一带叫做'大连湾'。该书还提到：约翰·瓦特在制海图时，还参考了二百多年前（明万历年间）到中国来传教的柴伊斯脱的古地图，说明万历时中国人中间就已有'大连湾'的称呼。"[②]关于这一翻译引用及推论，笔者认为由于其援引的材料本身并不可靠，同时董志正先生在引述材料时，又误将天主教徒（英文：Jesuit、日文：ゼスキット僧侣）翻译为了万历年间一位名叫"柴伊斯脱"的传教士，因此，其结论"万历时中国人中间就已有'大连湾'的称呼"并不可靠。

笔者认为，从目前的材料来看，不晚于1855年，大连湾附近的居民便已使用"大连湾"这一称呼。1860年第二次鸦片战争前后，大连居民已经不太了解大连湾名字的来由。因此该名称产生年代应远早于19世纪中叶，但究竟源自何时、因何得名，还需要进一步的资料佐证。

[①] 董志正：《大连名称的由来》，大连市政协文史资料研究委员会办公室：《大连文史资料》第一辑，1984年，第108—111页。
[②] 由于董志正先生系引用日文材料进行翻译，因此部分名称翻译与本文不同。"约翰·瓦特"即为本文"约翰·沃德"，"沙普琳"号为本文"桑普森"号，"哈恩特"为本文"汉德"。

试论清代秀山置县的原因

符钟艺[1]　龙　鹏[2]

1. 四川博物院　2. 四川大学

内容提要：乾隆元年（1736），清政府割划酉阳东南的平茶、邑梅、石耶、地坝等土司辖地，设秀山县。由于建县历史短，再加上此地不是学术界在改土归流相关研究中重点关注的区域，所以很少有学者深入考究其建县的历史原因。然而，考察正史、方志、奏折等史料后发现，秀山置县除了受到改土归流的推动外，还包含以下四个因素：旧有基础、幅员广袤、东南要冲、开拓苗疆。

关键词：清代　秀山　置县　原因分析

秀山县，全称为秀山土家族苗族自治县。此地山峦环绕、冈岭相连，清代为四川东南门户。从如今的行政区划来看，它地处重庆东南边陲，东部与湖南接壤，西部紧邻重庆酉阳，南部直通贵州松桃，是渝湘黔三省交界的咽喉要地。秀山在清代以前的建制沿革，因史料缺失难以深入考究。能够明确的是，乾隆元年（1736），由于改土归流在西南地区的成功推广，清政府割划酉阳东南境的石堤、宋农、晚森等土司据地置县，因县境之内有高秀山，故而得名秀山县[1]。

因为此地仅仅是一个"卓尔小邦"，所以学界对其建县相关事宜论述甚少，至于建县的历史原因，也只有个别学者从山川形便、人口增长、改土归流、民族因素等四个方面作了初步的分析[2]。但这四点中有两点都不够恰当。第一，山川形便仅是形成当时秀山县行政区划的因素，而不是在此建县的主要原因。第二，民族因素，有学者认为：原土酋管理的土民与归属中央管辖的百姓会因民族习性的不同而滋生事端，所以应另置一县进行统一管辖[3]。这里的基本论点与逻辑存在问题。首先，秀山改土归流之前，一直都是土司管土民，无所谓民族之分；其次，即使存在民族习性问题，酉阳直隶州完全可以直接进行统一管辖，大可不必另置一县。基于此，有

---

① ［清］李稽勋、王寿松：《秀山县志》，方志出版社，2012年，第8页。
② 易念念：《乾隆元年秀山县的建置及其原因》，《重庆第二师范学院学报》2019年第5期，第43—47页。
③ 同上。

必要对秀山建县的原因再做一番探讨。

一、秀山置县的时代背景

明清鼎革之际，各地土司相继归附，清廷令其各司原职，并在原有土司制度基础上，按照"劳绩之多寡""尊卑之等差"[①]，分别封为宣慰司、宣抚司、招讨司、安抚司、长官司等。但随时间推移，土司势力不断膨胀，日益成为清廷心头大患。如康熙三年（1664），吴三桂督管云贵地区，分两路进兵，才讨平水西宣慰司安坤的叛乱；此后三藩之乱中，受到重赏的土司兵又常常协助叛军作战。故清廷深感"云贵川广恒视土司为治乱……云贵大患，无如苗蛮"[②]。

因此，在历经两朝修养后，已具备强大政治、军事、经济能力的清廷在雍正年间对西南地区进行了大刀阔斧的改土归流，其中以雍正四年（1726）至九年（1731）为盛[③]。秀山县正是在这样的时代背景下成立的。

二、改土归流对秀山置县的推动作用

改土归流的时代洪流对秀山建县起到了极为强大的推动作用，这种推动力在清朝地方大员与中央就川东南酉阳、平茶、邑梅、石耶、地坝五土司改流后的建置问题展开的商讨中，得到了淋漓尽致的诠释。

如前文所述，在雍正四年（1726）至雍正九年（1731）这段时间里，清廷在西南地区展开了大规模改土归流行动。然而，其关注的重点并不在川东南地区，虽不时有地方大臣提及酉阳、平茶、邑梅、石耶、地坝五土司的改流事宜，但均遭否定。究其原因，主要在于这期间清廷正对西南地区大规模用兵并进行改土归流。雍正皇帝考虑到酉阳土司拥有强大势力，担心强行改流会滋生事端[④]。所以，直到雍正九年（1731）之后，针对酉阳、平茶、邑梅、石耶、地坝五土司的改流事宜才被正式提上日程。

雍正十一年（1733），清廷刚刚完成针对云南、广西、贵州等地区的改流事宜，便立即命令此前移驻黔江的重庆同知[⑤]管理黔江、彭水二县以及酉阳司的一切生童考试、钱谷和命盗案件[⑥]，意图从根本上控制酉阳宣慰司的教育、经济、司法等大权。换句话说，酉阳宣慰司在转瞬之间就被清廷全面掌控。到雍正十二年（1734）九月初二日，四川总督黄廷桂与巡抚鄂昌上奏雍正皇帝，称酉阳民众欢呼雀跃迎接改流，并且禀报石耶、平茶、邑梅、地坝四土司皆恳请改流事宜。暂且不论这种场景描述的真假，可以肯定的是，在这一年九月，

---

① ［清］赵尔巽等撰：《清史稿》，中华书局，1977年，第14206页。
② ［清］赵尔巽等撰：《清史稿》，第14204页。
③ ［清］赵尔巽等撰：《清史稿》，第14204—14206页。
④ 张万东：《明清王朝对渝东南土司统治研究》，吉林大学博士学位论文，2016年，第180—181页。
⑤ ［清］邵陆：《酉阳州志》，巴蜀书社，2010年，第782页。
⑥ 中国第一历史档案馆：《雍正朝内阁六科史书·吏科第73册兼管礼部尚书张廷玉题议四川忠州改升直隶州其衙署吏役无庸改等事本》，广西师范大学出版社，2002年，第299—302页。

关于酉阳、平茶、邑梅、石耶、地坝五土司的改流事宜已经基本完成，然而关于改流后的政区建置问题却始终没有被提及。

直到雍正十三年（1735），四川总督黄廷桂认为"酉阳幅员辽阔，又包有平茶、地坝、石耶、邑梅四司之地，不划二县，不足治"，于是奏请：酉阳独为一县，其所管东南之南洞、九江、巴白、十二庄、容溪、晚森、小江、苗江等里，并大江河东半里以及平茶、地坝、石耶、邑梅四司之地合为一县，治三合场（今秀山县清溪镇三合村），并将原驻黔江的重庆府同知移驻酉阳，原酉阳土司衙署改置厅署，使其统管彭水、黔江二县及酉阳、平茶、邑梅、石耶、地坝五司之地所划二县①。

按照黄廷桂的想法，是打算将酉阳设立为直隶厅，厅治设在原酉阳宣慰司旧署，统一管辖四个县。然而，时任吏部、户部尚书的张廷玉否决了这一奏请，并命令黄廷桂会同巡抚，将这四个县或另设府治或另设直隶州管辖②。对于奏请在三合场设置知县一员、典史一员来分管酉阳东南一带以及平茶、邑梅、石耶、地坝四司之地等事宜，则予以批准③。由此可知，秀山建县在这时已经基本确定，并通过拟在三合场设知县、典史来划定其大致管辖范围，至于其他相关事宜则没有做进一步说明。

雍正十三年（1735）十一月初一日，四川总督黄廷桂在与地方大臣商议后，奏请设立酉阳直隶州，并奏请夏景馥为知县，驻扎三合场，綦江县典史沈景调补为三合场典史，梓潼县典史升补为巡检，驻扎石堤（今秀山石堤镇）④。但这一奏议因雍正皇帝驾崩，迟迟未得批复，直到乾隆元年（1736）才正式宣布成立秀山县，以其为酉阳直隶州首县⑤。

综上来看，秀山县的成立，最初有赖于雍正年间推行的改土归流战略，而后经过地方大臣与中央的反复商讨，才最终成型。然而秀山县的成立并非仅赖于此，事实上它是多方面因素综合作用的结果⑥。

三、秀山置县的原因

（一）旧有基础

一个政区的成立必须具备人口、基层建置、幅员等基本要素，秀山县也是如此。就户口而言，雍正《四川通志》记载，

---

① 中国第一历史档案馆：《雍正朝内阁六科史书·吏科第81册兼管吏部尚书事张廷玉题为敬筹四川酉阳添设知县县丞典史巡检游击守备等安设事宜本》，第559—560页。

② 中国第一历史档案馆：《雍正朝内阁六科史书·吏科第81册兼管吏部尚书事张廷玉题为敬筹四川酉阳添设知县县丞典史巡检游击守备等安设事宜本》，第560—561页。

③ 中国第一历史档案馆：《雍正朝内阁六科史书·吏科第81册兼管吏部尚书事张廷玉题为敬筹四川酉阳添设知县县丞典史巡检游击守备等安设事宜本》，第560页。

④ 中国第一历史档案馆：《雍正朝内阁六科史书·吏科第83册四川总督黄廷桂题请将酉阳改为直隶州并拣员补放本》，第527—529页。

⑤ [清]李稽勋、王寿松：《秀山县志》，第8页。

⑥ 关于秀山建县的过程，张万东博士论文《明清王朝对渝东南土司统治研究》，以及董嘉瑜专文《改土归流与区划调整——以清代酉阳直隶州为例》在论述酉阳直隶州成立过程时，实际上已略有涉及。但本文为更好说明秀山建县的原因，故参考二文并结合秀山的实际情况作一定论述。

石耶长官司旧管番民十户，地坝二百二十户，邑梅八十四户，平茶一百户①。以此来看，在雍正之前，今秀山南部地区仅四百一十四户而已，与一个县的人口相比，还是有所差距。但此《通志》是雍正七年（1729）编撰的，此时距秀山建县有七年之久，且这里的数据并非实地调查所得，再加上这里的"旧管"难以明确具体是哪一个时期，所以《通志》的记载不太能全面反映秀山建县前的人口情况。

我们从其他史料中窥探到了更真实情况。光绪《秀山县志·赋役志》记载乾隆九年（1744）秀山的人口情况是："户，一千五百七十，口如之。"②乾隆《酉阳州志》也记载："初，秀山田赋报垦者，一千五百七十户。"③可知秀山建县初期就已经有一千五百多户了，再考虑到人口的繁衍波动，以及秀山建县前有"五百七十户"是由酉阳拨入的④，所以推测"一千户"应是秀山建县前平茶、邑梅、石耶、地坝四个土司所管辖的大致的人口情况。此外无管"生苗"以及诸多隐匿户口，恐怕都未计入其中，所以秀山建县前已具备了一定的人口基础。

再就基层组织而言，从清初到雍正年间秀山改土归流之前，相关记载甚少，但明末人曹学佺撰写的《蜀中广记》提供了一定线索："石耶洞长官司编户二里，平茶编户三里，邑梅编户五里。"⑤《明史》载："以一百十户为一里，推丁粮多者十户为长，余百户为十甲，甲凡十人。岁役里长一人，甲首一人，董一里一甲之事。"⑥此即明代的里甲制度，实际上也是县以下的基层组织。如此来看，石耶、平茶、邑梅编户中的"里"事实上就是一种基层组织，这也就意味着石耶、平茶、邑梅三司在明代是有具体的基层建置的，再考虑到清廷对土司的管理基本上承袭了明制，以及清前期"里甲与保甲并行地方"⑦的情况，所以，"里"的这种基层组织应当是得到了延续。雍正十三年（1735），划酉阳东南的"南洞、九江、巴白……"等"里"⑧来增益秀山的幅员，这里的"里"同前面一样，应当都是明代沿袭下来的基层建置，它们也是秀山整个基层组织的一部分。再加上各个土司还有自己独立的司署以及秀山建县后所划"十一里"基本上是沿用旧名或土司名。所以综合来看，在秀山建县前，地方上的基层组织应是比较完善的。

另外，就幅员而言，秀山原本就有平茶、邑梅、石耶、地坝四个土司所管辖的土地，再加上清廷一开始就讨论要将酉阳东南划出来增补秀山幅员，所以秀山建县

---

① 黄廷桂、张晋生：《四川通志》，《四库全书》第560册，上海古籍出版社，1987年，第101—102页。
② ［清］李稽勋、王寿松：《秀山县志》，第146页。
③ ［清］邵陆：《酉阳州志》，第45—46页。
④ ［清］邵陆：《酉阳州志》，第11页。
⑤ ［明］曹学佺：《蜀中广记》，《四库全书》第591册，上海古籍出版社，1987年，第491—492页。
⑥ ［清］张廷玉：《明史》，中华书局，1974年，第1878页。
⑦ 孙海泉：《清朝前期的里甲与保甲》，《中国社会科学院研究生院学报》1990年第5期，第77—80页。
⑧ 中国第一历史档案馆：《雍正朝内阁六科史书·吏科第81册兼管吏部尚书事张廷玉题为敬筹四川酉阳添设知县县丞典史巡检游击守备等安设事宜本》，第559页。

的幅员基础也基本具备了。

（二）幅员广袤

面对幅员广袤的土司区域，清廷在改土归流以后，往往是重新划定幅员，范围设立新的政区进行管理。如康熙三年（1664），吴三桂平定水西宣慰司安坤之乱，设黔西、平远、大定、威宁四府[1]。在幅员范围的划定上往往又遵循着"凡邑之大者，割其大以补小；邑之小者，增其小以成大；置一县之封，必度四面之界"[2]的原则。目的在于不能使一地过大，也不能使一地过小，如此才能各司其职，高效管理地方。

因此，雍正十三年（1735），四川总督黄廷桂在奏折中说："酉阳幅员辽阔，境地四通，外连川、黔、楚三省，内包平茶、地坝、石耶、邑梅四司，按其道里，垒其户口，必划分二县，始足治理。"[3]实际上就是考虑到当时酉阳幅员过大，若只设一个行政区域，不便于治理地方，所以才意图重新划定范围，割大邑补小邑，将酉阳东南划出与石耶、地坝、邑梅、平茶四个土司原来控制的土地合并，新置一个政区。如此才有了秀山县的成立。

（三）东南要冲

秀山此地，无论是建县前，还是建县后，实际上都是当时四川东南的咽喉要地，所以此地及其附近区域往往事端频发。如乾隆六十年（1795），贵州松桃厅苗民石柳邓与湖南永绥厅苗民石三保揭竿而起，致使川黔楚边境大乱。四川总督和琳、协办大学士署四川总督孙士毅、提督穆克登阿等统全川之兵会同云贵总督福康安，历时两年方将此次苗乱平息[4]。咸丰五年（1855）三月，黔寇犯境，县城戒严；冬十一月贵州孟溪寇大举犯城；松桃寇邹黑虎陷绥宁营，继而袭城等等[5]。所以在秀山建县之初，就有大臣认为此地"营制兵少，不足弹压"[6]。

乾隆元年（1736），秀山县辅一成立，就设营三合场（今清溪镇三合村，后营改名绥宁），驻扎游击一员，守备一员（驻守酉阳），千总二员（一员分驻酉阳），把总四员（一员分驻酉阳），外委把总两员，马步兵八百名（三百名分驻酉阳）。又在县境内设立邑梅（今梅江镇）、洪安（今洪安镇）、石堤（今石堤镇）、滥泥湾（今石堤镇高桥村）四汛[7]。我们看到，无论是军事建置还是兵力部署，清廷的重心都在秀山，而非它的上级酉阳直隶州。

据覃影《美国国会图书馆藏〈全川营汛增兵图〉考释》[8]一文分析得出，乾隆四十七年（1782）四川总督福康安奏以改名

---

[1] ［清］赵尔巽等撰：《清史稿》，第14204页。
[2] ［明］黄淮、杨士奇：《历代名臣奏议》，上海古籍出版社，1989年，第582页。
[3] 中国第一历史档案馆：《雍正朝内阁六科史书·吏科第81册兼管吏部尚书事张廷玉题为敬筹四川酉阳添设知县县丞典史巡检游击守备等安设事宜本》，第559页。
[4] ［清］李稽勋、王寿松：《秀山县志》，第95—97页。
[5] ［清］李稽勋、王寿松：《秀山县志》，第102—104页。
[6] ［明］冯世瀛、冉崇文：《酉阳直隶州总志》，巴蜀书社，2009年，第233页。
[7] 中国第一历史档案馆：《雍正朝内阁六科史书·吏科第81册兼管吏部尚书事张廷玉题为敬筹四川酉阳添设知县县丞典史巡检游击守备等安设事宜本》，第562页。
[8] 覃影：《美国国会图书馆藏〈全川营汛增兵图〉考释》，《故宫博物院院刊》2011年第1期，第55—66页。

粮补实兵,在全川四十九处增兵情况中,秀山绥宁营与达州营并列第七,增兵105名。在重庆镇处,除中、左、右三营增兵总数超过绥宁营外,其余诸营均无秀山绥宁营增兵人数多。可见秀山持续受到清廷重点关注。

乾隆、嘉庆年间的黔楚苗乱平定之后,绥宁营又直接升为协,添设副将一员,裁汰参将一员;增设中军都司一员,原绥宁营守备划归新设西阳营;又分设左、右、邑梅三营;三营又分别增设有守备、千总、把总、外委等职,以及新旧诸汛皆重新分属三营,并且酉阳、黔彭营皆统归绥宁协管辖[1]。我们看到,较此前而言,秀山军事地位进一步提高,不仅在军事建置上由营升协,而且早已成立的黔彭营也划归其管辖。换言之,从嘉庆时起,就军事层面而言,秀山掌管着相当于今彭水、黔江、酉阳、秀山地区的军事大权。

通过上述分析可知,秀山地处襟带黔楚、绾毂苗疆之地,因其地理位置特殊,清廷在该地部署重兵,并以此为中心威慑周边区域。由此可见,特殊的地理位置是清廷设立秀山县的原因之一。

(四)开拓苗疆

雍正年间的改土归流,毋庸置疑具有极强烈的政治目的,而另一方面,也兼具开辟地方之意。一是广大区域的人口不在清政府的户籍之下,二是地方资源没能得到有效开发。所以雍正七年(1729)鄂尔泰就清楚地指出:"有无管生苗,北连湖广、西接四川,广袤千余里,成为化外之巨区,居三省之腹里,……因并不隶于何省或为强横土司所割据,或为凶悍头目所分侵,向号'四不管',积习相沿,由来已久。……其接连楚省者,……接连川界者,则系酉阳、石耶、地坝、平茶、邑梅等司。……此黔、楚、川接壤苗境之大局,所当熟计开通者也。"[2]

据此可知,在当时川黔楚交界地区存在的大片无管生苗不仅不为政府所管,更是清廷治理"内陆边疆"的心腹之患,所以鄂尔泰强烈要求开通这些区域。而当时的秀山恰恰又是鄂尔泰所谓"当熟计开通者"的重点区域之一(即材料中所说"连接川省者,则系酉阳、石耶、地坝、平茶、邑梅等司"),所以,当时清廷在川东南地区完成改土归流,并与地方政府反复商讨后,还是决定要成立秀山县,也有此因素的考虑。

四、结　语

表面上看,秀山置县是清政府在西南地区大力推行改土归流的必然产物。实际上,清政府设立秀山县是多种因素共同作用的结果。第一,在置县之前,此地已具备一定的人口规模、基层组织以及幅员面积等基础条件,这是建县的前提和基础。第二,当时酉阳幅员辽阔,若不划分为两个政区则不便治理,这属于建县的政治因素。第三,秀山是当时四川东南之门户,连接黔楚两地,地理位置极为重要,此为建县的地理因素。最后,秀山所在区域是清廷所谓生苗活动的重点区域之一,清廷为了更好地开拓苗疆,设立秀山县也在情理之中。

---

[1] [明]冯世瀛、冉崇文:《酉阳直隶州总志》,第234—235页。
[2] 俞冰:《朱批鄂太保奏折(原钞本)》第3册,全国图书馆文献缩微复印中心,2005年,第485—486页。

大连的日语教育：百年文化交融下的启蒙与繁荣之路

崔 爽

辽宁对外经贸学院外国语学院

内容提要：大连，这座辽东半岛的璀璨明珠，见证了百余年日语教育的发展历程。从清末的启蒙，到民国时期的殖民教育，再到新中国的重建与全球化浪潮下的创新发展，大连日语教育不断适应时代需求，克服挑战，取得显著成就。本文梳理了大连日语教育的历史脉络，总结其发展特点与成就，并展望未来方向。作为中日文化交流的重要纽带，大连日语教育在全球化背景下继续发挥桥梁作用，为中日合作及人类命运共同体建设贡献智慧。

关键词：大连日语教育　百年沧桑　时代印记　创新发展

引　言

大连，这颗镶嵌于辽东半岛南端、熠熠生辉的瑰宝，凭借其得天独厚的地理位置与悠久而丰富的历史文化积淀，自古以来便屹立于中国对外交流的潮头，成为沟通内外、融汇中西的桥梁。19世纪末以来，大连与日本的交流织就了一幅幅错综复杂的历史画卷，也为大连日语教育的发展奠定了坚实的基石。这段特殊的历史经纬，也折射出中日两国间文化交融与互动的历程。

一、清末启智，日语教育明理曙光（1896—1930）

在风雨飘摇的19世纪末期，中国正面临着前所未有的挑战与机遇并存的局面。随着西方列强的步步紧逼与中国国力的日渐衰微，清政府被迫开启了向西方学习的艰难探索之旅。在这一时代背景下，日语教育作为连接中国与西方文化的独特桥梁，悄然在中国沿海地区，尤其是大连这片开放前沿的土地上萌芽滋长。1896年，清政府派遣首批留学生赴日求学，这一举措标志着日语教育在中国正式拉开序幕。由于日语与汉语之间天然具有亲近性，它迅速成为国人学习西方科学、技术乃至思想的便捷工具。大连作为东北亚地区的重要港口城市，其日语教育的发展尤为引人注目。在这一时期，日语教育首先得到了官办学校和教会学校的积极响应。东三省通商银行设立的日语补习班、基督教传教士开办的教会学校等，纷纷将日语纳入课程体系，为渴望新知的学生们打开了通往日本乃至世界的大门。

甲午战争的硝烟与《马关条约》的签订，进一步加强了日本在东北地区的影响力，也促使日语教育的重要性日益凸显。在此背景下，大连地区涌现出专门的日语学校，比如旅顺的东文馆就是清末时期由日本在东北地区设立的一所日语专门学校，其目的在于通过教授日语及传播日本文化，培养适应殖民统治需求的本地人才[1]。学校课程不仅涵盖日语语言，还涉及日本历史、文化与基础科技教育，是日本在华推行殖民教育的重要工具之一。清末启蒙时期的日语教育是在国家危难之际应运而生的一种新型教育形式，一定程度上也为中国现代教育体系的形成与发展奠定了基础。

二、民国觉醒，日语教育变迁风云（1931—1949）

步入民国时期，尤其是自1931年九一八事变起，东北大地不幸沦入日本帝国主义的铁蹄之下，日语教育在此背景下被强制性地推向了前所未有的高度，几乎成为教育体系中的核心要素。然而，这并非基于文化交流的自然需求，而是日本殖民者企图通过文化渗透巩固其统治的卑劣手段。

在这一时期，大连乃至整个东北地区的学校普遍开设了日语课程，日本教材与教学法被强行引入，教师被送往日本接受"同化"培训，旨在培养服务于殖民统治的官员与技术人员[2]。日语教育的内容远远超越了单纯的语言学习范畴，已深入到日本文化、历史乃至社会制度的灌输，这是企图从根本上改变被殖民者的文化认同与国家意识。然而，这种"日式教育模式"虽然强调纪律、集体与标准化测试，试图通过科技知识的引入迷惑人心，却无法磨灭中华民族坚韧不拔的精神与强烈的国家意识。

面对殖民压迫，中国人民的反抗意志与日俱增，强行施加的日语教育，也成了民族觉醒的催化剂。在逆境中，许多教育者与学子暗中传播中华文化，坚持学习中国历史与传统文化，用实际行动维护民族尊严与国家认同。这种不屈不挠的精神，为后来的教育体系转型奠定了坚实的思想基础。

随着日本战败与东北解放的曙光初现，日语教育迎来了历史性转折。殖民教育体系被彻底废除，取而代之的是强调本土文化、民主精神与爱国主义的新教育政策。大连的日语教育在废墟中重生，以更加自信的姿态面向未来，致力于培养具有国际视野与深厚民族文化底蕴的新时代人才。这一转变不仅是对历史的深刻反思，更是中华民族自强不息、追求独立自由精神的生动体现。

三、新中国曙照，日语教育静待春归（1949—1976）

在新中国成立的隆隆礼炮声中，日语

---

[1] 孙惠俊：《日本对"关东州"中国人实施的殖民教育方针（1905—1919）》，《大连大学学报》2018年第1期，第20—25页。
[2] 阎利：《日本殖民统治时期的奴化教育——以旅大地区为例》，《大连近代史研究》第9卷，辽宁人民出版社，2012年，第186—194页。

教育踏上了国家重建与外交战略交织的征途。1949年，中华人民共和国的成立不仅宣告了新时代的开启，也预示着中国教育体系将迎来全面革新。在此背景下，日语作为连接中国与近邻日本的重要语言桥梁，其教育地位显得尤为关键而微妙。然而，历史的伤痕与现实的隔阂，让日语教育在初期便背负上了沉重的使命，面临严峻的挑战。

1. 初创奠基：砥砺前行（1949—1966）

1960年代的中国正处于社会主义建设的起步阶段，政府积极推动高等教育复兴和外语人才培养。随着国家对外交流需求的日益增长，在周恩来总理等老一辈革命家的深切关怀下，1964年大连日语专科学校应运而生。学校的诞生，如同一颗希望的种子，为后续的日中文化交流、经济合作提供了人才储备和智力支持。建立之初，其克服了校舍简陋、师资匮乏等重重困难，以惊人的速度完成了筹建并顺利开学，首批525名学子的到来，更为这片教育热土增添了无限活力。日本教师的引进与本土教师的共同努力，构建起了一支多元化的教学队伍，为日语教育的初期发展奠定了坚实的基础[1]。

2. "文革"风雨：坚守与等待（1966—1970）

随着"文革"风暴席卷全国，大连日语专科学校也未能幸免。招生工作被迫中断，校园内弥漫着不安与迷茫。但即便如此，学校师生仍保持着对知识的渴望与对教育的忠诚，默默守护着这片学术净土，为未来的恢复与发展蓄积力量[2]。

3. 恢复重建：蓄势待发（1970—1976）

1970年，学校以辽宁外语专科学校的崭新面貌重新启航，继续肩负着培养外语人才的重任。1974年开设本科教育，标志着学校向更高层次教育坚定迈进。在"文革"的阴霾尚未完全散去之际，学校以非凡的勇气和智慧，探索着日语教育的新路径，为改革开放后的快速发展奠定了坚实的基础。

新中国成立至改革开放初期，大连地区的日语教育经历了从无到有、由弱变强的艰难历程。大连外国语大学的前身——大连日语专科学校，以其坚韧不拔的精神和不懈的努力，为国家培养了一大批优秀的日语翻译和外语人才，不仅促进了东北地区乃至全国外语教育事业的蓬勃发展，更为国家的改革开放和现代化建设注入了强大的动力。这些人才如同璀璨的星辰，在外交、经济、文化等多个领域熠熠生辉，书写着属于中华民族的辉煌篇章。

四、春风化雨，日语教育蓬勃绽放（1978—2000）

1. 政策春风拂面来，日语教育复兴时（1978—1985）

1978年，历史的车轮驶入改革开放的新纪元，大连日语专科学校更名为大连外国语学院，这不仅是校名的更迭，更是学

---

[1] 伏泉：《近四十年我国日语教育的发展特征及影响因素——基于国际交流基金调查报告等》，《日语学习与研究》2018年第2期，第88—100页。

[2] 伏泉：《新中国日语高等教育历史研究》，上海外国语大学博士学位论文，2013年。

校办学层次与国际视野的飞跃。在国家政策的春风沐浴下，大连的日语教育迎来了前所未有的发展机遇[①]。1985年5月中共中央、国务院召开改革开放以后第一次全国教育工作会议，会后颁布的《中共中央关于教育体制改革的决定》使得我国教育在管理体制、办学体制、招生就业制度、人才培养模式等方面进行了系统改革，促进了教育事业迅速、健康发展。教育改革的深远影响，如一股强劲东风，吹遍了大连的教育沃土，激励着大连地区积极拥抱开放，深化高等教育改革。这期间政府加大了对教育的投入，开放办学空间，鼓励多元力量的参与，为日语教育注入了新的活力。学校方面，大连则紧跟时代步伐，积极引进国际先进的教学理念与模式，教学质量显著提升，日语教育在这片热土上焕发出勃勃生机。

2. 高等学府育英才，日语教育跨新阶（1986—2000）

1986年，大连外国语学院荣获日语语言文学硕士学位授予权，标志着大连乃至全国日语高等教育迈入了一个崭新的发展阶段。研究生教育的开启，不仅提升了日语教育的层次，更促进了学科研究的深入与人才培养的多元化。在此背景下，大连地区的高等日语教育迎来了全面繁荣。多所高校纷纷增设日语本科专业及研究生教育项目，课程体系日益丰富多元，个性化教学蔚然成风。师资队伍不断壮大，汇聚了一批具有国际视野与深厚学术造诣的优秀教师。教学质量的稳步提升，不仅为大连乃至全国输送了大批高素质的日语专业人才，更为国家的对外开放与国际合作搭建了坚实的语言桥梁，书写了中日文化交流的新篇章。

五、世纪飞跃，日语教育融合创新（2001年至今）

1. 高教深耕，知识疆域无限拓

迈入21世纪，高等教育的全球化浪潮与国际化进程并行不悖，大连的日语教育步入了崭新的发展阶段。"大外"凭借其在教育资源、师资力量、科研创新等方面的全面升级，迅速确立了作为外语教育领域领军者的地位。在日语教育板块，学校不仅持续优化课程体系，强化实践教学环节，还通过设立专项基金、引进国际顶尖学者等方式，不断提升教学质量与科研水平。据统计，自更名以来，日语专业毕业生的国际就业率逐年增加，成为中日文化交流与合作的中坚力量。

2. 多元并蓄，专业精进共飞扬

21世纪以来，大连地区的日语教育积极响应市场需求，展现出前所未有的多元化与专业化趋势。在课程设置上，学校不仅巩固了日语语言基础、日本文学、日本文化等传统优势课程，还创新性地开设了商务日语、旅游日语、翻译与口译等特色专业方向，学生选课满意度高达95%以上[②]。此外，跨学科融合教育成为亮点，如"日语+

[①] 李冠男：《新中国成立后大连日语高等教育历史研究初探》，《齐齐哈尔大学学报（哲学社会科学版）》2015年第1期，第163—164页。

[②] 同上。

经济学"双学位项目报名人数连年攀升，学校培养出了大批既懂日语又精通国际经济的复合型人才。

3. 在线共建，未来教育触手及

随着互联网技术的日新月异，大连的日语教育紧跟时代潮流，大力发展在线教育与远程学习。自2010年起，大连外国语大学、大连理工大学相继推出了一系列高质量的在线日语课程，包括中国大学慕课、酷学辽宁、雨课堂、超星学习平台、外研在线等开放的在线精品课程、微课、直播课等，累计注册用户已超过百万。这些课程不仅覆盖了从零基础到高级水平的全阶段学习内容，还融入了AI互动、虚拟现实等先进技术，极大地提升了学习体验与效果。在线教育平台的建立，不仅拓宽了学习渠道，也促进了中日两国乃至全球范围内的教育资源共享与学术交流。

4. 国际合作，交流互融谱新章

步入全球化的今天，大连的日语教育在国际舞台上更是大放异彩。以"大外"为首的各高校积极构建国际合作网络，与众多国内外知名高校及教育机构建立了长期稳定的合作关系。通过联合培养项目、学生交换、教师互访等多种形式，不仅为学生提供了广阔的国际视野和丰富的海外学习经历，也促进了中日两国在高等教育领域的深度交流与合作。近年来，以大连外国语大学为中心高校的带动下，在连多所高校成功举办多届国际日语教育研讨会、日本文化节等活动，吸引了来自世界各地的学者、学生及文化爱好者参与，极大地提升了大连日语教育的国际影响力与知名度。

结　语

回望大连日语教育的历史长河，它宛如一幅波澜壮阔的画卷，与国家兴衰紧密相连，与时代潮流共舞。自19世纪末西学东渐莘莘学子赴日求学，至改革开放吹来浩荡春风，再至21世纪全球化浪潮席卷，大连日语教育历经沧桑巨变，实现了从无到有、由弱转强、由单一迈向多元的壮丽蜕变。这不仅是教育史的见证，更是中日关系跌宕起伏的缩影，承载着大连乃至中国对外开放的壮志与梦想。

展望未来，大连日语教育将继续秉承开放包容、创新发展的精神，携手国内外同仁，共同书写中日文化交流与合作的新篇章。让我们在历史的基石上，继续砥砺前行，为构建人类命运共同体贡献智慧与力量。

典藏研究

大连地区金朝铜钱窖藏初探[*]

刘俊勇[1]　王诗宇[2]

1. 辽宁师范大学　2. 大连博物馆

内容提要：大连地区发现的近70处金朝铜钱窖藏是金朝统治区域内普遍可见的现象。窖藏中铜钱上起秦汉半两、五铢，下限为金朝正隆元宝和大定通宝，北宋铜钱占所有铜钱的90%或以上。金朝滥发交钞造成币制混乱，导致民间宁肯贮存铜钱也不兑换交钞，是造成金朝铜钱窖藏的一个重要原因。金世宗大定四年（1164）始推行的通检推排，是造成大量金朝铜钱窖藏的又一重要原因。大连地区部分金朝铜钱窖藏的年代应在世宗大定四年（1164）至宣宗贞祐四年（1216）之间，另一部分年代应为宣宗贞祐四年（1216）至金朝灭亡（1234）。

关键词：大连地区　金朝　铜钱窖藏　形成原因　年代

金朝（1115—1234）是中国历史上由女真族首领完颜阿骨打（完颜旻）建立的统治中国北方的王朝，存国120年。

截至目前，关于金朝铜钱研究的专著和论文主要集中在国内，国外则鲜见。国内研究出土金朝铜钱主要是以整理东北地区发现的铜钱窖藏为主，兼及探讨金朝铜钱窖藏大量出现的原因等。但在窖藏铜钱统计方面显得十分薄弱，大量的整理只是停留在找出最早的铜钱和最晚的铜钱，然后约略估出北宋铜钱在所出铜钱中占90%左右；对于铜钱窖藏出现的原因则归结为金末战争频仍；年代一般定为金朝末年。

本文以大连地区已整理的10处金朝铜钱窖藏，特别是课题团队整理出的7批铜钱资料和杨致民先生、徐建华先生各自整理出的一批铜钱资料为主，对大连地区出土的窖藏铜钱作初步探讨，以期专家、同道指正。

一、大连地区金朝铜钱窖藏概况

大连地区自中华人民共和国成立至20世纪90年代初，发现了近70处金朝铜钱窖藏，出土数量尤夥的铜钱。每处窖藏铜钱少者有10千克，多者达1 000千克以上，发现地点几乎遍及现今大连全境。按现行政区划，这些窖藏地点如下：

旅顺口区龙王塘街道黄泥川村、三涧

---

[*] 大连市钱币学会2023年年度立项课题（项目批准号：202301）。大连市钱币学会资助项目。

街道西泥河村；

甘井子区革镇堡街道鞍子山、凌水街道凌水、大连湾街道小毛营子、大连湾街道盐岛；

金州区先进街道于家洼、亮甲店街道都家村、亮甲店街道大皇庄（2处）、二十里堡街道石门子、三十里堡街道山后村、大李家街道李家村、湾里街道王官寨、湾里街道王官寨南沙滩、登沙河街道姜家堡、董家沟街道后山口、石河街道卞家西宫营、石河街道高家下沟口、向应街道大石棚村、向应街道八家子、大魏家街道小李屯、友谊街道龙王庙李家屯、友谊街道光明村、七顶山街道傅家村、七顶山街道小朱家村、七顶山街道大莲泡南小山、金州城民主广场（2处）；

普兰店区大刘街道杨家村、太平街道姚家村、太平街道和尚村（2处）、泡子街道金屯、安波街道七道房东南山、皮口街道甘河陈屯、大谭街道曲庙、大田街道陈家砖场、城子坦街道刘炉村；

瓦房店市长兴岛沙包子村、杨家乡单家村、杨家乡傅家村、杨家乡巴虎边、西阳乡西台、李官镇榆树房、李官镇李官村、永宁镇永宁夏家村、岗店镇北王、三乡台娘娘宫南海、瓦窝镇曲家村姜沟、元台镇陶家村砖场；

庄河市城山镇山城寨、城山镇河西村、塔岭镇曲粉房、荷花山镇万亿坎子；

长海县广鹿岛沙尖子、塘洼村、南泰山村。

要说明的是，这只是文物部门当时记录的部分金朝铜钱窖藏地点，至于未被记录的地点，当远超文物部门的记录。

上述铜钱窖藏地点中有的出土过2批，如大皇庄、民主广场、和尚村。这些窖藏铜钱入藏时或用麻绳穿成串，有序地置于坑中；或以火将坑之四壁和底部烧硬，以御潮湿，如金州区民主广场窖藏；或以陶缸、陶罐、铁釜等盛装，如金州区傅家村窖藏和瓦房店市单家村窖藏。前者将1 040.5千克的铜钱分别装在两个灰陶大缸内，后者将400千克铜钱分别装在灰陶大罐和铁釜中，其上盖有石板；或与生产工具、生活用具埋在一起，如瓦房店市陶家村砖场窖藏，不但埋有100千克铜钱，还埋有铁铧、铁斧、瓷碗、瓷碟、陶罐等。铜钱窖藏大多埋在金朝遗址及其附近，如金州区民主广场窖藏和瓦房店市陶家村砖场窖藏等。

在上述窖藏中，刘俊勇与王嗣洲共同整理过7处；杨致民、徐建华也各自整理了瓦房店市杨家乡单家村和金州区向应街道八家子发现的窖藏铜钱，均获得了较为准确的资料。以上整理的窖藏铜钱统计如下：

1. 旅顺口区三涧街道西泥河村窖藏共有1 781枚铜钱，包括东汉五铢1枚，南朝梁二柱五铢1枚，唐开元通宝135枚、乾元重宝12枚，五代十国之南唐开元通宝7枚、唐国通宝2枚，前蜀咸康元宝1枚，南宋建炎通宝1枚、绍兴元宝1枚，金正隆元宝8枚，以上计169枚，其余均为北宋铜钱，剔除因锈蚀严重不辨面文的18枚铜钱，可统计铜钱为1 763枚。其中东汉、南朝梁、唐、五代十国、南宋、金等朝铜钱约占窖藏铜钱9.5%。北宋铜钱约占90.5%[1]。

---

[1] 刘俊勇、王嗣洲：《大连西泥河出土的金代窖藏铜钱》，《辽宁金融·钱币专号》（内部资料）第8辑，1991年，第27—31页。

2. 甘井子区革镇堡街道鞍子山村窖藏共有 3 954 枚铜钱，包括西汉八铢半两 1 枚、五铢 1 枚，新莽货泉 1 枚，唐开元通宝 400 枚、乾封重宝 1 枚、乾元重宝 18 枚，五代十国之南唐开元通宝 32 枚、唐国通宝 9 枚，前蜀光天元宝 2 枚、乾德元宝 1 枚，后周周元通宝 5 枚，南宋建炎通宝 1 枚、绍兴元宝 2 枚，金正隆元宝 2 枚，以上计 476 枚，其余均为北宋铜钱，剔除因锈蚀严重不辨面文的 35 枚，可统计窖藏铜钱为 3 919 枚。其中西汉、新莽、唐、五代十国、南宋、金等朝铜钱约占 12.0%，北宋铜钱约占 88.0%[1]。

3. 金州区向应街道大石棚村窖藏共有 3 481 枚铜钱，包括东汉剪轮五铢 1 枚，唐开元通宝 115 枚、乾元重宝 11 枚，五代十国之南唐开元通宝 4 枚、唐国通宝 5 枚，后周周元通宝 5 枚，辽大康通宝 1 枚，南宋建炎通宝 4 枚、绍兴元宝 3 枚，金正隆元宝 20 枚，以上计 169 枚，其余均为北宋铜钱。其中东汉、唐、五代十国、辽、南宋、金等朝铜钱约占 4.9%，北宋铜钱约占 95.1%[2]。

4. 金州区向应街道八家子窖藏共有铜钱 7 067 枚，包括西汉四铢半两 4 枚、武帝五铢 7 枚，新莽货泉 4 枚、布泉 1 枚，东汉四决五铢 1 枚，唐开元通宝 376 枚、乾元重宝 44 枚，五代十国之南唐开元通宝 26 枚、唐国通宝 11 枚，前蜀天汉元宝 1 枚、光天元宝 1 枚，后周周元通宝 12 枚，南宋建炎通宝 8 枚、绍兴元宝 11 枚、乾道元宝 3 枚、淳熙元宝 1 枚，金正隆元宝 36 枚、大定通宝 11 枚，以上计 558 枚，其余为北宋铜钱。其中西汉、新莽、东汉、唐、五代十国、南宋、金等朝铜钱约占 7.9%，北宋铜钱约占 92.1%[3]。

5. 普兰店区城子坦街道刘炉村窖藏共有铜钱 6 176 枚，包括西汉四铢半两 2 枚，新莽货泉 1 枚，唐开元通宝 529 枚、乾元重宝 20 枚，五代十国之南唐开元通宝 16 枚、唐国通宝 7 枚，前蜀天汉元宝 1 枚、光天元宝 1 枚、乾德元宝 1 枚，后汉汉元通宝 1 枚，后周周元通宝 6 枚，辽大康元宝 1 枚，南宋建炎通宝 10 枚、绍兴元宝 5 枚，金正隆元宝 33 枚，以上计 634 枚，其余均为北宋铜钱。剔除因锈蚀严重不辨面文的 29 枚铜钱，可统计铜钱为 6 147 枚。其中西汉、新莽、唐、五代十国、辽、南宋、金等朝铜钱约占 10.3%，北宋铜钱约占 89.7%[4]。

6. 普兰店区太平街道姚家村窖藏共有铜钱 1 713 枚，包括西汉五铢 1 枚，新莽货泉 1 枚，隋五铢 1 枚，唐开元通宝 145 枚、乾元重宝 2 枚，五代十国之南唐开元通宝 4 枚、唐国通宝 3 枚，前蜀乾德元宝 1 枚，后周周元通宝 1 枚，南宋建炎通宝 1 枚、绍兴通宝 1 枚、绍兴元宝 1 枚、隆兴元宝 1 枚，金正隆元宝 8 枚，以上计 171 枚，其余均为北宋铜钱。剔除因锈蚀严重不辨面文的 78 枚铜钱，可统计铜钱为 1 635 枚。其中西汉、新莽、隋、唐、五代十国、南

---

[1] 刘俊勇、王嗣洲：《大连鞍子山金代窖藏货币》，《大连文物》（内部资料）1997 年第 1 期，第 36—41 页。
[2] 冀钺（刘俊勇）、王嗣洲：《金州大石棚金代窖藏货币》，《金州博物馆馆刊》（内部资料）1990 年第 1 期，第 55—61 页。
[3] 徐建华：《大连金州区八家子金代窖藏货币整理报告》，《大连文物》（内部资料）1997 年第 2 期，第 17—24 页。
[4] 刘俊勇、王嗣洲：《普兰店刘炉金代窖藏货币》，《大连文物》（内部资料）1995 年第 1 期，第 31—37、41 页。

宋、金等朝铜钱约占10.0%，北宋铜钱约占90.0%[①]。

7. 瓦房店市杨家乡单家村窖藏铜钱约400千克，整理者统计了数量较少的铜钱，略记如下：秦半两1枚，西汉昭宣五铢2枚，新莽货泉2枚，东汉五铢1枚，隋五铢1枚，唐开元通宝出土量较多、乾元重宝8枚，五代十国之南唐唐国通宝2枚，前蜀光天元宝2枚、乾德元宝5枚、咸康元宝1枚，后汉汉元通宝1枚，后周周元通宝1枚，辽重熙通宝2枚、清宁通宝1枚、大康元宝2枚、大康通宝1枚、大安元宝8枚、乾统元宝5枚，刘豫（齐）阜昌通宝1枚，南宋建炎通宝、绍兴元宝、绍兴通宝、乾道元宝，金正隆元宝、大定通宝（以上南宋、金朝铜钱未见统计数量）等朝铜钱，其余均为北宋铜钱，故无法统计比例[②]。值得一提的是窖藏中有1枚北宋靖康元宝和刘豫（齐）阜昌通宝试范铅钱。

8. 庄河市城山山城寨窖藏共有铜钱9 399枚，包括东汉五铢1枚，唐开元通宝804枚、乾元重宝33枚，五代十国之南唐开元通宝54枚、唐国通宝15枚，前蜀乾德元宝3枚、咸康元宝1枚，后汉汉元通宝1枚，后周周元通宝4枚，南汉乾亨重宝1枚，辽咸雍通宝1枚、大康通宝1枚、大安元宝1枚，南宋建炎通宝13枚、绍兴通宝1枚、绍兴元宝10枚、隆兴元宝1枚、乾道元宝1枚，金正隆元宝1枚、大定通宝1枚，以上计948枚，其余均为北宋铜钱。剔除因锈蚀严重不辨面文的139枚铜钱，可统计铜钱为9 260枚。其中东汉、唐、五代十国、辽、南宋、金等朝铜钱约占10.0%，北宋铜钱约占90.0%[③]。

9. 长海县广鹿岛张家屯窖藏共有铜钱7 049枚，包括新莽货泉1枚，唐开元通宝526枚、乾元重宝30枚，五代十国之南唐开元通宝32枚、唐国通宝3枚、大唐通宝1枚，后汉汉元通宝2枚，后周周元通宝5枚，前蜀乾德元宝1枚，辽重熙通宝1枚、寿昌元宝2枚，南宋建炎通宝13枚、绍兴通宝1枚、绍兴元宝20枚、淳熙元宝1枚，金正隆元宝40枚、大定通宝3枚，以上计682枚，其余均为北宋铜钱。剔除因锈蚀严重不辨面文的54枚铜钱，可统计铜钱为6 995枚。其中新莽、唐、五代十国、辽、南宋、金等朝铜钱约占9.7%，北宋铜钱约占90.3%[④]。

此外，许明纲最早整理了金州区亮甲店街道都家村金元遗址中发现的150余千克的金朝窖藏铜钱，计有58种，30 740枚，包括汉朝半两、五铢，新莽货泉、大泉五十，唐朝开元通宝，北宋太平通宝、淳化元宝、至道元宝、元丰通宝、元祐通宝、崇宁通宝、崇宁重宝，南宋建炎元宝、绍兴元宝，金朝大定通宝。其中北宋铜钱

---

① 刘俊勇、王嗣洲：《新金县姚家村金代窖藏货币》，《辽宁金融·钱币专号》（内部资料）第14、15辑合刊，1993年，第32—37页。

② 杨致民：《简述单家村货币窖藏》，《大连文物》（内部资料）1986年第1期，第15—22页。

③ 刘俊勇、王嗣洲：《庄河县山城寨金代窖藏货币》，《辽宁金融·钱币专号》（内部资料）第9辑，1992年，第26—30页。

④ 刘俊勇、王嗣洲：《长海县广鹿岛张家屯金代窖藏货币》，《辽宁金融·钱币专辑》（内部资料）第16、17合刊，1994年，第34—40页。

占绝大多数[①]。

二、大连地区金朝窖藏铜钱的种类

大连地区金朝窖藏仅发现1枚铅钱，其余均为铜钱，其时代跨越较大，上起秦朝半两，下迄金朝大定通宝。按朝代分述如下：

秦朝：半两；

西汉：半两、五铢；

新莽：货泉、布泉；

东汉：五铢；

南朝梁：二柱五铢；

隋朝：五铢；

唐朝：开元通宝、乾元重宝、乾封重宝、乾元重宝；

五代十国：南唐开元通宝、唐国通宝、大唐通宝，后汉汉元通宝，前蜀天汉元宝、光天元宝、乾德元宝、咸康元宝，后周周元通宝，南汉乾亨重宝；

北宋：宋元通宝、太平通宝、淳化元宝、至道元宝、咸平元宝、景德元宝、祥符元宝、祥符通宝、天禧通宝、天圣元宝、明道元宝、景祐元宝、皇宋通宝、庆历重宝、至和元宝、至和通宝、嘉祐元宝、嘉祐通宝、治平元宝、治平通宝、熙宁元宝、熙宁重宝、元丰通宝、元祐通宝、绍圣元宝、元符元宝、元符重宝、圣宋元宝、崇宁通宝、崇宁重宝、大观通宝、政和通宝、宣和通宝、靖康元宝；

辽朝：重熙通宝、清宁通宝、咸雍通宝、大康元宝、大康通宝、大安元宝、寿昌元宝、乾统元宝；

南宋：建炎通宝、建炎元宝、绍兴元宝、绍兴通宝、隆兴元宝、乾道元宝、淳熙元宝；

（刘豫）齐：阜昌通宝；

金朝：正隆元宝、大定通宝。

据大连地区已整理的10处金朝铜钱窖藏，可知其下限为金朝大定通宝。除鞍子山窖藏北宋铜钱约占88.0%外，其余均占90%或以上，最多的是大石棚窖藏，北宋铜钱约占95.1%。

大连地区金朝窖藏的铜钱绝大多数是平钱，有一定数量的南唐和两宋对钱（或称对子钱、对文钱、对书钱、对品钱）。一般认为对钱最早出现在南唐，唐国通宝、大唐通宝、开元通宝等都是两种书体的对钱。北宋时期是对钱鼎盛期，从仁宗天圣元年（1023）铸天圣元宝真、篆书二品对钱始，至靖康二年（1127）北宋灭亡止，104年间北宋王朝先后铸行有天圣元宝、明道元宝、景祐元宝、皇宋通宝、至和元宝、至和通宝、嘉祐元宝、嘉祐通宝、治平元宝、治平通宝、熙宁元宝、元丰通宝、元祐通宝、绍圣元宝、元符通宝、圣宋元宝等对钱，其中部分对钱版别繁多，如元丰通宝、政和通宝、宣和通宝等对钱版别多达四五十种。徽宗时对钱铸行达到顶峰。大连地区金朝窖藏的铜钱也可见南宋建炎通宝、绍兴元宝、乾道元宝、淳熙元宝等对钱。

大连地区金朝窖藏铜钱中不乏北宋熙宁重宝、元丰通宝、元祐通宝、元符通宝、圣宋元宝、政和通宝、宣和通宝及南宋建炎通宝、绍兴元宝、乾道元宝、淳熙元宝

---

① 许明纲：《旅大市发现金元时期文物》，《考古》1966年第2期，第96—99、111页。

等折二、折三对钱。还可见北宋庆历重宝、崇宁通宝、崇宁重宝折十钱。

瓦房店市单家村窖藏中的1枚北宋靖康元宝和1枚（刘豫）齐阜昌通宝，为大连地区金朝窖藏铜钱所仅见。

大连地区金朝窖藏最晚的铜钱是大定通宝，但具体到每处窖藏则并不相同。如旅顺口区三涧街道西泥河村，甘井子区革镇堡街道鞍子山村、大连湾街道小毛营子，金州区向应街道大石棚村、亮甲店街道都家村、登沙河姜家堡、石河街道高家下沟口，普兰店区太平街道姚家村、城子坦街道刘炉村，庄河市城山镇河西村，长海县广鹿岛南泰山村等窖藏铜钱下限为正隆元宝；而甘井子区大连湾街道盐岛，金州区先进街道于家洼、友谊街道龙王庙李家屯、友谊街道光明村、湾里街道王官寨、湾里街道王官寨南沙滩、二十里堡街道石门子、三十里堡街道山后村、大李家街道李家村、大魏家街道小李屯、董家沟街道后山口、石河街道卞家西宫营、亮甲店街道大皇庄（2处）、向应街道八家子、七顶山街道傅家村、七顶山街道小朱家村、七顶山街道大莲泡南小山、金州城内民主广场（2批）、瓦房店市杨家乡单家村等处窖藏铜钱下限为大定通宝[①]。其他绝大多数窖藏铜钱因未经整理或散失，未能确定窖藏铜钱的准确下限。

三、大连地区金朝窖藏铜钱的来源

如前所述，大连地区金朝窖藏铜钱中宋朝铜钱均占90%或以上，与东北、中原地区发现的金朝铜钱窖藏中宋钱所占比例基本相同。金朝建国之前生活方式以渔猎、采集和原始种植为主，交易采取以物易物的原始方式。"金初用辽、宋旧钱，天会末，虽刘豫'阜昌元宝''阜昌重宝'亦用之"[②]。在大连地区所发现的每处金朝窖藏铜钱中大多仅见1枚或数枚辽朝兴宗重熙通宝，道宗清宁通宝、咸雍通宝、大康元宝、大康通宝、大安元宝、寿昌元宝和天祚帝乾统元宝等，所占比例微乎其微。金朝铜钱也仅见正隆元宝一枚，或大定通宝1枚至数枚，或同出正隆元宝和大定通宝，刘豫阜昌通宝只在个别窖藏中发现。

窖藏铜钱中约占90%或以上的北宋铜钱主要来自以下几个方面：

一是在金朝对辽、宋的战争中掠夺大量的货币财富。辽在与宋的战争中掠夺了大量北宋铜钱，特别是宋景德元年（1004）辽、宋达成"澶渊之盟"，规定宋朝每年给辽朝岁币白银10万两，绢20万匹。宋宣和二年（1120），宋、金通过"海上之盟"联合灭辽后，宋不但把原来献辽的岁币40万两转输入金，还要每年另纳"燕京代租钱"100万贯。因而金朝从宋朝得到大量铜钱。

二是"澶渊之盟"后，宋、辽间维持了长达百余年相对稳定的和平关系，双方沿边州县的生产、生活秩序渐趋安定，社会经济很快发展起来，彼此间经济交往日益密切。宋、辽分别在边境设置榷场互市

---

① 此处据刘俊勇和王嗣洲及杨致民、徐建华等整理报告和吴青云：《大连地区金代铜钱窖藏研究》附表，《辽海文物学刊》1988年第1期；许明纲：《大连金代货币窖藏述论》附表，《辽宁金融·钱币专号》（内部资料）第14、15辑合刊，1993年。文中金州区向应街道大石棚村窖藏钱币的下限为正隆元宝，而非大定通宝。

② ［元］脱脱等撰：《金史·食货·钱币》，第1069页。

贸易。宋朝的茶叶、瓷器、绢帛、香料、犀象、书籍等输出辽地，辽朝的羊、马、骆驼等输出宋地。辽朝民间贸易通常是以物和宋地铜钱结算，故而大量的宋钱进入辽地。宋、金联合灭辽后，这部分铜钱也落入金人之手。

宋室南迁，大量流通的货币仍是北宋铜钱。因此，金朝在与南宋的战争中掠夺的货币，绝大部分是北宋铜钱。大连地区的金朝窖藏铜钱中仅见少量的南宋建炎通宝、建炎元宝、绍兴元宝、绍兴通宝、隆兴元宝、乾道元宝、淳熙元宝等，而不见南宋光宗以后的铜钱。

三是宋、金之间的对峙并没有中断贸易上的往来，两国交界地区一直设有榷场，以方便货物交易。由于金朝货币不足，因此，金人多以物换取宋的铜钱，因而大量宋钱通过各种渠道源源不断地流入金朝境内。

四是金朝境内严重缺铜，铜钱流通不畅，朝廷多次出台铜禁政策。正隆二年"冬十月，初禁铜越外界，悬罪赏格。括民间铜鍮器，陕西、南京者输京兆，他路悉输中都。三年二月，中都置钱监二，东曰宝源，西曰宝丰。京兆置监一，曰利用。三监铸钱，文曰'正隆通宝'（应为'正隆元宝'），轻重如宋小平钱，而肉好字文峻整过之，与旧钱通用"[①]。大定八年，"民有犯铜禁者，上曰'销钱作铜，旧有禁令，然民间犹有铸镜者，非销钱而何'。遂并禁之"[②]。"十一年二月，禁私铸铜镜，旧有铜器悉送官，给其值之半。惟神佛像、钟、磬、钹、毂、腰束带、鱼袋之属，则存之"。十八年，更铸铜钱，"其钱文曰'大定通宝'，字文肉好又胜正隆之制"[③]。"二十六年，……十一月，上谕宰臣曰：'国家铜禁久矣，尚闻民私造腰带及镜，托为旧物，公然市之。宜加禁约。'"泰和四年"凡寺观不及十人，不许畜法器。民间鍮铜器期以两月送官给价，匿者以私法坐，限外人告者，以知而不纠坐其官"[④]。虽然朝廷一再禁止民间销铜钱铸铜镜等，但并没有多大收效。要指出的是，民间销钱铸镜等铜器所用铜钱，基本上是销北宋铜钱，这从一个侧面说明金朝占有的北宋铜钱数量之多。

北宋是中国历史上一个经济繁荣的时期。伴随稳定的政治局面，社会经济逐渐恢复发展起来，并走向繁荣富裕。商品经济、市民经济、市镇经济、外贸经济均十分发达，从而带动货币经济活跃起来，促进了钱币的铸造与行用。

北宋铜矿和铸铜钱情况，《宋史》记载颇详：

"皇祐中，岁得……铜五百一十万八百三十四斤"。

"至治平中，或增冶或复故者六十有八，而诸州坑冶总二百七十一：……铜之冶四十六；登、莱、徐、兖、凤、翔、陕、仪、邢、虢、磁、虔、吉、袁、信、

---

① ［元］脱脱等撰：《金史·食货·钱币》，第1069页。
② ［元］脱脱等撰：《金史·食货·钱币》，第1070页。
③ ［元］脱脱等撰：《金史·食货·钱币》，第1071页。
④ ［元］脱脱等撰：《金史·食货·钱币》，第1078—1079页。

澧、汀、泉、建、南剑、英、韶、渠、合、资二十四州，兴国、邵武二军"。

"元丰元年，诸坑冶金总收万七百一十两，……铜千四百六十万五千九百六十九斤"①。

"时铜钱有四监：饶州曰永平，池州曰永丰，江州曰广宁，建州曰丰国。……至道中，岁铸八十万贯；景德中，增至一百八十三万贯"②。

相较于北宋，金朝境内铜矿极少，自然铜产量微小。为了获得铜，甚至"以夫匠逾天山北界外采铜"③。铸造铜钱，离不开铜源。为铸造铜钱，历朝筹措铜源的措施，主要是大力向民间括铜和禁铜。括铜是指政府最大限度地收购民间铜源，如奖励民间开矿，收购民间铜器等。禁铜就是限制甚至禁止民间对铜的消耗，如禁止民间铸造铜器等。金朝所处的北方铜矿资源非常少，并且在制造器物等方面消耗量也很大，因而缺铜，所以金朝实施了严格的铜禁政策。世宗时期采取的强硬禁铜措施，正是应对严重缺铜之举。在矿冶业的发展和严格禁铜政策下，经过十数年的筹措，世宗时期朝廷已经掌握了较多的铜资源。大定十八年（1178），金朝廷最终决定在代州立监铸"大定通宝"铜钱，"十九年，始铸至万六千余贯。二十年，诏先以五千进呈，而后命与旧钱并用"④。大定通宝应当是金朝发行最多的铜钱，故金朝铜镜上可见大定通宝铜钱装饰，而不见其他铜钱的装饰，但与北宋景德中一百八十三万贯发行量相差甚远。

一般说来，古代社会钱币发行量体现了当时经济特别是商品经济的状况。北宋铜钱发行量巨大，可以窥见其经济特别是商品经济的发达程度。到了北宋后期，由于连年战争，经济凋敝，发行的靖康通宝数量极少，揭示了靖康年间经济衰败的情景。

四、大连地区金朝铜钱窖藏的形成原因

形成大量金朝铜钱窖藏现象的原因是多方面的。

首先，金朝交钞的滥发，造成币制混乱，导致民间宁肯贮存铜钱也不兑换交钞，这是形成金朝铜钱窖藏的一个重要原因。毋庸讳言，金朝交钞的发行流通是我国古代货币史特别是金朝货币史上的一次大变革。如前所述，金朝初期囿于社会经济水平，没有自己的货币，只能使用辽、宋旧钱，天会末亦杂用刘豫阜昌通宝、阜昌重宝。金海陵王贞元二年（1154）迁都燕京后，"行钞引法，遂设印造钞引库及交钞库，……印一贯、二贯、三贯、五贯、十贯五等谓之大钞，一百、二百、三百、五百、七百五等谓之小钞，与钱并行，以七年为限，纳旧易新，犹循宋张咏四川交子之法而纾其期尔，盖亦以铜少，权制

---

① ［元］脱脱等撰：《宋史·食货·坑冶》，中华书局，1977年，第4525页。
② ［元］脱脱等撰：《宋史·食货·钱币》，第4379页。
③ ［元］脱脱等撰：《金史·食货·钱币》，第1074页。
④ ［元］脱脱等撰：《金史·食货·钱币》，第1071页。

之法也"[1]。是为金朝发行交钞之始。发行之初，"交钞旧同见钱，商旅利于致远，往往以钱买钞"[2]。金世宗大定二十九年（1189），取消七年厘革制度，交钞字昏方换。金章宗后期，由于连年的征战，加上自然灾害频发，天灾人祸、内外交困，导致金朝生产停滞，经济衰落。为了弥补财政亏空，大量发行交钞，"自是，钱货不用，富家内困藏镪之限，外弊交钞屡变，皆至窘败，谓之'坐化'"[3]。金章宗死后，"卫绍王继立，大安三年（1211）会河之役，至以八十四车（交钞）为军赏"[4]。"章宗时，……至以万贯唯易一饼。"[5]

上述文献记录了金章宗之后，朝廷滥发交钞（宝券），改大钞、小钞等，造成民间"钱日贵而券日轻"。"得钱则珍藏，而券则亟用之，惟恐破裂而至于废也"[6]。这是大量金朝铜钱窖藏形成的重要原因。

其次，推行通检推排，使得人们藏匿铜钱。通检推排是金朝推行的经济政策之一。所谓通检推排是金王朝调查税户资财多寡以定赋役轻重的方法。金世宗大定四年（1164）始行其法，"遣信臣泰宁军节度使张弘信等十三人，分路通检天下物力而差定之"[7]，通过调查民户的物力，包括土地、人口、房屋、田园、车马、树木及货币，以确定民户等级，作为征收物力等钱和征发差役的根据。"上自公卿大夫，下逮民庶，无苟免者"[8]。金朝先后进行了多次通检推排，进而逐渐确立了物力钱征收制度。为应对这一政策，那些贵族、官员、地主乃至拥有数量不菲铜钱的民庶，千方百计用各种方法来隐瞒财产，把铜钱埋藏到地下成为他们常见的避税方式。这是大量金朝铜钱窖藏形成的又一重要原因。

具体说到大连地区金朝铜钱窖藏尤夥的现象，除以上两个重要原因之外，还与当地经济和所处地理位置密切相关。据《金史·地理志》记载，大连地区金朝属东京路（辽东路）复州和盖州岫岩县（即今瓦房店市以南属复州，今庄河市属盖州岫岩县）所辖。金末贞祐四年（1216），升复州化成县为金州，故金末大连南部属金州所辖。金熙宗即位后采取恢复、发展生产的有利措施。历世宗至章宗时北方经济发展达到了极盛。考古发现证明，金朝东京路（辽东路）的社会经济发达，历年来在金州区于家洼、东田村、大石棚村、山后村，瓦房店市谭家屯，庄河市王家沟等地出土了大批的铧、犁、锹、镬、斧等铁制生产工具，表明铁器已进入了社会生产领域，特别是东田村铁铧、犁镜铜铸范的出土，证明上述生产工具是由本地铸造的。这反映了金朝冶铁业和铁器生产

---

[1] ［元］脱脱等撰：《金史·食货·钱币》，第1073页。
[2] 同上。
[3] ［元］脱脱等撰：《金史·食货·钱币》，第1083页。
[4] 同上。
[5] ［明］宋濂等：《元史·耶律楚材传》，中华书局，1976年，第3460页。
[6] ［元］脱脱等撰：《金史·食货·钱币》，第1086页。
[7] ［元］脱脱等撰：《金史·食货·户口 通检推排》，第1037页。
[8] ［元］脱脱等撰：《金史·食货·户口 通检推排》，第1028页。

的发达程度，有力地推动了大连地区生产的发展。生活用具的铜器、瓷器在各地也有许多发现。瓦房店市谭家屯窖藏中除铁镰、锹等生产工具外，大部分是铜镔斗、铜熨斗、铜平底锅、铜锣、铜钹等生活用具。作为日常生活用具的铜镜更屡见不鲜，比较典型的有镜边刻有"盖州建安县官（花押）"连珠缠枝牡丹镜、"都右院官（花押）"心形湖州镜、"盖州建安县官（花押）""金城县（花押）"圩字镜，以及大定通宝五童镜和双鱼镜等。瓷器除在遗址中发现外，多见于窖藏。以磁州窑瓷器为最多，还有龙泉窑、钧窑、建窑等瓷器。诸多窑系瓷器的出土，是大连地区与南北交往的实物佐证①。

大连地区地处沿海，历来是南北经济文化交流的枢纽之一，是重要的商品集散地。据《辽史·地理志》记载，辽朝时大连属东京道苏州（其地在今大连市普兰店区南部以南）、复州（其地在今瓦房店市和大连市普兰店区北部）。早在辽朝建立初年，即"筑长城于镇东海口"②置镇东关。其址位于今大连市甘井子区大连湾街道南起盐岛村，北至土城子村烟筒山一线连接黄海水域与渤海水域的金州湾之间的最短一段，即今之所称"金州地狭"，南控黄海，北锁渤海，地理位置十分重要③。据金人王寂《鸭江行部志》记载："三月壬子，行复州道中，是夕，宿于复之宝岩寺。……丙子，自永康次顺化营，中途望西南两山，巍然浮于海上，访诸野老，云此苏州关也。辽之苏州，今改化成县。关禁设自有辽，以其南来舟楫，非出此途不能登岸。"④据此可知，辽朝时的镇东关，金朝时已改名苏州关。

辽朝的镇东关既是关防要塞，同时又是辽朝与南唐和宋朝最重要的通商口岸⑤。辽朝贵族墓中随葬的江南诸窑口精美瓷器等，当有部分是经由海路在镇东关上岸，然后运往辽朝腹地的，其较陆地运送更为便捷、安全，铜钱等自然也随之进入包括今大连地区的辽境。辽朝时的苏州城已成为商品集散地，北宋的铜钱也聚集在此。金州古城旧址地下时有辽地烧制的白瓷大碗等瓷器出土，可为佐证。这种商贸活动自然使宋朝铜钱进入辽地。到了金朝，宋朝铜钱又成为金朝流通的铜钱。

金朝时苏州关仍然是最重要的通商口岸，金州古城旧址地下出土金朝瓷片数量最多，可证金朝与南宋的商贸活动之频繁，宋朝铜钱大量流入金地。

考古资料证明，金朝东京路（辽东路）的大连地区在当时已是经济繁荣地区之一，其发展的必然结果是需要大量铜钱流通，而商品生产和交换的发展，必然产生对铜钱的大量需求，这是造成铜钱积聚的重要原因。

---

① 刘俊勇：《大连地区考古学史研究（1895—2005）》，《白云论坛》第四卷，北京图书馆出版社，2007年，第446页。
② [元]脱脱等撰：《辽史·本纪·太祖》，中华书局，1974年，第3页。
③ 刘一：《略论辽朝辽东半岛海防》，《辽宁师范大学学报（社会科学版）》2017年第2期，第152—156页。
④ 王寂著，罗继祖、张博泉注：《鸭江行部志校释》，黑龙江人民出版社，1984年，第48页。
⑤ 田广林等：《契丹时代的辽东与辽西》，辽宁师范大学出版社，2007年，第87页。

五、大连地区金朝铜钱窖藏的年代

大量的铜钱窖藏不是大连地区独有的现象，而是金朝统治区域内的一种普遍现象。笼统地把铜钱窖藏年代定为金朝末期恐失之偏颇，需要作具体分析。

金朝交钞的大量发行，使货币贬值，物价涨到"以万贯唯易一饼"的地步。纸币不值钱，"钞每贯仅直一钱，曾不及工墨之费"[1]，使得人们注重收藏铜钱，由此造成国库铜钱回笼不上来。朝廷虽数次颁布"限钱法"，也无法收回铜钱。那些握有大量铜钱的上层官僚、商人，以至民庶，宁肯把铜钱埋入地下，也不愿意去兑换交钞，造成大量铜钱集聚。

金世宗大定四年（1164）开始的通检推排以税户资财多寡来定赋役轻重，也使得贵族、官员、地主乃至拥有数量不菲铜钱的民庶，千方百计用各种方法来隐瞒财产，把铜钱埋藏到地下以避税。因此，大连地区部分金朝铜钱窖藏的年代应在世宗大定四年（1164）至宣宗贞祐四年（1216）之间。至于为何在窖藏中不见其间章宗泰和四年（1204）始铸"泰和重宝"铜钱，是因为铸造"泰和重宝"是在民间"销钱作铜"、金王朝财政几乎陷于绝境之时采取的措施，其钱为"当十"钱，"大钱一直十，……与钞参行"[2]。泰和重宝与平钱之间并无一定的比价，故流通中的泰和重宝非常有限，加之所铸数量稀少，不仅在窖藏中难得一见，在金朝遗址中也少见。因此，不能因铜钱窖藏中所见时代最晚是大定通宝作为断代的依据。

大连地区另一部分金朝铜钱窖藏的年代应在宣宗贞祐四年（1216）至金朝灭亡（1234）。大连地区在金朝后期也是兵家必争之地，在大连地区的瓦房店市、庄河市发现有"都统所印""副统之印""万户之印""行军万户之印""行军总押之印"等金朝末年铜官印。上述铜官印均为武官印，印背均无铸印机构和年号，"都统所印"左侧印边阴刻楷书"都统印"三字，省略了"所"字，表明直接作都统印使用；而"行军万户之印""行军总押之印"当为临时所加衔。都统、万户为金朝初年设置，收国元年（1115）十二月规定："凡猛安之上置军帅，军帅之上置万户，万户之上置都统。"[3]金朝初年，"猛安者千夫长也，谋克者百夫长也"[4]，可见都统、万户是较高级别的领兵官。但到了宣宗末年，"元光间（1222—1223），时招义军以三十人为谋克，五谋克为一千户，四千户为一万户，四万户为一副统，两副统为一都统"[5]，此时的都统、万户统兵数量已大大缩水，只是徒有其名，可见金朝末年大连地区驻有重兵，是金朝与蒙古军队争夺的重点地区。

卫绍王崇庆二年（1213），契丹贵族耶律留哥率众叛金，自称辽王，建元天统，

---

[1] ［元］脱脱等撰：《金史·食货·钱币》，第1083页。
[2] ［元］脱脱等撰：《金史·食货·钱币》，第1079页。
[3] ［元］脱脱等撰：《金史·兵志》，第1002页。
[4] ［元］脱脱等撰：《金史·兵志》，第992页。
[5] ［元］脱脱等撰：《金史·兵志》，第1004页。

都广宁（今辽宁北镇）。继而，辽东宣抚使蒲鲜万奴弃镇压耶律留哥而不顾，于贞祐三年（1215）一月，反金于东京（今辽宁）辽阳，"僭称天王，国号大真，改元天泰"[①]。在战火纷飞的情势下，蒙古大军费时不多，在金灭亡之前，先占领了辽东。那些握有大量铜钱的官僚、地主、商人及民庶被迫将铜钱埋入地下。由于各种原因，这些窖藏的主人再也未能返回原地，致使这些铜钱从此长埋于地下。

小　结

大连地区发现的近70处金朝铜钱窖藏，几乎遍及现今大连全境。它不是独有的现象，而是金朝统治区域内普遍现象。这些窖藏中铜钱上起秦汉的半两、五铢，下限为金朝正隆元宝和大定通宝。北宋铜钱占所有铜钱的90%或以上，北宋铸行的靖康元宝仅发现1枚，是靖康朝国势衰微、经济凋敝的见证。虽然金朝章宗泰和四年（1204）曾铸行泰和通宝、泰和重宝，卫绍王崇庆元年（1212）铸行崇庆通宝、崇庆元宝，以及宣宗贞祐年间（1213—1217）铸行贞祐通宝、贞祐元宝等铜钱，但因数量稀少，窖藏中根本不见。金朝扶植的齐（刘豫）铸行的阜昌通宝也是偶见于窖藏。

造成大量金朝铜钱窖藏现象的原因是多方面的。首先，金朝交钞的滥发，造成币制混乱，导致民间宁肯贮存铜钱也不兑换交钞，这是金朝铜钱窖藏形成的一个重要原因。其次，金世宗大定四年（1164）始行通检推排，即调查税户资财多寡以定赋役轻重，那些贵族、官员、地主乃至拥有数量不菲铜钱的民庶为应对这一政策，千方百计隐瞒财产，把铜钱埋藏到地下成为他们常见的避税方式，这是大量金朝铜钱窖藏形成的又一重要原因。大连地区金朝铜钱窖藏尤夥的现象，除以上两个重要原因之外，还与当地经济和所处地理位置密切相关。金朝时期大连地区的经济达到较快的恢复和发展，特别是其地处沿海，历来是南北经济文化交流的枢纽之一，也是重要的商品集散地。辽、金两朝时期宋朝铜钱大量流入大连地区，这是造成铜钱积聚的重要原因。

大连地区部分金朝铜钱窖藏的年代应在世宗大定四年（1164）至宣宗贞祐四年（1216）之间，是金朝贵族、官员、地主乃至拥有数量不菲铜钱的民庶为应对通检推排、隐瞒财产以躲避赋役，遂将手中的铜钱埋入地下。另一部分金朝铜钱窖藏的年代应为宣宗贞祐四年（1216）至金朝灭亡（1234）。这是因为此时战争频仍，当地人们纷纷逃往外地，沉重的铜钱因无法随身携带，只好埋入地下，并期待将来重返家乡时取出。但铜钱窖藏的主人再无机会返回，故而这部分铜钱窖藏从此长埋于地下。

---

① ［明］宋濂等：《元史·本纪一》，第19页。

跋"大清敕建锦州毅军昭忠祠碑记"

刘 一

大连海洋大学

内容提要：昭忠祠碑记较详细地记录了清毅军在中日甲午战争陆战的全过程。这支从旅顺奔赴甲午战场的毅军官兵，在参加的各次战斗中与日军殊死搏斗，踣者起、疲者奋，裹创肉搏，赴死无悔，是甲午陆战中清军战斗力较强的一支军队。毅军在甲午战争陆战中作出了重大牺牲，在他们身上体现出深深的爱国情怀，是值得充分肯定的。

关键词：昭忠祠碑记 毅军 旅顺 甲午陆战 爱国情怀

大清敕建锦州毅军昭忠祠碑记（以下简称"昭忠祠碑记"）是国内现存仅有的一通记载中日甲午战争陆战的纪念碑，碑文较详细地记录了甲午战争毅军参加陆战的全过程，对于研究中日甲午战争具有重要价值。现立于全国重点文物保护单位锦州市广济寺古建筑群之昭忠祠前碑亭中。

昭忠祠碑记刻于清光绪二十四年（1898），红绵石质，通高3.58米。碑首高96厘米；碑身高2.24米，宽86厘米，厚7厘米；碑座高60厘米，宽102厘米，厚38厘米。碑首透雕盘龙。额篆"敕建昭忠祠碑"6字。碑阳阴刻楷书25行，满行69字。碑下部剥蚀。笔者据碑文拓本照片，在前人辨识的基础上补全通篇碑文，并试标句读，以期专家、学者教正。

碑文如下：

大清敕建锦州毅军昭忠祠碑记

今上御极之二十年，岁在甲午。朝鲜民为乱于其国，国王奉表乞援。我北洋大臣相国合肥李公请于朝，檄直隶提督叶志超帅芦台练军往抚之。既而日本同期间潜，以兵至。上赫然斯怒，命志超征之。六月，战于朝鲜之牙山，志超败走。庆时统毅军戍旅顺口，部卒才四千人。韩事既迫，合肥始议遣援兵。马玉昆率二千人赴平壤，与卫汝贵、左宝贵、丰伸阿各军会，合力御敌，复添派千人扎义州为后援。当是时，朝廷方命志超为前敌总统，令曰："有能斩敌献馘者，赏银十两。"八月十三、四日，玉昆率部卒四战皆捷，得赏银二万。倭酋十五日炮如急雨，左宝贵力战死之，志超、汝贵大恐，议撤兵，商之玉昆。

玉昆不许，而诸军遂于十六日夜中同时遁。时玉昆以孤军二千，敌强寇数万，不能支，亦不得已而退于我九连城。次日，贼队长驱直入，而我诸军之粮饷器械遂悉以资敌矣。志超、汝贵既溃，诏以庆帮办北洋军务节制前敌诸军，且增募三十营，会仓卒未成师，军旅所需百无一办，以形势严急，起本部及新募千人，率之东。九月十二日抵九连城，合玉昆残卒千余人并为一军，经营战守。未几，志超、汝贵得罪逮问，前敌惟刘盛休率铭军驻九连城，余或相去数百里。传命阵前各军树垒抚边，兵志稍固。二十六日，倭酋分股由蒲石河渡。副都统倭恒额遣专使告急，方派兵援护。得报倭大股已由义州联板以布成桥，甚速且渡。庆亟率练兵、宋得胜及玉昆军急行进阻河，迎击于虎耳山，追奔十余里，越山六七重，斩馘无算。至浮桥，倭已毕渡，以大炮数十尊，排列桥左，背水殊死斗，炮弹轰驰声震数十里，我军伤亡麟叠，犹相持，不少后也。而铭、盛字军门来援竟不至。日既夕，军志力竭气疲，乃命收队徐退，而倭众凶悍之性，经此恶战，虽乘胜势，亦未敢追。当是时，铭军溃而南、盛军而北，毅军之营哨官伤者十六七，不得不退。倭贼遂据九连城，袭安东县，肆行无忌矣。二十九日收集残卒抵凤凰城。他军之败，挫者溃散至百里外。倭又以另股，由花园口犯金州。上命庆帅众南援金、旅，留下就近淮、练诸军保卫陵寝。庆闻命南驰至金州，抵城鏖战。夜大风雪，忽见溃卒北奔，知旅顺也不守，急收残编伍，匆拨器械。而倭又东破岫岩、海城，庆复奉命北顾海、盖，与倭敌遇于感王寨。我官弁伤亡者数十人，而斩馘歼丑，尸骸山积。会日暮，子弹尽，乃息攻。倭亦扬去保海城。自是南北援救，盖平旋失。庆复奉命护营口、锦州等处，遏贼西窜。次年正月又东进。三十日晨，于是有太平山之战。贼垒棋布，巨炮飙发。我军迎炮以上，呼声动天地，无不以一当十。庆与玉昆座马皆中炮，屡易骑。已而倭愈众、炮愈猛，所下之垒旋复失之。二月初八日，牛庄陷，田庄台、营口随陷。方庆之到田庄台也，倭之精锐悉聚，庆师甫至，未及列阵裹甲赴敌。迄三昼夜纵横荡决，前者既死，后者继进。终以炮火不敌、左右无援而败。呜呼！是役将士忠义奋发，约法将图恢复，而廷议已订和矣。是役也，庆以本部残卒数千，无坚甲利器，无策应援救，大战七次。而感王寨、太平山、田庄台三战尤力，各阵毙其二三千人。每当旗残械损弹缺，振臂一呼，踣者起，疲者奋，裹创肉薄（搏），赴死无悔。虽昔之剿除粤、捻，歼殪回逆，膏涂原野大小百战固未有如此坚确果毅茹、痛苦战者也。然而，始强终弱，将胜旋败。将士衔恨无穷。日人之求逞于我，处心积虑，逾十余年，而我方自郑州河决后，帑藏日绌，裁兵额、停制造，以积疲之势，一旦事起仓卒，徒以忠义之气，深结人心，再接再厉，曾不少让，不亦足多乎？呜呼嘻！奇惨矣哉！又况新募之伍，集不以时，其他军之征调者，相与徘徊观望，不肯出关。即关外从征之师，又或瞻徇依违，败不相救，以至于此，尚何言哉？和议既定，褒前线死难将士，建祠春秋时祭，安忠魂风天下，饰终之典至矣、厚矣。庆昏耄无状，悉副督师既不克；提倡诸军却敌御侮，又不获与我将士效死沙场，上负国恩，下惭山鬼，苟若视急悚听，更仰愧于天矣。逾年六月落成，有司请记其事，按籍官弁勇丁，死于平壤者二百四十三人，死于虎耳山者三百三十三人，死于感王寨者七十八人，死于太平山者四百四十四人，死于田庄台者一百三十有八人，一并以次列祀，乃追记当日战阵之难与诸君慷慨死事之大略。流涕书之，刊于丽牲之石。庶几惩前毖后，借为他日之殷鉴焉。

赏戴双眼花翎赏穿黄马褂太子少保尚书衔总统毅军四川提督军门二等轻车都尉世职格洪额巴图鲁蓬莱宋庆撰附贡生军功殿保遇缺即选知县姜承基书

光绪二十四年秋八月建

昭忠祠碑记记述中日甲午战争毅军参加陆战的全过程，可谓详略得当，起首扼要交代了战争的起因，全文重点记述了毅军在甲午陆战中的事迹。

一、甲午战争前的毅军

毅军因统帅宋庆勇号毅勇巴图鲁，故称毅军。光绪八年（1882），宋庆统率毅军正式驻防旅顺。驻防旅顺期间，宋庆统率的毅军修筑炮台、营房，设防、训练不息，所部军容整肃。至甲午战争前，兵力已是九营一哨，堪称旅顺驻军之冠。驻防旅顺期间，宋庆毅军多次参加旅顺港口大坝抢险和开河等工程，时任旅顺工程局总办袁保龄曾几次向北洋大臣李鸿章报告并请赏。例如袁保龄在光绪九年（1883）九月二十九日向李鸿章报告并请示道："旅顺全澳之东马家屯一带地形低下，向为山水汇注之区。八年冬间，职道等禀请于全澳东南对面沟地方开挖引河，以期宣泄积水南下入海，不至西流注澳，商由宋军门派拨勇丁兴作。仰蒙宪台批准在案，查此工于全澳工程关系甚重要。其地皆大石嶙峋，不啻凿山通道，勇士挥斤，矻矻终日所闻不过尺许。以视各项工程，均属难于措手，用力多而见功少。自八年十一月起，经宋军门派拨各队齐力赴工，该军分统宋、程，两提督每日亲往督率，群情竞奋。自冬迄夏，践踏雨雪泥淖之中，奔走炎风烈日之下。职道每往查工见勇丁不避艰苦，踊跃从公，极可嘉尚。……所有毅军各营作工勇丁曾于八年十二月仰蒙宪恩，先行赏银八百两。拟恳宪台逾格恩施，加赏湘平银一千两，并将前由黄道经购之金州市斗小米四百石一并赏给该营勇丁，以示鼓励。"[①]袁保龄在光绪九年（1883）十月初七日向李鸿章报告了因连日大雨，旅顺港口大坝面临塌陷之际，宋庆和毅军连续两三昼夜奋力抢险的事迹，"是役也，职道与在工提调员弁人夫日夜抢筑，均属分所应为。惟宋军门、王镇两军将士出力甚多，

---

① [清]袁保龄：《引河竣工请给奖毅军丁勇禀》，《阁学公集》公牍卷二，清芬阁，1911年，第35—36页。

毅军六营分班番上，极称奋勇。……拟恳宪恩赏给毅军抢险赏犒五百两"①。以上所举，只是宋庆和毅军在旅顺驻扎期间所做善事之一斑。

二、平壤之战的毅军

光绪二十年（1894）时值甲午年，清朝廷应藩属朝鲜国王请求，出兵朝鲜，抗击日本侵略军。李鸿章调宋庆部下提督马玉昆率毅军2 000人赴朝，"与卫汝贵、左宝贵、丰伸阿各军会，合力御敌"②。

毅军进入朝鲜后，"八月十三、四日（9月13、14日），玉昆率部卒四战皆捷，得赏银二万"。可见马玉昆所率毅军官兵浴血奋战，表现最为勇敢。

"倭酋十五日（9月15日）炮如急雨，左宝贵力战死之，志超、汝贵大恐，议撤兵，商之玉昆，玉昆不许，而诸军遂于十六日夜中同遁。时玉昆以孤军二千，敌强寇数万，不能支，亦不得已而退于我九连城。"

9月15日，日军向平壤发起总攻。日军混成第九旅团分三路向大同江左岸毅军阵地发起进攻。马玉昆率领官兵据垒坚守，日军伤亡颇重，多名军官被击毙。日军见桥头堡垒久攻不下，集中优势兵力向大道左翼堡垒和右翼堡垒发起进攻，终于攻陷两处堡垒。此时守卫在大同江渡口桥头堡及江北各堡垒清军以猛烈的炮火夹击占领大道两侧堡垒的日军，守卫桥头堡的清军乘机杀出，向日军发起反冲锋。日军最终无力再战，日军混成第九旅团大岛义昌不得不下令退却。据日方公布的伤亡数据：此仗"将校以下死者约140名，伤者约290名，其中中队长级大尉军官被击毙4名，中尉军官被击毙2名"③。日军混成旅团长大岛义昌少将、第二十一联队长西岛助义中佐、炮兵第五联队第三大队长永田龟少佐及14名尉官均被击伤。清军取得重大胜利。

是日，日军向平壤城的牡丹台及玄武门发起进攻。守卫牡丹台堡垒的是左宝贵所率奉军官兵。他们冒着日军猛烈的炮火，坚守在牡丹台。在牡丹台失守后退向玄武门。正在玄武门指挥战斗的左宝贵决心以身殉国，亲自点燃大炮轰击日军。受伤后裹创仍战，壮烈牺牲。

牡丹台、玄武门失守和左宝贵的牺牲，使钦差总统诸军的叶志超和卫汝贵惊恐万状，当晚弃城向鸭绿江逃跑。马玉昆率领毅军坚持不退。无奈众寡悬殊，只得撤至国内九连城防守。

三、辽东之战的毅军

"志超、汝贵既溃，诏以庆帮办北洋军务节制前敌诸军，且增募三十营，会仓卒未成师，军旅所需百无一办，以形势严急，起本部及新募千人，率之以东。九月十二日抵九连城，合玉昆残卒千余人并为一军，经营战守。"

---

① ［清］袁保龄：《南坝陡蛰抢护补救情形禀》，《阁学公集》公牍卷二，第37页。
② 大清敕建锦州毅军昭忠祠碑记（以下凡引用此碑记，皆不注明）。
③ ［日］日本参谋部：《明治二十七八年日清战史》第10章，第172页。

平壤失守后，清朝廷据李鸿章提出的战略方针，集中兵力加强辽东地区防御。于9月20日就任帮办北洋军务的宋庆遂率所部其余毅军抵九连城，与马玉昆残部合为一军。同时联络其他各军，策划防御。宋庆总统各军，除黑龙江将军依克唐阿一军外，均受宋庆节制。

此后，毅军先后参加了虎耳山之战、反攻金州、感王寨之战、太平山之战和田庄台之战。

1. 虎耳山之战

10月24日，日军开始架设浮桥以渡鸭绿江。宋庆得知后"亟率练兵、宋得胜及玉昆军急行进阻河，迎击于虎耳山，追奔十余里，越山六七重，斩馘无算"。

日军渡过鸭绿江后，遂以大炮数十尊轰击清军，因得不到铭军、盛军支援，只得撤至瑷河西岸。10月26日，日军进入九连城，占领安东。

虎耳山之战，毅军孤军奋战。至于"斩馘无算"，似有夸大之嫌。

在鸭绿江防之战中，清军伤亡惨重，大批武器、粮食成为日军的战利品。据日本公布：缴获大炮74门，步枪4 401支，炮弹30 684发，枪弹4 320 661发，精米2 590石，杂谷2 000余石，以及马饲料和其他杂物无数[①]。

2. 反攻金州

9月下旬，日本新组建的第二军于10月24日从花园口陆续登陆。清朝廷深知金州若失，旅顺不保，急电宋庆回援金、旅。宋庆于11月初奉命亲率毅军分统马玉昆、宋得胜等马步队十营3 200余人起程驰援金、旅。11月18日行在普兰店北快马厂时，与刘盛休所率铭军、程之伟所率大同军汇合继续南下。沿途与小股日军发生战斗，打死、打伤多名日军。11月21日，毅军等反攻金州战斗打响，马玉昆带领的四营毅军逼近到龙王庙张家屯一带，与龙王庙西山头上日军展开激战，战至天黑，退回营地。此战击毙日军50余人。

11月22日，清军准备再次反攻金州时，宋庆见到从旅顺方向撤退下来的徐邦道、张光前等，知旅顺已经失守，加之日军增援部队已逼近金州，难以夺取金州；另一方面，又恐岫岩方面日军赶来截断后路，为保存有生力量，决定退兵。11月23日，宋庆率军向盖平方向退去。金州反击战清军最终没有达到援助金、旅的目的。

3. 感王寨之战

12月13日，海城失陷。清朝廷祖宗陵寝之地受到威胁，急令宋庆北援海城。宋庆率领本部毅军及铭军20余营共9 000多人，由盖平星夜北上，扎营马圈子、感王寨一带。宋庆亲率毅军巩固感王寨阵地，准备收复海城。当时占领海城的日军陷入孤境，加之严寒，士兵冻伤极多，战斗力减弱，但宋庆未能及时全力反攻，反让侵占海城的日军先发制人，乘机向宋庆部发起进攻。12月19日，日军向清军阵地发起进攻。清军利用已构筑的工事和民房作掩护，进行顽强抵抗。"我官弁伤亡者数十人，而斩馘歼丑，尸骸山积。会日暮，子弹尽，乃息攻。倭亦扬去保海城。"日军占领感王寨不久，因惧清军反攻海城，连夜退守海城。

---

① ［日］桥本海关：《清日战争实记》第5卷，山东画报出版社，2017年，第225页。

4. 太平山之战

太平山之战是清军四复海城的一次激战。12月28日，清朝廷授湘军宿将刘坤一为钦差大臣，督办东征军务。命宋庆、吴大澂帮办军务。1895年2月21日，宋庆与湘军统帅吴大澂、黑龙江将军依克唐阿、吉林将军长顺等发动第四次反攻海城。宋庆负责指挥毅军、铭军进攻太平山，以钳制由盖平北上援救海城的日军。宋庆派马玉昆等对占据太平山附近的日军发动进攻，经过4小时激战，夺回太平山。2月24日，日军从太平山东、南、北三面扑来，并抢登太平山顶。在山顶设快炮数十尊，连环轰发。毅军官兵"迎炮以上，呼声动天地，无不以一当十"，奋力抵抗。宋庆与马玉昆"座马皆中炮，屡易骑"。经过了一天的激战，太平山被日军占领，毅军官兵撤出战场。

5. 田庄台之战

"二月初八日，牛庄陷，田庄台、营口随陷。方庆之到田庄台也，倭之精锐悉聚，庆师甫至，未及列阵裹甲赴敌。迄三昼夜纵横荡决，前者既死，后者继进。终以炮火不敌、左右无援而败。"

1895年3月5日，日军攻陷牛庄。3月6日，向营口发起攻击。在日军进攻营口之前，驻守营口附近的有宋庆指挥下的毅军、铭军、嵩武军、亲庆军等50余营，2万余人。但3月5日晨宋庆因驻守牛庄一带的帮办东征军务、湖南巡抚吴大澂一再告急求援，乃率大军赶赴田庄台。守营口清军寡不敌众，日军于3月7日占领营口。

3月9日，日军分三路向田庄台发起进攻。两军激战终日，最终田庄台沦陷。田庄台失守后，宋庆率军向西退走双台子，复退向石山站。

田庄台之战清军、日军参战兵力各达2万余人。此战，日军"死伤将校以下一百六十人"[①]。清军又一次惨败。至此，"自田庄台沿辽河而东，自鞍山站而西，皆为倭据。辽阳、锦州声援梗阻，必出石山站绕奉天会城，崎岖始达。于是辽阳斗绝。根本动摇，海陆交乘，畿疆危逼，而议款益亟已！"[②]

四、毅军在甲午战争中彰显出的爱国情怀

毋庸讳言，毅军是甲午战争中表现最英勇的军队。从入朝不久的四战四捷，到田庄台之战，毅军都表现出英勇无畏的气概，谱写出了一曲中华民族的正气歌。当叶志超、卫汝贵畏敌如虎，商之马玉昆撤兵时，遭到马玉昆严词拒绝。以自己带领的2 000人孤军奋战，抗击数万日军。

退回鸭绿江中国境内后，毅军始终奋战在辽东的各个战场，血洒辽东大地。

虎耳山之战，毅军冒着日军猛烈的炮火，"背水殊死斗"，"伤亡麟叠，犹相持，不少后也"。

感王寨之战，毅军虽然伤亡数十人，但"斩馘歼丑，尸骸山积"，直到天黑"子弹尽，乃息攻"。

---

① 参见［日］日本参谋本部：《明治二十七八年日清战史》第29章，东京印刷株式会社，1904—1907年，第320页。
② 姚锡光：《东方兵事纪略》，《中日战争》丛刊第1册，第50页。

太平山之战，毅军"迎炮以上，呼声动天地，无不以一当十"。

田庄台之战，"迄三昼夜纵横荡决，前者既死，后者继进"。

感王寨、太平山、田庄台三战"每当旗残、械损、弹缺，振臂一呼，踣者起，疲者奋，裹创肉搏，赴死无悔"。

毅军在甲午战争陆战中付出了重大牺牲，据昭忠祠碑记：毅军"官弁勇丁，死于平壤者二百四十三人，死于虎耳山者三百三十三人，死于感王寨者七十八人，死于太平山者四百四十四人，死于田庄台者一百三十有八人"。合计死于各个战场1 236人，伤者当远多于此数目。按满营500人算，毅军死亡人数近3个营。

昭忠祠碑记记录了毅军在参加的各次战斗中与日军作殊死搏斗，予敌人重创的史实。毫不夸张地说，毅军是甲午陆战表现最为突出的一支军队，在他们身上体现出深深的爱国情怀，是值得充分肯定的。

甲午战争失败了，但我们不能忘记那些以自己血肉之躯抗击侵略者的爱国官兵。人们对甲午战争中海军的邓世昌、林永升，陆军的左宝贵、徐邦道等事迹可谓耳熟能详，但对其他爱国将领的事迹可能知之甚少，昭忠祠碑记为人们了解毅军官兵的事迹提供了确切的资料，这也是昭忠祠碑记的价值所在。不可否认，昭忠祠碑记上留下姓名的只是毅军统帅宋庆和分统马玉昆、宋得胜等，但其他奋勇杀敌的毅军官兵事迹也得以体现。

毅军统帅宋庆以74岁的高龄，受命帮办北洋军务，他在谢恩折中表态："念时事之方艰，更无辞避，自维梼昧，深惧弗胜，惟有弹竭血诚，以冀仰酬知遇。"[①] 时退回鸭绿江中国一侧的清军各部群龙无首，宋庆抵九连城后"经营战守"确定了鸭绿江防御的部署。宋庆虽年逾古稀，仍然在战斗中"短衣帕首，蹀躞冰雪中，与士卒共甘苦，人以为难云"[②]。在宋庆的带领下，毅军官兵"前者既死，后者继进"。连日人也承认毅军"不愧为闻名的白发将军宋庆的部下，不轻露屈挠之色"[③]。时人评其"晚节淬砺，一时毅军之名几出湘、淮诸军右。即东西洋之善战者，亦服公之血诚忠勇"[④]。

宋庆自云："庆昏耄无状，忝副督师既不克；提倡诸军却敌御侮，又不获与我将士效死沙场，上负国恩，下惭山鬼，苟若视急悚听，更仰愧于天矣。"应当说宋庆是有自知之明的，他知道自己不是帅才。但把辽东之战失败的责任归咎于宋庆，也是有失公允，在辽东各次战斗中，毅军多是孤军奋战，"其他军之征调者，相与徘徊观望，不肯出关。即关外从征之师，又或瞻徇依违，败不相救"。公允地说，宋庆以年迈之躯亲临战场，与士卒同甘共苦，奋勇杀敌，是值得充分肯定的，其报效国家的

---

① 《四川提督宋庆奏谢委任帮办北洋军务并报即赴九连城驻扎折》，《清光绪朝中日交涉史料》（1713）第21卷，第15页。
② [清]赵尔巽等撰：《清史稿·宋庆传》，第12719页。
③ [日]《日清战争实记提要》，《中日战争》丛刊第1册，第265页。
④ 《宋忠勤公墓志铭》，原碑现存山东蓬莱阁。转引自戚其章：《甲午战争史》，人民出版社，1990年，第175页。

爱国情怀是值得褒扬的。

分统马玉昆带领毅军2 000人入朝即投入战斗，"率部卒四战皆捷，得赏银二万"。当左宝贵战死玄武门时，叶志超、卫汝贵惊恐至极，与马玉昆商量撤兵时，"玉昆不许，而诸军遂于十六日夜中同时遁。时玉昆以孤军二千，敌强寇数万"。

在宋庆抵九连城后，马玉昆、宋得胜率毅军"急行进阻河，迎击于虎耳山，追奔十余里，越山六七重，斩馘无算"；在感王寨，马玉昆等"斩馘歼丑，尸骸山积"；在太平山，马玉昆部等毅军"迎炮以上，呼声动天地，无不以一当十"，战斗中，宋庆和马玉昆坐骑"皆中炮，屡易骑"，仍指挥和坚持战斗；在田庄台，马玉昆部等毅军"迄三昼夜纵横荡决，前者既死，后者继进"。作为宋庆最为倚重的主要将领，马玉昆几乎参加了甲午陆战毅军战斗的全过程。他意志坚定，英勇善战，其功不可没。连"逃跑将军"叶志超也称"马玉昆最勇"[1]。与那些贪生怕死，避战逃跑的民族败类相比，马玉昆可称忠勇，同样值得充分肯定，其报效国家的爱国情怀值得褒扬。

2024年是甲午战争130周年。甲午之痛，刻骨铭心；甲午英烈，不应忘记。谨以此文，纪念130年前从旅顺奔赴战场为国牺牲的毅军官兵。

---

[1] 《光绪二十年八月十四日辰刻寄译署》，《李鸿章全集24电报四》，安徽教育出版社，2008年，第326页。

精工典雅　桃李芳馨
——德清县博物馆藏沈铨及其弟子画作浅析

施　兰

德清县博物馆

内容提要：沈铨，清代画家，工写花卉翎毛，设色妍丽，画人物得不传之秘。雍正年间赴日传授画艺，名扬东亚。德清是沈铨的桑梓之地，德清博物馆藏有沈铨及其弟子画作十三件，本文通过对这些画作进行介绍与描述，并从创作年份、内容题材、绘画技法等方面综合分析，进一步补充和完善沈铨及其弟子乃至南苹画派的绘画风格、画派特征、画技传承等内容。

关键词：沈铨　德清　南苹画派　绘画　传承

沈铨（1682—1762），字衡之，号南苹，浙江德清县新市镇人，一作吴兴（今湖州）。工写花卉翎毛，设色妍丽，画人物得不传之秘。尝写花蕊夫人宫词为图，殊极巧妙。日本国王见其百马图大悦，雍正七年（1729）聘往三年，归得金帛散给友朋，橐仍萧然。黄行健有诗纪其事。卒年八十余[1]。

一、德清县博物馆藏沈铨画作及分析

德清是沈铨的桑梓之地，德清博物馆珍藏有沈铨传世绘画作品7幅，在此略作介绍。

桐荫猫戏图（图1）纸本，设色，纵159厘米，横89厘米。此轴绘秋日坡地湖石，衰梧丛菊，双猫神态各异，其一栖息湖石之上，回眸俯视下方；其一伫立坡地之上，举首静观上方，上下呼应，妙趣横生。整画动静相间，气韵生动，设色层次丰富，敷色妍丽。笔法方面用笔兼工带写，以没骨法画梧桐叶和菊叶，以淡墨双勾秋菊，湖石处用淡墨皴擦、浓墨点苔，双猫画法工笔细润，逼真传神，尽显盎然生趣。左侧书有款记"庚子三秋写于东湖第一山南苹沈铨"，钤白文方印"沈铨之印"、朱文方印"南苹氏"、白文方印"技是平顽懒

---

[1] 俞剑华：《中国美术家人名辞典》，上海人民美术出版社，1981年，第439页。

图1 沈铨桐荫猫戏图

是真"。

猫雀图 纸本，设色，纵69厘米，横72.5厘米。画中绘一猫行于草地之上，嘴叼小雀，神态谨慎而多疑；小雀双翅低垂，显得胆颤惶恐。一旁辅以花木绵绵：梅枝横斜，花开正盛；牡丹掩映，绿草茵茵。整图构图精巧，画幅清新灵动。梅花以细线圈钩，再以铅白点染，凸显梅花盎然生机。主体猫雀的画法极为细致工整，以细线勾勒轮廓，渲染颜色作底，再一笔笔绘出翎毛，使之纤毫毕现，富有立体感。猫雀神情刻画逼真生动，跃然纸间，尽显作者深厚的写生功力。钤白文方印"沈铨之印"、朱文方印"南苹"，另有一朱文印不辨。款记为"南苹沈铨"四字。

松月图 纸本，水墨，纵87.3厘米，横113.3厘米。此幅以松树局部为主体，古松枝干虬曲，斜贯于画面上下，看似形断而意不断，松冠后衬以明月一轮，若隐若现，构图颇具意蕴。品读全幅作品，画面布局得当、疏密有致，用墨色泽苍润，笔意遒劲，写尽松树古雅苍劲之姿。落款"乾隆乙亥新夏七十四老人沈铨写"，钤印白文方印"衡斋"、白文方印"沈铨之印"、朱文方印"南苹氏"、白文方印"到老学不足"。

松竹双鹿图 纸本，设色，纵201厘米，横113厘米。此画取"百龄食禄"之吉意，画中以松竹作衬，双鹿为主体。古松苍劲，枯藤盘绕，竹叶葱郁，山石上雌鹿作蜷缩状卧于地，雄鹿伫立并回望凝视伙伴。双鹿形态逼真，渲染精细入微，特别是毛茸晕染细腻、鹿目勾勒传神。松树刻画浑厚大气，松针描绘工整且辅以花青作衬，运笔时又以勾勒与皴擦并用来表现松干的苍秀挺拔。整画构图丰满，笔力张弛有度，敷色典雅，浓而不俗，淡而不薄。作品上钤朱文方印"沈铨之印"、白文长方印"家住苕南余不溪"，右侧署款"□隆丙□秋南苹□铨"。

梧桐鹌鹑图（图2） 纸本，设色，纵174厘米，横92厘米。此轴画面设色素净，意境古雅。叶落疏桐秋正半，萱草芙蓉竞相展颜，树根处草石相拥。其间又画有多对山禽，一对绶带鸟一上一下栖息于梧桐枝，似在对话，遥相呼应；秋花绽放处，画面定格于鹌鹑振翅俯瞰芙蓉的一瞬间；草丛间四对鹌鹑错落分布，形态各异，妙趣横生。落有款记"乾隆己卯仲春南苹沈铨写时年七十有八"，钤白文方印"臣铨之印"、白文方印"南苹"。

图2　沈铨梧桐鹌鹑图

赏梅图　纸本，设色，纵136厘米，横74厘米。画面中远处山峦隐现，近处山石嶙峋之地几株梅花迎风绽放，分外清丽，对面一老翁倚着一株横梅正欣赏这绝佳景致，右下方还有一书童在摇扇烹茶。整幅画作笔意老道，气韵古朴，文人画气息扑面而来。画芯左下角钤朱文方印"南苹氏"。

寒塘指画（图3）　纸本，水墨，纵33厘米，横59厘米。此幅指画嵌于一幅七挖作品里，位于七件书画小品的左上角，画面简括，用水墨轻绘寒塘一角、残荷数株，浓淡水墨相辅相成，造型线条浑然而就，草草几笔亦颇具意蕴。落款两处，分别是"衡斋指画于西湖小筑"和"寒塘秋老景萧竦，擎立亭亭荷已枯，最是晓来风送雨，怜它叶破不成珠。爨菴"，钤白文印"沈铨之印"、朱文印"南评"、白文印"衡斋"、白文印"爨菴"。

馆藏的这些沈铨作品，作画年份从其而立之年一直延续到辞世前两年，最早的《桐荫猫戏图》作于康熙五十九年（1720），系

图3　沈铨寒塘指画图

沈铨39岁时所作，也是目前已知沈铨以猫为题材的最早的画作[①]。《松月图》根据款记可知作于乾隆二十年（1755），系沈铨晚年技法娴熟之时，笔力老辣，构图虽简而意丰，尽显苍浑疏远之趣。《松竹双鹿图》落款中有四字已漶灭，但依据残存墨迹仍能推断出此画作于乾隆二十一年（1756）。《梧桐鹤鹑图》作于乾隆己卯年（1759），系沈铨七十八晚岁得力之作，也是馆藏沈铨最晚的作品，技法超群绝伦，画面尤为引人入胜。另外《猫雀图》《赏梅图》《寒塘指画》三幅作品无纪年款署，故无法确定创作年份。

这些作品的题材从翎毛走兽到松竹花卉，再到人物山水，内容多样，描绘对象较为广泛。《桐荫猫戏图》《猫雀图》《松竹双鹿图》等画作汇集了沈铨擅长的猫、雀、鹿等翎毛走兽以及梧桐、松竹、梅花等花卉植株之类题材，布局构思复杂，自然气息浓厚。《松月图》则以水墨技法描绘松树，画面虽简，但意蕴无限。沈铨所绘以松树为主要题材的画作较少，在日本神户市博物馆内还有当年沈铨在日本居住时于癸丑年（1731）所画的松图的摹本，两者的构图和技法都比较相似。在其绘画、书法、篆刻艺术中，沈铨作画以花鸟走兽画最为出色，而此幅《松月图》则另辟蹊径，可见其水墨技法亦不弱。《赏梅图》近景以沈铨少有的写意人物入画，寥寥数笔将赏花之人疏淡闲逸之风描绘到位，一老一少两位人物线条刻画从容，笔意收放自如，实属沈铨极为难得的写意人物画作。

绘画技法方面，大多以工笔为主，同时又结合了文人写意笔法，两者兼收并蓄，

相得益彰。例如《梧桐鹤鹑图》中秋桐、萱草等画法写意，运笔流畅，不受物景拘囿，以没骨写叶，淡设色轻晕花容，疏淡雅致；鸟雀画法同样工整细致，但笔法以至炉火纯青之境界，所绘物象形神兼备，清新灵动，极富生趣。整幅用笔或粗犷写意，或工整细腻，或干枯凝重，或滋润流转，将兼工带写发挥得淋漓尽致，足见其晚年画艺之娴熟高超。《寒塘指画》则是沈铨存世极少的指画作品之一，幅面虽小，但意蕴独具，墨色浓淡相间，线条灵动连绵，拙朴中透露出机趣连连，无论从笔法、造型还是构图上，其自然之气浑然天成。

另外，这批画作中有几处较有特色的印章和落款，譬如《桐荫猫戏图》中钤有白文方印"技是平顽懒是真"，《松月图》中钤"到老学不足"白文印以及落"沈铨写"之款等等，这些闲章话语，体现了沈铨在生活中的随性脱俗，以及在艺术创作上的精益求精和奋苦专一，亦是其不同年龄阶段的精神写照。

二、德清县博物馆藏沈铨弟子作品及分析

德清县博物馆藏除了上述沈铨作品外，还有6幅来自其弟子的画作，在此也略述一二。

沈天骧秋蕉步鹤图（图4） 纸本，设色，纵161厘米，横88厘米。作品以落叶秋蕉和白鹤觅食灵芝为主题，衬以山石、花草，寓意"吉祥延年"。芭蕉水墨勾勒淡色皴染，山石绘画用墨饱满再辅以浓墨点

[①] 近藤秀实、周积寅：《沈铨研究》，江苏美术出版社，1997年，第265页沈铨绘画创作年表。

典藏研究

图4 沈天骧秋蕉步鹤图

边，正眼望溪水。所绘题材丰富，构图严谨，画风古雅。左侧书款"仙潭童衡"，下接印章两枚，分别是白文印"童衡"和朱文印"聘三之□"。

童衡双马图（图5） 绢本，设色，纵114厘米，横40厘米。画面以古树、双马为主体，辅以湖石、秋草，古木苍劲，双马依偎而立，湖石伫立，秋草漫漫。所绘

苔，白鹤造型准确、形态生动。画中右侧落有"乾隆癸巳浙西驾千沈天骧"款，下钤"沈天骧印""驾千"二印。

童衡福禄来朝图 纸本，设色，纵169厘米，横90厘米。画面上方绘一蝙蝠飞入，下方绘双鹿，公鹿正立，母鹿扭首。画面极为简洁，无任何衬景，但胜在双鹿描绘细腻生动，形神兼备。左侧落款"福禄来朝"及"清溪童衡写"，下钤白文印"童衡"和朱文印"聘三"，另有"笔头活""家住苕南余不溪"两方白文印。

童衡双鹤图 纸本，设色，纵138厘米，横72厘米。画面左侧山石凌厉，山脚竹石处一株梧桐斜入画中，枝干遒劲，树叶繁茂，下方溪流淙淙，一对仙鹤驻足溪

图5 童衡双马图

树、石和坡地，行笔凝重，苍逸清润；双马线描工细，劲健隽秀。右中款署"童衡"，下钤"童衡"白文方印和"聘三氏"朱文方印。

吴琦松树双雀图 纸本，水墨，纵167厘米，横87厘米。作品描绘山崖边一险松，干直枝垂，虬曲苍劲，一对山雀上下伫立松枝间。苍松干枝淡墨勾皴，浓墨焦点，古雅浑厚；山雀工笔写意，栩栩如生，深得其师之传。右侧款署"补之吴琦"，下接"琦之印"朱文方印。

吴琦松树图 纸本，水墨，纵167厘米，横86厘米。画面绘一古松，树干苍遒，树梢瘦劲，松针错落。整画布局大气严密，画法工稳，笔墨苍劲浑厚。左侧款署"补之吴琦"，钤白文印"吴琦之印"和朱文印"补之"。

馆藏的这些沈铨弟子画作主要来自其三位弟子：沈天骧、童衡和吴琦。沈天骧（生卒年不详），字驾千、石耕，浙江德清县新市镇人，沈铨侄。善绘花卉、翎毛、走兽，得其家法[1]。用笔工整，设色绚丽，钩写兼用，颇有生意。惜年不永，故流传作品甚少。这件《秋蕉步鹤图》系其为数不多的存世作品之一，《中国古代画家辞典》记有"此幅为海内孤本，甚为珍贵"[2]，画作中技法兼工带写，翎毛绘制灵动，体现了画家精妙笔墨和不俗功力，颇具其师笔法气韵。

童衡（生卒年不详），字聘三，号志丑，浙江德清县新市镇人，沈铨入室弟子[3]。善画花卉、翎毛、走兽，尤擅画马。其画鹿、松、鹤，笔墨工致，形态逼真，栩栩如生，深得乃师神形，几可乱真，享誉一时，日本人对其作甚为珍重。馆藏的这三件童衡作品，题材多样，描绘对象广泛，笔墨精准，描绘传神，尤其是《双马图》整画形神兼备，意态生动，布局、敷色和用笔酷似其师拟"松雪（赵孟頫）"的《寒林野马图轴》（现藏日本）。

吴琦（生卒年不详），字补之，浙江德清县新市镇人，沈铨弟子。擅长画松，喜作大幅，画笔纵恣奔放，沉着畅快，夭矫离奇，墨色苍润，风格奇崛，自具面目[4]。馆藏的两件画作均以松树为题材，大幅入画，画风则继承其师《松月图》水墨技法，用笔老辣扎实，笔意沉着有力，是其实力之写照。

三、南苹画派

沈铨在世时积极传授南苹风格花鸟技法，拥有弟子众多，据《沈铨研究》载，除了上述沈天骧、童衡、吴琦之外，国内还有汪清、陆仁心、郑培、高钧、高乾、王国丰等人。沈铨的门人不断地继承和传播沈氏风格绘画，即使在百年之后还有不少画家仍在私淑其绘画技巧，逐渐在中国和日本两地画坛形成并壮大了南苹画派。光德清新市镇就先后涌现了诸如虞应樾、沈赤然、陈芬、陈儒珍、陈毓珍、谈德寿等书画家，画技传承，画艺绵延，当时足

---

① 俞剑华：《中国美术家人名辞典》，第417页。
② 胡文虎：《中国古代画家辞典》，浙江人民出版社，1999年，第518页。
③ 俞剑华：《中国美术家人名辞典》，第1107页。
④ 胡文虎：《中国古代画家辞典》，第504页。

以耀眼江南。

雍正年间，沈铨的画作《百马图》流入日本皇宫后，日本国王尤为喜爱，遂派特使来中国寻访沈铨。根据日本《唐船进港回棹录》中记载，清雍正九年（1731）沈铨受日本之聘，偕弟子十数人至长崎，不久即开办画院传授中国花鸟技法，历时一年零九个月。其画风深受日本人推崇，形成南苹写生画派，对日本画坛影响巨大。沈铨亲传的弟子仅熊斐一人，熊斐早年是从渡边秀石学习中国画，后于沈铨在长崎教画期间担任翻译，遂拜沈铨为师系统学习中国画技法，但熊斐门下弟子众多，有宋紫石、熊斐文、黑川龟玉、鹤亭、诸葛监、大友月湖等，他们吸收了沈铨的画风形成了各自的艺术面貌，产生了南苹派的多个分支。被称为奇想画家的伊藤若冲、曾我萧白等人的绘画作品中也能见到沈铨的绘画痕迹。还有形成秋田兰画的佐竹曙山、小田野直武等人认为自己的绘画是对沈铨绘画中中国的写实法的继承和发展[1]。可见，作为江户时代日本画坛一个重要的绘画流派，南苹画派在日本绘画史上留下了不可磨灭的一笔。日本画家圆山应举将其誉为"舶来画家第一"，沈铨可谓促进中日绘画交流的一大功臣。

结　语

沈铨绘画在中国花鸟画史上占有特殊的地位，沈铨及其南苹画派对整个清朝中晚期国画尤其是花鸟画的贡献不可小觑，其写实技法对当时西方绘画的传播也具有一定作用。赴日期间其对日本画坛的影响深远，是为促进中日书画艺术交流的重要代表人物。其重要性足以让我们这些后人为之瞩目。

---

[1]　近藤秀实、周积寅：《沈铨研究》，第128页。

浅议中国画谱对日本绘画技艺及画谱书籍的影响

——以山东博物馆藏《耕香馆画剩》为例

董倩倩[1]　施霁城[2]

1.山东博物馆　2.山东财经大学文学与新闻传播学院

内容提要：作为中国传统书画艺术对外交流的关键媒介，画谱在17世纪通过"中日海上书籍之路"将蕴含东方人文精神的绘画风格与技巧传播至江户时期的日本，对当地文人画派的发展产生了深远影响。早期中国印刷技术的传播促进了对于绘画知识的学习及出版行业的进步，使得明清时期的画谱得以广泛复制。受此启发，日本本土艺术家也开始自行编辑和发行相关图书，这些作品无论是在内容还是印制工艺方面，均深受明清画谱的影响。

关键词：画谱　中日交流　文化传播　印刷术　耕香馆画剩

在长达近两千年的中日文化交流历史中，日本的古典绘画艺术经历了从佛绘、唐绘、大和绘、水墨画、文人画直至浮世绘等多个阶段的发展演变①。这一系列变迁的主要推动力源自古代中国的绘画艺术。中国文人画之所以能够传入日本，一方面归功于沈南苹、伊孚九、方西园等中国画家在日本的亲身传授；另一方面，则是明清时期的画谱作为教学资料载体，在传播过程中起到了关键作用。这些画谱通过"中日海上书籍之路"得以广泛传播，即便无法亲眼见到原作或亲历中国的自然风光，却为江户时代的绘画爱好者们提供了一条直接且有效的学习渠道。明清画谱在日本的流传，不仅促进了从传统的师徒传授向个人自学模式的转变，还推动了相关复刻本及日本本土绘画出版物的发行，并在版式设计、印刷技术等领域对日本绘画书刊的出版产生了直接影响。可以说，明清时期的中国画谱对于加深中日两国间的艺术交流发挥了极其重要的作用。

一、日本江户时代中国画谱的传入

明确明清画谱在日本传播的具体情

---

① 叶磊：《中日文化交流视阈下日本古典绘画艺术的嬗变发展与源流关系考探》，《艺术百家》2017年第5期。

况，对于研究中日美术交流历史，尤其是日本江户时代（1603—1867）的艺术发展以及日本的印刷出版史具有相当重要的意义。江户时期是日本艺术史上平民色彩最为浓厚的一个阶段，在这一时期内，文人画受到了来自社会各个阶层广泛的认可与喜爱。这主要体现在绘画作品的创作与鉴赏活动逐渐从贵族阶层扩展到了普通民众之中。无论是高官显贵还是士农工商，收藏并欣赏书画作品已成为一种普遍的社会风尚。值得注意的是，许多被誉为日本文人画大师的人物实际上出身于商业或手工艺行业，比如彭城百川（1697—1752）经营着一家药店，冈田米山人（1745—1820）是一名大米商人，青木木米（1767—1833）则是一位餐馆老板。随着对绘画作品需求的增长，一大批专业画家应运而生，传入的画谱变得供不应求。17世纪时，明清画谱经由中日海上贸易与私人携往这两种传播方式，将代表东方人文精神的绘画风格及技艺传入江户时代的日本，并在日本文人画派的形成与发展过程中发挥着教科书的作用。特别是在早期江户时代，当中国画谱相对稀缺之时，《十竹斋画谱》《芥子园画传》等著作以及包含山水、人物、器物插图的书籍如《三才图会》，成为了江户艺术家们代代相传、视为珍宝的对象。根据白井华阳所著《画乘要略》（天保三年，1813年刊）卷三"池大雅"条记载，衹园南海曾将其所藏清代初期著名画家萧云从（1596—1673）之画谱赠予池大雅："货（贷）成（池大雅）病其画不进，质之衹园南海，南海旧储萧尺木画谱，因谓货（贷）成曰，子画当学文人学士画，乃取画谱与货（贷）成。货（贷）成大喜，出入不释手，遂得其风趣，于是画技大进。画谱后落兼葭堂手，云书亦仿佛萧氏。"[1]

江户时期的"书物改役"对进入日本的书籍实施了严格的审查，并将相关信息记录下来，形成了"长崎书目文献"。这份文献成了当今研究画谱及其他汉籍的重要参考资料。依据前人对这些基础资料的整理与分析，可知大约有91部画谱由中国的商船带入日本，种类至少达到20种（见表1）。这类由中国传入日本的文化作品通常首先被幕府官员、皇室成员以及长崎奉行所获取；之后剩余部分则通过竞拍的方式落入批发商之手，最终流至江户的一些城市书店中出售。

表1　江户时代传日的（部分）中国画谱[2]

年　代	画谱名称	数　量	船　次	文献出典
不晚于1644（正保元年）	图绘宗彝			御文库目录
不晚于1688（元禄元年）	八种画谱（集雅斋画谱）			唐本目录

---

[1] 武田光一：《池大雅借鉴画谱的创作》，《美术研究》第348号。
[2] 戚印平：《日本江户时代中国画谱传入考》，《新美术》2001年第2期。本文选录部分，并略作修订。

续表

年　代	画谱名称	数　量	船　次	文献出典
1719（享保四年）	芥子园画谱	2部	9月第29番南京船	赍来书目（中国商船抵达日本长崎港时向地方官长呈报的泊载书目）
	芥子园画传初集	1部5本		商舶载来书目
1720（享保五年）	芥子园画传	5本		御文库书目
1723（享保八年）	芥子园画传全集	1部3套		商舶载来书目
1759（宝历九年）	十竹斋画谱	5部5套	乙卯10番船	赍来书目
1760（宝历十年）	十竹斋画谱	1部4套		商舶载来书目
1794（宽政六年）	十竹斋画谱	20部20套	寅2番南京船	宽政二年寅二番南京船书籍名目
1805（文化二年）	芥子园书画传初集	100部各1套	丑5番船	丑五番船持渡书籍目录
1810（文化七年）	芥子园画传	8部各1套	午4番船	唐船持渡书物目录留
1815（文化十二年）	芥子园画谱初集、二集、三集	全6套	南京永茂船	朝川善庵《清笔话》
1836（天保七年）	晚笑堂画谱	1套4本	申4番船	内阁文库购来书籍目录
1837（天保八年）	刘雪湖梅谱	1套	西3番船	同上
1840（天保十一年）	十竹斋画谱	5部各1套	子2番船	天保十一年子二番船书籍元帐
1841（弘化元年）	十竹斋画谱	10部各1套		弘化元年辰四番、五番、六番、七番船书籍元帐
	天下有山堂画谱	10部各1套		
	芥子园画传	3部各1套		
1848（嘉永元年）	墨兰谱	2部各1包	申2番船	嘉永元年申一、二番船书籍元帐
	十竹斋画谱	10部各1包		
1851（嘉永四年）	刘氏梅谱	9部各1套	亥1番船	嘉永四年书籍元帐
1859（安政六年）	芥子园画传	3部	未1番船	安政六年未一番船割落札帐
	有山堂画谱	4部		
	晚笑堂画谱	1部		
	十竹斋画谱	2部		
1860（万延元年）	芥子园画谱	1部	申1番船	安政七年申一番船割落札帐

经过学者的系统整理，明清时期的画谱大致可以归纳为四大类别：专注于单一题材的画谱、涵盖多种题材的综合性画谱、结合诗歌与绘画的艺术作品集以及作为教学用途的教材型画谱。其中，《墨兰谱》《晚笑堂画谱》（或称《晚笑堂画传》，专门描绘人物）和《刘氏梅谱》（又名《刘雪湖梅谱》）属于单科题材画谱；而《图绘宗彝》《集雅斋画谱》（亦称《八种画谱》）及收录于《夷门广牍》中的《画薮》系列，包括《天形道貌》（专注于人物画）和《淇园肖影》（专攻竹子绘画），则代表了综合性质的画谱。《十竹斋画谱》以其独特的诗书画"三绝"编纂方式，在诗画谱中独树一帜。至于作为绘画指导书籍并广泛流传的《芥子园画传》，其受欢迎程度无出其右。根据记录显示，该书的初集至少在元禄元年（1688）之前就已经开始传播，并且至少有41次输入记录，涉及不少于238套书籍；二集最早可追溯至元文五年（1740），至少被引入过12次，数量达到或超过66套；三集初传也始于元文五年，虽然仅有约6次以上的输入记录，但其总数仍达到了至少21套[1]。

二、明清中国画谱对日本江户时代绘画艺术的影响

明清时期的绘画教材对日本文人画风格的建立与发展产生了直接影响。日本艺术家们以开放的心态借鉴中国文人画，特别是南宗派的艺术技巧，并在此基础上精益求精，将其融合进本土的传统艺术体系之中。通过强调个人情感与内心世界的表达，这些画家发展出了独特的艺术理念，在创作中形成了体现日本民族特点的绘画氛围和形式。

《芥子园画传》等画谱不仅为日本艺术家展示了中国明清时期的经典作品，还介绍了中国文人画的基本理论与技法。例如"六法论""三品""十二品"以及"三病"等内容，这些都有助于提升或调整日本文人的审美观和创作理念，使得绘画不再仅仅是技术的展示，而是成为了一种修身养性的手段。日本文人画家柳泽淇园（1704—1758）在其随笔《独眠》中提到："学画者当先学汉画，而绘物，亦应习《芥子园（画）传》也。"[2]受到中国影响，日本文人画多以山水、花鸟及人物为主题，追求个人情感的自由表达。作为日本文人画先驱之一的祇园南海（1676—1751），其山水画大量借鉴了明清时期的画谱，风格清新雅致。他的代表作《兰竹图》灵感来源于《芥子园画传》，并在构图上采用了中国传统的一角式布局。池大雅被公认为18世纪中期日本文人画领域的杰出代表，他所创作的作品无论是在主题选择还是风格表现上都深受中国文化的影响，许多作品均基于中国画谱或书籍插图而作，比如《山水人物图》描绘的是典型的中国文人生活场景，《楼阁山水图屏风》则展现了具有中国特色的亭台楼阁，其构图与清代画家张道真的作品极为相似，有研究者推测可能是对醉翁亭或岳阳楼景象的再

---

[1] 龙琪：《〈芥子园画传〉在日本江户时代的传播与接受》，江西师范大学硕士学位论文，2023年。
[2] 戚印平：《图式与趣味：日本绘画史》，中国美术学院出版社，2002年，第193页。

现。同时代的著名文人画家还有与谢芜村（1716—1783），他也曾通过临摹中国画开启自己的艺术生涯。到了18世纪末期，随着越来越多才华横溢的文人画家如浦上玉堂（1745—1820）、冈田米山人（1745—1820）、田能村竹田（1777—1835）等人涌现出来，日本文人画进入了前所未有的繁荣阶段，重新诠释并丰富了日本中世水墨画中的民族抒情特色。然而自19世纪中叶起，由于社会动荡加剧以及内外压力增大，加之作为主要观众群体的武士阶层逐渐衰落，文人画的发展势头减弱，最终失去了原有的面貌。

19世纪，日本文人画家泷和亭（1832—1901，天保三年至明治三十四年）深入研习并忠实传承了源自中国的水墨画技艺及主题（图1）。他本姓泷宫，名谦，字子直，号兰田、耕香馆、红雪香处、茗溪渔长，通称为宪，出生于江户（即今天的东京）。泷和亭在自编的《耕香馆画剩》附录中，有一篇写于明治十七年甲申春三月的自志，自述其学艺历程。在其艺术生涯中，他先后跟随大冈云峰与日高铁翁学习，并与中国清朝时期的艺术家如陈逸舟、华昆田、钱少虎有着频繁的交流互动。泷和亭曾受命为皇室创作壁画，并于1893年被任命为帝室技艺员。作为南画派中的杰出人物，他在山水、人物以及花鸟画方面均展现出卓越才华。尽管当时正值西方绘画风格逐渐影响日本画坛之际，泷和亭依旧坚守着传统技法与审美观念，致力于维护和发展本土的艺术遗产。其作品多次参加诸如劝业博览会、绘画共进会等重要美术展览，并屡获殊荣。部分知名代表作包括《松树牡丹图》《四季花鸟金地屏风》《百龄食禄松鹤遐龄屏风》《四季花鸟屏风》等，

图1 泷和亭画像

同时他还著有《耕香馆画剩》《花鸟画谱》等著作。

泷和亭在日本收藏界享有盛誉，山东博物馆所藏《耕香馆画剩》为其自编的收藏品图谱，汇集了众多珍贵的艺术品。该图谱中泷和亭以其精湛的技艺摹绘了各类皴法、描法等传统中国画技法，不仅包含了诸如吕纪、唐寅及八大山人等中国著名书画家的作品，还囊括了一些模仿米芾与米友仁风格的佳作，以及依据小原氏所藏南宋时期禅僧牧溪作品而创作的仿制品。这些绘画以其流畅细腻的线条和生动逼真的描绘展现了泷和亭深厚的艺术功底。泷和亭在与中国明清画家的交往与游历中，临摹中国古画，技艺不断精进，有人认为其技艺甚至可媲美恽南田。如传世的泷和亭《仿明人山水图轴》（图2），绢本设色，题跋为：戊寅蒲月仿明人笔意，和亭主人谦。印章包括：臣谦私印、蓝田。此画运用传统的青绿技法描绘了岸边两棵松树、远处连绵起伏的山脉以及宽阔平静的水面。画面中，一位文士独自坐在木舟之

典藏研究

图2 泷和亭绘《仿明人山水图轴》(姜伟供图)

上,身边书童正将船只缓缓驶向岸边。整幅画作在用笔和色彩处理上都深受文徵明影响。

三、明清中国画谱对日本江户时代绘画书籍的影响

中国绘画艺术中体现出来的东方人文精神在日本江户时期受到了广泛欢迎,并产生了深远的影响。这种跨越地理界限和文化差异的艺术传播,其基础在于当时中国繁荣发达的印刷出版行业。彼时,摄影技术尚未问世,中国的传统手绘作品通过木版印刷,以画谱的形式跨海传至日本,逐渐普及开来。这不仅促进了日本文人画派的发展,还激发了对明清时代画谱的复制热潮以及日本本土绘画书籍的出版活动。

日本的绘画书籍经历了从引入到模仿翻刻,再到独立创新出版的发展过程。在明清画谱被引进的第一个阶段,人们主要通过直接复制原版或是在保持原有内容不变的前提下添加翻译和注释来促进其在日本的传播与理解。起初,这些画谱是通过商人竞拍获得,并且大部分流入了京都、大阪及江户三地的书店。被称为"唐本屋"的店铺为了满足日益增长的需求,开始对这些作品进行重新雕刻并制作复制品。居住在日本的中国工匠为江户时代当地艺术家们出版自己的绘画作品提供了必要的技术支持。由日本人使用新制木板翻印出来的中国画谱通常被称为"和刻本",其质量几乎可与原著媲美。18至19世纪间,中国画谱在日本迎来了翻印热潮,这一趋势甚至持续到大正与明治时期(见表2)。

随着出版行业的蓬勃发展,到了17世纪末期,日本构建了一个以京阪(即大阪)为核心,辐射至全国范围内的书籍生产和销售体系。在此期间,出版商依据市场需求向作家及画家定制特定主题的作品,并负责后续的制作与发行工作。在这种社会背景下,画册经历了从复刻到修订、编纂直至独立出版的过程。许多日本艺术家通过收集或模仿中国绘画作品以及那些移居日本的中国画家的作品,最终编辑并出版

表2　江户时代翻刻的（部分）中国画谱

名　称	作者	版　本	备注
《八种画谱》（又名《集雅斋画谱》）	（明）黄凤池辑	宽文十二年（1672），江户唐本屋太兵卫、清兵卫复刻明刊本，特大八册；宽永七年（1710），京都文台屋山本藤兵卫再刊，特大八册。宝历九年（1759），京都文台屋山本藤兵卫又抽印其中梅竹兰菊谱，大四册。	
《菊谱百咏图》	（明）朱有燉撰，（明）蔡汝佐画	贞享三年（1686）十月，长尾德右卫门据明崇祯十二年（1639）本复刻，大三册。据康熙十五年（1676）龙集丙戌重刻本的复刻本。	
《梅谱》（又名《刘雪湖梅谱》《刘氏梅谱》）	（明）刘世儒辑	元禄十五年（1702）三月京都学梁轩古川氏复刻，大一册。	底本不详
《图绘宗彝》	（明）杨尔曾撰，（明）蔡汝佐描	元禄十五年（1702），京都唐本屋吉左卫门以明万历夷白堂原刻本为底本，并参照明末文林阁复刊，大七册。享保二十年（1735），江户嵩山房须原屋新兵卫复刊。	
《芥子园画传》	（清）李渔等	初刊康熙十八年（1679），二集初刊康熙四十年（1701）；初刊康熙十八年；初刊嘉庆二十三年（1818）。宽延元年（1748），平安河南楼首刊和刻本前三集。江户时期五车楼菱屋孙兵卫刊人物式二卷。表在堂花卉翎毛谱二卷、大六册。京都河南楼河四良兵卫刊花鸟谱四卷、人物阁楼式二卷、套印大三册。二集梅菊兰竹谱二卷；四集草虫花卉谱一卷等。 译本及注释本：宽政十二年（1800）石希聪出版《芥子园画传考》一卷。文化十四年（1817），大阪北村佐兵卫刊《译本芥子园画传》。天保七年（1836），湖上蓑笠翁也简约原书文字，以《唐画捷径》（又名《画法小识》）刊行于世。	
《竹谱详录》	（元）李衎著	宝历六年（1756）九月京都林伊兵卫刊本，大二册。	
《书画同珍》	（清）邹圣脉编	原刊于乾隆七年（1742）。宝历十二年（1762）六月，江户丹波屋理兵卫、小川彦九郎复刊本，大二册，底本不详。后印本有天明三年（1783）京都林伊兵卫版本。	
《历代名公书画谱》	（明）顾炳辑	天明年间（1782—1788），有谷文晁摹刻本，四卷，底本不详。后印本有宽政十年（1798）刊本。附跋。	
《醉芙蓉画谱》		文化六年（1803）江户青藜阁刻本，三卷，底本不详，疑非中国原刊，辑《图绘宗彝》中数幅而成。	
《金氏画谱》	（明）金某撰	文化十年（1807）寄田延（九峰）摹，名古屋片野东四郎等刊本，特大一册。底本不详，疑此书即《无双谱》。	

续 表

名 称	作者	版 本	备注
《梅花喜神谱》	（宋）宋伯仁绘撰	初刻于嘉熙二年（1238），重刻于景定二年（1261）。文政二年（1819）海门楼（名常德、字太一）据知不足斋丛书本复刻，中二册，卷末另附有《八种画谱》内梅竹兰菊谱中兰、竹二谱。	
《罗浮幻质》	（明）周履靖编	文政五年（1822）藤堂良道（龙山）校、藤堂氏如兰亭刊本，大一册。	
《晚笑堂画传》	清上官周绘	文政七年（1824），京都五车楼菱屋孙兵卫、天王寺屋市郎兵卫刊，附明太祖功臣图，大二册。	
《海仙十八画描画法》	清王嬴绘	日本文久元年（1861）刻本，一册。	

了新的画集（见表3）。从版本学角度来看，这些图集既非直接来源于中国的原版画谱，也不是单纯地对中国画谱进行翻印。在这一阶段，江户时期的画家们不仅在内容上借鉴了中国画谱，对其进行简化处理或者重新排序，而且还在技术层面上实现了由黑白印刷向彩色印刷的转变。尽管如此，当时采用的套色技术尚处于初级阶段，通常需要依靠手工添加颜色来实现较为简单的渐变效果。

表3 日本画人集辑或临摹中国画作、渡日中国画人之作后付梓的（部分）图谱[①]

名 称	时 代	作 者	备 注
《倭汉名笔画本手鉴》	享保五年（1720）	大冈春卜	
《画本通宝志》	享保十四年（1729）	橘守国	
《画本莺宿梅》	元文五年（1740）	橘守国	
《明朝紫砚》（又名《明朝生动画图》）	延享三年（1746）	大冈春卜	
《李用云竹谱》	明和八年（1771）	李用云	
《费氏山水画式》（又名《费汉源山水画式》）	宽政六年（1794），江户须原屋茂兵卫刊，后又有松山堂复刊本。	费润	
《漂客奇赏图》	宽政二年（1790）	方济	

① 臧印平：《日本江户时代中国画谱传入考》，《新美术》2001年第2期。

续 表

名　称	时　代	作　者	备　注
《伊孚九山水图》	享保三年（1718）	伊海	
《凌烟阁功臣图卷》	文化元年（1804）		
《宋紫石画谱》（又名《花鸟画谱》）	明和二年（1765）		
《古今画薮·后八种》	明和七年（1770）		
《画薮后八种·四体谱》	安永八年（1779）		
《梅菊谱》	宽政十二年（1800）		
《寒叶斋画谱》	宝历十二年（1762）		
《孟乔和汉杂画》	明和九年（1772）		
《建氏画苑》	安永四年（1775）		
《汉画指南》	宝历十年（1760）		
《兰斋画谱》（又名《南苹先生画传》）	天明二年（1782）刊，《续编》于1801年刊	森文祥子祯（熊代熊斐弟子）编	
《名山胜概图》	享和元年（1801）	木村孔恭校	中国版画插图本
《洛阳名园记》	文政十一年（1828）	松本幸彦校	中国版画插图本
《平山堂图志》			中国版画插图本
《名胜全图》	天保十四年（1843）		中国版画插图本
《耕香馆画剩》	明治十七年（1884）	泷和亭绘	

这些画谱大多受到了《芥子园画传》（图4）的影响。橘守国编撰的《画本通宝志》对山水画的理论进行了归纳与提炼，并依据《芥子园画传》从单一元素训练到综合场景的教学流程来组织内容。开篇部分反映了《芥子园画传》的教学理念，而结束时则展示了"径山寺雪中景""暮景"以及元代艺术家高然晖所作的"雪中重山"这三幅描绘中国风光的作品。他另一部作品《画本莺宿梅》的一个附录摘取了带注解版《芥子园画传》的部分章节，在此基础上重新绘制了该书第三册中关于"诸家峦头法"的例子。此外，这部著作还收录了一位在日本室町时代（1336—1573）非常受欢迎但在中国知名度较低的僧侣画家玉涧（活跃于宋末至元初）的一件作品。同时，《画本莺宿梅》还引入了来自《芥子园画传》第二辑有关"树法"和"叶法"的论述。另外，建部凌岱创作的《汉画指南》、铃木芙蓉的《费汉源山水画式》以及其他如《竹洞画稿》《杜氏征古画传》等作品同样深受《芥子园画传》启发。值得注

图3　山东博物馆藏《耕香馆画剩》中自序

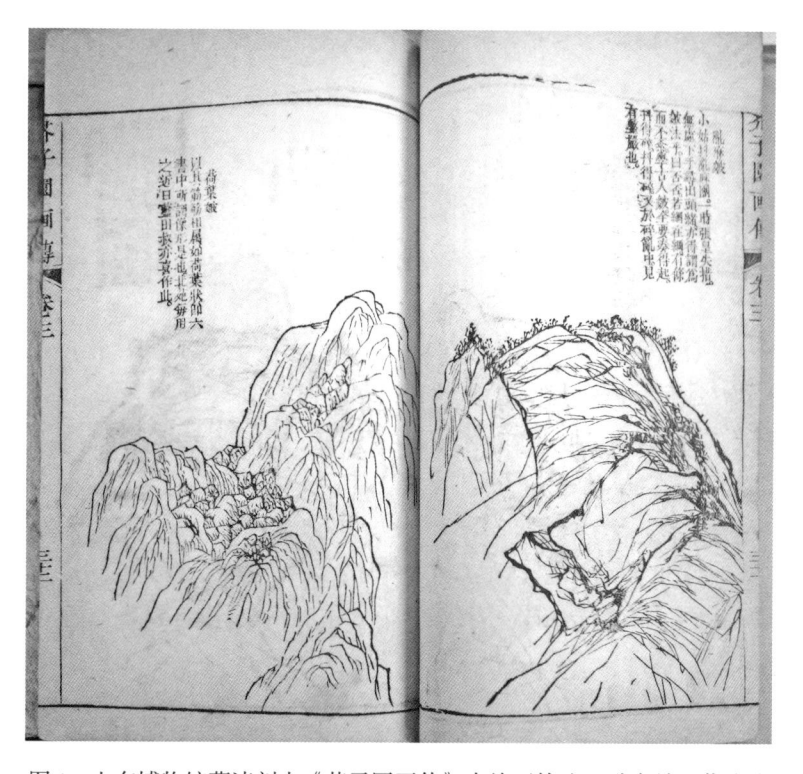

图4　山东博物馆藏清刻本《芥子园画传》中绘画技法：乱麻皴、荷叶皴

意的是，《汉画指南》与《费汉源山水画式》还吸收了《十竹斋画谱》中的精华。

大冈春卜所著的《明朝紫砚》共两卷，包含36幅对开插图。该书在图像标准和印刷技术上受到了明末清初中国画册的影响。从外观装帧来看，此书采用了康熙年间流行的装订样式，内页选用唐纸，并且某些版本的封面使用了浅茶色文字封面纸；在印刷工艺方面，则明显借鉴了《芥子园画传》第三辑"青在堂草虫花卉谱"中超过20张多色套印版画的技术特点。这部作品运用了木刻版、镂空模板以及手工着色等多种印刷技法，通过采用2至6种色彩进行套印，极大地提升了视觉美感，同时也反映了中国多色套印技术对日本出版印刷业的重要影响。

"古画之存世者，日月湮灭，千百岁后终不能见也。若镂木传之，虽不亲睹其真，亦足以想象焉。因选所藏摹本二百余图以私意缩写之，或制新图数幅，乃择良工刻之"（《耕香馆画剩·自序》，见图3），出于为后人传习保存古画的目的，泷和亭搜集整理所藏珍品，于清朝咸丰至光绪年间成《耕香馆画剩》一书。山东博物馆馆藏版本共计四册，采用线装形式，尺寸为纵26厘米、横14.8厘米，框格则为纵19.8厘米、横11.1厘米，应为日本明治十七年（1884）泷和亭耕香馆刻本的覆刻本。书中收录了269幅精选图画，不仅展示了各种绘画技法，还体现了古代艺术的精神风貌。版刻工艺精湛，人物描绘细腻生动，印刷质量上乘。三洲长光评价画谱"其有功于艺林，当不减于芥子园、十竹斋也"。馆藏画谱包含内容如下：

第一卷开篇由俞樾题写书名，左下方刻有"木邨杨堂"字样，表明了刻工身份。牌记页作"东京骏河台红梅坞泷氏耕香馆刊镌"。此外，还包括三洲长光序、长愿序、日下东序及钱少虎序等前言部分。卷首呈现的是泷和亭肖像，该画像出自其子泷精一之手，并附有石英与曾荣撰写的像赞。卷首还收录了石斋所题《林泉高致》，书中包含19幅山水画作品，详细介绍了披麻皴法、乱麻皴法、荷叶皴法、雨点皴法、云头皴法、牛毛皴法、矾头皴法、解索皴法、乱柴皴法、马牙皴法、鬼皮皴（又曰骷髅皴法）、大斧劈皴法、小斧劈皴法、披麻带解索皴法、芝麻皴云头法、披麻间斧劈皴法、折带皴法、大混点法、小溪皴法等传统山水画技法（图5）。继而，有五岳（平野五岳）书写《茶熟香温》，展示十八罗汉图与观音大士图共13幅。这些图画中摹绘了诸如高古游丝描法、战笔水纹描法、混描法、琴弦描法、撅头钉描法、橄榄描法、行云流水描法、马蝗描法、柳叶描法、折芦描法、曹衣出水描法、蚯蚓描法、枯叶描法、铁线描法、竹叶描法、减笔描法、钉头鼠尾描法、枣核描法、兰叶描法等中国古代人物衣服褶纹画法。

在第二卷中，开篇附有张熊（1803—1886）的题辞"灵山浑厚花草精神"。此卷收录了74幅画作，其中一幅名为《三峡飞涛》，其余则为73幅描绘花鸟的作品。

在第三卷中，首先映入眼帘的是吴淦所题的"争妍竞秀逸趣横生"，紧接着是江星畬留下的"花如解语还多事石不能言最可人"。随后是74幅精美的花鸟画作。

在第四卷中，开篇可见钱少虎所题"群芳献瑞"，随后是顾子英的题辞。此卷精选了八幅花卉图，其中穿插着陈吉人的题词。接着呈现的是三十六帧描绘花卉与

图5　山东博物馆藏《耕香馆画剩》中绘画技法：乱麻皴（左）、荷叶皴（右）

瓜果的小笺。再有戴荣山题辞，接续是三十九幅横披作品。泷和亭撰写的跋文置于卷末之前。最后部分，则是由石川英撰写并由大沼让书写的《耕香馆记》。全卷以一六居士的题辞作为收尾。

纵观全谱，内容涵盖了山水、花鸟以及翎毛等题材，深受《芥子园画传》之类中国画谱影响。彼时，在铅印、石印、影印、珂罗版、铜版等西方印刷技术的冲击下，传统的雕版印刷技术逐渐式微。而泷和亭仍坚持用中国传统版刻印刷技术刊印画谱，足见其对中国明清画谱及雕版印刷技术的敬意。

结　语

通过考察传日画谱的引入、日本对中国画谱的复制发行及本土画谱的创作出版状况，并结合馆藏《耕香馆画剩》的内容与版本特征，我们可以清楚地认识到，明清时期的中国画谱不仅深刻影响了日本文人画的发展轨迹，在艺术理论构建、诗书画印兼修能力提升以及审美趣味形成等多维度都扮演了关键角色，同时还极大地促进了江户时代日本绘画书籍出版业的进步。这些来自中国的画谱作为范例，为日本绘画书刊提供了丰富的素材，并确立了一定的图像表现准则。

丹青无语颂千秋

——旅顺博物馆藏傅抱石"毛泽东诗意画"浅析

宋艳秋

旅顺博物馆

内容提要：毛泽东一生创作诗词百余首，每一首都独具魅力。20世纪50年代开始，一些书画家以毛泽东诗词为素材，创作了大量书画作品，傅抱石是最早创作毛泽东诗意画并取得突破和成就的画家。本文结合毛泽东诗词，以旅顺博物馆藏傅抱石诗意画为例，从诗意画创作背景、毛泽东诗词、傅抱石毛泽东诗意画艺术等方面，阐述傅抱石对毛泽东诗意画新技法与新题材的结合的探索，及其对中国现代美术史发展做出的重要贡献。

关键词：毛泽东诗词　毛泽东诗意画　傅抱石　中国画

在中国绘画史上，诗与画一直存在着密切的关系。唐张彦远《历代名画记》言"书画异名而同体"；北宋孔武仲《东坡居士画怪石赋》"文者无形之画，画者有形之文，二者异迹而同趣"；清冯应榴《苏文忠公诗合注》卷五十《韩干马》云"少陵翰墨无形画，韩干丹青不语诗"。以优美的诗词意境入画，一直是中国画的重要创作方式之一。诗意画可以简单地理解为根据诗词的内容创作出绘画作品，从而展现诗词中所描绘的意境。毛泽东诗意画就是以毛泽东诗词为主题、素材、内容的绘画作品，这些作品或直抒胸臆，或寄情于景，深刻阐释了毛泽东诗词的思想内涵，成为一种极具时代特色的书法绘画品类。

一、毛泽东诗意画创作的历史背景

众所周知，一代伟人毛泽东一路征战，一路抒怀，书写了大量国人耳熟能详的诗词作品。他的诗词将重大历史事件与革命理想结合，豪迈大气，意境高远壮阔，树立了"革命现实主义和革命浪漫主义相结合的"文艺创作典范[①]。1949年，随着社会环境和政治形式的变化，毛泽东诗词逐渐被引入中国画创作的领域。"毛泽东诗

---

① 万新华：《傅抱石绘画研究（1949—1965）》，人民美术出版社，2014年，第243页。

词丰厚深邃的历史文化内涵与浓厚鲜明的时代色彩，已经远远超越一般文艺的政教功能，具有无比强烈的艺术感染力。对于山水画家而言，以毛泽东诗词为创作题材，既是表达对一代伟人的无限崇敬与爱戴，发抒经天纬地的时代强音，以此彰显山水画的社会意义与教化功能，又是充分挖掘诗词中潜在的可创作因素，寻找山水画发展创新的突破口。"[1]毛泽东诗词以磅礴大气的意境和浪漫丰富的想象力感染了艺术家们，20世纪50、60年代，傅抱石、李可染、关山月、钱松岩、潘天寿等一批中国山水画家，以毛泽东诗词为素材，纷纷围绕毛泽东的诗词进行绘画创作，毛泽东诗意画便由此应运而生。傅抱石是第一位以毛泽东诗词作为绘画创作主题的现代中国画家，以古典技法传承与创新来展现时代风情，开辟了毛泽东诗意画的创作先河。

二、傅抱石创作的毛泽东诗意画的艺术特色

傅抱石（1904—1965），原名瑞麟，号抱石，江西人。1949年后担任南京大学艺术系教授、中国美术家协会副主席等。傅抱石是20世纪中国传统美术现代化转型的代表人物，"新山水画"的代表画家，创作了一批具有鲜明时代感的画作。傅抱石素以"浪漫主义"的创作风格享誉画坛，他希望通过对山水画注入某种情感的方式，给程式化的传统山水画注入新的活力。"我认为一幅画应该像一首诗、一阕歌，或一篇美的散文。因此，写一幅画就应该像作一首诗、唱一阕歌，或做一篇散文。"[2]

（一）革命现实主义与革命浪漫主义相结合

毛泽东的诗词本身就是"革命现实主义和革命浪漫主义"相结合的文学典范，这恰好与傅抱石追求诗情画意的浪漫主义风格不谋而合，成为傅抱石在对新中国成立的兴奋之情、对伟人的敬仰之外创作毛泽东诗意画的又一原因，他也因此成为全国画坛中开启"毛泽东诗意画"风气的第一人。傅抱石曾说："我第一次读到毛主席的名篇《沁园春·雪》，心情无限激动。那气魄的雄浑，格调的豪迈，意境的高超，想象力的丰富，强烈地感染着我。"

傅抱石以毛泽东诗词为创作题材，始于20世纪50年代初。从1950年《〈清平乐·六盘山〉词意图》开始，从此一发而不可收，据不完全统计，傅抱石创作的毛泽东诗意画作品有200余幅之多。其中最著名的便是1956年与关山月合作，为人民大会堂绘制的巨幅山水《江山如此多娇》词意图。傅抱石的毛泽东诗意画，在绘画立意、题材、艺术风格及技法诸方面，都有着鲜明的个性特色，艺术地再现了毛泽东诗词深邃、优美、壮阔的精神境象。

傅抱石　毛泽东《蝶恋花·答李淑一》词意图轴　1958年（图1）

题识：蝶恋花。我失骄杨君失柳，杨柳轻飏直上重霄九。问讯吴

---

[1] 王先岳：《写生与新山水画图式风格的形成》，中国艺术研究院博士学位论文，2010年，第258页。
[2] 傅抱石：《壬午重庆画展自序》，叶宗镐编：《傅抱石美术文集》，上海古籍出版社，2003年，第324页。

刚何所有，吴刚捧出桂花酒。寂寞嫦娥舒广袖，万里长空且为忠魂舞。忽报人间曾伏虎，泪飞顿作倾盆雨。一九五八年九月中浣，敬写主席词意。傅抱石南京并记。

钤印：抱石之印（白文方印）、其命惟新（朱文方印）

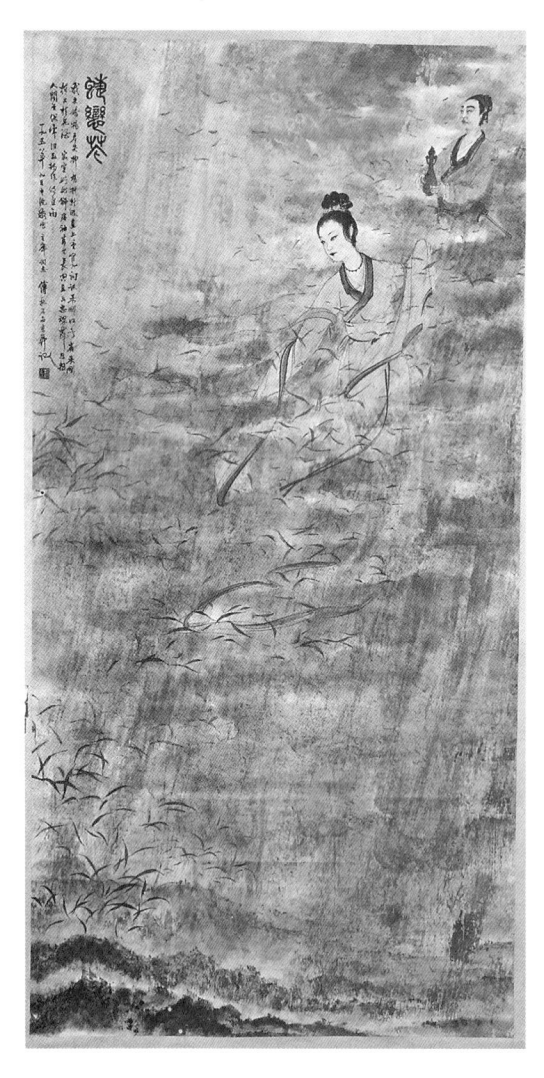

图1　傅抱石　毛泽东《蝶恋花·答李淑一》词意图

画面上吴刚捧着桂花酒，嫦娥在高空挥袖起舞，傅抱石以拿手的散锋笔法画出了倾盆大雨的效果，天上和人间靠着强劲而密集的雨丝相连接，使天上人间情意互通。而嫦娥身边纷纷洋洋的柳叶与地下遍插红旗的山峦大地相互呼应，使画面浑然一体。将雨境、神话故事和革命题材、毛泽东诗意画有机地结合起来进行创作，使画面充满了强烈的梦幻色彩和浪漫气息。

在中国传统绘画题材中，泉瀑雨声绘画创作始终是传统中国画创作中的难题。傅抱石在山水画创作实践中，通过对客观景物的真实再现，使这一时期的精神风貌跃然于画面之上，磅礴壮观的大自然奇伟美景与时代精神、自我的胸襟抱负有机地融为一体，提出"时代变了，笔墨不得不变"，成为我国现代山水画创作的名言。本图中傅抱石以其充满浪漫情怀的笔触，将吴刚、嫦娥两位神话人物结合入画，表达两位烈士为革命赴汤蹈火、义无反顾，二位烈士的英勇行为感天地、泣鬼神，天上人间情意互通，成功地再现了毛泽东诗词中对亲人和战友的思念之情和崇高敬意。

《蝶恋花·答李淑一》是毛泽东写于1957年5月11日的一首词。这首词是写给当时的湖南长沙中学语文教员李淑一的。词中的"杨"是指毛泽东的夫人杨开慧烈士，其于1930年11月牺牲；词中的"柳"指李淑一的丈夫柳直荀烈士，其为作者早年的战友，1932年被枪杀于湖北监狱。1957年2月，李淑一把她写的纪念柳直荀的一首《菩萨蛮》词寄给作者，作者写了这首词赠答她。此诗毛泽东运用革命现实主义和革命浪漫主义相结合的艺术手法，通过奇特而瑰丽的联想和想象，以最精练的语言和最深厚的感情，表达了对革命先烈的深切悼念和崇高敬意，歌颂了革命先烈生死不渝的革命情怀，激励广大人民把社会主义革命和社会主义建设进行到底。

（二）三种诗意画的表达方式

诗意画的表现方式，一般依画家选择和诠解诗文的情况而定，或图绘诗词全部的内容，或摘取诗词短句，或依诗词而别开新意，以整体情境氛围烘托诗词内涵，傅抱石也不例外。1958年12月15日，傅抱石结合自己实践撰写的《创作毛主席诗词插图的几点体会》中归纳出绘制毛泽东诗意画的三种方式：

1. 深刻体会了作者的原意，不拘于迹象，自然合拍。这是最好的画法。但最难，不多见。

2. 其次，把全文的意思，全面画出来，句句扣紧，而画面与主题一致。

3. 其次，全文包涵太多、太杂，不易在一幅之中联系起来。这种情况下，是容许画其中的（主要的）一句、一联，或一部分的（孤立地画一句、一联、一部分也可以）[①]

毛泽东《蝶恋花·答李淑一》词意图则属于第二种，毛泽东诗词中的吴刚、嫦娥、伏虎、倾盆雨，每一句的景物都完全呈现在了这幅诗意画中，这种写实映照了诗词的意境。与此有相同画意的，还有傅抱石《沁园春·长沙》词意图，此图将诗词中的寒秋、橘子洲、百舸争流、万山红遍等每一句的景物都完全呈现在了画中，从而展现出一幅祖国的大好河山图画，其意境非常开阔，与毛泽东诗词中的同学少年、挥斥方遒等宏伟抱负珠联璧合、相得益彰，能够完整地表达出这首词的基本内在的意蕴。

傅抱石 《沁园春·长沙》词意图 1965年（图2）

题识：长沙。一九六五年春初拟沁园春词意，抱石并记。

钤印：傅（朱文圆印）

图2 傅抱石 《沁园春·长沙》词意图

---

① 傅抱石：《创作毛主席诗词插图的几点体会》，《傅抱石美术文集续编》，上海书画出版社，2014年，第443页。

此作品远景绘群山层林、洒满红光，以"万山红遍"的视觉语言完成图解。画面境界寥廓，诗意盎然。中景绘茫茫湘江，百舸争流。近景则绘舟船一艘，船中满载意气风发、指点江山、激扬文字的"同学少年"。以散锋偃笔勾出的漾漾水波，是傅抱石典型的画水法。赭石渲染的远山，浓淡积染，浑融而有空间层次。

《沁园春·长沙》是毛泽东于1925年晚秋创作的词。当时他离开故乡韶山，去广州主持农民运动讲习所，途经长沙，重游橘子洲，感慨万千，作下此词。通过对长沙秋景的描绘和对青年时代革命斗争生活的回忆，抒写出革命青年对国家命运的感慨和以天下为己任、蔑视反动统治者、改造旧中国的豪情壮志。

（三）独特的笔墨语言和用色

傅抱石通过大量的创作和细致的钻研积累，独创了自己特有的皴法——"抱石皴"[①]。"抱石皴"以散锋乱笔的手法表现山和石的结构，用气取其势，表现出磅礴的气势，这与毛泽东诗词的豪迈气概不谋而合，极大地开阔了画面的意境。《忆秦娥·娄山关》《七律·送瘟神》等毛泽东诗意画中对此种皴法多有体现。

《忆秦娥·娄山关》词意图　1964年（图3）

题识：一九六四年九月，敬写毛主席娄山关词意，抱石并记。

钤印：抱石之印（白文方印）、甲辰所作（朱文长方印）、不及万一（朱

图3 《忆秦娥·娄山关》词意图

文方印）

此图山石居画面中央，傅抱石用散锋乱笔由上而下描绘山峰，突出山石险峻、气势磅礴，山间云雾缭绕，无数的红旗和人流掩映，由远及近的长征队伍行走在山间，天边红霞掩映。表现了词中"雄关漫道真如铁，而今迈步从头越"的场景，并且每隔一段山路就会出现一只小红旗来点缀，这一点缀虽不起眼，但让人一看就明白这是一支红军长征队伍。远景用谈谈的朱砂描绘夕阳，刻画

[①] 王彦超：《傅抱石"抱石皴"小议》，《世界家苑》，2019年10月，第96页。

出词句中"苍山如海，残阳如血"的意境。

为表现山势沉雄浑厚的气势，傅抱石在用墨上，通常都是先用泼墨和破墨的手法快笔挥洒，再用不同的墨色对其进行局部的晕染，既保持了笔墨的生动性又保持了整体气韵与气势的融合。充分展示了"抱石皴"丰富的用笔技巧和魅力，更加突显了毛泽东当年攻打娄山关胜利之后的喜悦心情。

此词写于1935年2月。1935年2月25日凌晨，红军向娄山关挺进，在红花园与黔军遭遇，经过激烈的战斗，傍晚时分终于把这座雄关控制在手中，使大部队顺利通过。由于这一仗意义重大，所以诗人心情无比激动，在战斗结束不久即挥笔写下此词。此作通过在战争中观察积累多年的景物，以景入情，情中有景，从内到外描写了红军铁血长征中征战娄山关的紧张激烈场景，表现了作者面对失利和困难从容不迫的气度和博大胸怀。

傅抱石的毛泽东诗意画在用色方面有两大明显特点，即以红色作为背景来点缀和使用自然之色。毛泽东的诗词本身就是展现革命情怀，红色是革命的颜色。傅抱石在很多毛泽东诗意画的作品中都有红旗、红日、红霞等加以点缀。如以上三幅作品（《忆秦娥·娄山关》《沁园春·长沙》《蝶恋花·答李淑一》诗意画），以及1965年创作的《七律·送瘟神》诗意画皆为表达毛泽东诗意内涵服务。使用自然之色则是因为傅抱石有着科学的自然观，认为画山水应从地貌纹理本身的颜色，科学地去寻求事物的本来色彩。

傅抱石 《七律·送瘟神》诗意画（图4）

题识：春风杨柳万千条 抱石南京并记。

钤印：傅（朱文圆印）、甲辰所作（朱文方印）

图4 傅抱石 《七律·送瘟神》诗意画

画面描绘了杨柳叶轻拂枝头,以凝重的墨色绘渔民撑竿江中,小小红旗点缀船头,一派江南怡人景色。傅抱石以其精湛的艺术造诣,使得一种空灵迷蒙的诗意弥漫其中。此幅《春风杨柳万千条》并非傅抱石典型的绘画风格。然而画家本性率真,写意之风已显,而旗帜、渔民衣襟、印章的红,在活跃画面、实现色彩和谐的同时,又点出题材的政治意图。

《七律二首·送瘟神》是毛泽东写于1958年的两首诗。此图为傅抱石就其中第二首所作诗意画。新中国成立时,南方十二省均遭受血吸虫病威胁,余江在全国首先根除了血吸虫病。1958年6月30日《人民日报》用头版头条报道了这个消息,刊载了题为"第一面红旗——记江西余江县根本消灭血吸虫病的经过"的社论。让毛泽东"浮想联翩,夜不能寐",欣然命笔写下著名的《送瘟神》二首。唯有知此诗意,才知原来画中人不是捕鱼,而是在处理江泥、挖钉螺、消灭血吸虫。

三、傅抱石创作的毛泽东诗意画的影响

20世纪40—60年代,傅抱石的诗意画创作发生了很大的变化。从南宋诗意画、石涛诗意画与古代文人穿越时空的心灵对话,到毛泽东诗意画写实山水的诗意表达,两者之间存在着一种内在的契合、传承和创新。这种契合既包括浪漫主义的表现方法,也包括绘画艺术形式,而创新则不仅仅是诗意画绘画题材,也包括笔墨语言。面对时代的巨变,傅抱石的毛泽东诗意画用现实主义的表现方法来描绘诗意,体现了新民主主义革命和社会主义建设的内容,改变了传统文人画脱离现实的局面。他对新中国传统绘画改革起着承上启下的作用,进一步带动了我国传统诗意画的转型。此外,傅抱石也是国内毛泽东诗意画创作经验系统总结的第一人,他提出了创作毛泽东诗意画的若干体会,使傅抱石在新中国的美术发展进程中脱颖而出[1]。正如陈履生所言:"傅抱石以其不懈的努力和不间断的创作,……使毛泽东诗意山水画在新山水画中获得了特殊的地位,新山水画也因毛泽东诗意画的表现而在国画中得到了少有的重视和广泛的影响。"[2]

---

[1] 万新华:《傅抱石毛泽东绘画研究》,第244页。
[2] 陈履生:《新中国美术图史(1949—1966)》,中国青年出版社,2000年,第167页。

旅顺博物馆藏张若霭《五君子图》赏析

闫建科

旅顺博物馆

内容提要：我国传统文化中以梅、兰、竹、菊为"四君子"，以物喻人，托物言志。清代词臣画家张若霭模仿明代画家文徵明创作《五君子图》，以松、柏、梅、竹、水仙为"五君子"。乾隆皇帝对此画颇为赞赏，并写诗唱和，以松、柏、梅、竹、水仙比喻贤臣君子，表达了乾隆皇帝向往古圣先贤，希望君明臣贤，开创盛世的愿望。

关键词：五君子图　乾隆　张若霭　为政

我国传统文化中以梅、兰、竹、菊为"四君子"，这四种植物常常被人们写入诗歌和图画中，以物拟人、托物言志，成为我国传统文化中重要的意象符号。"四君子"为大众所熟知，但"五君子"就比较罕见。旅顺博物馆收藏有清代画家张若霭《五君子图》，乾隆皇帝为题"五君子图"，并赋《五君子歌》。下面就此图的创作和背景试作探讨。

一、张若霭与《五君子图》

张若霭（1713—1746），字晴岚，室名藕香书屋，安徽桐城人。祖父张英、父亲张廷玉分别在康熙、雍正年间晋为大学士。张若霭为张廷玉长子，雍正十一年二甲第一名进士，仕至内阁学士、礼部尚书，备受宠遇。乾隆十一年（1746）扈从乾隆皇帝西巡，以病回京，不久病故，年仅34岁，可谓英年早逝。

张若霭善画山水、花鸟，花鸟草虫得王谷祥、周之冕遗意，是乾隆年间有名的词臣画家。张若霭参与了清宫收藏书画典籍《秘殿珠林》和《石渠宝笈》的编撰。《秘殿珠林》的编撰始于乾隆八年（1743），成书于乾隆九年（1744）；《石渠宝笈》的编撰始于乾隆九年（1744），成书于乾隆十年（1745）。参与此次大型书画鉴选编撰活动，对于张若霭开阔眼界、精研古法乃至提升艺术水平，无疑具有重要意义。

旅顺博物馆藏张若霭《五君子图》为手卷，纸本墨笔，纵8.9厘米，横49.5厘米。开卷引首为乾隆行书题名"五君子图"，钤"乾隆御笔"朱文印。画心以清秀淡雅的笔墨描绘荒郊野外，土坡上点缀一块玲珑湖石和柏树、松树、竹子、梅

图1-1　张若霭《五君子图》

图1-2　张若霭《五君子图》题跋

花、水仙五种耐寒植物。画家自题："五君子图。臣张若霭敬写。"钤"臣""霭"连珠印。

张若霭画松、柏、梅、竹、水仙以及玲珑湖石，采用传统文人画的笔墨，线条劲爽，笔致松秀，用墨较干。描绘物象在形态上追求伸展夸张，表现夭矫之态。但可以看出，传统的"四君子"题材作为花鸟画，通常忽略背景，采取工笔设色、没骨或写意的笔墨来书写。但张若霭的此幅《五君子图》中，天气阴郁，寒泉淙淙，五种植物置于荒郊野外，不是重点表现几种植物的姿态韵致，而是强调荒郊野外的严酷环境，从而映衬出几种植物凌寒冒雪的清高傲岸。这当是画家张若霭的匠心之处。

拖尾有乾隆皇帝御笔行书七言诗一首：

昔日东坡论茶墨，貌虽不同取同性。
苟其气味本相合，黑白异质庸何病？
妙哉五君子之图，雅得诗人善比兴。
交柯镂蕊纵殊致，如婴在齐侨在郑。
停云寓意诏后人，艺林继者多优孟。
儒臣文笔为写生，乃得一脉曹溪正。
每读鲁论增慕思，何当佐予以为政？
五君子歌题张若霭画。丙寅仲春月御笔。

钤"乾""隆"（朱文连珠印）。

在画心和隔水绫及接缝处钤盖了"乾隆御览之宝""乾隆鉴赏""嘉庆御览之宝"等清宫鉴藏印14方。此卷著录于乾隆五十八年成书的《石渠宝笈续编》。

二、题诗赏析与创作背景

张若霭在款识中没有提及创作时间。据乾隆皇帝题跋末尾落款时间为丙寅仲春，即乾隆十一年（1746）二月。作为词臣画家，张若霭创作完成此图不久就应进呈皇帝御览，因此其创作时间大概在乾隆十一年（1746）初或乾隆十年（1745）晚些时候。而在乾隆皇帝题诗之后七个月，张若霭即扈从乾隆皇帝西巡五台山，并因途中染病回京后病故。

关于乾隆十一年皇帝西巡的情况，《清

史稿》有明确记载：当年九月癸卯，乾隆皇帝奉皇太后谒泰陵（泰陵是乾隆皇帝之父雍正皇帝的陵墓）并巡幸五台山。十月戊寅，奉皇太后还宫①。

张若霭作为内阁学士扈从皇帝西巡，《清史稿》和《清实录》中也有记载，《清实录》中记述尤为详细。乾隆皇帝在得知张若霭生病后特准其回京疗养，亦可见乾隆皇帝对他的重视。

"己酉，谕，内阁学士张若霭在内廷行走十余年，小心勤慎，能恪遵伊父大学士张廷玉家训，深望其将来尚可有成。今秋扈从于途次患病，随遣御医调治，且令其先回，冀即痊可，以慰伊老父之心。不意遽闻溘逝，深为悯恻。伊从前曾袭伯爵，因其与定制未符，是以令在本任供职。今着加恩照伯爵品级赏银一千两，料理丧仪。大学士张廷玉年逾古稀，遭此伤痛，殊难为怀。可传谕令节哀自爱，勉副朕轸念之意。"②

乾隆皇帝雅好文艺，常与群臣赋诗唱和。其在张若霭《五君子图》题诗中多处引用典故，有些地方也比较晦涩，需要结合图画、诗文和历史典故来分析。

"东坡论茶墨"，源自苏轼与司马光的一段关于茶墨异质和贤人君子品德相同的讨论。《苏轼文集》"记温公论茶墨"载：

司马温公尝曰："茶与墨政相反。茶欲白，墨欲黑；茶欲重，墨欲轻；茶欲新，墨欲陈。"予曰："二物之质诚然，然亦有同者。"公曰："谓何？"予曰："奇茶妙墨皆香，是其德同也；皆坚，是其操同也。譬如贤人君子，妍丑黔皙之不同，其德操韫藏，实无以异。"公笑以为是。元祐五年十月二十六日，醇老、全翁、元之、敦夫、子瞻同游南屏寺，寺僧谦出奇茗如玉雪。适会三衢蔡熙之子瑶出所造墨，黑如漆。墨欲其黑，茶欲其白，物转颠倒，未知孰是？大众一笑而去③。

苏轼承认实际生活中人们对茶和墨两种物品的评价标准，即"茶欲白，墨欲黑；茶欲重，墨欲轻；茶欲新，墨欲陈"，又从茶和墨的本身特性中，找出"香"和"坚"两个共同点，求同存异，以物喻人，引出传统文化中对君子贤人的评价标准，正是文学中常用的"赋、比、兴"手法。

张若霭在画中描绘松、柏、梅、竹、水仙五种植物，"交柯镂蕊纵殊致"，各有其芳姿清韵。乾隆皇帝称赞其"善比兴"，即以物喻人，虽然质地面貌不同，却也有相同的品性，用以比喻贤臣君子，像春秋后期齐国的晏婴④和郑国的子

---

① 又据《清史稿》本纪十一，高宗本纪二："（九月）癸卯，上奉皇太后启跸诣泰陵，并巡幸五台山。丁未，上谒泰陵。……乙卯，上驻跸五台山射虎。……庚申，上奉皇太后回跸。……冬十月，……丁卯，上阅滹沱河堤。……庚午，上奉皇太后驻跸保定府。……戊寅，上奉皇太后还京师。"［清］赵尔巽等撰：《清史稿》，中华书局，1977年，第390页。
② 见《清实录》高宗实录，卷二七九，乾隆十一年十一月下，中华书局，1986年，第640—641页。
③ 见孔凡礼点校：《苏轼文集》（全六册）第五册卷七十，中华书局，1986年，第2227页。
④ 晏婴（？—前500年），姬姓，晏氏，字平仲，春秋后期齐国国相，政治家，思想家，谥"平"。晏婴和子产都是春秋时期著名的贤士大夫，与孔子大约同时。

产①那样，虽然身材、相貌和所处时代环境不同，但都能在参政时取得出色的功绩，从而名著青史。

"艺林继者多优孟"容易理解。成语中有优孟衣冠，见于春秋时楚国伶人优孟假扮孙叔敖讽谏楚庄王的典故。曹溪，应指我国佛教禅宗传承故事，即唐代高僧神会往广东韶州曹溪参谒禅宗六祖慧能，继承法统，成为禅宗七祖。查东晋诗人陶潜曾有"停云"诗，有"霭霭停云，濛濛时雨"句。作者自序称："停云，思亲友也。"全诗表达的也都是乱世阻隔、思念亲友之意，与"五君子"的主题相差甚远。据《石渠宝笈》，清宫曾收藏有明代文徵明创作的《五君子图》一卷②，而文徵明有斋室名"停云馆"。故乾隆皇帝所说"停云"应指文徵明。

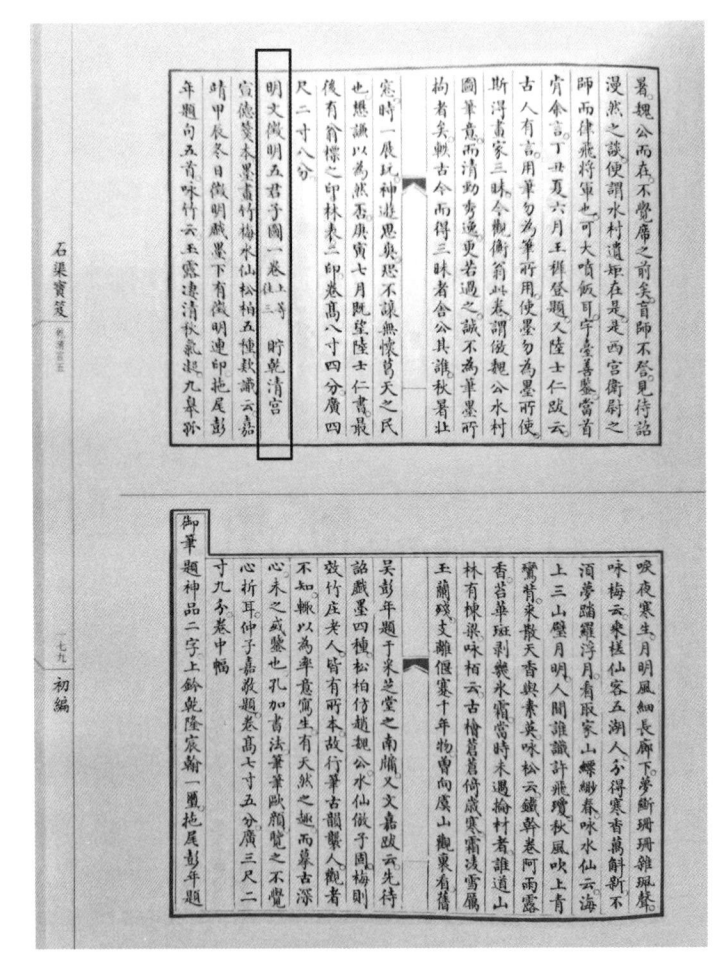

图2 《石渠宝笈》著录文徵明《五君子图》

---

① 子产（公元前584—前522年），姬姓，郑氏，字子产、子美，别名公孙侨，郑穆公之孙，郑公子发之子，法家先驱。
② 《石渠宝笈》乾清宫五，《故宫博物院藏清内府抄本合编石渠宝笈》第一册，故宫出版社、江西美术出版社，2014年，第179页

"鲁论"，应指《鲁论语》。秦始皇焚书，《论语》与许多先秦古籍一样失传。《汉书·艺文志》记载了鲁恭王坏孔子宅，于墙壁中得古文《尚书》《论语》等，其中的《论语》二十篇即被称为《鲁论语》，以区别于大约同时流行的《齐论语》和《古论语》。《论语》记录孔子及其弟子言行，阐述儒家的行为规范和治国思想，历来为统治者所重视，宋代赵普人称"半部论语治天下"。乾隆皇帝重视学习汉族文化，读《鲁论语》也是为了从传统文化中学习治国理政的思想。《论语·公冶长第五》有："子谓子产：'有君子之道四焉：其行己也恭，其事上也敬，其养民也惠，其使民也义。'"又有："子曰：'晏平仲善与人交，久而敬之。'"前文所说"如婴在齐侨在郑"，即是乾隆皇帝读《论语》所发的感慨。

结合前后诗意来看，乾隆皇帝在欣赏张若霭创作的此幅《五君子图》后，称赞其技艺精湛，模仿文徵明作品而能得其旨趣，堪称正宗传人；而一般画家刻画模仿，往往似是而非。进而，乾隆皇帝又从苏轼论茶墨异质同性，引申到晏婴和子产虽然分居齐郑，却都品德高尚、忠诚睿智，作为贤臣君子而青史留名。最后，实际上是提出自己的期望，希望自己的臣子们能够像古代贤臣君子，忠诚正直，洁身自好，与皇帝共铸盛世。

乾隆皇帝称赞张若霭的作品能得"一脉曹溪正"，可见他是欣赏过文徵明《五君子图》从而有所比较。乾隆皇帝认为张若霭所得的"曹溪正宗"，应该是指著录于《石渠宝笈初编》并收藏于乾清宫的文徵明《五君子图》一卷，其中绘竹、梅、水仙、松、柏五种。乾隆在鉴赏文徵明作品后御题"神品"二字，拖尾又御笔题识："乾隆甲子秋九月曾临一过。"乾隆甲子即1744年。从文徵明图中大约同时的文人彭年的五首题句来看，其主要局限于文人式的芳姿清韵的吟咏，并没有上升到贤臣君子的高度。文嘉题跋指出乃父画有所本，看重的也是笔墨韵味，摹古功深。乾隆皇帝题诗着重于"为政"，反映了皇帝作为最高统治者看待事物所采取的非比寻常的角度。

无独有偶，与张若霭大约同时的词臣画家钱维城（1720—1772）也曾画过两卷《五君子图》，分别著录于《石渠宝笈续编》[①]和《石渠宝笈三编》[②]。

其中《石渠宝笈续编》著录一轴，浅设色画山水茅堂，外环松柏梅竹，堂中盆植水仙。款"五君子图"。乾隆皇帝御题行书："松柏水仙梅与筠，天然结契意相亲。比方君子斯多矣，独想虞廷臣五人。己丑仲春御题。"己丑即乾隆三十四年（1769）。舜又称虞舜，是圣明的君主，文人常以"虞廷"指代"圣朝"。《论语·泰伯》："舜有臣五人而天下治。"传说舜的五位能臣是禹、稷、契、皋陶和伯益。乾隆皇帝题诗中的"虞廷臣五人"，应指乾隆皇帝希望得到禹、稷、契、皋陶、伯益那样的贤臣，开创唐尧虞舜那样的盛世。

《石渠宝笈三编》著一轴，水墨画松、柏、梅、兰、水仙，自题"五君子图，臣钱维城恭画"。乾隆皇帝御题行书：

[①] 《石渠宝笈续编》宁寿宫十七，《故宫博物院藏清内府抄本合编石渠宝笈》第九册，第4254页。
[②] 《石渠宝笈三编》避暑山庄七，《故宫博物院藏清内府抄本合编石渠宝笈》第二十册，第9837页。

"寓五以图格依旧，由京而塞见如新。松和岩柏自从古，梅与水仙未睹春。气合言兰成雅契，神传貌玉本佳宾。底须君子徵名姓，却蹈刻舟求剑伦。庚戌季夏御题。"钤"八徵耄念之宝"。庚戌即乾隆五十五年（1790）。底须即何须，何必。

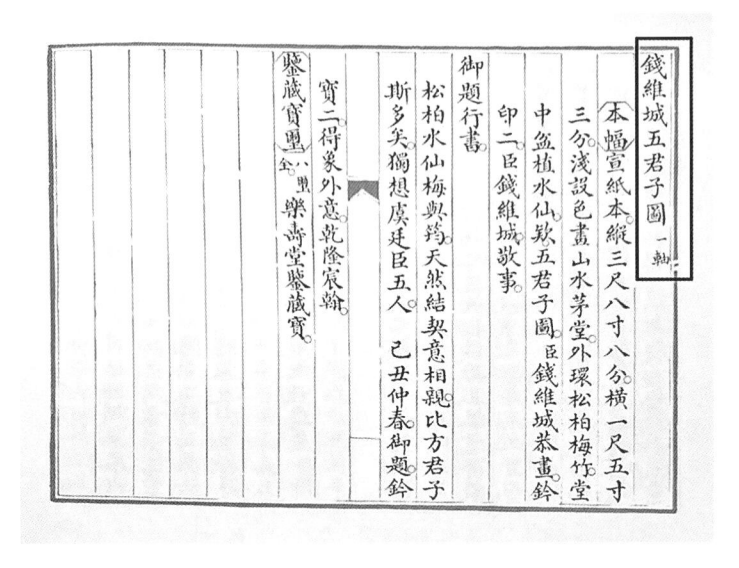

图3-1　著录于《石渠宝笈续编》的钱维城《五君子图》

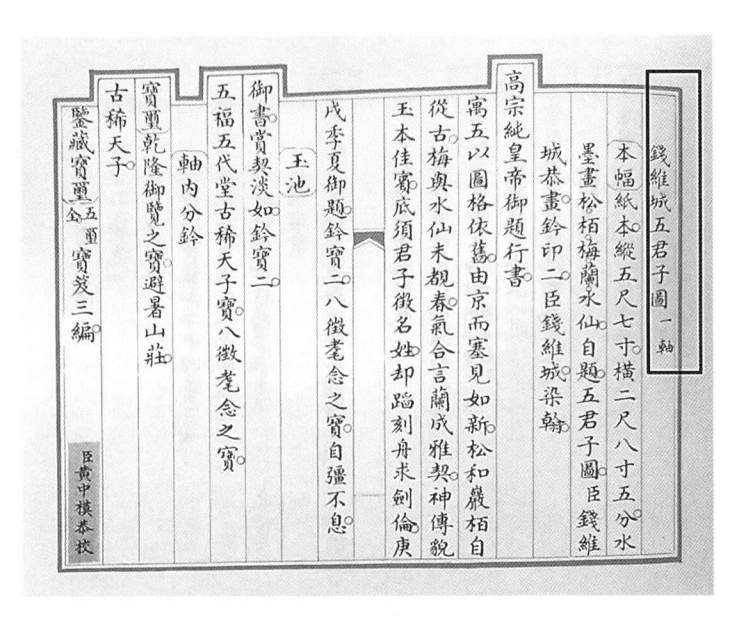

图3-2　著录于《石渠宝笈三编》的钱维城《五君子图》

综上所述，乾隆皇帝至少看到过文徵明、张若霭和钱维城的四件《五君子图》（前两件是手卷，后两件是立轴）。乾隆皇帝曾临写文徵明的作品一遍；在为张若霭作品题诗时，将五君子比作春秋时期的晏婴、子产；在题识钱维城的作品时，将五君子比作"虞廷臣五人";在晚年题识钱维城后一件作品时,不再苛求以草木中的五君子比拟史上的贤臣君子,评论的语气又有不同。

另外,笔者以为,乾隆皇帝在张若霭《五君子图》题诗中表达对贤臣君子的渴望,可能出于当时国家治理方面乏人的原因。从《清实录》记载来看,乾隆十一年二月,统计乾隆十年各省年老、有疾、不谨、罢软、才力不及官员数十名,分别处分如例[①];又谕,国家立政,首重得人,着大学士、尚书、侍郎等将可以胜任尚书、侍郎督抚之任者,不必分别满汉,秉公举出各自密奏[②]。其时,雍正皇帝留给乾隆皇帝的几位前朝老臣都已逐渐退出历史舞台。马齐、鄂尔泰已经谢世,张廷玉垂垂老矣。而这时三十五岁的乾隆皇帝年富力强,正当有一番作为的时候。因而,他在欣赏到张若霭此年临仿文徵明《五君子图》之作后,才有了关于贤臣君子的比兴。乾隆三十四年,58岁的乾隆皇帝欣赏钱维城的《五君子图》时,仍念念不忘求贤,憧憬唐虞盛世。而到乾隆五十五年,看到钱维城以兰代竹的又一幅《五君子图》时,年近八旬的乾隆皇帝不再执着于五种植物的具体种类,也无意比附历史上的哪位贤臣君子。可见,时过境迁,乾隆皇帝此时已不再像青年时那样踌躇满志、求贤若渴了。

三、结 语

张若霭是清代乾隆年间一位有名的词臣画家,备受宠遇。乾隆皇帝重视张若霭,"深望其将来尚可有成",命张若霭参与编撰《秘殿珠林》和《石渠宝笈》,并提拔为内阁学士和礼部尚书。在张廷玉等前朝老臣退出政治舞台且吏治乏人的背景下,36岁的皇帝对34岁的青年才俊有特别的期待。遗憾的是,张若霭在皇帝为《五君子图》题诗九个月后就病故了。松、柏、梅、竹、水仙等代表了传统文化中贤人君子对人格品德的要求,通常象征高洁、坚贞。《五君子图》反映了我国传统文化中以草木拟人、托物言志的独特的情感表达方式。乾隆皇帝从最高统治者的角度出发,希望汇集贤臣君子,佐君为政,开创唐虞盛世的伟业,赋予了"五君子"不同以往的内涵。

---

① "大计乾隆十年分奉天年老官一员,有疾官一员;湖北……分别处分如例。"《清实录》高宗实录,卷二五九,乾隆十一年二月下,中华书局,1986年,第347页。
② "乙卯,谕,国家立政,首重得人。朕留意人才,以备任使,而大员中尚未见济济之盛。着大学士、尚书等,将可以胜尚书、侍郎、督抚之任者,秉公举出,各自密奏。侍郎则举可以胜侍郎者,亦自行密奏,候朕采择。所举人员,不必分别满汉,亦不必太拘资格,但据真知灼见,以尽以人事君之义。务秉公忠,勿徇情面。"《清实录》高宗实录,卷二五九,乾隆十一年二月下,中华书局,1986年,第347页。

旅顺博物馆藏熏香炉赏析

刘立丽

旅顺博物馆

内容提要：熏香炉的历史在中国由来已久，是国人民俗、宗教、祭祀活动中必不可少的供具。考古发现，早在新石器时代镂空陶罐就已出现，并在以后的各时期都有出土。熏香炉的造型、材质及其所代表的文化内涵也随时代的发展而变化。本文通过梳理馆藏不同时期代表性的熏香炉，对上述特征进行分析和介绍，以飨读者。

关键词：熏炉 造型 材质 内涵

熏香文化由来已久，向前可以一直追溯到新石器时代晚期。早在仰韶文化、红山文化、良渚文化、河姆渡文化等文化遗迹中就可寻得燎祭遗存和陶熏炉的存在，但它真正流行应始于春秋战国时期，历经汉代的变革，熏香文化的发展才逐渐步入正轨。

汉代博山炉以海上传说中的仙山为原型，对后代影响深远。魏晋南北朝时期佛教盛行，在皇室、僧侣、士人、官宦用香的推动下，香炉的造型、材质也日益丰富。隋唐时期，随着香料品种的丰富和金属加工工艺的提升，多足金属香炉与金属香球成为唐代最典型的代表。两宋制瓷工艺空前繁荣，香炉的烧制因此得到极大的发展。元代由少数民族统治，香炉设计审美难以与前后两朝相比。明朝后，尚古之风重新掀起，尤其明宣德炉是香炉发展史中又一高峰。清代香炉的功用已趋近完善，工艺精湛的各色掐丝珐琅炉以及用于陈设的玉熏炉，成为清代皇室生活中不可或缺的重要器物。

一、关于熏炉与香炉

《辞海》对"熏炉"的解释为古时用来熏香和取暖的炉子。对"香炉"的注释为烧香之器，也作陈设之用。熏炉重"熏"，是着重指能够散发烟气以达到熏灸目的的炉子。香炉则重"香"，是燃烧香料的器具，着重指通过对香料的焚燃散发出香气的炉子。

虽然很多文章并未对两者进行严格划分，如孙机在《汉代物质文化资料图说》指出"器铭中或作燻炉，也可以称作香炉"[①]，

---

① 孙机：《汉代物质文化资料图说》（增订本），上海古籍出版社，2008年，第413页。

傅京亮在《香学三百问》中指出"熏炉和香炉是同一类物品的两种不同名称"[1]，但从实际用途来看，封闭式即带盖式多是熏炉，以日常生活中使用为主；开敞式即无盖式多为香炉，以专门的香事活动如香道、宗教祭祀中使用为主。

香炉是熏香文化发展到一定阶段的产物，而熏炉的历史则要久远得多。香炉是由熏炉发展演变而来的，是熏炉从具有生活实际功能向具有精神功能演变的产物。汉代之前多为以烟气熏染为主要功能的熏炉，其皆属于生活用品的范畴，直至汉代才有了香炉。宋代赵希鹄《洞天清禄集·古钟鼎彝器辨》："古以萧艾达神明而不焚香，故无香炉。今所谓香炉，皆以古人宗庙祭器为之。……惟博山炉乃汉太子宫所用者，香炉之制始于此。"通过对这段话的分析，可知香炉的来源有两条线索：其一为继承古人宗庙祭器之制的，另一条线索则是始于汉代的博山炉[2]。

本文将这两种炉统称为熏香炉，根据造型和用途特征在阐述中将其分为熏炉和香炉，当然有一些也采用约定俗成的叫法。

二、旅顺博物馆藏历代熏香炉

旅顺博物馆藏熏香炉百余件，年代序列比较完整，基本包括了汉至清代各时期的熏香炉，尤其以明清时期居多。这些熏香炉既有出自大连本土的，也有来自国内其他地区的，还有部分日本熏香炉。由于旅顺博物馆特殊的历史背景，一些熏香炉系日本殖民管理时期旧藏，也有中国政府接收管理后征集购买、捐赠或政府拨交，来源比较广泛。本文选取各时期代性表的熏香炉作介绍。

1. 旅顺博物馆藏汉代熏香炉

馆藏汉代熏香炉主要以带盖炉为主，共计12件。其中9件大连本地出土，均为陶质，来源于营城子、老铁山、土城子、普兰店等地。另外几件为旧藏和调拨，包括绿釉陶熏炉、铜熏炉等，来自洛阳和西安一带。以上按造型特征可分为盖豆形熏炉和博山炉两种类型，根据有无承盘又可以进一步划分。

营城子10号墓出土盖豆形陶熏炉（图1），由炉盖和炉身两部分组成，弧形盖顶部略尖，上有烟孔，顶部鸟形钮，圈足，通高25.6厘米；金县（今大连普兰店）花儿山乔屯M6出土博山炉（图2），炉盖装饰仙山，山峰处有烟孔，细高柄，圈足，通高29厘米，底径14.2厘米；土城子6号墓出土博山炉（图3），由博山形器盖、炉身、承盘三部分组成，顶部戳有烟孔，粗柱状柄，高23厘米，炉身口径7.2厘米，承盘应该是用来盛装燃烧香料后的灰或贮水来降低烟气；绿釉陶博山炉（图4），馆内旧藏，器物表面施绿釉，釉色均匀，盖塑成起伏的山峦，三兽足，器身装饰兽形衔环，盖上无孔。高14.95厘米，口径17.15厘米。

汉武帝时期由于丝绸之路的开通，各种香料如檀香、甲香、龙涎香、乳香、郁金香、沉香、百合香等作为重要的商品被

---

[1] 傅京亮：《香学三百问》，三晋出版社，2014年。
[2] 转引自魏艺敏：《宋代陶瓷香熏炉造型特征研究》，景德镇陶瓷学院硕士学位论文，2012年，第9页。

图1　陶熏炉 　　图2　博山炉 　　图3　博山炉 　　图4　绿釉陶博山炉

运到了中原。与中国传统的香草相比，这些香料大部分都是树脂型，不仅气味香浓还有很好的保健功能。香料的变化也改变了中国传统香炉的形制，为了便于在下面放炭火慢慢地熏香料，使散发出来的香味浓郁且烟火气又不大，炉盖被工匠们越做越高，变成了圆锥形，后来受求仙思想的影响，圆锥形被塑造成山形，博山炉正是在这种情况下产生的。

汉代是博山炉发展的最高峰时期，其早期延续豆式风格，材质有铜和陶。西汉早中期墓葬中出土的博山炉以陕西茂陵陪葬墓出土的鎏金银博山炉、河北满城汉墓出土错金银博山炉和鎏银博山炉为典型代表。西汉中期是博山炉出现并快速发展的阶段，此时期多以造型精致的青铜博山炉为主，陶博山炉为辅。西汉后期，博山炉的应用范围进一步扩大，出现了从"上流"到"民间"的趋势。东汉以后，由于博山炉的广泛应用，出土了大量陶质明器，从造型上来看大部分都是早期盛行的青铜博山炉的简化版本。旅顺、大连一带的陶熏炉在西汉后期开始有发现，但发掘数量并不多，大多数炉把细高，除具有中原特征外又兼具地方特色。

西汉晚期至东汉初，据考古发现和墓葬形制变化，墓葬中出现的博山炉大多数已不具备实用价值，并且材质上也由铜制转变为陶制，它们通常是模仿铜制博山炉放于墓葬中，其盖上无孔，不能焚香，仅具象征意义，如图4的绿釉陶博山炉，其盖仅有山峰这种象征物，盖上无镂孔说明是做明器使用。

2. 旅顺博物馆藏唐代熏香炉

唐朝经历过"开元盛世"后国力强盛，国内外贸易达到空前繁华，香料、香炉以及相关原材料的贸易也达到高峰，经济的繁荣使得唐代人均收入远远高于前朝，这一切都为用香文化的繁盛提供了极其有利的经济基础。佛教在唐代的兴盛也大大推动了用香文化和香炉设计的发展。

馆藏唐代熏香炉仅4件，以多足炉为代表。

唐代衔环五足铜熏炉（图5），敞口、平肩、短粗颈，炉盖和肩部饰镂空忍冬纹，腹部有三连环式衔环，平底，底部五兽足，两足残。通高20厘米，腹径16.3厘米。唐朝时期多足形香炉发展达到鼎盛，该时期出土及传世的多足形香炉最具特色的是有盖金属器，大部分是以兽面、兽足结合云

图5 唐代衔环五足铜熏炉

纹、如意纹或植物纹饰镂空装饰的金银器，足有三、四、五、六等数量。五足式以法门寺出土的鎏金卧龟莲花纹五足朵带银熏炉、鎏金象首金刚铜香炉为代表。馆藏这件熏炉为日本殖民管理时期入馆，来源地不详，虽算不上精美，但从其造型和装饰可以反映出唐代多足炉的风格特征。

从发展过程来看，唐代熏香炉的制作可谓登峰造极，除上述的多足炉外，还有单足炉、长柄炉，精美绝伦的香毬、仿古形、仿生形等，佛教中常出现的狮子、莲花等造型也常被用在香炉设计中。体型上，唐朝的香炉分为大型和小型两种，因佛教的盛行，大型熏香炉多在宫殿、庙宇等大型场所使用，小型香炉则多为家用或把玩。制造工艺有錾刻、雕饰、镶嵌、镂刻、鎏金等，装饰与纹样也有大量的创新。材质上唐代香炉以金银、铜、玉石等居多，还有独属于唐代的三彩香炉。

唐代用香人群对香料与香炉的需求大大超越前朝，出现了一个更加精细化、专业化的用香市场。唐代已经有专门的机构与人群负责对香料的出产地、成分、配制、作用等进行研究，同时负责合香的配制，不同香品都有相应用途与使用人群。唐代除了朝廷设有专门生产香炉的机构，民间也有许多相应的机构，形成了一个相对完善与成熟的产香、贩香、用香的产业体系。

3. 旅顺博物馆藏宋代熏香炉

两宋时期，陶瓷材质大大降低了香炉制造成本，香炉设计一改唐代浮华奢靡的风气，用香文化几乎遍及日常生活的每个角落。该时期仿古炉较多，造型多仿三代器物，如鼎、簋、鬲、奁等，典雅庄重，瓷质圆润，各名窑都有不同风格出品。仿生形主要是禽类和植物，长柄形香炉、球形香炉较唐代逐渐减少。

馆藏宋代熏香炉10件，以瓷质居多，且都是小件。

瓷质熏炉多为仿古器，馆藏宋代酱绿釉三足香炉（图6），仿青铜鬲制作，敞口，卷沿，颈部略长，腹部为圆形，炉底为弧形，下设三乳足，通体无装饰，底部及足处不施釉。通高9.2厘米，口径10.5厘米，底径4.5厘米。宋代酱釉炉（图7），盂状，敞口，素面。高4.7厘米，口径9.5厘米，圈足5.4厘米。这两件香炉都没有多余、繁杂的装饰部件，仅通过造型本身或釉色进行装饰，体现出宋代熏香炉简洁的特点，呈现出恬静又大气的风格。

图6 宋代酱绿釉三足香炉

图7　宋代酱釉炉

需要注意的是，宋代绝大多数仿古陶瓷香炉都是没有炉盖的，如图6和图7的仿古香炉。无盖香炉早在汉代就已经出现，但在宋代才开始大量出现并风靡起来，其原因除受到宋代"金石"文化的影响外，更主要还是取决于新型香品的特点。宋代产生的线香、篆香以及塔香等类香品可以直接点燃烧闻，是不需要炉盖的，去掉炉盖部件的设计使得宋代陶瓷香熏炉的造型极大地简化，并对宋代之后的香熏炉造型产生了极大的影响。

宋代之前，树脂类的高级香料比较珍贵，香熏活动一直被视为是王宫贵族才能享有的。宋时的远航贸易被称为海上的"丝绸之路"，香料进口贸易非常发达，该时期的香料发展遂比前朝更加迅速和成熟，这样的发展状况大大改变了宋代所燃香料的种类、形态，进而影响了宋代陶瓷香熏炉的造型特征。

4. 旅顺博物馆藏明代熏香炉

明代熏香炉的形制继承了唐宋并进一步发展，该时期在香炉制造工艺上的最大突破当属"宣德炉"的成功制造。宣德炉在形态上深受宋代仿古瓷炉影响，造型古朴简洁，色泽晶莹温润，在此后的很长一段时间里，宣德炉也常常是这一类铜炉的通称，后来又出现仿宣德炉的瓷炉。明代青花瓷以及釉里红和青花斗彩等装饰绘画工艺在陶瓷中已经相当成熟，因此这一时期的香炉工艺美也体现在装饰绘画上。自明晚期起，掐丝珐琅工艺兴起，清代掐丝珐琅香炉达到中国工艺最巅峰。

馆藏明代熏香炉30余件，包括仿古瓷炉、仿生炉、青铜炉等。

馆藏德化窑白釉双耳香炉（图8），仿宣德炉样式，撇口，卷沿，束颈，扁圆腹，圈足外撇，耳面雕刻简约兽首，高9厘米，腹径13厘米，底径9.7厘米。天启款影青釉"南社祠堂祭器"炉（图9），扁圆浅直腹，幔形四足外撇，通体施影青釉，釉面肥厚莹润。器体两侧以青花楷书双竖行"南社祠堂祭器"与"大明天启丁卯年造"铭文，可见是作为祭器使用。龙泉窑青釉刻花樽式炉（图10），直口，内折沿，直

图8　德化窑白釉双耳香炉

图9　天启款影青釉"南社祠堂祭器"炉

图10 龙泉窑青釉刻花樽式炉

腹下敛，三蹄形足，通体施梅子青釉，腹壁刻划钱纹图案。釉上刻竖行"瑞颖圣王"楷书铭四字，为寺庙祭器，高17.6厘米，口径25.1厘米。

馆藏一件仿生熏炉比较值得注意，笔者将其称为"甪（lù）端铜熏炉"（图11）。甪端昂首挺胸，口部张开，牙齿外露，四肢健硕，颌处可以开合。使用时在腹内放置香料燃烧，香气由腹通过口部散发出来。长13.3厘米，宽8.75厘米，高17.2厘米。此件在登记账的名称为"明狻猊兽形铜炉"，笔者经过对比认为"甪（lù）端"比较准确。"狻猊"为传说中的龙生九子之五，形如狮，而"甪端"最鲜明的特征就是头上一角，与麒麟相似，是一种虚构的神兽，传说"日行万八千里，又晓四夷之语，明圣在位，明达方外幽远之事"。帝王用这种香炉，象征身在宝座而晓天下事，做到八方归顺，四海来朝。在民间，它则寄寓了民众祈盼国泰民安、生活富裕、人寿年丰的美好愿望。

明代正式出现了"线香"这个名称，线香类似于现在烧的香，这种香虽然早在宋代就已出现，但明朝时才开始广泛使用，并且形成了成熟的制作技术，《本草纲目》不仅论述了香的使用，而且记载了许多制香方法，如书中所记：使用白芷、甘松、独活、丁香、藿香、角茴香、大黄、黄芩、柏木等为香末，加入榆皮面作黏和剂，可以做香"成条如线"。

5. 旅顺博物馆藏清代熏香炉

清代金石之风复兴，清代帝王为巩固皇权、彰显皇威，多用鼎彝的造型来制作香炉，乾隆时期仿古造型的香炉愈加流行。清代皇帝特别是乾隆对于具有文人审美价值的物件及艺术品颇为喜爱，因此宋明两朝的香炉造型与形制在清代也多被沿用。馆藏清代香炉40余件，既包括仿古的鼎彝之器，也包括用于陈设、赏玩的玉质香炉，还有威严气派的珐琅香炉等，体现了清代高超的工艺水平。

馆藏乾隆款酱釉地仿铜洒金香炉（图12），内外施酱色釉，通体洒金箔，有金属感，肩部描金绘弦纹及如意云纹，足底绘联珠纹、回纹，足根描绘兽面。高10.1厘米，腹径11厘米，口径9.15厘米。乾隆款珐琅凤耳四足盖炉（图13），器型较大，盖顶有狮戏绣球钮，钮下有四处镂空开光，炉口附有展翅欲飞的双凤耳，如意云纹

图11 明代甪（lù）端铜熏炉

四足，造型极为优美，通高52.5厘米，腹宽49.2厘米。把香料放入炉内，透过缝隙散发气味，可驱赶蚊虫、净化空气，同时能够在皇宫中营造出烟雾缭绕的气氛，更显示出皇室的威严。珐琅香炉是清代流行的重要香炉种类之一，在清宫的文化活动中，珐琅香炉的使用愈发频繁，大型香炉在重大节庆活动、科举等场合中使用，不仅要满足熏香的功用，更要起到陈设、装饰的作用。嘉庆款粉彩描金八宝纹香炉（图14），鼎式，方口，宽平沿，束颈，圆腹，肩两侧附朝冠耳，腹下承三兽蹄形足，胎体厚重，造型敦厚。高16.7厘米，口径10.05厘米，腹径12.2厘米。

图12　乾隆款酱釉地仿铜洒金香炉　　图13　乾隆款珐琅凤耳四足盖炉　　图14　嘉庆款粉彩描金八宝纹香炉

除此之外，馆藏还有玉、水晶、翡翠等材质的熏香炉，这种炉器型较小，工艺精湛，多是一种用来陈设或者把玩的观赏品，如馆藏白玉活环炉和翡翠香炉均属此类。

清代迎来了用香的高峰期，几乎涵盖了所有品类，有植物类香料、动物类香料和合成类香料。在清宫内，香料除单一使用外，经常以合香的形式使用，将各种香料碾成粉末再按照一定的比例掺配在一起即可制成合香，其可做成香饼、香面、盘香、线香等形状。

三、熏炉所反映的文化内涵

焚香习俗自古就有，早期的焚香以实用目的为主，各类香草具有驱虫之用，同时焚香的温度也能在一定程度上祛除湿气，这使得香炉在潮湿的南方地区更为流行。

香炉的出现与佛教有紧密关联。汉代佛教始入中国，佛用香炉中焚香仪式对香有着大量需求，此后焚香供佛成为香炉具最为重要的使用场景。道教文化的盛行成为汉代博山炉设计的主要推动力。博山炉以海上传说中的仙山为原型，焚香时，缕缕青烟从山峦间缠绕，正如海上仙山云雾缭绕、宛若仙境，符合汉代神仙道教的思想，因而在汉代大为流行，此后成为后世竞相模仿的香炉，其审美与艺术价值极高。从西汉至东汉，"仙山"的形象得到了极大的发展，在画像石、画像砖、漆棺画、帛画、石棺、钱树座还有本文中的博山炉等多种载体上都有体现。

熏香在隋朝以及唐代初期虽然还没有完全在民间普及，但用香文化与香炉设计已经初步发展起来，并形成了一个相对完善与成熟的产香、贩香、用香的产业体系。唐代的用香人群对香料与香炉的需求大大超越前朝，出现了一个更加精细化、专业化的用香市场。佛教在唐代中期的兴盛也大大推动了用香文化和香炉设计在唐代的发展，佛家崇尚用香，在诸多大小活动中都要焚香，且佛教还为香炉设计带来了许多异域元素，在一定程度上影响了唐代人们对金银香炉材质的热爱，佛教中常出现的狮子、莲花等造型也常被用在香炉设计当中。

经历唐末五代乱世，为防止唐末藩镇割据局面，宋统治者开始重儒礼士，大力扶持文人，文人政治地位的提升，大力推动了士大夫文化的昌盛。宋代文化界中理学盛行，诗词繁荣，诗歌、绘画和造物艺术都有所创新，达到了一定的高峰。宋代文人喜欢"燕居焚香"的生活方式，此时香炉小巧而简洁的特点正与这种生活方式相吻合。此外，宋代瓷器改革创新也达到高峰，制瓷工艺的发展满足文人审美需求，也正是由于这股强大的文人推力，宋瓷香炉才得以形成独具特色的质朴美。

明清时期，随着香料的生产及种类的增多，用香的场合也逐渐增多，从而发展到许多重要活动需要焚香。焚香除用于祭祀之礼、文人雅玩、贵族奢侈享受之外，更广泛地融入百姓平常生活，成为普通人家开门七件事"柴、米、油、盐、酱、醋、茶"之外的第八件日常生活用品，成为一种生活与社交的方式。

结 语

品香用香在很大程度上是一种"奢侈品"，所以香文化的发展特别需要一个安定繁荣的"盛世"环境。近年来已有越来越多的人喜欢品香、用香，对香炉的品质也有了更高的追求，在追求精神宁静与生活品质的今天，香炉的制作更需要传统与现代工艺相结合，优质的熏香炉不仅是品茗、参禅、修身的伴侣，更是家居装饰中别具一格的艺术品。

旅顺博物馆藏"亚"字铭文青铜器*

刘述昕

旅顺博物馆

内容提要：目前已知带有铭文的殷周青铜器约有16 000余器，其中含有"族徽"或"族氏铭文"者约为8 000器。其中，"亚"字铭文已经为众多学者关注和研究。本文所述"亚"字铭文青铜器就是指具有"族徽"或"族氏铭文"这类标识意义的。旅顺博物馆藏有"亚"字铭文的青铜器12件，本文拟从器型、流传、著录情况、亚字铭文等方面进行整理和研究。

关键词："亚"字铭文　族氏　罗振玉

一、"亚"字铭文的研究回顾

商代和西周早期的青铜器上，常常铸有一种象形程度较高的铭文。一般来说其字数较少，出现频率较高，形式上呈现多个单字铭文缀联，而且具有相对的独立性，在句意上与铭文上下文联系不那么紧密。关于这类铭文，学术界主要有象形字[1]、图画文字[2]、文字画[3]、族徽[4]、早期铜器铭文[5]、徽号文字[6]、族名金文[7]、记名金文（私名）[8]、

---

* 本文系辽宁省社会科学规划基金重点项目"先秦时期幽燕地区的族群分布与文化交融研究"（L21AZS002）阶段性成果。

[1] ［清］吴大澂：《说文古籀补》，中华书局，1988年；王国维、鲍鼎：《国朝金文著录表·国朝金文著录表补遗·国朝金文著录表校勘记》，文海出版社，1974年。

[2] 容庚：《金文编》，中华书局，1985年；唐兰：《古文字学导论》，齐鲁书社，1981年，第202—216页。

[3] 见沈兼士：《容庚〈金文编〉序五》（1925年版）；沈兼士：《从古器款识上推寻六书以前之文字画》，《沈兼士学术论文集》，中华书局，1986年，第68—69页。

[4] 郭沫若：《殷彝中图形文字之一解》，《殷周青铜器铭文研究》，科学出版社，1961年，第13—22页；《郭沫若全集·考古编（第四卷）》，科学出版社，2002年。该文写成于1930年。

[5] 林沄：《林沄学术文集》，中国大百科全书出版社，1998年，第60—68页。

[6] 高明：《古文字类编》序，中华书局，1980年。

[7] 裘锡圭：《文字学概要》，商务印书馆，1988年，第43页。

[8] 胡平生：《对部分殷商"记名金文"铜器时代的考察》，陕西省考古研究所主办：《古文字论集（一）》，《考古与文物》丛刊第2号，第88页。

族氏铭文[①]、族氏文字与符号[②]、家族标记[③]、特殊铭刻[④]等说法。随着研究的深入，称谓也越来越统一，基本上形成族徽和族氏铭文两种主流说法。具体到文物介绍或者展陈领域，单单在表述和普及角度，可能称"族徽"会更加直接和简洁。至于称族徽还是族氏铭文，因与本文关系不很密切，暂不作讨论。

因为留存数量和组合方式众多，内涵诠释多样，"亚"字铭文在众多铭文中尤为引人注目。据王长丰统计，关联"亚"字的族徽或族氏铭文、与"亚"结合的金文族徽有317种，仅单独一"亚"字族徽1种，"亚［某］"[⑤]族徽1种，余者均为与"亚"缀联的族徽。"亚"类族徽占全部金文族徽总数的14.62%[⑥]，是最大的一个族徽类型。

本文所述"亚"的字形见于甲骨文和金文，形体上如"十"字形轮廓的双钩线，内部中空，四周横竖短线有不出头和两端出头的区别。甲骨刻辞中作✧或✧，金文中"亚"字作▢（01147）[⑦]、▣（00904）、▢（01145）、✧（01144）、▣（07097）。"亚"在甲骨文和金文中的区别在于，甲骨文的"亚"内部空间相对较小，四角缺口较大；金文的"亚"大多数呈现方形四角有小缺口，内部空间较大，可容纳其他铭文，也有和其他文字上下组合排列的情况，但是单体"亚"在金文中数量极少，绝大多数都是以和其他"族徽"或"族氏铭文"相缀联的形式存在。

现代汉语中，"亚"的常用义是次一等的、较差的。商周时期"亚"字铭文的内涵说法颇多，主要有"宗庙说"[⑧]"官爵说"[⑨]，另外还有"异姓方国说"[⑩]"宗族宗法关系说"[⑪]"铭文界画说"[⑫]"'亚某'大多是氏说"[⑬]"一般低级服役

---

① 李学勤：《古文字学初阶》，中华书局，1985年，第84页；李零：《苏埠屯的"亚齐"铜器》，《文物天地》1992年第6期，第42—45页；何景成：《商周青铜器族氏铭文研究》，吉林大学博士学位论文，2005年，第4—5页。
② 张振林：《试论铜器铭文形式上的时代标记》，《古文字研究》第五辑，中华书局，1981年，第49页。
③ 张振林：《对族氏符号和短铭的理解》，《中山大学学报（社会科学版）》1996年第3期，第66—74页。
④ 刘雨：《殷周青铜器上的特殊铭刻》，《故宫博物院院刊》1999年第4期，第13页；刘雨：《金文研究中的三个难题》，《古文字与汉语史论集》，中山大学出版社，2002年，第126页。
⑤ "亚［某］"在本文中表示"某"字在"亚"中，通篇中"亚［ ］"的"［ ］"表示括号内文字位于亚字之内。
⑥ 王长丰：《殷周金文族徽研究》，上海古籍出版社，2015年，第179页。
⑦ 本文铭文后的（ ）内数字表示该铭文在《殷周金文集成》中的编号，以下皆同，不再赘述。
⑧ 此说最早见于宋代王黼《宣和博古图》，清代至近现代诸家如阮元、吴荣光、罗振玉、张凤等对宗庙亚形之说进行阐释。于省吾、张光直、朱凤瀚、［英］艾兰也有详细论述。
⑨ 斯维至、陈梦家、曹定云、唐兰、丁山、何景成等均持此说，认为是诸侯、职官、武官等。
⑩ 李伯谦：《举族族系考》，《考古与文物》1987年第1期，第61—66页。
⑪ 刘节认为卜辞"亚宗"是指氏族中的"宗氏"所在，"亚"恐怕只能当做"胞族"，"大亚"才是部族。（见周法高：《金文诂林》第14册，香港中文大学出版社，1974年，第7864页。）李零则认为凡带"亚"的大抵都是表示该国与商王朝所拥有的一种胞亲和姻亲的宗法关系。（《苏埠屯的"亚齐"铜器》，《文物天地》1992年第6期，第42—45页。）
⑫ 王国维：《国朝金文著录表·略例》，《王国维全集》第四卷，浙江教育出版社，2010年，第306页。
⑬ 李学勤：《考古发现与古代姓氏制度》，《考古》1987年第3期，第253—257页。

者"①等。其中,"官爵说"主要是从甲骨卜辞分析入手,谈及商周"亚"字铭文;"宗庙说"和"宗族宗法关系说"存在一定的联系。"宗庙说"侧重于宗庙亚形结构的考证,"宗族宗法关系说"则更进一步将宗庙亚形结构与"亚"字铭文联系起来,推断"亚"字铭文涉及宗族、宗法关系。比如:李零先生指出,商代族氏铭文中,凡带有"亚"的族氏大抵都是表示该国与商王间的一种宗法关系。这种关系可能兼有胞族和姻亲,既可指血缘的分支或旁出,也可能与婚姻有关②。冯时先生认为,"亚"具有"次"意,殷周之亚乃宗法中的小宗。小宗于铭文中可省去亚称,但称亚而不省者则必为小宗③。朱凤瀚先生认为"亚某"(包括"亚"中"某"与"某"冠于"亚"之前)之"亚",是指示"某"为氏名,且为其所属宗氏的分支,亦即相对独立的次级族氏。此种含义与"亚"训为"次也"相应④。王长丰先生系统地梳理、研究殷周金文材料,对带"亚"字甲骨卜辞与带"亚"字金文进行比较,反驳了上述"爵称说"与"一般低级服役者说"的依据,认为殷周金文中"亚且"及族徽中的部分"亚"为"五世而迁,另立新宗"的宗庙象征。"亚[某族徽]"形式的殷周铭文内涵是"亚"内的某族在五世之后另立新宗,成为新的宗庙始祖,其后世子孙对他的称谓⑤。

根据以上的梳理可知,商周青铜器上的"亚"字铭文,在学界有着"族氏铭文""族徽"两种主流称谓;无论是哪种称谓,它代表的都是方国、族、(姓)氏、私名等方面内容。

"亚"字铭文青铜器在殷墟及周边出土相对较为集中,尤其是短铭器物,包括亚、亚艿、亚矣、亚弜、亚长、亚其、亚址、亚夫、亚守、亚舟等等。尤其值得注意的是在《河南出土商代金文的初步整理与研究》中,统计安阳出土单"亚"字铭文器6件,时代均定为殷墟四期。同文也记录安阳出土的"亚矣"器时代为殷墟二期的约有半数。具体参照下表。如果该文统计的时代认定无误的话,说明单字"亚"器数目虽少,但也存在,并可以单独作为青铜器上的标记使用;而且时代至少不早于"亚矣"这类"亚"字+族氏铭文或族徽的器物。据此,笔者推断"亚"字铭文的内涵和指代也许是随着时间变化,存在着多样性的。

二、旅顺博物馆藏"亚"字铭文青铜器分类

根据"亚"与其他铭文组合的结构和形式不同,我们将旅顺博物馆藏的青铜器分为三类。

第一类,"亚"与另外一个"族徽"或"族氏铭文"缀联,亚在上部。亚艿卣、亚矣鼎、亚矣豆盖、亚矣锛,即为此类。

---

① 王献唐:《黄县룙器》,《山东古国考》,齐鲁书社,1983年,第81—86页。
② 李零:《苏埠屯的"亚齐"铜器》,《文物天地》1992年第6期,第42—45页。
③ 冯时:《殷代史氏考》,《黄盛璋先生八秩华诞纪念文集》,中国教育文化出版社,2005年,第20—22页。
④ 朱凤瀚:《商周金文中"亚"字形内涵的再探讨》,《甲骨文与殷商史》新六辑,上海古籍出版社,2016年。
⑤ 王长丰:《殷周金文族徽研究》,第181—212页。

河南出土、收藏"亚""亚矣""亚芦"铭文铜器表[①]

序号	器 名	时 代	出 土 地	著 录	铭 文
1	亚矣铙	二期	传出安阳	Y02.380	亚矣
2	亚矣铙	二期	传出安阳	Y02.381	亚矣
3	亚矣方鼎	二期	传出安阳大墓	Y03.1432	亚矣
4	亚矣卣	二期	安阳侯家庄西北岗	Y10.4813	亚矣
5	亚矣尊	二期	传出安阳侯家庄西北岗大墓	Y11.5570	亚矣
6	亚矣觚	二期	1930前安阳大司空村南地	Y12.6965	亚矣
7	亚矣觚	二期	1985年安阳刘家庄南（M22:2）		亚矣
8	亚矣斝	二期	安阳市侯家庄西北岗大墓	Y15.9157	亚矣
9	亚矣瓿	二期	传出安阳西北岗大墓	Y16.9948	亚矣
10	亚矣盘	二期	传出安阳	Y16.10023	亚矣
11	亚矣钺	二期	1930年安阳大司空村南地	Y18.11745	亚矣
12	亚矣觚	四期	现藏于南阳市博物馆	JC3.679	亚矣
13	亚矣铃	商	传1930年前后安阳市大司空村南地	Y02.413	亚矣
14	亚矣铃	商	传1930年前后安阳市大司空村南地	Y02.414	亚矣
15	亚矣铃	商	传出安阳	Y02.415	亚矣
16	亚矣觚	商	传1930年安阳大司空村南地	Y12.6966	亚矣
17	亚矣卵形器	商	传出安阳西北岗	Y16.10344	亚矣
18	亚矣戈	商	1939年安阳	Y17.10831	亚矣
19	亚矣戈	商	1939年安阳	Y17.10833	亚矣
20	亚矣锛	商	1939年安阳	Y18.11794	亚矣
21	亚矣耜	商	传出安阳	Y18.11831	亚矣

[①] 据苗利娟：《河南出土商代金文的初步整理与研究》，郑州大学硕士学位论文，2007年，第115—139页。本文引用时略有修订。

续 表

序号	器 名	时 代	出 土 地	著 录	铭 文
22	亚矣铜泡	商	传出安阳	Y18.11852	亚矣
23	亚矣铜泡	商	传出安阳	Y18.11853	亚矣
24	亚矣甗	商	1956年上蔡田庄村墓葬	Y03.828	亚矣
25	亚矣簋	商	现藏于安阳市博物馆	Y06.3091	亚矣
26	亚屰方彝	商	传出安阳	Y16.9854	亚屰
27	亚屰勺	二、三期	传出安阳	Y16.9910	亚屰
28	屰戈	商	安阳	Y17.10632	屰
29	屰戈	商	安阳	Y17.10634	屰
30	屰征爵	三、四期	现藏新乡市博物馆	Y13.8158	屰征
31	亚爵	四期	1999年安阳刘家庄（M1046:21）		亚
32	亚爵	四期	1999年安阳刘家庄（M1046:46）		亚
33	亚角	四期	1999年安阳刘家庄（M1046:18）		亚
34	亚鼎	四期	1987年安阳郭家庄东南（M1:19）	JC2.188	亚
35	亚觚	四期	1999年安阳刘家庄（M1046:9）		亚
36	亚觚	四期	1999年安阳刘家庄（M1046:11）		亚

1. 亚屰

亚屰卣，商代晚期，通高24.97厘米，口部最大径15.5厘米，重3.065千克。

一般称为鸱鸮提梁卣，"鸮"或写作"枭"，即猫头鹰。器形是对称的两鸮合体而成，直口矮颈，鼓腹，底部微圜，四条粗壮的短足。盖作鸟首形，环形眼，有弯曲内卷的长角，两侧有钩形喙，中央有屋顶形钮，颈部有一对半环钮，套接索状提梁。器腹部饰有鸟的羽翼。盖、器同铭，各2字：亚屰。该器著录情况：《三代吉金文存》12.43.3，《殷周金文集成》04816，《金文总集》5076，《冠斝楼吉金图》上53。

典藏研究

检索《殷周金文集成》①《近出殷周金文集录》②《近出殷周金文集录二编》③，可见"亚屰"铭文器7件：簋1、卣2、爵2、方彝1、勺1。其中6件属于商代，铭文2字；只有1件簋属于西周早期，铭文12字。"屰"铭文器9件；"亚［屰］"铭文器1件；其他包含"屰"铭文器有"屰丁""屰征""屰目""敫""癸屰""屰癸"共8件，"逆""逆父""逆欮"共5件。

据商代甲骨刻辞，屰国（族）先与商处于敌对关系，商中期被征服，后协助抵御羌方袭扰。罗振玉所撰《增订殷虚书契考释》："屰，为倒人形，示人自外入之状。与'逆'字同字同意，故卜辞'逆'字亦如此作。"④陈炜湛认为逆确是屰的后起字，它的本意也应该是不顺，甲骨文、金文中的"逆"，用作人名地名⑤。因此有说法认为商代屰族与周代逆族可能存在承继关系。刘新民通过甲骨刻辞中与"屰"有关联的族群"鸣"、"旨"、"唐"、"巚"、"兕"、羌方，推测"屰"族大概在生活在晋南一带。其大致区域在运城—临汾—长治之间的三角区域⑥。

从铭文特点来看，"亚屰"铭文器时代为商中后期。这点可以参照亚屰勺（Y16.9910），时代为殷墟二、三期⑦；以及亚屰方彝（Y16.9854），时代为商，两件均传出河南。笔者倾向于"亚屰"是"屰"族的一个分支。

2. 亚夨

（1）亚夨鼎，商代晚期，高20厘米，腹径16.6厘米，重2.195千克。

敛口，斜折沿，方唇，口沿上有一对方形立耳。束颈，鼓腹，底部分裆，三柱足低矮、粗壮。颈腹部以云雷纹衬地。颈部有涡纹与回首龙纹相间组成的纹饰带。腹部以三足相接处为界，分饰三组凸起的兽面纹，兽角内卷，额部有菱形纹，圆目凸出，鼻梁微微起棱，兽面纹两侧各饰一只倒置的直身龙纹。内壁铸铭文2字：亚夨（疑）。该器著录情况：《三代吉金文存》2.8.2，《殷周金文集成》01427，《金文总集》0165，《商周青铜器铭文暨图像集成》00568。罗振玉在《三代吉金文存》中将亚夨写作"奠"或"奠"，认为是1个字，如奠豆、奠小器、奠铜器等。

（2）亚夨豆盖，商代，通高6.6厘米，

---

① 中国社会科学院考古研究所：《殷周金文集成》（修订增补本），中华书局，2007年。
② 刘雨、卢岩：《近出殷周金文集录》，中华书局，2002年。
③ 刘雨、严志斌：《近出殷周金文集录二编》，中华书局，2010年。
④ 徐山：《释"屰、逆、庐（斥）"》，《桂林师范高等专科学校学报》2004年第2期，第10、11页。
⑤ 陈炜湛：《不顺的由来——屰和逆》，《文字改革》1983年第9期，第29、30页。
⑥ 刘新民：《甲骨刻辞"屰"地拟考》，《中国历史地理论丛》2018年第2期，第46—49页。
⑦ 苗利娟：《河南出土商代金文的初步整理与研究》，郑州大学硕士学位论文，2007年，第115—139页。

口径18.7厘米，重0.945千克。

　　盖为扁圆形，上有大圆形捉手，捉手中心内凹，可以翻置，盛放使用。盖内有铭文2字：亚夷（疑）。该器著录情况：《三代吉金文存》10.46.3。

　　《三代吉金文存》：亚夷豆两件，器盖各一字。经比对，此豆盖铭文与三代10.46.3符合。另外，此铭文与《贞松堂集古遗文》8.33闽县陈氏澄秋馆藏罋铭文相同。《殷周金文集成》收录亚夷豆1件，唐兰藏。比对铭文与此件不符。

　　（3）亚夷锛，商代晚期，通长11.7厘米，刃宽2.6厘米，銎口长3.4厘米，宽1.6厘米，重0.16千克。

　　长方楔形，弧刃，长方形銎，上端一侧有一半环形钮。饰兽面纹和三角纹。两侧同铭，各2字：亚夷（疑）。原藏王辰。名为亚夷锛的器物已知还有2件，1件中国国家博物馆藏，1件注明原藏梁上椿。该器著录情况：《三代吉金文存》20.49.2，《十二家吉金图录》贮30，《殷周金文集成》11775，《金文总集》7756，《续殷文存》下90.4，《国史金石志稿》2700。

　　亚夷，夷字上部与亚字借笔，两字共用一横。上部释读为亚；下部像一个拄着手杖的人，呆呆站立，困惑不知所向的样子，释读为夷。《说文》云："亚，丑也。象人局背之形。"对于夷字，罗振玉说："许书无此字，殆即疑字，象人仰首旁顾形，疑之象也。"郭沫若在《卜辞通纂》中提到："当是古疑字，象人持杖出行而仰望天色。""疑"在《说文》中释为："惑也，从子止匕，矢声。"于省吾认为"夷"是"疑"字初文[①]。在甲骨刻辞中，关于"夷"的有上百条，可知夷是祖庚、祖甲时期的贞人，占卜过有关天气、战争、灾祸和祭祀等方面的内容，贞人"夷"的居地也名"夷"，且该地有商人的军事组织。甲骨刻辞中"夷"也有作族名的例子，如："□来□自夷师。"（合集24317）其中的"夷"应是族名。所以"夷"可以指私名、地名、族名。

　　"夷"在商周时期的铜器中很常见，多与"亚"联缀，铭文为"亚夷"。"亚"和"夷"的排列有多种方式，常见有上"亚"

---

① 于省吾：《释"夷"和"亚夷"》，《社会科学战线》1983年第1期，第107—109页。

下"矣",二字合文,即馆藏三件铜器的写法;也有上"亚"下"矣",二字分开。少见的有"矣亚","矣"在"亚"中。"矣"也存在开口向左和向右之分,见上述器(1)与(2)(3)拓本。王献唐先生认为卜辞中"疑"的身份是"亚",将"亚其"和"亚眞"归为一族①。何景成持相似观点,认为"其"是"眞"的另一种写法②。于省吾在《释"矣"和"亚矣"》中指出"亚矣"是商代一个氏族,与商有着紧密关系。高晋南认为"矣"于青铜器上称"亚"应当也是出于标明自己宗法地位的缘故。他的后人在商末周初以"亚矣""亚(其)矣""亚(其侯)矣"以及"亚(眞侯)矣"等为族氏铭文③。

目前大多数观点认为"矣"为族徽,"亚"为职官性称谓,故"亚矣"的结构为"单一族徽+官名"。笔者更倾向于上述李零、冯时、朱凤瀚等诸位先生提出的"宗法关系""小宗""族氏分支"等观点,认为"亚矣"是甲骨刻辞中"矣"族氏的一个分支。另外,据统计河南安阳出土"亚矣"器23件,周边的南阳、上蔡也各有1件,时代为殷墟二期占半数④。这是专家认为"矣""亚矣"是与商王室关系紧密的族氏的一个例证。

第二类,"亚"与另外一个"族徽"或"族氏铭文"组合,亚在外部,另一字在内部。旅顺博物馆藏亚登簋、亚戈爵、亚酉觚,即为此类。

1. 亚[登]

亚登簋,商代晚期,高11.4厘米,口径17.1厘米,腹径14.3厘米。重1.04千克。侈口,束颈,鼓腹微垂,一对半环状兽首耳,下有小长方形珥,圈足高而外撇。颈部前后中心均饰以浮雕兽首,腹部光素。内底铸铭文2字:亚登。该器著录情况:《贞松集古遗文》4.26.3(称彝),《三代吉金文存》6.5.12,《金文总集》1779,《殷周金文集成》03105,《商周青铜器铭文暨图像集成》03665。罗振玉在《贞松堂集古遗文》记:名异彝,一字亚形中昇,旅顺博物馆藏。关于器物时代,《殷周金文集成》定为西周早期,《商周金文资料通鉴》定为商代晚期。

除去祭祀动词,"登"在甲骨金文中往往用作国名、族名与地名,尤其在两周金文中多可读作"邓"。马盼盼根据殷商甲骨文推断登地在今沁阳市,殷商时属商王田猎区⑤。陈絜在整理相关文献、器物资料后,进行详尽的论述,认为殷墟卜辞中

---

① 王献唐:《黄县眞器》,山东人民出版社,1960年,第171—188页。
② 何景成:《"亚矣"族铜器研究》,《古文字研究》第25辑,中华书局,2004年,第150页。
③ 高晋南:《商周青铜器族氏铭文历史来源分类研究》,山东大学博士学位论文,2019年,第148页。
④ 详见上文《河南出土、收藏"亚""亚矣""亚芇"铭文铜器表》。
⑤ 马盼盼:《殷墟甲骨文所见地名的整理与研究》,吉林大学博士学位论文,2022年,第852页。

的登地就是指《左传》隐公十年鲁齐郑三国"盟于邓"的兖州附近的鲁邓，卜辞登族就是指盘踞于鲁邓之地的首领之族。而商周之际的登器，多属东土登族或居住登地的其他族氏组织的遗物，西周早期的姬周王畿内的登器也基本是东土登族西迁后的遗存，与南土嫚姓邓国关系不大①。周代嫚姓邓国活动区域在南阳盆地至随枣走廊一带。

据此，可将馆藏商代晚期的亚登簋与西周晚期的登孟壶盖②之"登"予以区分。登孟壶盖应是周代嫚姓邓国的器物，而亚登簋铭文中的"登"，应为商周之际的东土登族，主要盘踞在今济宁兖州一带。亚[登]就是"登"族在五世之后另立新宗，成为新的宗庙始祖，其后世子孙对他的称谓。

2.亚[戈]

亚戈爵，商代晚期，通高19.5厘米，重0.74千克。曲口宽流槽，尖尾上翘，直腹圜底，扁环鋬，三棱锥足，口沿近流折处有一对菌状柱。柱帽饰涡纹，口下饰仰叶纹，腹饰云雷纹填地的兽面纹。鋬内铸铭文2字：亚戈。罗振玉旧藏。该器著录情况：《贞松堂吉金图》中17，《三代吉金文存》15.17.2，《续殷文存》下4.5，《金文总集》3399，《殷周金文集成》07827，《国史金石志稿》542，《商周青铜器铭文暨图像集成》07104。

殷商时期亚[戈]器7件，时代以商代居多，周早期仅1件，铭文有2字和4字两种。单铭戈器有86件，据《史记·夏本纪》、武丁时期的"典宾类"卜辞、西周铜器铭文，可知"戈"族始封于夏，姒姓，少康灭之，其后以国为氏，历经商朝，西周早期依然存在。卜辞中的"戈"可以作为族名、地名、人名。

殷周金文方国族氏徽中有"𢦏"（《集成》04704）、"𢦏"（《集成》10489）二字形，《集成》《高家堡戈国墓地》等均释为"戈"；《殷墟甲骨刻辞类纂》③释"𢦏"为"𢦏"或"戈"。在以往研究中，多释为一字"戈"。统计戈族铜器时，往往是将上述两种字形都当做戈字统计。邹衡、戴应新、陈新、陈晓华、杨肇清等曾做过统计，但都没有具体地讨论其出土状况。何景成认为戈族铜器的出土地点较为分散，各地点出土的"戈"族铜器较为零星，又多与缀有其他族氏铭文的铜器同出。很难根据其出土状况来判定"戈"族在当时的分布情况④。王长丰则将两类戈形族徽器分开统

---

① 陈絜：《卜辞登族、登地与商周东土邓器》，《中原文化研究》2023年第1期，第127页。
② 郭富纯：《旅顺博物馆藏雪堂遗珍·文物卷》，大连出版社，2012年，第19页。
③ 姚孝遂等：《殷墟甲骨刻辞类纂》，中华书局，1989年，第911页。
④ 何景成：《商周青铜器族氏铭文研究》，吉林大学博士学位论文，2005年，第64—69页。

计，"戈"方国族氏徽铭文81器铭85拓片铭文，其时代从殷商至西周早期均见，属殷商时期为55器，属西周早期为22器，其余4器属于商末周初，其中有明确出土地点的19器①。彭明瀚指出戈器主要分布在周原、殷墟和赣鄱地区等三个区域，前两地区已经出土了百余件商代"戈"铭青铜器；江西地区仅出"戈"铭陶器②。

梳理以上资料，"戈"方国族氏徽的出土地相当广泛，共有7省出土，分别是河南安阳、汝南、上蔡、辉县、罗山，山西灵石县，湖南宁乡、湘潭县，山东长清县，陕西宝鸡市、铜川市、长安县、泾阳，甘肃庆阳。关于戈国的地望，钟柏生根据卜辞推断戈方在殷西③。杨伯峻认为"今河南杞县东北三十里有玉帐，或云古玉畅……，其余五地或皆在今杞县、通许县与陈留镇三角地区"④。王长丰认为商周时期戈的地望在今商丘和新郑之间⑤。李雪山认为亚戈、亚国，相对王畿方位西南，山西省垣曲县和陕西省间⑥。

亚［戈］，就是"戈"族在五世之后另立新宗，成为新的宗庙始祖，其后世子孙对他的称谓。值得关注的是大多数"戈"均为， 下端呈三足分开。馆藏亚戈爵，铭文为， 下端呈二足分开。

3. 亚［酉］

亚酉觚，商代晚期，通高29.7厘米，腹深19.5厘米，口径16.7厘米，重0.995千克。呈喇叭状，侈口，长颈，腹壁较细直，圈足沿外撇。颈饰有仰叶纹，直至口缘。腹和圈足均饰兽面纹，以云雷纹填地。圈足上部有一对十字穿孔。圈足内铸铭文2字：亚酉。该器著录情况：《三代吉金文存》14.18.10，《十二家吉金图录》贮14—15，《续殷文存》下41.1，《殷周金文集成》06989，《金文总集》5988，《殷周时代青铜器の研究·殷周青铜器综览》觚154，《商周青铜器铭文暨图像集成》09400。《三代吉金文存》：亚中酉觚一字。原藏王辰。《商周金文资料通鉴》：该觚见于记载共3件，吉林省博物馆和某藏家也各有1件。

殷商时期亚［酉］器5件，时代均为商代，无出土地记录，铭文2字和4字两种，有亚［酉］父丁鼎、亚［酉］觚、亚［酉］斝。单铭酉器12件，酉与其他铭文

---

① 王长丰：《殷周金文族徽研究》，第50页。
② 彭明瀚：《商代赣境戈人考》，《南方文物》1996年第4期，第62页。
③ 钟柏生：《殷商卜辞地理论丛》，艺文印书馆，1989年，第207—208页。
④ 杨伯峻：《春秋左传注》，中华书局，1990年，1673页。
⑤ 王长丰：《殷周"戈"族铜器整理与"戈"族地望探讨》，《中国国家博物馆馆刊》2011年第2期，第73页。
⑥ 李雪山：《卜辞所见商代晚期封国分布考》，《殷都学刊》2004年第2期，第14—19页。

组合 6 件。

酉族器数量少，且大多数是传世品，如酉父癸簋、酉父辛爵、酉卣等（《金文编》卷14）。出土地点明确的酉族器有：安阳殷墟徐家桥村北 M23 己酉鼎、己酉簋，安徽阜阳市颍上县王拐村收集酉爵，时代均在殷墟文化晚期。湖南望城高砂脊遗址 M1 出土的一件"酉"铭鼎。湖北省蕲春县毛家嘴遗址及新屋塆窖藏出土有酉爵、酉方鼎。

酉，象形字，像酒坛子形。最早见于商代甲骨文中，本义是酒器，可以指代酒，也用作干支字。拓古认为"酋"字结构同己酉，他们也是酉族的一支。这样，酉族由安阳向东、南迁徙的轮廓比较明确[1]。

据上述材料推断，"酉"族出现应不晚于商代中期，在西周初年仍存在。名称可能源于擅长制作酒器。最初在商王都周边，后来向东南迁徙。亚[酉]，就是"酉"族在五世之后另立新宗，成为新的宗庙始祖，其后世子孙对他的称谓。

第三类，"亚"与另外一个"族徽"或"族氏铭文"组合，亚在外部，另一字在内部。这个组合而成的"族徽"或"族氏铭文"外部还有其他铭文存在。旅顺博物馆藏亚[萱]衍斝、亚[萱]衍壶、亚[旃]父丁角盖、亚[冀]侯残圜器，即为此类。

1. 亚[萱]衍

（1）亚[萱]衍斝，商代晚期，通高 20.4 厘米，腹深 11.4 厘米，口径 12.8 厘米，重 1.37 千克。侈口长颈，口沿上有一对较大的菌状立柱，兽首鋬，腹部分档呈鬲形，下部作圆柱形足。通体光素。鋬内铸铭文 3 字：亚[萱]衍。曾藏于商承祚。该器著录情况：《三代吉金文存》13.50.1，《金文总集》4303，《十二家吉金图录》契13，《续殷文存》下64.10，《殷周时代青铜器の研究·殷周青铜器综览》斝102，《殷周金文集成》09225，《国史金石志稿》848，《商周青铜器铭文暨图像集成》11022。

（2）亚[萱]衍壶，商代晚期，通高 30.7 厘米，腹深 21.5 厘米，口径 9.7×12.3 厘米，重 2.555 千克。整体呈椭扁体。器口较宽，直口长颈，鼓腹下垂，最宽处已靠近底部，圈足外撇。颈上有一对半环形钮，

---

[1] 拓古：《望城高砂脊与酉族》，《江汉考古》2001年第3期，第92—93页。

套接提梁，内插式盖，盖面隆起，上有椭圆状捉手。盖、颈和圈足均饰两道弦纹。盖、器同铭，各3字：亚［亘］衍（延）。曾藏于商承祚。该器著录情况：《三代吉金文存》12.43.5（称卣），《十二家吉金图录》契12，《续殷文存》上71.5—6，《殷周金文集成》05014（称卣），《金文总集》5079，《殷周时代青铜器の研究・殷周青铜器综览》卣70（称卣），《国史金石志稿》232（盖），《商周青铜器铭文暨图像集成》12033，《旅顺博物馆馆藏文物选粹・青铜卷》44（盖），《三代吉金文存》：趄亘衍卣，盖器各二字。

已知亚［亘］衍器11件，均为商代，铭文均为亚［亘］衍，有亚［亘］衍甗1，亚［亘］衍鼎2，亚［亘］衍簋1，亚［亘］衍卣1，亚［亘］衍尊1，亚［亘］衍觚2，亚［亘］衍爵2，亚［亘］衍斝1。此外，还有亚［亘］器3件，亚［亘父丁］鼎，亚［亘父丁］簋，亚［亘］盉，均为商代。

亚［亘］族器共有亚［亘］、亚［亘］衍两种类型，均为商代，无出土地记录，器型类别齐全，甗、鼎、簋、卣、尊、觚、爵、斝、盉，该族器物大多数为商承祚所藏，根据最早著录该器的《十二家吉金图录》成书时间，可推断为1935年前同一个遗址所出。

殷周的族徽或族氏铭文中没有"亘"，我们据其字形结构上止下亘，推断族源、存续时间、活动区域。有"止"族和族系器数十件[1]，其活动区域不见著述。甲骨卜辞中有亘方，见于师小字、师历间、师宾间、宾一类、典宾类、宾三类、历一类。其地望，陈梦家、邹衡认为在山西垣曲县，彭邦炯进一步推断为山西垣曲县西20里，郑杰祥认为在河南省长垣县[2]。李雪山据卜辞认为亘已是商的封国，且在武丁之世已纳入商的版图，故今垣曲商城应是诸侯的城址[3]。

据上述，"亚［亘］"是"止"与"亘"的"盟姻族徽"[4]，体现的是由于"同轨""同盟""同位""外姻"等原因形成的一种结盟、联姻等社会关系。推断存续时间为商中期至周初。亚［亘］衍是"亘"这一复合族氏的族徽或铭文标识，"衍"或许就是这一新生复合族氏的首领称谓。另外，"衍"在《殷周金文集成》中隶为"祉"，《殷周金文族徽研究》的族徽中有"祉""祉中"。所以也存在"亚［亘］"再次与"祉"族结盟、联姻的可能。

2. 亚［施］

---

[1] 王长丰：《殷周金文族徽研究》，第161页。
[2] 马盼盼：《殷墟甲骨文所见地名的整理与研究》，第860页。
[3] 李雪山：《商代封国方国及其制度研究》，郑州大学博士学位论文，2001年，第115页。
[4] 王长丰：《殷周金文族徽研究》，第206页。

亚旚父丁角盖，西周早期，长18.66厘米，宽8.575厘米，重0.345千克。屋脊形，两边斜面向下，下沿作弧形，脊上有半环形钮。饰夔龙纹。

内壁铸铭文4字：父丁，亚旚。曾藏于刘鹗、罗振玉。该器著录情况：《梦郼草堂吉金图》上50，《三代吉金文存》16.44.4，《贞松堂吉金墨本》1.62，《殷文存》下22.9，《续殷文存》下38.2，《小校经阁金文》6.81.2，《殷周金文集成》08893，《金文总集》4225，《郁华阁金文》359.2，《国史金石志稿》885，《上虞罗氏藏吉金》剪贴本（中国国家图书馆藏），《上海博物馆藏王国维跋雪堂藏器拓本》四·一一·七三，《商周青铜器铭文暨图像集成》08771。

亚［旚］族系铭文目前可见有旚、亚［旚］、亚［旚］、亚［旚］敖、亚［㫃］5种，共14件。时代为2件殷或西周早期，3件西周早期，其余均为商代。器型有铙、鼎、甗、尊、卣、爵、角、觚、觯。除亚［旚］作父己甗，其余皆为传世器。西周早期的亚［旚］作父己甗，《集成》记为陕西凤翔出土（孙表）[①]。由此可知，"亚［旚］"是"旚"族在五世之后另立新宗，成为新的宗庙始祖，其后世子孙对他的称谓。馆藏亚［旚］父丁角盖，是亚［旚］为日名为丁的父亲所作酒器角的盖子。该族系活跃于商至西周早期，尽管有1件出土地在陕西凤翔，但不能据此确定该族活动区域就在凤翔周边。

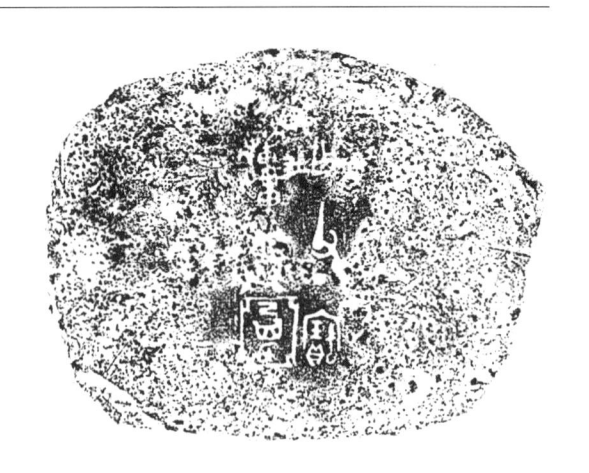

3. 亚［㠱侯］

亚［㠱侯］残圜器　西周早期，通长14.00厘米，通宽11.50厘米，通高3.30厘米，重0.48千克。器身不存，仅余底部。形近椭方形，圈足外撇。内底铸铭文9字：乍（作）父丁宝旅彝，亚㠱侯。1956年购入。该器著录情况：《殷周金文集成》10351，《山东金文集成》737，《商周青铜器铭文暨图像集成》19452。

与亚［㠱侯］铭文存在一定关联的有其、亚其、亚［其］、亚［其］矣、亚［侯］矣、亚［刱其］、亚［□其］、亚［𦥑其］乙、㠱母亚矣、亚［㠱］、亚［㠱侯］、亚［㠱侯］矣、亚［㠱］矣、亚［㠱长］矣等。其中关系紧密的有亚［㠱］器6件，时代为西周早期，除1件簋之外，皆是1982年北京顺义牛栏山出土。亚［㠱侯］器3件，时代为西周早期，据铭文"作父丁宝旅彝"可判断为一组铜器。亚［㠱侯］矣器5件，卣、觯为殷，鼎为殷或西周早期，簋、盂为西周早期。亚［㠱］矣11件。其中铭文为"亚［㠱］矣毫作母癸"7件，器型为鼎、卣、尊、觚、爵、斝，时代多定为殷，也有2件为西周早期，仅有2件记录为传1941年河南安

[①] 中国社会科学院考古研究所：《殷周金文集成》（修订增补本），第835页。

阳出土。据此判断这7件可能是同一组铜器，时代在商晚期至西周早期。"亳"在亚［彔］研究中有一定的参照意义。其余4件，器型为鼎、簋，均为西周早期。有1件鼎出土于1975年北京房山县琉璃河西周墓（M253:24）。此外，还有亚［彔长］矣卣，时代西周早期。

其器1件，其罕，殷，1967年河南安阳市殷墟妇好墓出土（M5:861）。亚其器共25件，殷墟出土18件[①]。亚［其］矣5件，亚［其侯］矣1件，亚［劫其］、亚［□其］、亚［𝓑其］乙各1件。其中𢀖鼎，西周早期，铭文为"啍作妣（妣）辛尊彝，亚［其］矣"。1982年北京顺义县牛栏山金牛村墓葬出土。其余皆为殷商时期。

大多数关于彔国的族系和地望研究的观点，都是以矣、亚矣、亚［彔侯］矣为中心的，即认为彔国作为殷商延续至春秋的重要方国，先祖亚矣在武丁、祖庚、祖甲三朝为官，矣殁后，其子孙被封于彔地，成为彔侯，为了纪念先祖亚矣，故以亚［彔侯］矣（按铭文结构称谓），或称彔侯亚矣（按铭文读法称谓）作为新族氏的标记。并据此推断彔国的分封在祖甲之后，其始建于商朝中晚期。商代地望归纳有在今山东莒县，北京，山西榆社县南箕城镇及河南安阳、淇水一带等多种说法。目前流行的观点是商周时期"彔"族系的活动区域是变化的，商代中晚期受封时是位于安阳与淇水之间。商末，该族进行迁徙，一支迁往北方成为燕国附庸。另外一支则迁往山东地区。笔者倾向于这种观点，这也许就是多地出土该族系器的原因。

关于族源和演变。曹定云认为不标明"其"和"彔"的这一类"亚疑"族徽，是另一封国，"其""彔"只是读音有别，是该族的国号，由此产生的"亚其"和"彔侯"是同一家族在不同时期的两次分封，其国号未改[②]。高长浩认为其氏、疑氏、彔氏是三个同源的氏族，其中彔族源于商代"其方"，疑氏源于"亚其"族，分化出"其侯亚疑"和"彔侯亚疑"两个不同的方国[③]。韩瞳瞳则认为亚疑族的一支新封于彔地，为彔侯，其族号称为"亚彔疑"或"亚彔疑侯"[④]。在甲骨文和金文中有可以作为族氏、方国、地名使用的"亚""矣""己""其""彔""侯"等字。仅从族徽或族氏铭文的构成角度，就可以推测这一族系源头久远、分支众多，是一个不断融合和分化的庞大族系群。所以，我想亚［彔侯］可能也不适合直接用复合族徽理论和氏族联合理论[⑤]去解释其构成，有待进一步探讨。

亚彔侯残簋器，是亚［彔侯］为名为丁的父辈所作的铜器。

4. 亚［冀］

亚冀父己鬲，商代，口径13.62厘米，高16.2厘米。侈口，折沿，双立耳，袋形腹，短柱足。颈部有展开的兽纹，以扉棱为中心左右对称。兽目明显，躯体分别向

---

① 《安阳殷墟M5妇好墓铭文详表》见王长丰:《殷周金文族徽研究》，第57—71页。
② 曹定云:《"亚其"考》，《殷墟妇好墓铭文研究》，云南人民出版社，2007年，第12页。
③ 高长浩:《甲骨金文所见彔族及彔国考论》，东北师范大学硕士学位论文，2021年，第16页。
④ 韩瞳瞳:《甲骨金文所见亚疑族考论》，《殷都学刊》2024年第2期，第18—23页。
⑤ 严志斌:《复合氏名层级说之思考》，《中原文物》2002年第3期，第44页。

左右展开。器内壁铸有铭文4字：亚［冀］父己。该器为20世纪80年代购藏，金文书籍著录较少①。

亚［冀］族系铭文可见于冀、亚［冀］、亚或其冀。按照族徽或者族氏铭文构成方式理解，"冀"应为"亚［冀］"族的最初形式，"冀"铭器仅见子作妇娴卣（05375），尾字为冀，时代为商。"亚［冀］"铭器4件，分别为：亚［冀］父己鼎（01868），商代；亚［冀］父甲卣（05049），商代；亚［冀］父己甗（00843），西周早期；亚［冀］妣己觚（07219），西周早期。只有亚［冀］妣己觚，《集成》记为1901年陕西宝鸡斗鸡台出土②，其余都是传世器。王长丰将或父己觚（07302）的铭文"亚或其冀"与"冀""亚［冀］"③列为一个族群。该族群器数量较少，活跃于商至西周早期，具体活动区域无法判断。

亚［冀］是冀族在五世迁宗后的称谓。亚冀父己甗，是亚［冀］为日名为己的父辈所作器物。

三、结　语

通过以上论述，从铭文结构和形式角度，我们更加确定了这组铜器的时代；发现了通过族徽或族氏铭文的类别划分，可以进一步研究馆藏传世器；并产生了一些关于此类研究的心得和体会。

1. 旅顺博物馆藏"亚"字铭文青铜器，全部是传世器，基本都可查见于罗振玉著录的笔记、跋文、拓本集册、图录等各类书籍15种之中④。据种种因素推断，不在著录之中的器物也可能曾为罗振玉收藏。我们通过这组器物可以看到，20世纪早期，中国的收藏家、学者群体，如本文所涉及的刘鹗、罗振玉、商承祚、王辰等在青铜器、金文的研究和传承领域发挥的作用。

2. 此次写作中发现商周族徽或族氏铭文的研究，存在着传世器数量较多、出土时地信息少、有价值铭文少等限制因素。在期待更多族徽铭文出土的同时，需要对现有材料更为细致地整理、分类和鉴别，在时代上前后延伸，建立可靠有效关联。

3. 商周是中国历史中社会的大变革时期，单一的观点都无法完美地解释。合理地综合运用各种理论，以与时俱进的动态观点出发，才能更好地研究族氏、方国、姓、地名，探索族徽或族氏铭文。

---

① 《殷周金文集成》未收录。见于《旅顺博物馆馆藏文物选粹·青铜器卷》，文物出版社，2008年，第33页。
② 中国社会科学院考古研究所：《殷周金文集成》（修订增补本），第4501页。
③ 王长丰：《殷周金文族徽研究》，第442—448页。
④ 刘述昕：《罗振玉旧藏青铜器研究——以旅顺博物馆藏品为中心》，《古文献整理与研究》第六辑，江苏凤凰出版社，2021年，第245—246页。

故宫博物院藏清代版画雕版综述*

周 莎

故宫博物院图书馆

内容提要：故宫博物院院藏的雕版中，有一类雕版所刊刻的内容为版画图样，即在木板上刊刻纹样或纹饰，这种雕版可称为"图样雕版"。图样雕版的题材内容有纹饰、佛像、插图等。图样雕版的图案雕刻细致、栩栩如生，为研究清代宫廷刻书及清代手工业技术的发展提供了可靠的证据。

关键词：清宫旧藏　版画雕版　《耕织图》《国子监志》

一、故宫典藏版画雕版概述

故宫博物院收藏的雕版约有23万余件，其按版面刊刻的内容可以分为三大类，分别是书籍雕版、文书雕版和图样雕版。版画雕版即刷印后装订成册书籍中所配的插图或图案。笔者认为如花纹、佛像图样、人物图等小画幅的图案，可称为"图样雕版"。就目前已公布的资料来看，图样雕版的内容多为某部书的插图、某部经文的佛尊、某些雕版或文书雕版的边框等。

版画雕版从广义上来看，是指大画幅或整版面的刊刻图画或图案。这种雕版图案多见于佛经中的卷首佛图版画、卷尾扉画部分的护法图案版画，以及以刊刻图画为主的书籍，如《耕织图》等。

版画雕版以其雕刻精美且刊刻的刀工细致而令人叹为观止。从所刊刻的大幅画面和图案中，可以了解某一朝代或某一历史时期宫廷雕刻技艺的水平。

由上所述，根据《故宫博物院藏品大系·善本特藏编（内府雕版）》已公布的资料，我们整理出版画雕版样例，简述其类别与内容。

二、版画雕版的样式

（一）《耕织图》书中版画

《耕织图》是南宋绍兴年间画家楼璹所作的作品，此后，得到了历朝帝王的推崇和嘉许。中国古代是农耕文明的社会，民以食为天，自古便是男耕女织的社会秩序。因此，上自天子，下至庶人，都离不开农作物的耕种。《耕织图》便是以图画为主，诠释了不同

---

* 本成果得到故宫博物院"英才计划"和北京故宫文物保护基金会"学术故宫"万科公益基金会专项经费资助。

时节、不同方式的耕种与编织的两种劳作。

　　皇帝作为最高统治者，万民的表率，亲耕可以起到示范作用。因此，在清代，不仅先农坛保留有皇帝亲自耕种的"一亩三分地"，同时，清代皇帝还大兴刊刻之风，推崇《耕织图》一书的刷刻与刷印出版。

　　《耕织图诗》45幅，包括耕图21幅、织图24幅。据载，清朝康熙南巡的时候，见到《耕织图诗》后，感慨织女之寒、农夫之苦，传命内廷供奉焦秉贞在楼绘基础上，重新绘制，计有耕图和织图各23幅，并每幅制诗一章。在故宫图书馆现藏的藏品中，也有《耕织图》刷印成品后的成书与画册。如《绵亿耕织图册》（图1）、《清人画胤禛耕织图像册》（图2）、《御题耕织图诗》，以及耕织图画卷的照片（图3）。

图1　《绵亿耕织图册》①

图2　《清人画胤禛耕织图像册》

---

①　文中图片绝大多数来源于故宫博物院数字与信息部，特此说明，下不赘述。

图3 耕织图画卷照片

由上所见,《耕织图诗》书籍中所见的图画,广义上可以称之为版画雕版。但这种画面的形式,并不局限于以版画来实现,还可以书画和照片形式存在。

(二)钦定《国子监志》书中版画

《钦定国子监志》雕版现存于故宫博物院图书馆。乾隆四十三年(1778),乾隆皇帝令梁国治等奉敕编纂。全书共有62卷。内容分为圣谕、御制诗文、诣学、庙志、祀位、礼乐、监制、官师、生徒、经费、金石、经籍、艺文、识余等。道光年间,监臣李宗昉等奏请开馆增辑刊印,于道光十四年(1834)完成,由文庆、李宗昉等辑录,全书82卷,与第一版分类相比稍有调整。

《钦定国子监志》刷印后的书籍图书馆亦有收藏。对照书籍与雕版,可以看到书籍中的插图样式。其中,《钦定国子监志》雕版(图4)长度是故宫现存雕版中最长的雕版实物。例如,《钦定国子监志》卷八《土地之位三》雕版的尺寸为纵(宽度)21.3厘米,横(长度)59厘米,厚2.5厘米。

图4 钦定《国子监志》雕版

另外，钦定《国子监志》的版画雕版内容，可与刷印成品中书籍的册页内容相互对应（图5）。由此可见，此版画雕版为原书的雕版实物。书中不乏一些陈设用具、日常家具以及建筑等图案，这些图案的表现形式，皆是以书中插图的形式呈现出来，例如屏风图案（图6）、案几图案（图7）、御碑亭图案（图8）、钟鼓亭图案（图9）。

图5-1 《国子监志》屏东面图案雕版

图5-2 《国子监志》屏东面图案

图6 《国子监志》屏风图案

图7 《国子监志》案几图案

（三）《清文翻译全藏经》中插图版画

清代帝王们抄经、写经的同时，还大兴刊刻之风，《清文翻译全藏经》便是在这一特定历史时期所雕刊的作品之一。故宫博物院现收藏《清文翻译全藏经》经版42 237块，其版式布局严谨、佛图精美、雕版板脊装潢考究，为藏传佛教研究提供了实物证据（图10—12）。

另外在一些佛经雕版中，文字与图画混合刊刻，即"文图混合"（图13）。佛经图版的雕版是指版面内容以佛图为主，通常雕刻有藏传佛教的诸神。其表现形式为雕版版面左、右两端刻有两尊神像，中部则为满文。或为雕版版面刻有四尊、五尊神像。这种雕版我们称之为佛经图版的雕版。

典藏研究

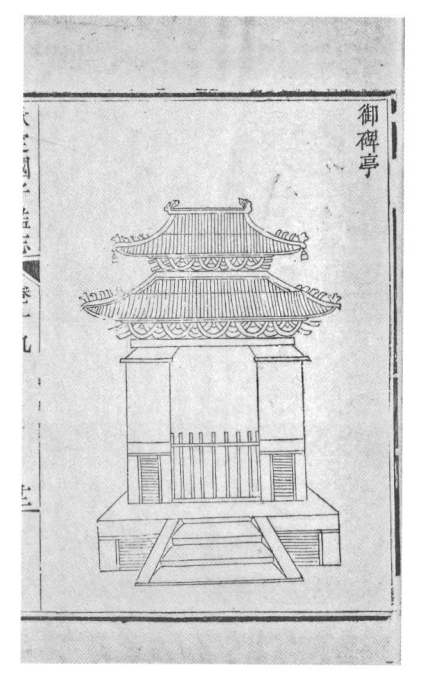

图8 《国子监志》御碑亭图案　　　　图9 《国子监志》钟鼓亭图案

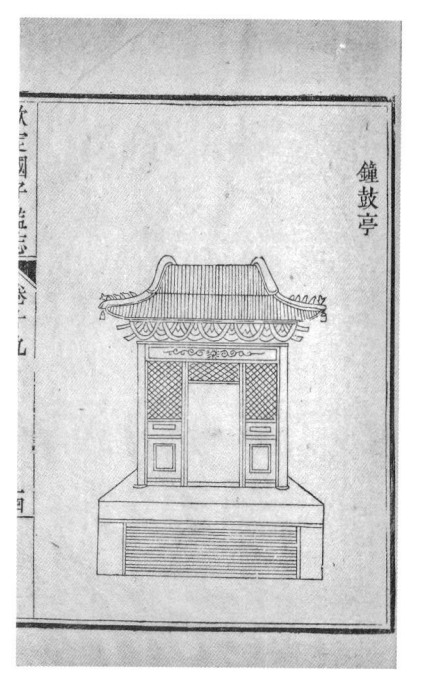

图10 《正法念处经》第三卷　佛图经版

图11 《正法念处经》第三卷　佛图经版刷印成品样

图12 《正法念处经》第三卷 佛图经版刷印成品上色后的情况

图13 文图混合之《长阿含经》上一

文图混合为文字占版面的百分之九十以上，另外部分绘有佛手印及书有兰扎体梵文。佛手印配合文字的真言使用，通常出现在《焰口施食仪轨经》上。如《焰口施食仪轨经》下六百四十五页雕版（图14）。

图14 雕版版面上的佛手印及梵文

（四）蒙文《甘珠尔经》中插图版画

蒙文《甘珠尔经》刊刻于康熙五十六年（1717）。蒙文《甘珠尔》经版上的重要标识有佛经图版、文图混合（图15）、装饰边框、文字抬格、纹样支钉等五种[①]。

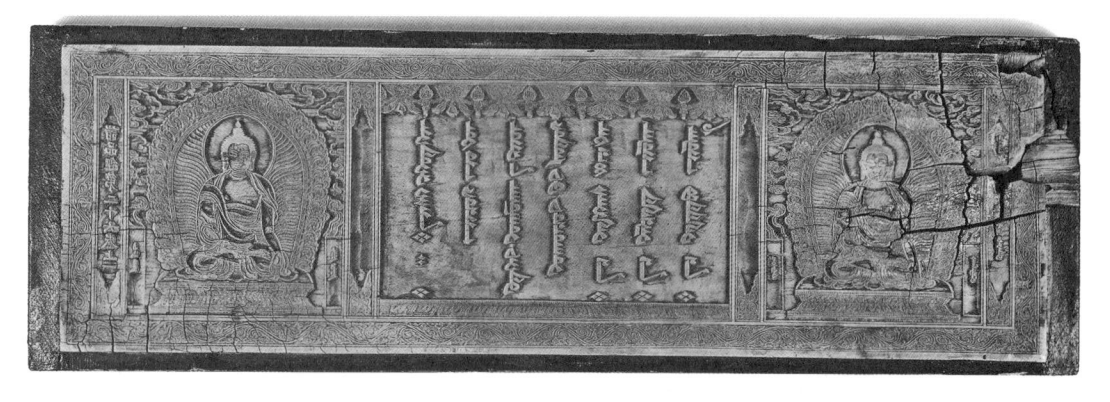

图15 文图混合经版《诸品经》第二十六卷 上 一

文图混合的蒙文《甘珠尔》经版图画分布模式，与《清文翻译全藏经》基本相同。多出现于每种佛经的"上一"叶，亦装饰有边框。装饰边框的蒙文《甘珠尔》经版出现于每种佛经的"上一""上二"叶。

另外，还有一些经版在文字结束的留白处，刊刻有纹样图案。例如：银锭、圈状图案（样式较少见）、如意、圆钱、珊瑚、犀角等六种杂宝纹样。如《诸般般若经》第一卷上三百五十九雕版（图16）。

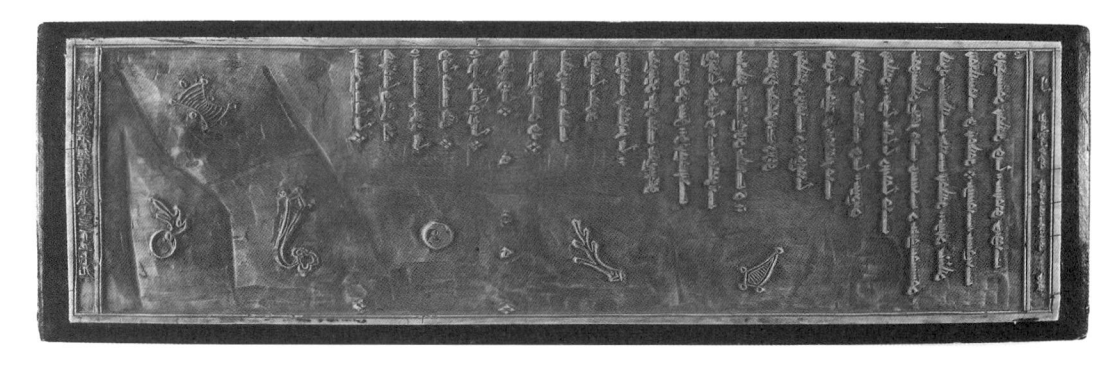

图16 《诸般般若经》第一卷 上 三百五十九

还有一种是以纹样作为"支钉"使用的纹样图案（图17），所雕刻的图画内容，多为佛教中的各种宝物。诸如珠宝、古钱、玉磬、祥云、犀角、红珊瑚、艾叶、蕉叶、铜鼎、灵芝、银锭、如意、方胜。此经版背面无雕刊，雕版为单面。不过，如图所见，《大般若经》第一卷上四百三十一雕版版面所刊的三处纹样，皆

[①] 周莎：《清宫旧藏蒙文〈甘珠尔〉经版及其版式特征》，《东方博物》（第九十二辑），上海书画出版社，2024年，第106页。

为挖补填刻所致，笔者猜测可能是当时刻工忘记刊刻"纹样支钉"，尔后又以"有挖有补"的方式，将其图案填刻于此，起到"纹样支钉"的效果。由版面上的三处挖补填刻位置内容来看，现今缺失"挖补填刻"的纹样一块（图18）。由此可见，雕版实物对研究藏品本身的原状，提供了重要的资料依据。

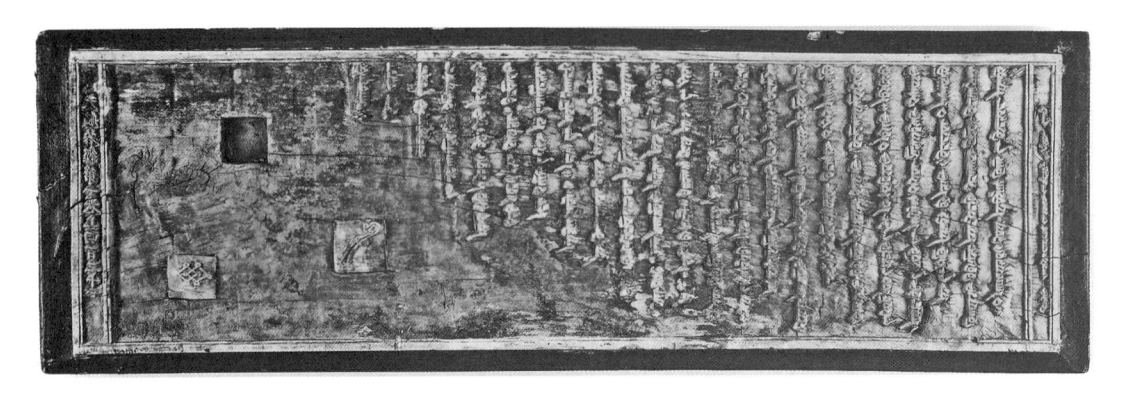

图17 《大般若经》第一卷 上 四百三十一

图18 挖补填刻局部

从版面雕刻的图样图案来看，蒙文《甘珠尔》经版的版式为乾隆朝刊刻《清文翻译全藏经》起到了典范作用。从板材拣选、尺寸大小、版面样式、文字排列、汉字布局等方式上来看，《清文翻译全藏经》经版无疑都与蒙文《甘珠尔》经版的版式如出一辙。

诚如诸上所举，对于版画雕版的研究，可根据现有藏品进行统计。笔者也曾对图样雕版的研究方法提出过一些探索建议，同样可应用于版画雕版的研究中。例如辨识图样的刊刻内容，思考图样内容的含义、出处，以及根据图样雕版所雕刊的内容，简单判断其来源等[1]。

三、结 论

由上所述，根据故宫博物院现藏的图书典籍所刊印出版的书籍中插图，我们可以总结出版画雕版的目录明细，对于版画雕版的研究，一方面，我们可以从古籍版本学的方法入手，另一方面，我们还可以从文物学的方法入手。前者在学界多被公认为"版画雕版"；后者则以样式类型为纲，故而可称之为"图样雕版"。

总之，无论根据哪种方式进行研究，都有助于挖掘文物或古籍背后的深刻内涵，这也是践行习近平总书记的指示"让古籍中的文字活起来"。从故宫现藏的雕版文物来看，研究工作尚任重道远。现阶段，对于故宫雕版文物的基本文物信息采集工作将是一项长期的任务，学者只能根据现有的资料以及出版物所刊图片来分析与解读。期本文作为引玉之砖，能使更多的博物馆同仁关注雕版文物的研究与保护。

---

[1] 周莎：《故宫博物院藏图样雕版概述》，《东方博物》（第八十六辑），上海书画出版社，2023年，第92—99页。

近代学术与文物收藏研究

读《两种甲午日记》有感

王珍仁

大连市近代史研究所

内容提要：《船政》第二辑中刊发了王国平先生点校的《两种甲午日记》。并对其二"务真"的《甲午日记》做出诸多的推论。本文在细研的基础上，认为"务真"的真实身份当是《东方兵事纪略》的作者姚锡光。这份日记是姚氏为写作《东方兵事纪略》而做的前期资料搜集整理工作，由于正处在史实资料的搜集梳理阶段，因此文中不可避免地出现了诸多的误记现象。本文基于这一点，针对日记前阙中"驻旅顺营垒局所统带、总办、官阶籍贯"中的不实之词做出订正说明。

关键词：旅顺　甲午　姚锡光　徐邦道　卫汝成

由中国文化博物馆主编，海峡出版发行集团福建人民出版社出版的集刊《船政》第二辑中，收录了王国平先生点校整理的《两种甲午日记》一文[①]。

文中对其二《甲午日记》的相关情况做出了比较翔实的记述。笔者在仔细阅读这篇《甲午日记》之后，亦颇有收获。但在后续结合其他研究甲午战争的专家学者的著述对照阅读后，发现此篇日记存在多处不确，为使后来的甲午研究者不为其所误，笔者不揣浅陋，试作订正说明，以求方家教正。

一

文中，王国平先生就《甲午日记》的相关情况做了明晰的说明，使我们在阅读《甲午日记》之前就能够对该日记的来源有清晰的了解：1. 日记的来源。《甲午日记》最早见于1928年12月1日至1929年2月9日的《北平朝报》；2. 日记的作者。此日记在发表时署名为"务真"，显而易见是托名，非真人名氏；3. 日记内容迄止时间。《甲午日记》开启时间是在1894年5月12日（光绪二十年四月初八），结束时间是在1895年

---

① 王国平点校：《两种甲午日记》，《船政》第二辑，福建人民出版社，2023年，第129—130、140—172页。

2月18日（光绪二十一年正月二十四日）。

关于日记作者"务真"的真实身份，王国平先生在文中也做了些推测，但均不太确定。首先，王国平先生从文中所介绍的另一件日记，即《萧景唐日记》所叙述的内容，断定这两件日记均是姚锡光所收集的甲午史料中的一部分。并且从日记中"是午，予奉调'杨威'驾驶二副札"的内容，疑推恐为曾瑞奇或曾宗巩两人中的一位。同时，王国平先生还依据黎元洪曾送姚锡光一册《甲午乙未间中日海战史略》，并与姚锡光有过多次的交谈，也怀疑此日记恐为黎元洪之笔。但这些都是王国平先生的揣测之语，并没有给予肯定。笔者阅后亦认为上述推论恐很难立论为果。但王国平先生不惜抛砖引玉，在"结语"中有意写道："值得注意的是，姚锡光编撰的《东方兵事纪略》于光绪二十三年（1897）刻于武昌，但其中第六卷的图和表未刊。这份《甲午日记》是否可能是姚锡光为编撰'表'而整理呢？"王国平先生在此的用意可谓良苦至极。笔者再细读该日记后，又与姚锡光所作的《东方兵事纪略》一书作了比较印证，发现两者之间，诸多的记事语句用词均有高度一致，虽因叙事写作之需，文字略有出入，然大体风格趋于一致。所以王国平先生的这个推论还是有值得肯定之处。笔者想说的是，就该日记的内容而言，并不完全是姚锡光为《东方兵事纪略》所作之"表"。相反，笔者认为该日记是姚锡光为作《东方兵事纪略》而梳理的基本框架，或者说乃是为《东方兵事纪略》作的前期准备工作（类似一种读书卡片的整理）。王国平先生在文中已经认证"不少独家出现在《甲午日记》中的内容，也出现在《东方兵事纪略》中"。因此，我们可以认定此日记作者实为姚锡光。

在阅读《甲午日记》全文过后，会觉得这份日记虽对甲午之战的过程有着某种翔实的记述，但因其成文较早，受到多方因素的限制，并未能全面地展现出这次战争的全貌。甚至文中还不乏错误之处。在今天看来，姜鸣先生所作《中国近代海军史事编年》对北洋海军在甲午战争中经历的记述，其史实之丰富、准确性之高，皆非该日记所能比肩的。

二

为了印证"务真"者《甲午日记》所记史实，笔者不厌其烦地将其所记之内容与戚其章先生之《甲午战争史》《甲午战争新讲》、姜鸣先生之《中国近代海军史事编年》、陈悦先生之《甲午海战》、宗泽亚先生之《清日战争》、日本旧参谋本部编著的《明治二十七八年日清战史》等著作放到一起作了比较阅读，发现此日记所记史实舛讹甚多。正如前面所言，由于这份日记乃是一份文案的前期资料搜集整理准备工作，因此在材料的汇集中出现差错实属难免。而在《东方兵事纪略》刊发之时，有些内容已有所订正。但该日记为何发表于《东方兵事纪略》之后，就很让人费解。并且还在发表之最后篇末附着按语，云"此日记颇有价值，宝藏者未售版权，不许任何人翻印转载。特此郑重声明"[1]。笔者

---

[1] 王国平点校：《两种甲午日记》，《船政》第二辑，第129页。

小心揣测，这篇日记的面世，当是姚家的后人在姚锡光（1857—1921）辞世后多年整理旧物时所现，故拿出刊发，以换取养家之酬。其中内容的对错对其家人而言俨然无关大局。

笔者既已指出《甲午日记》中存在舛讹，理应一一予以列出。然因受篇幅等诸多原因所限，现仅就日记前阙所列"驻旅顺营垒局所统带、总办、官阶、籍贯胪列"中之谬误佐以辨析。

日记前阙中言："龚总办①旋即电禀傅相，谓：'旅顺兵力孤单，恐敌乘虚来袭。至是，出师拒御，第怵力有未逮；请拨救援，特惧缓不济急，职道再思四维，莫若此时速派十余营来旅防守，以备不虞。'傅相允如所请，当即派卫汝成统带十营，徐帮（邦）道统带十营，星夜来旅助守严防。卫汝成即卫汝贵弟也。徐帮（邦）道在旅旬日，即开赴大连湾驻守。时刘子贞总统带铭军十八营，奉旨调往前敌，该湾仅有庆军两营防守，兵力过单，恐速意外之虞。徐统领是以驰赴协同守御也。徐统领四川紫阳人，起身行伍，秉性忠勇，是年十月下浣。倭匪攻扑金州时，猛战尽夜，身被重伤，因无救援，为敌所败，该十营兵士仅有数百人溃散，余均战死枪林炮雨中，可悲也已。"

这里所列的驻旅统领中漏掉了记名总督张光前、记名提督程允和。显然，此时"务真"（姚锡光）还处在对甲午战前旅顺一地驻军情况掌握不全的状态。因此，也就发生了下列记述的错误。

1. 徐邦道来金旅时间及统带兵力。戚其章先生在《甲午战争史》中是这样记述的："15日，李鸿章致电总理衙门：'迭接龚使照瑗电称：英、法水师提督屡电，倭欲由大连湾旁登岸，抄袭旅顺……'他认为'大连湾尤为旅顺紧要后路，互相犄角，湾防不守，则旅防可危'。他决定加强大连湾的防御，但只饬令正定镇总兵徐邦道添募3营，连同原来所带的马队、炮队各1营，乘轮东渡。"②然戚其章先生在他的《甲午战争新讲》中，就徐邦道所统带的兵力，又有与上面不同的论述："甲午战争爆发后，（徐邦道）奉命招募拱卫军5营，后又招募1营，共6营3 000人。到10月间，大连湾日氛日逼，徐邦道乘船赴援。"③陈悦先生在他的《甲午海战》中记述道"作为日本第二军即将遇到的第一个对手，金州、大连湾一线的中国陆军主要由三部分组成。分别为金州城内的守军金州捷胜营，计有步队1营、马队2哨，由金州副都统连顺统率，属于八旗驻防军队。直隶正定镇总兵徐邦道统率的淮系拱卫军计有步队3营（1 500人。另准备再添募1营，但是直到战争爆发尚未成行……）、马队1营（250人）、炮队1营（500人）。铭军分统赵怀业统率的淮系怀字军，计有步队6营2哨、马队1哨"④。所以从上述的记述中，我们根本看不到徐邦道有率兵力10营之说，《甲午日记》对于这一点显然是误记。但是《东方兵事纪

---

① 此指清驻英公使龚照瑗。
② 戚其章：《甲午战争史》，上海人民出版社，2005年，第173页。
③ 戚其章：《甲午战争新讲》，中华书局，2009年，第155页。
④ 陈悦：《甲午海战》，中信出版社，2014年，第277页。

略》在成书之时，已做出了修订，结论与陈悦先生之说一致。

关于徐邦道率军抵达金旅的时间，戚其章先生说徐邦道是在"13日，即乘船赴大连湾，驻扎金州附近"①。这与《甲午日记》中所言"徐邦道在旅旬日，即开赴大连湾"有着很大的差距。后一说在20世纪70年代尚有人采用，然随着近年对甲午战争研究的深入，此说已被彻底地否定。因此说徐邦道先在旅顺有所逗留是不准确的。《大连近百年史》中提道："徐邦道到金州后，同连顺商定，留连顺所部一营步队及两哨马队驻守金州，他自己则率所部拱卫军四营（实当为三营）步、炮、马队到石门子以东台山（即钟家屯西台山）和狍子山（在钟家屯北部，日人称为破头山）山上，修筑堡垒阵地，防守金州东路，又将从赵怀业那里请援来的两哨人马派往十三里台阵地，扼守金州北路。一切布置就绪以后，徐邦道又派出拱卫军马队和荣安指挥的捷胜营马队前往陈家店、石碇子和二十里堡附近进行侦察活动。与此同时，徐邦道还准备派步队三四哨，马队一哨前往貔子窝袭击日军，但因山路较远，兵力不足，未能如愿。"②在日军即将完成花园口的登陆，徐邦道于金州做出如此精算的战术布置，绝非三两日之力所能够完成。留给徐邦道的时间应该说还是很充足的。这样一来，徐邦道直接从天津奔赴金州是对的，否则就不会有战前如此细致的战术安排。

2. 卫汝成抵旅时间及兵员数量。关于这一问题，孙建军先生在他的《卫汝成军抵旅时间续考》一文中有过翔实的论述："例如，《甲午战争史》一书说：'11月初，清政府又派记名提督卫汝成率成字军5营及马队1小队乘轮赴援，以加强旅顺后路防御。成字军5营系分乘两轮赴旅：海定轮载3营1 672人，图南轮载2营1 336名，共3 008人。卫汝成抵旅顺后，率部驻白玉山东麓，作为旅顺后路的总预备队。'《甲午辽东鏖兵》一书称：'11月初，清政府又派记名提督卫汝成率成字军5营及马队1小队共3 000人，抵旅后驻白玉山东麓为旅顺后路总预备队。'"③从其引用的专家之说，可知卫汝成所率成字军只有5营来旅，并不是《甲午日记》中所言有10营之众。孙建军依据事实考究认定卫汝成率军来旅顺的时间是在光绪二十年十月初七（1894年11月4日）。由此可知，徐邦道率军抵达金州的时间是在1894年10月13日，卫汝贵率军来旅顺的时间是在1894年的11月4日，两者相差有半个多月，何来"星夜来旅助守"之说呢？

3. 徐邦道石门子阻击战是否身负重伤？全军是否战死于枪林炮雨之中？《甲午日记》云：徐邦道为四川紫阳人。今天的研究者普遍认为徐氏为涪陵人。这或许是姚锡光受信息所限而误书。但其在搜集整理徐邦道在金州石门子战斗的叙述恐怕就犯了主观臆想的错误。关于徐邦道在金州石门子的阻击战，陈悦先生在他的《甲

---

① 戚其章：《甲午战争史》，第179页。
② 大连市政协编著：《大连近百年史》，辽宁人民出版社，1999年，第66页。
③ 孙建军：《卫汝成军抵旅时间续考》，《旅顺史地论谭》，大连理工大学出版社，2022年，第123页。

午海战》一书中表述得可谓相当清晰:"为了巩固金州防御,拱卫军先前在俯瞰金州通往貔子窝大路的石门子高地构筑了临时的炮垒工事。11月5日上午11时乃木希典军临石门子高地附近,发起进攻。拱卫军利用高地优势居高临下进行射击,乃木希典则催动日军疯狂进攻,激战3小时后日军因为不占优势而暂时停火。至下午4时再度发起攻击,战至晚上8时仍无进展而被迫停火。""11月6日是日军预定对金州发起总攻的日子,为拿下石门子高地,日军改变正面进攻策略,针对中国军队死守一点的呆板战法,采用在朝鲜战场上屡试不爽的迂回合围战术。清晨4时,山地元治的师团主力与乃木希典等部分兵两路攻打与石门子高地毗邻的台山等阵地,至6时40分石门子高地三面被围。尽管中国官兵反复浴血拼杀,然而面对日军的多点同时进攻,中国军队处处设防致使兵力越发单薄,最终高地落入敌手,徐邦道遂率残部退往旅顺,成为金州大连湾守军中最先退却的部队。"①关于石门子战斗,戚其章先生在《甲午战争史》中也有叙述,故不赘言。从陈悦等先生的记述中,我们全然看不到有徐邦道在战斗中身负重伤之说。其实,如果有徐氏身负重伤一事的存在,就不会有后面11月18日的徐邦道与姜桂题、程允和率兵在旅顺土城子与日军遭遇激战的事情发生。从时下有关甲午战事的研究中,人们也未见有徐邦道拱卫军全军战死的内容的记载。戚其章先生在《甲午战争史》中记述徐邦道退败旅顺时的兵力状况时这样说道:"徐邦道的拱卫军在11月5、6日两天的激战中,也损失较重,以减员二成计,尚余1400人。"②因此这里也不存在拱卫军"仅有数百人溃散,余均战死枪林炮雨中"的事实。

三

《甲午日记》从其成文的框架结构与前阙内容来看,确实不是一位亲历战事者的日记。王国平先生在考证时已有所表示。前面笔者也非常赞同王国平先生的推论,认为此日记就是出自姚锡光之手,这部分的内容是其为撰写《东方兵事纪略》而做的前期准备。在《东方兵事纪略》刊发以后,应当说该内容已经完成了它的使命。然而在姚氏离世多年后,有人还把它拿出来发表,只能说此时他们还对甲午战事处于一种朦胧的认识状态中。如果说在20世纪20年代中,该日记对人们认识甲午战争起到了一定推动作用,那么随着历史进程的发展,以及今天学者们对甲午战争研究的不断深入,该日记的历史作用就显得越发不那么重要,只是过往研究中的一束浪花。

---

① 陈悦:《甲午海战》,第282—283页。
② 戚其章:《甲午战争史》,第192页。

王懿荣与王守训的交往及诗词唱和

孙振民

烟台市文化馆

内容提要：王懿荣和王守训都是清末从烟台走到京城的著名学者，老乡加挚友，都喜好古籍版本，嗜古成癖，日常交往密切，多有诗词唱和。两人对胶东的古迹均有著述，成就斐然。两人在二十多年的交往中，在生活上相互帮助、学术上互相支持，以人格魅力影响和团结了一批在京的胶东士子，为挖掘和研究胶东古代金石及古籍，做出了突出的贡献，留下了丰富的资料。特别是两人的诗词唱和，情真意切，为后人了解清代文人的生活状况与交往，提供了详细的资料，弥足珍贵。

关键词：王懿荣　王守训　交往　诗词唱和

一、王懿荣与王守训其人

王懿荣（1845—1900）字正孺，号廉（莲）生，养潜（泉）居士，山东烟台古现村人。光绪六年（1880）中进士，授翰林。曾三任翰林院庶吉士教习，三为国子监祭酒。是清末爱国志士，著名学者、书法家、金石学家和收藏家，为发现和大批收藏甲骨文，并断其为商代文字的第一人。《清史稿》有传。著有《汉石存目》《南北朝存石目》《天壤阁杂记》《王廉生古泉精选拓本》《攀古楼藏器释文》《齐吉金室金文目》《海岱人文册目》《福山金石志残稿》等。

王守训（1845—1897）字仲彝，号松溪，山东龙口人。1886年（光绪十二年）中进士，选为翰林院庶吉士。在教馆学习中，馆课连列第二名，授教馆检讨之职，继授国史馆协修，武英殿协修、纂修等职。主要著作有《登州杂事》《登州诗话》《汉碑异文录》《读札笔记》《春秋地理补考》《韵字折衷》等。

二、王懿荣与王守训的相识

王守训于同治十年（1871）首次进京，同治十二年再次入都，第二年（1874）与王懿荣相识。"是年居京师。夏，先大夫遣妇丁氏入京，先居城外，入冬赁室宣武门内松树胡同。闭户读书。数日辄至琉璃厂搜罗典籍。又从王次屏国学课文艺。时与家廉生诸人游。"[①]从此，随着两人交往的频

---

① 王守训著：《王守训自订年谱》，稿本。

繁，感情也不断加深，虽然不是同宗，然因为前辈的关系，彼此也以兄弟相称（王守训排行第三，王懿荣排行十三），经常相聚交流。如《王守训年谱》在1875年（光绪元年）有记："居京师，夏，与家廉生及竹坡、述之作文会。比乡试俱不售。夏，慈鹤放福建试差，眷属移来同住。冬，孙佩南来同居。日与廉生、佩南谈古籍、究经史，颇有获。"又孙葆田在《王守训墓志铭》中记："光绪初，君犹困乡试，时官内阁，予与廉生与君，几无一日不相见，见则稽经诹史，各举所得以为乐。"1876年（光绪二年）又记："居京师，仍偕廉生诸人为文会。王芷庭编修（王兰升，王埩之父。作者注）又移来同居。昕夕聚首，颇称契合。乡人寓居相近者则王玉文侍御、张子缉郎中诸人，时相聚首，冬闲作消寒会。"① 可知当时他们在京师有一个老乡的圈子，关系甚为融洽，而他们兄弟俩是主要召集人。

生活的贫苦时刻伴随着王懿荣，虽然有一个户部额外（候补）主事的闲职，但是却职位卑低没有薪水。在当时户部额外主事位卑薪低，在京官群体中，这种候补官员的数量十分庞大，比如新科进士发部学习行走者、裁缺另补者、病痊候补者、拔贡以七品小京官学习行走者，以及各部院额外主事等。没有薪水，又要养家糊口，还要收藏，其生活的状况可想而知，导致他在参加重要活动时很无奈。其在致三哥的信函中说："衣服不备，不敢以祭，有袍无褂也，借则不恭。不比家祭，虽裼袭已极，祖宗鉴且爱之，此则祀先圣大典，不可以一人乱礼，以待来当具衣冠而拜也。"只有"长袍"而无"马褂"，甚为尴尬，没有办法只好不去参加了。有的活动推脱不了，就只能去借了。如在致王瑾的信中说"今日晚间借尊袍褂一用，明早午前复上"，"车即供奉，尊褂附缴。有袍乎？如假自友人，请暂勿还，明日尚拟统假一光"②。这对王懿荣来说也是没有办法的办法。

三、王懿荣与王守训交往及诗词唱和

王懿荣的嗜古是名闻于京师收藏圈的，尽管家中常年有病人，囊中羞涩，生活很拮据，但对古物的喜爱却痴心不改，这种复杂的心情也只能和亲近的兄弟倾诉。"弟贫病交加，穷至今日，可谓已极，然仍想一旦钱来，若旧本书，如某家之监本前后《汉书》、大字《晋书》、闻板《旧唐书》，某家之沈册、恽册、沈卷、恽卷、倪轴，石查之新换，潘宗伯所藏琴泉寺写经，使我今夕有钱，皆将有之。"③

1877年6月8日，王懿荣过生日，妹夫张之洞、大舅哥黄昭鉴（字宝三）等前来庆贺，本来是一件很开心的事，但是过完后，王懿荣却开心不起来，在致王守训信中发了一通感慨："弟过一生日，计费去十三四金，不如得一抄本《韵补》也。又牵连香涛花去四、五十千，不如得一方汉铜印也。"④ 其嗜古之心可以说是达到了

---

① 王守训著：《王守训自订年谱》，稿本。
② 邱崇：《王懿荣书札辑释》，齐鲁书社，2022年，第565页。
③ 邱崇：《王懿荣书札辑释》，第491—492页。
④ 孙振民：《王懿荣年表》，青岛出版社，2022年，第58页。原件现藏山东大学图书馆。

"入魔"的境地。

这年夏天，王懿荣的父母在四川居住已经有三年多了，自己离开父亲也有五年，妻子黄兰的病情依旧不见好转，王懿荣怀着苦闷的心情写下《长夏感怀，口占呈松溪三兄》，向王守训倾诉其内心的凄苦：

全家蜀府逾三载，独历京曹自五秋。
每使人看作冯妇，不堪妻病是黔娄。
典衣还惹群书债，折券时蒙小贾羞。
如此壮年如此度，争令二老见穷愁。

父亲王祖源于同治十三年到四川任龙安知府，当时已有五年，母亲在三年前送妹妹王懿娴远嫁至在四川的张之洞时，与父亲团聚。王懿荣住在京师，虽然经常以典当衣物购买古书，看到喜爱的古物与店主讨价还价，引来嘲笑，但是一直坚持着自己收藏的志愿，病中的妻子也依然保持着安贫乐道的贤惠美德。

王守训接到王懿荣的诗，对其兄弟所面临的困窘，身感同受，随即和诗一首[1]：

怀抱与君绝相似，依然故我亦三秋。
空将典籍研秦汉，谁谓聪明似旷娄。
多病别怜梁案举，买书况是阮囊羞。
东莱路远同西蜀，每望家山十日愁。

不久，王懿荣的夫人黄兰去世，王懿荣守着两个孩子，父母远在四川，内心忧困贫苦，只得又与王守训诉苦："刻在家口唱梆子戏，手摩两病孩头，心里盼川署家信，预计穷年及急债之不可缓，如此壮年，如此磨折。想到二十年后，更未必再能如此，复何论功名事业耶？"这一年是王懿荣一生中最凄苦的日子，幸好身边有这位三哥的支持和协助，真是患难之间见真情。

1878年3月，王懿荣将要赴四川探亲，王守训得知后赠《唐陆宣公集二十二卷》并题长句述说得到此书的经历，感念这四五年来两人的兄弟情义，此去将万里行程，特以此书相赠。诗云[2]：

忆昔甲戌春，是书出书肆。君闻剞劂精，事冗未遑视。
我适过东城，攫之书堆里。非敢夺君好，稍纵恐即逝。
购以一饼金，提携置旅邸。文章冠三唐，翻读香满几。
久思持赠君，中心爱未已。闻有入蜀行，凄然别绪起。
比邻四五年，情好洽兄弟。临歧无长物，何以当文绮。
摩挲蠹籍存，岂彼缟纻比。万里蜀山青，一肩附行李。

王懿荣收到礼物和赠诗，欣喜万分，挥笔和之，作《黄县松畦三兄以年刻陆宣公奏议初印本赠行复谢》一绝：

晚饭正酣石首鱼，忽传小简下庭除。
行囊如此不萧索，一串新茶陆九书。

临行前，他又为王守训收藏的《罗两峰为桂未谷作说文统系图》题跋。

1880年，王懿荣通过在保和殿朝考，

---

[1] 蒋惠民、赵宏韬主编：《龙口历史文献集成》，中国文史出版社，2018年，第975—976页。
[2] 孙振民：《王懿荣年表》，第61页。原件现藏山东大学图书馆。

中一等第三名，授翰林院庶吉士，与其同时中者还有福山的王乘燮和谢隽杭，这一年是他的幸运年。但是到了七月七日这一天，总是不免想起自己的亡妻，此时黄氏已经故去近三年了。感慨之际，作《七夕》诗八首赠王守训（现存其五）①：

> 七夕由来事若何？无情终古是银河。
> 双星强说作牛女，从此人间泪始多。
> 天也无情也有情，仙凡一例限长生。
> 牵牛恐是多妨尅，故使长河日日横。
> 讬体大罗天上人，天人也自厄艰辛。
> 牵牛本属寒家事，孝养何堪若个贫。
> 天孙自是富家女，选赘应须择富翁。
> 何苦牛衣人嫁与，年年秋冷泣西风。
> 如此长河如此秋，盈盈一水恨难收。
> 生离死别长负苦，怅望天孙不到头。

王守训接到王懿荣的诗后，心情无比沉痛，因为此刻他的夫人丁氏正躺在病床上，痛苦难熬，触景生情，强打精神作和《廉生以八绝见示，以妇病也强和五首慰之》②：

> 由来巧拙未分明，草草今宵伉俪盟。
> 会少离少大有例，人间何必愿此生。
> 顷刻姻缘狎熟难，天长地久影形单。
> 料他隔岁重晤际，已当尘间再世看。
> 转眼银河路不通，仙缘未免近匆匆。
> 我思既是神仙侣，何如冥冥一太空。
> 莫叹蟾光有缺圆，消魂天上亦凄然。
> 试将盘古从头数，不敌红尘二十年。
> 有无何必苦追求，从古欢场本易收。
> 留得鹊桥佳话在，人间天上各千秋。

1881年2月，王守训的夫人丁氏故去，时王懿荣在考中进士后回福山老家探亲，经黄县返京，途中在王守训家停留数日。在此期间，王守训将自己收藏的古物和书画给王懿荣鉴赏，并请王懿荣题跋《玉箠图》。王懿荣拿到画卷后先在二月十五日题嵩，又在十三天后"将入京师"时心有所感，于图后写下长跋：黄县三嫂丁孺人与荣妇蓬莱黄宜人最为相好，往年在京邸往还时，见荣斋中所供六朝石像，每来必瞻拜而去，今三嫂仙去，证此善果，殆释氏所谓再来人乎？黄宜人临危时梦一妙女，手持一妇人冠召之，醒后言之，逾时而去。光绪七年二月廿八日，懿荣将入京师付记图后③。

1882年，王懿荣返京后又为王守训题"长乐"陶器和瓦当拓片："光绪庚辰，黄县松溪三兄于县城内起新宅，建楼屋掘地取土，得古甸一，文曰：大业元年四月二十六日长乐乡。作十三字，中有剥蚀数字，不可辨矣。又于莱属得甸器，若大鉴者，一角内外线中俱有文字。外曰：长乐王三字。即取以名其楼曰'长乐'。又以道光间，二伯雒南官关中时，所得'长乐未央'瓦当，一并置楼中，以符称名之义。兄则生于雒中，此不忘所出地也。越岁壬午三月，拓为此幅属懿荣题记。"④

王懿荣在1884年5月因中暑病倒，其

---

① 蒋惠民、赵宏韬主编：《龙口历史文献集成》，第981—982页。
② 蒋惠民、赵宏韬主编：《龙口历史文献集成》，第979页。
③ 孙振民：《王懿荣年表》，第79页。
④ 蒋惠民、赵宏韬主编：《龙口历史文献集成》，第148—149页。

间又为庸医治疗所耽误,直到1885年5月,经翁同龢和潘祖荫介绍,服潘霨的药方才得以治愈。随即作《病起即事书视同人并索和诗》:

廿年冷宦意萧然,好古成魔力最坚。
隆福寺归夸客夜,海王村暖典衣天。
从来养志方为孝,自古倾家不在钱。
墨癖书淫是吾病,旁人休笑米颠颠。

王守训收到诗后作《和廉生书怀韵》:

文字姻缘岂偶然,扪心独信古人坚。
高风难为时流地,明月要窥显处天。
雁讯通秦频问讯,(谓陕西估古物者)蠹编侫宋不论钱。
愿君努力穷经术,我辈霜华欲上颠。

相聚时畅谈,交流古物,离别后以诗文寄情,这已经是两人生活中的常态,于王守训的诗集中常见。如《王廉生翰林懿荣》:

箧中重检往来书,苏米精神孰克如。
嗜古碑搜欧赵后,尊经板重宋元初。
褒讥人早谈锋邂,兴衮文从腹笥储。
他日补成金石录,始知名下信非虚。

还有《过古县镇怀廉生》等等,甚至收到王懿荣送给家乡的蛎黄,王守训也作诗致谢。《廉生以蛎黄见饷赋谢》[1]:

明辈此前亦快哉,家山经岁隔东莱。
却散一味尊鲈美,触起乡思万缕来。
砺房敲出宛琼膏,一商初尝漫日豪。
须识蓬莱山下路,还多雪枣与冰桃。
冰花灿烂出寒波,千里携来破酒魔。
试问当筵诸好事,可能涤去热心多。

从这些日常的生活细节中,可见兄弟两人的深厚情谊。

1889年,王懿荣参加御史考试,钦取第一名,为记名御史,晋升为翰林院侍讲。王守训也散馆一等,授职翰林院检讨。同进翰林院,两人见面的机会更多了,王守训寄住在盛昱的意园,王懿荣还特意写信给盛昱:"松溪将移兄处,又多一谈友矣。"[2]

1895年正月,王懿荣奉旨回乡办团练,抵御倭寇,王守训随行协助,在老家黄县利用自己的人脉和影响,很快就拉起了两个营的兵力,因为他做事干练认真,王懿荣赞之为"合郡第一"。

1896年,王守训的藏书渐渐增多,特意请人画了载书、晒书、祭书、勘书四幅画。自己作了《倩友人画聚书四图,题四绝句》[3]:

未能挂腹与充肠,到处提携似裹粮。
几度扁舟东海上,一肩行李压缥缃。
蠹鱼生恐便神仙,烈烈骄阳六月天。

---

[1] 蒋惠民、赵宏韬主编:《龙口历史文献集成》,第968页。
[2] 邱崇:《王懿荣书札辑释》,第718页。
[3] 蒋惠民、赵宏韬主编:《龙口历史文献集成》,第1178—1180页。

欲学郝隆当户卧,却惭腹笥未便便。

半生踪迹海王村,四部积成无上尊。

逼近穷年少长物,焚香先要唤长恩。

板本麻沙思订伪,身边常是五车罗。

丹黄未暇豪亲点,徒使陈编折角多。

又请王懿荣题诗,他奉命作《松溪三兄属题载书、晒书、祭书、勘书四图》四绝:

涉园一水盈盈隔,但见舟人日款关。

我有珍珠千万斛,飞轮片刻抵家山。

岳雪曾留日本真,建安文史比精神。

晒时若怕人偷照,猩色关防押角新。

我今一盏蓍腾酒,不祭长恩祭贾胡。

但使腰缠十万贯,寒风酷日省工夫。

校雠堪资札记材,轻芟妄改古今哀。

年来议下顾千里,准拟惟轻辟草莱。

这年,黄县著名收藏家丁幹圃的父亲去世,丁也是王懿荣的好友,他们之间交往频繁,王懿荣给他介绍很多古物方面的信息,多有金石方面的馈赠。王守训受丁幹圃的委托撰写碑文,请王懿荣为墓志铭书丹,王懿荣慷慨而应,并请盛昱为之篆盖。

四、王懿荣对王守训的评价

1897年2月14日,王守训因病而逝(王懿荣在题其《登州杂事》十一有记:光绪丁酉二月十四日止,懿荣泣记)。王懿荣扶柩恸哭,称赞他"文学为士乡三百年之冠"。并由其挚友孙葆田撰《王守训墓志铭》,王懿荣亲自书丹,请著名书法家王瓘为之篆盖。

在王守训去世不久,王懿荣见到王守训的遗稿《登州杂事》,感慨之际,提笔记之:"呜呼,此松畦先生绝笔也。先生易簀之前一日,犹与懿荣娓娓而谈,此书为莫殚莫究之业,吾身所未及者,将以属之后之君子,庶几乡邦文献于此荟萃,藉以稍存,不至于如府县各志之成,出自仓促,挂一漏万,为可叹也。先生拳拳于此,且数十年,今幸有懿荣表侄赵吏部次炳,为先生高足,传习有素。即畀次炳将来续成之,以完先生之夙志焉,先生犹言先醒也。先生长于懿荣仅五阅月,平日昆从,忽然称以先生,然其先醒于懿荣也,盖以久矣。昔宋林景熙哭德和伯氏诗有云:草枯霜白泣原鸰,五十三年老弟兄。不啻为懿荣今日言之矣。哀哉!光绪丁酉二月廿九日,十三弟懿荣泣记。"[①]

正如王守训儿子说的"先君平生第一知己为福山文敏公",两人由1874年相识到1897年,二十三年的友情,历久弥深,给后人留下了宝贵的财富。

---

① 王守训著:《登州杂事》,稿本,现藏山东省博物馆。

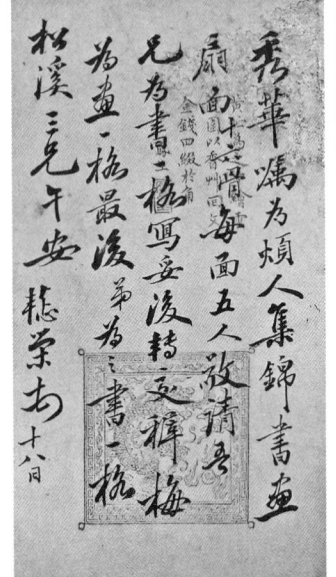

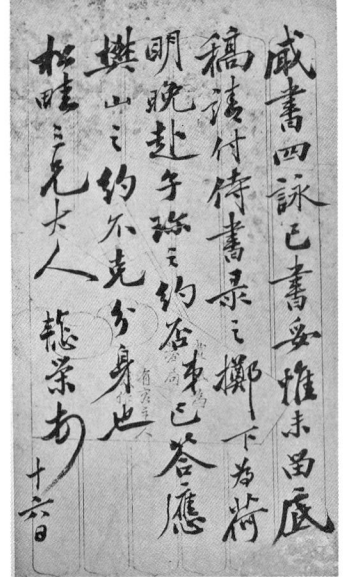

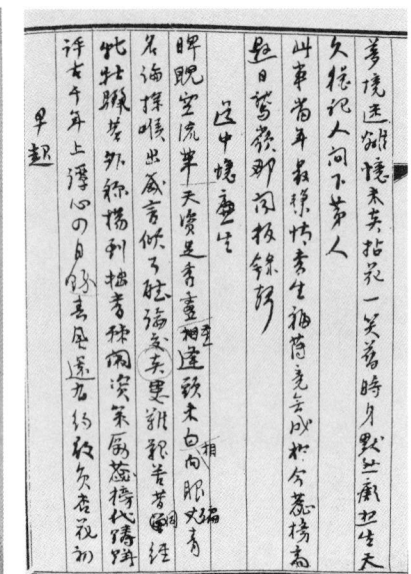

王懿荣致王守训二札　　　　　王守训《道中怀廉生》诗

1931至1932年间陈曾寿旅大行事心迹考实

孙海鹏

大连图书馆

内容提要：陈曾寿是婉容的师傅，与溥仪关系密切。陈曾寿长久在溥仪身边，见证了诸多重要历史事件。根据《陈曾寿日记》记录，其先后共有15次来旅顺、大连，本文撷拾其1931年至1932年间3次到旅顺、大连之事，讨论陈曾寿作为清之遗民心态的变化。

关键词：陈曾寿　旅大　心迹　遗民

1949年9月1日，一代诗人陈曾寿（1878—1949）病逝于上海，其忘年之交陈祖壬（1892—1966）于10月自湖北赴上海吊唁，遂撰有《蕲水陈公墓志铭》，记载陈曾寿生平事迹虽简略，但较为准确。

公陈氏，讳曾寿，字仁先。耐寂、复志、焦庵，皆其所自署也。家故蓄元吴镇画松曰《苍虬图》，因以名阁。所为诗号《苍虬阁集》。海内言诗者，类能举其辞，故苍虬之称尤著。先世居湖北黄州府之蕲水县。嘉庆二十四年，以廷试第一人入翰林讳沆者，公曾祖也。祖讳廷经，内阁侍读学士。父讳恩浦，中书科中书。三世皆以公贵，赠如其官。曾祖妣杜，祖妣张，妣周，皆夫人。年十八，补县学生。光绪二十三年，以选拔贡于朝。二十八年，与母弟曾则、曾矩同中式乡举。明年，成进士，用主事观政刑部。是年召试经济特科，入高等。寻调学部，累迁员外郎、郎中。宣统初，授广东道监察御史。最后官至学部右侍郎。以己丑岁闰七月九日卒上海，年七十有二。配江夏洪氏，封夫人，前卒。子二人：邦荣、邦直。女二人，皆适黄陂周伟。孙三人，文钵、文桂、文乔。女孙六人，长适仪征花以椿，次适丹徒姚齐，余皆幼。公卒逾月，祖壬自夏口来吊，则已前葬上海漕河泾永年公墓矣[①]。

上文节选的墓志铭可以清晰勾勒出陈曾寿的人生履历。纵观陈曾寿一生，经历

---

① 陈曾寿著，张寅彭、王培军校点：《苍虬阁诗集》，上海古籍出版社，2009年，第433页。

改朝换代，陈曾寿选择了做清之遗民，易代之后，偕老母寓居西湖，日以书画诗词排遣生涯。陈祖壬在为其所撰墓志铭中隐去了陈曾寿的政治倾向，主要谈及其诗名动海内的影响。陈曾寿确实是以诗词名于世，著有《苍虬阁诗集》《苍虬阁诗续集》《旧月簃词》等，且编有《旧月簃词选》，诗名词名誉满海内，与陈三立（1853—1937）、陈衍（1856—1937）并称为"海内三陈"。汪辟疆在《光宣诗坛点将录》中视陈曾寿为"天英星小李广花荣"，评价其诗"忠悃之怀，写以深语，深醇悱恻，辄移人情，沧趣、散原外，惟君鼎足焉"[①]，"沧趣"指的是陈宝琛（1848—1935），"散原"则指陈三立，就汪氏评价而论，陈曾寿诗词造诣颇高。

陈曾寿自1949年去世之后，后人对其生平研究较少，尤其是其在"伪满洲国"时期的经历研究极少。主要原因有二：一是陈曾寿诗词之名掩盖了其生平行事；二是陈曾寿的政治身份为清之遗民。1917年他参与张勋复辟，自1924年开始奔波于京津两地为溥仪（1906—1967）效劳，1930年任婉容（1906—1946）师傅，1932年至长春，担任"伪满洲国"内廷局局长，管理清廷诸陵园之事。1942年离开长春，寓居北京。至1947年初，陈曾寿回到上海，并终老于此。

2009年，上海古籍出版社出版了张寅彭、王培军校点的《苍虬阁诗集》，由此陈曾寿再一次进入当代研究者的研究范围。2021年，国家图书馆出版社影印出版《湖北省图书馆藏稿本日记四种》，收录了陈曾寿日记共25册。2023年6月，凤凰出版社出版了由尧育飞整理的《陈曾寿日记》，总字数达七十万字之多，自此，陈曾寿一生中若干关键节点渐次清晰呈现。

由于《陈曾寿日记》并不完整，根据其他文献，如由陈曾寿、陈曾矩（1884—1943）两人日记合成之《局外局中人记》[②]的记载，和《陈曾寿日记》中所附周君适1932年2月至3月日记相参照，并参考郑孝胥（1860—1938）《郑孝胥日记》、胡嗣瑗（1868—1949）《胡嗣瑗日记》等相关记录，可知陈曾寿一生曾有15次到过旅顺、大连地区，分别是1931年11月28日至1932年1月19日，1932年2月2日至3月6日，1932年3月15至18日，1932年6月19日，1932年8月27至28日，1932年12月25至26日，1933年2月13至14日，1933年3月19至20日，1933年4月4至12日、4月16日至5月26日、6月17至27日、7月7至12日，1933年9月4至13日，1933年10月6至18日，1937年1月25日。今撷拾其1931至1932年间在旅顺、大连地区行止，以考其心迹之变化。时间均用公历。

一、陈曾寿日记中所见1931至1932年间旅大行事考录

1931年（民国20年）

11月26日，晚六点，陈曾寿至吉田忠太郎（1884—？）宅，与之护送婉容自天津出发，由婉容之弟润良、太监赵德甫、

---

① 汪辟疆著，王培军笺证：《光宣诗坛点将录笺证》，中华书局，2008年，第146页。
② 陈曾寿著，张寅彭、王培军校点：《苍虬阁诗集》，第440页。

侍女春英陪同，在川岛芳子（1906—1948）监视下乘坐"长山丸"赴大连。时郑孝胥陪同溥仪在旅顺。

11月27日，在"长山丸"上，川岛芳子向婉容借钱并恫吓之。陈曾寿有诗《辛未冬十月十八夜作》。

11月28日，上午九点抵达大连。日本水上警察小尾通登船打探。罗振玉（1866—1940）、罗福葆（1899—1967）父子于码头等候。陈曾寿陪同婉容乘坐汽车至文化台九五番地王季烈（1873—1952）宅暂住，宝熙（1868—1942）、宪真、胡嗣瑗（1868—1949）、夏瑞符等人来谈。陈曾寿寓居大连南方旅社。

11月29日，胡嗣瑗、夏瑞符与陈曾寿谈及溥仪来东北之事，言及事出于罗振玉，乃罗氏托请土肥原贤二（1883—1948）将溥仪诓至营口，转乘火车到汤岗子，再至旅顺。

11月30日，晚，溥仪召婉容至旅顺。陈曾寿、胡嗣瑗、夏瑞符在大连等候。

12月1日，婉容自旅顺返回大连，对陈曾寿转述溥仪欲召见胡嗣瑗，被郑孝胥、罗振玉阻拦之事。

12月5日，郑孝胥、郑垂（1887—1933）父子至大连，入王季烈宅接婉容再一次赴旅顺，婉容托病不赴。

12月6日，夏瑞符回天津。陈曾寿请其带给陈曾矩一函。言及溥仪对陈曾寿、胡嗣瑗被罗振玉、郑孝胥隔绝之事颇不满。此时，陈曾寿、胡嗣瑗一直住大连，等候溥仪之召。

12月8日，溥仪派遣一位日本人来大连接婉容赴旅顺，工藤忠（1882—1965）带一侍女、一随侍同行。陈曾寿、胡嗣瑗搬离文化台王季烈居所，搬入南方旅社。

12月10日，溥仪派随侍齐济忠至大连见陈曾寿、胡嗣瑗，言及将搬入旅顺肃亲王府之事。陈曾寿上溥仪二奏折，胡嗣瑗上以奏折，委托齐济忠代呈。

12月11日，陈曾寿告知郑孝胥，四川刘文辉将来觐见溥仪，且承诺以百万元。

1932年（民国21年）

1月15日，陈曾寿、胡嗣瑗购买船票准备返回天津。溥仪派谢介石（1878—1954）等人至大连，安抚陈、胡二人，并言及将于本日搬入旅顺肃王府。陈、胡各上一奏委托宪真代呈溥仪。

1月18日，溥仪派随侍齐济忠至大连，命陈宝琛、陈曾寿、胡嗣瑗回天津主持办事处事宜。陈宝琛拟赴大连，陈曾寿欲委托其代呈溥仪一奏。

1月19日，溥仪召陈曾寿赴旅顺，未赴。乘船返回天津。

1月24日，陈宝琛自天津拟赴大连，再赴旅顺面见溥仪。陈曾寿委托陈宝琛代呈一奏，说明未能赴旅顺原因，请召胡嗣瑗赴旅顺。

1月25日，陈宝琛抵达大连，住大和旅馆，约郑孝胥来见，并欲赴旅顺。旋即赴旅顺见溥仪。

2月1日，早八时，陈曾寿偕婿周君适（1903—1989）自天津乘"长山丸"至大连，十时三十分开船。

2月2日，午后三时半，船抵大连。日本水上警察小尾通和一个宪兵来迎接，雇车送陈、周翁婿至大广场东侧罗振玉所设墨缘堂，旋即入住南方旅社。晚，赴水仙町肃亲王八子宪真宅长谈。有《前来大连与憺仲对雪苦吟得若干首，今来复寓旧馆寄怀憺仲》。

2月3日，宪真来访。陈宝琛外甥刘骧

业来见，言及陈宝琛至旅顺见溥仪事。午后，陈曾寿雇汽车自大连赴旅顺肃亲王府面见溥仪。傍晚七时返回大连南方旅社。溥仪拟为陈曾寿安置安排旅顺朝日町住处。陈曾寿致陈曾矩一函。

2月4日，周善培（1875—1958）一早来访。溥仪派随侍吴天培来接陈曾寿至旅顺，处理敬懿太妃后事，草拟电稿等。夜归大连。陈宝琛自大连返回天津，对陈曾矩言及郑孝胥、罗振玉、板垣征四郎（1885—1948）之事甚详。

2月5日，傍晚五时，陈曾寿偕婿周君适雇汽车至旅顺，找寻所租朝日町屋不得，至肃亲王府询问方才找到乃是桥立町，内有溥仪所送家具等物。与周君适各作画一幅，赋《鹧鸪天》词一首，有《除夕同君适至旅顺行在所，灯下检上海友人所赠诗词感赋》。是年秋有诗《辛未十二月至旅顺行在所，上为僦小楼三椽，并购铁床一、长方桌二、椅四、饭碗、菜碗、小碟、羹匙、竹筯各四、茶壶一、茶杯四、水壶二、白铁镬二、炒勺一、小铁勺二，乃至盥漱之具罔弗备，皆上亲过目。次日入谢，谕曰：患难君臣犹兄弟也，其无谢。此千古臣子受恩所未有者，敬谨陈之一室，以示子孙，勿忘报称。今岁壬申秋八月，立之、君任、勉甫聚晤室中，每至夜分，因为之图，并纪以诗》记其事。

2月6日，春节。至肃亲王府面见溥仪，见郑孝胥父子及张燕卿（1898—1951）、商衍瀛（1871—1960）、工藤忠等人。拟明日迁居明治町三十九番地张国淦（1876—1959）宅，与恩华即杨咏春（1872—1946）同住。有诗《壬申除夕》一首。

2月7日，溥仪赐饮食。陈曾矩收到陈曾寿2月3日发自旅顺函，随即复函。

2月10日，宪真来访。

2月11日，至肃亲王府面见溥仪。陈曾寿收到陈曾矩、胡嗣瑗自天津所发信函，复函复电。有词一首，词名待考。

2月12日，溥仪派车接陈曾寿，命之拟稿。发陈曾矩信函。陈曾寿于居所悬挂沈曾植（1850—1922）书联"奉天诏为中兴重，景月光迎揽揆来"，以为吉兆。

2月13日，入见溥仪。陈曾寿收到陈曾矩、夏瑞符等人信函，发陈曾矩信函。

2月14日，陈曾寿与周君适至旅顺海边散步，雇马车至新市街购买苹果。

2月15日，陈曾寿命周君适誊写保荐人才折。

2月16日，入见溥仪。上保荐人才奏折一件。有诗一首，诗名待考。

2月17日，入见溥仪。与万绳栻（1879—1933）、商衍瀛侍坐，拟稿。陈曾矩收到陈曾寿自旅顺所发函。

2月18日，溥仪生日。九时，陈曾寿与周君适入贺。是日到者三十余人，摄影留念，至大和旅馆宴会。周善培来长谈。

2月20日，入见溥仪。晚饭后，偕周君适造访寓居旅顺的罗振玉不值。至肃亲王府见罗振玉，言及溥仪派罗振玉、郑孝胥、上角利一赴奉天日本军部磋商"伪满"国体事。溥仪拟定八条条款，陈曾寿补充四条，共计十二条，拟与板垣征四郎商谈。婉容赏赐点心。

2月22日，入见溥仪。陈曾寿致函陈曾矩，接到胡嗣瑗信函。郑孝胥、罗振玉自奉天归。宪真来访。

2月23日，入见溥仪。板垣征四郎自奉天来旅顺，与溥仪密谈三小时，溥仪不同意其关于"伪满"国体设计。陈曾寿陪同溥仪宴请板垣征四郎至晚十时。郑垂约请板垣征四郎外出饮酒。陈曾寿致函周善培、胡嗣瑗。

2月24日，陈曾寿访罗振玉，一同入肃亲王府见溥仪。板垣征四郎强迫溥仪接受"伪满"国体，溥仪单独见陈曾寿，言语凄惨。陈曾寿自旅顺发电报给陈曾矩，委托其与在天津之陈宝琛、胡嗣瑗密商有关"伪满"国体之事。陈曾矩来电。陈曾寿复函陈曾矩、胡嗣瑗。

2月25日，早，罗振玉来访。入见溥仪。溥仪对陈曾寿言及日本军部所拟定"伪满"官员名单，对郑孝胥父子颇多微词。溥仪命陈曾寿再推荐人选。晚与万绳栻久谈。

2月26日，入见溥仪。接到陈曾矩复函。陈曾矩、胡嗣瑗收到陈曾寿所发信函，言及溥仪派郑孝胥、罗振玉赴奉天拒绝"伪满共和国"之建议，板垣征四郎仍然持此主张，郑孝胥附和，陈曾寿极力反对。收到周善培信函，复周函。婉容召见陈曾寿。有诗《温语》一首。

2月27日，入见溥仪。溥仪对某人甚为不满，此某人似指板垣征四郎。收到陈宝琛、胡嗣瑗、陈曾矩信函。陈曾矩、胡嗣瑗亦收到陈曾寿前日所发信函，言及"伪满"国体一事，陈曾寿言及不免与郑氏父子发生冲突。为溥仪拟文告。

2月28日，入见溥仪，为溥仪拟文告。收到胡嗣瑗电报，自天津乘"天津丸"赴大连，转赴旅顺。陈曾寿发电报及信函给陈曾矩，欲邀请曹汝霖（1876—1966）、汪荣宝（1878—1933）二人赴旅顺。曹汝霖当日拒绝，3月4日，汪荣宝亦拒绝。

2月29日，入见溥仪。

3月1日，胡嗣瑗抵达旅顺，陈曾寿与之入见溥仪，得知东三省"代表"将至旅顺。接到陈曾矩信函，并复函。

3月2日，入见溥仪。与胡嗣瑗夜谈。

3月3日，陈曾寿得知溥仪将于三天后启程赴长春。

3月4日，陈曾寿与胡嗣瑗入见溥仪。致陈曾矩、陈宝琛、周善培信函。

3月5日，陈曾寿与林棨入见溥仪。胡嗣瑗、宝熙、王季烈押运溥仪行李赴长春。陈曾矩接到陈曾寿自旅顺所发函，言及溥仪怒斥郑垂之事。陈曾寿希望曹汝霖务必来长春，并给以承诺。

3月6日，六时半，与周君适至肃亲王府，溥仪等人已经乘火车出发至汤岗子。九时，陈曾寿、工藤忠、万绳栻、润良等人乘汽车至大连沙河口火车站，转乘火车至汤岗子见溥仪。陈曾矩接到陈曾寿自旅顺所发函，言及向溥仪申明不要名位，否则宁肯离开，溥仪挽留。

3月8日，陈曾寿随同溥仪抵达长春。

3月14日，午后四时半，陈曾寿自长春乘火车赴大连，预备筹划家眷移居大连之经费，拟将家眷移居大连。

3月15日，陈曾矩接到陈曾寿自大连所发函，欲不日返回天津。

3月18日，陈曾寿自大连乘船返回天津。

3月19日，陈曾寿抵达天津家中。

二、陈曾寿旅大心迹考实

陈曾寿早年从政经历并不复杂，光绪二十九年（1903）成进士，在刑部做主事，未几，调任学部，先后任员外郎、郎中。宣统三年（1911）授广东道监察御史，未到任而武昌起义爆发，10月12日，陈曾寿离开北京搭乘运兵火车返回武昌寻找家人。此后，陈曾寿家眷寓居上海，自己则于12月26日返回北京。1912年1月23日再一次离开北京赴上海与家眷团圆，自此离开居住了7年之久的北京，陈曾寿与清之遗民如沈曾植、胡嗣瑗等人谋求复辟。民国六年（1917）张勋（1854—1923）复辟，陈曾寿至北京任学部右侍郎。12天之后复辟失败，陈曾寿避居朋友家，沈曾植寓居在某教堂中，《丁巳复辟记》中载沈曾植"见予等人，大恸，呜咽述经过事"①。这次失败的复辟经历对陈曾寿此后的政治生涯产生了一定影响。

陈曾寿生性倔强执拗，好横议，肯担当。陈曾则在《苍虬兄家传》中描绘其"自恃强力，与健仆角，辄胜之。与人议论，必胜而后已"②。这一性格特点在其于辛亥返回武昌、张勋复辟赴任北京、溥仪出宫奔赴天津等事件中均可验证。陈曾寿的人生也有另外一面，他喜欢养菊花，马通伯曾经以"萧然与草木为伍，其好尚与众异也"③评价其性格中的隐逸一面。陈曾寿在辛亥后避居上海，张勋复辟后隐居杭州西湖，从溥仪身边离开返回北京，最终落脚于上海，并终老于此。纵观陈曾寿的性格中略显矛盾的两个特点，再考察其一生中的行止，可见陈曾寿内心始终纠结的遗民心态，然而他对此又力不从心，回天乏力。所以，陈三立点评《苍虬阁诗钞》中有"沉哀入骨，而出以深微澹远，遂成孤诣""声情激壮而沉郁""悲感苍凉，沁肝脾而紫魂梦""喷薄出之，气厉而声满"④之语，心中郁郁之气发而成诗词，诗词中亦可见陈曾寿心路历程。

1931年11月19日，郑孝胥陪同溥仪由汤岗子乘车赴大连。天明之时至沙河口，换乘汽车，于上午八时抵达旅顺。先至日本关东军宪兵司令部，十一时入住大和旅馆。至1932年2月21日离开旅顺，经大连赴汤岗子。从此，溥仪等人踏上一条不归之路。1931年11月28日上午九时，陈曾寿陪同婉容抵达大连。11月30日晚，溥仪召婉容至旅顺。自此开始，陈曾寿先是寓居大连，后来搬至旅顺居住。直至1932年3月6日从大连沙河口火车站乘火车赴汤岗子。郑、陈二人在旅顺、大连地区交集时间将近70天，见证了在1931至1932年之间，溥仪、郑孝胥等人与日本军国主义者于旅大地区完成阴谋建立"伪满洲国"的最终策划过程。

陈曾寿很清楚溥仪在郑孝胥父子的陪同下乔装改扮越海至东北的原因。陈曾寿抵达大连见到胡嗣瑗等人才得以验证，此事是罗振玉与土肥原贤二所策划，郑孝胥所推动。就《陈曾寿日记》《郑孝胥日记》所见，陈曾寿与罗振玉、郑孝胥交往并不十分密切，以罗郑二人相比，陈曾寿和罗振玉交往尚比郑孝胥略多，此中原因不得尽知，但有一点是明确的，陈曾寿反对与日本军部走得太近，主张暂留天津观看情形再酌情而动，而罗、郑恰与之相背，急于在九一八事变之后飞蛾投火，与虎谋皮，借用日本军部的力量谋求复辟，这无疑是极其冒险之举。就其

---

① 许全胜：《沈曾植年谱长编》，中华书局，2007年，第452页。
② 陈曾寿著，尧育飞整理：《陈曾寿日记》，凤凰出版社，2023年，第804页。
③ 陈曾寿著，尧育飞整理：《陈曾寿日记》，第804页。
④ 陈曾寿著，张寅彭、王培军校点：《苍虬阁诗集》，第506、507页。

三人性格而言也截然不同：罗振玉精明中有天真，郑孝胥精明中有狡诈，陈曾寿精明中有迂阔；同样是愚忠于溥仪，三者亦迥然不同：罗振玉之忠在简，郑孝胥之忠在用，陈曾寿之忠在真，故此三人的结局也不相同。九一八事变发生之后，郑孝胥至陈曾寿家里，显得"意气飞扬"[①]，这也符合郑孝胥的性格，所以陈曾寿、陈曾矩兄弟"皆笑其轻脱"[②]。郑孝胥在1931年11月6日日记中写道对溥仪赴东北的态度："毋失日本之热心，速应国人之欢心。此英雄之事，非官吏文士所能解也。"[③]可见郑孝胥在溥仪"出关"问题上的基本看法，溥仪在摇摆不定之际，罗振玉、郑孝胥二人却一直怂恿其至东北。所以，郑孝胥对内排斥陈宝琛、陈曾寿、胡嗣瑗等官吏文士；对外则与土肥原贤二、板垣征四郎等人紧密勾结，极力促成溥仪充当日本傀儡，与日本人达成阴谋建立"伪满洲国"之初步协议。对此，陈曾寿与陈宝琛等人的观点一致，始终保持慎重观望态度。

1931年10月23日，陈曾寿在得知罗振玉至天津蛊惑溥仪赴大连之后，曾经上奏溥仪：

（前略）今皇上安居天津，毫无举动，已远近传言，多所揣测。若果有大连之行，必将中外喧腾，指斥无所不至，则日本纵有此心，亦将阻而变计。彼时进既不能，退又不可，其为危险，岂堪设想？且事之进行，在人而不在地。苟机有可乘，在津同一接洽；若机无可图，赴连亦属周济。且在津则暗中进行，而易泯群疑；赴连则举世惊哗，而横生阻碍。在津则事虽不成，犹有余地以自处；赴连则事苟无着，即将悬寄而难归。（后略）[④]

陈曾寿这一态度贯彻始终，其在抵达大连之后又向溥仪呈交奏折，中有"皇上虽欲大伸乾断，恐有所不能矣。此不能不早为之计者也。臣向主静退"之语[⑤]。其在鼓动溥仪复辟的前提条件下，持保守主张，这也正是陈曾寿与郑孝胥等人相争执不下之处。同时，陈曾寿经历过张勋复辟，深知复辟"恐有所不能矣"之理，所以对溥仪的幻想委婉以劝。陈曾寿敏锐察觉到了日本军部的险恶用心所在，而其思想中的遗民情感又无法令其摆脱效忠溥仪的想法，同时极力反对冒险行为，担心张勋复辟的结局如果重演，届时溥仪完全受控于日本军部，非但回不了天津，也永远不可能做到所谓"中兴之业"。

另外，陈曾寿乃婉容师傅，这是非常特殊的一个政治角色，没有任何实质性权力，只有荣誉，此种荣誉仅存于溥仪、婉容的小朝廷之中，对于一生以清之遗民自居的陈曾寿来说是莫大的光荣，特别是扈从婉容自天津秘密潜往大连，心中必然会有五味杂陈之感，前路未卜中的陈曾寿在担当与隐逸

---

① 陈曾寿著，尧育飞整理：《陈曾寿日记》，第716页。
② 陈曾寿著，尧育飞整理：《陈曾寿日记》，第717页。
③ 郑孝胥著，劳祖德整理：《郑孝胥日记》第四册，中华书局，2005年，第2350页。
④ 陈曾寿著，尧育飞整理：《陈曾寿日记》，第717页。
⑤ 陈曾寿著，尧育飞整理：《陈曾寿日记》，第723页。

之间徘徊。及至抵达大连，寓居在王季烈宅所中，又不得去旅顺见溥仪，此种原因则尽推至罗振玉、郑孝胥两人身上，也就是罗郑不允许陈曾寿等人与溥仪相见，恐怕溥仪受到陈曾寿、胡嗣瑗等人影响而改变日本军部原有的扶植傀儡计划，在日记中，陈曾寿虽然没有完全流露出内心真实状态，但从字里行间不难看出焦灼抑郁之情。自1931年11月至1932年3月间，陈曾寿的行踪是从天津至大连，因为不得入见溥仪，在婉容赴旅顺居住之后，陈曾寿断然返回天津，然后又受溥仪之召，从天津再一次抵达大连，在除夕之夜到旅顺，直至3月初离开旅顺赴长春。陈曾寿的行踪是自天津两至大连，这两次的心态有所不同，第一次是扈从婉容，第二次则可至旅顺入见溥仪。然而，陈曾寿并不十分清楚，这两次看似只是让不让入见溥仪的差别，背后实则是日本军部昭然若揭的野心，陈曾寿所期望的"中兴"也不过是一个虚拟的历史场景。

在日本军部策划下，板垣征四郎在1932年1月28日于旅顺大和旅馆一号房间中与郑孝胥、罗振玉密谈的结果正式浮出水面，也就是与溥仪和其近臣讨论所谓的"伪满"国体之事，名义上是讨论，实则是强制无条件接受。2月20日，溥仪拟定八条条款，陈曾寿补充四条，共计十二条，其核心是"正统系"①，即恢复清朝名号，溥仪希望自己依旧是皇帝，依旧保留清朝帝号和政统。第二天他派郑孝胥、罗振玉、上角利一等赴奉天日本军部与板垣征四郎展开磋商，陈曾寿从罗振玉口中得知了郑孝胥在奉天之时一味敷衍的态度，并记录在日记之中，这是陈曾寿意料之中的事，却也进一步验证了陈曾寿对罗振玉、郑孝胥的看法。此时罗振玉意识到问题的严重性，然而覆水难收，虽然能够秉持所谓"正统系"之论，却已于事无补，虽然自咎，在当时已然毫无意义了。郑孝胥此时并不直接传达由溥仪、陈曾寿草拟的十二条条款，口头上的大包大揽与行事上的圆滑敷衍最终被他归结为不愿意因为此事而开罪日本军部。所以，陈曾寿对罗振玉、郑孝胥二人的判断还是比较准确的。

22日，板垣征四郎随同郑孝胥、罗振玉自奉天归旅顺，提出折中议题，为溥仪所反对，同时，溥仪将陈曾寿的意见也挑明"陈曾寿与我意见一样"②。24日，郑孝胥在日记中写道："郑垂九时半至行在请对，力请勿驳。同对者罗振玉、商衍瀛、万绳栻皆不敢言，惟陈曾寿力言非君主不可。"③陈曾寿在当日日记中道："板垣强迫已甚，不得已允暂为执政。如国体不合，仍当辞退，亦无可如何之应付耳。自离天津一着之错，乃有此果。"还记录了溥仪的话："你也不必心里太难受。你向来忠爱，我不愿你离开身旁，切不可想去，与你忠爱之心相背了。"④这种并无意义的肯定对陈曾寿来说则是荣耀。当晚，陈曾寿自旅顺发电报给陈曾矩，委托其与在天津之陈宝琛、胡嗣瑗密议有关"伪满"国体之事，还在设想寻找一种办法解决溥仪目

---

① 陈曾寿著，尧育飞整理：《陈曾寿日记》，第731、732、733页。
② 陈曾寿著，尧育飞整理：《陈曾寿日记》，第733页。
③ 郑孝胥著，劳祖德整理：《郑孝胥日记》第五册，中华书局，2005年，第2368页。
④ 陈曾寿著，尧育飞整理：《陈曾寿日记》，第734页。

前所遭困境。当然,陈曾寿也不愿意接受与自己"忠爱之心相背了"的残酷现实,事实已经很清楚地摆在陈曾寿的面前,溥仪幻想复辟,从北京至天津,即便被赶出紫禁城而避居张园,也还做着"皇帝梦",这正好成为了日本军部的诱饵,罗振玉伙同土肥原贤二将溥仪带至东北,也就是所谓清朝"龙兴之地",罗振玉并不知道这一冒险举措背后的政治危险,相比之下,罗振玉的政治敏感度与应对经验远逊于郑孝胥,这就是溥仪对罗振玉怂恿自己赴东北之后落入日本军部手中的忌恨之处。板垣征四郎在面见溥仪之前,已经将日本方面态度渗透给郑孝胥父子,且希望郑孝胥能够在溥仪小朝廷中保持对日有所倾向之立场,故而郑孝胥态度十分明了。陈曾寿知晓郑孝胥与日本军部间的默契或者说是交易,因为郑氏父子在陈曾寿眼中一直被视如严嵩父子,不但长袖善舞,而且每遇事好大言,推过揽功,且不顾及溥仪与近臣们利益,所以他一直认为此事是郑氏父子与板垣征四郎设计好的圈套,和溥仪的设想与决策没有任何关系,也就是始终错误地将溥仪摆在一个至高无上的位置上,陈曾寿之执拗于此可见一斑。这就使得陈曾寿既不同于罗振玉,与郑孝胥也有极大区别,其本质区别在于,罗振玉始终欲拥有献策"从龙出关"的话语权,郑孝胥也以其父子扈从溥仪"出关"为所谓的"首功",故此,罗、郑以元勋姿态自居,且有充当首揆之念。罗郑之争不仅仅是溥仪身边近臣之争,实则还是罗振玉与郑孝胥政见不同之争,罗振玉旨在保留帝制以复兴清朝统治,郑孝胥则关心与日本军部的关系,目的在于谋一己之私。在罗、郑两股势力之间,陈曾寿的性格特点彰显无遗,溥仪近臣在所谓"伪满国体"之争的时候均一言不发,表现出审慎态度与推诿状态,此时陈曾寿则与郑垂力争,当溥仪接受板垣征四郎条件之时,陈曾寿则表现出自己的操守底线,愿意白衣相从,在这一点上,陈曾寿于政治表现是幼稚的,换而言之,陈曾寿也是坚守了自己的道德底线,显得更加"纯粹"。这背后是其一生中所追求的遗民理念使然,显示出与罗振玉、郑孝胥有所不同的内心世界,既沉郁悲愤,也一筹莫展,一如张勋复辟之时的情形,也可预知其结果。

陈曾寿与罗振玉拥护帝制的共同想法几近于白日之梦,很不合时宜地说出让日本军部感到异样的主张,那就是"不能没有皇帝",这也为日后他被日本军部及郑孝胥父子等人所严重排斥而离开长春埋下了伏笔。至1932年2月24日,溥仪一切图谋早已成为黄粱一梦,在旅顺肃亲王府中的他及其近臣们已经完全落入日本军部的彀中。

三、余 论

1932年2月26日,在旅顺的陈曾寿写了一首诗,题作《温语》:

主忧臣辱分何辞,温语真成入骨悲。
敢向天恩论去就,难从羿彀较安危。
千穷漫作千年调,五十仍余五岁衰。
海碧风清独凝伫,此生冷暖可应知[①]。

---

① 陈曾寿著,尧育飞整理:《陈曾寿日记》,第735页。

这首诗记录在《局外局中人记》里，这一天，婉容召见陈曾寿，所谈内容不得而知。就在三天前，婉容刚召见了陈曾寿，"见后，述事之经过"①，陈所叙述之事化而为诗，所谓"温语"是指溥仪对其所说之话，这番话令陈曾寿不禁惨然欲哭，这种表达其实是无助的遗民心态使然，末路君臣已经没有任何政治筹码与日本军部讨价还价了，"主忧臣辱""入骨悲""此生冷暖"等等词语都只是对当时情感的描绘，也是清之遗民非分之想幻灭之后的哀鸣，后人无法揣测此时此刻陈曾寿内心之波动，遗民情结、政治抱负和性格特质纠结在一起，无法理清。

1912年1月6日，刚从上海返回北京的陈曾寿对许宝蘅（1875—1961）说："宜少作无益之想。"②或许陈曾寿早已忘记曾经在清朝灭亡之际说过这样的话，二十年后，他和许宝蘅均以清之遗民身份在"伪满"任职，在"有益""无益"之间展开了自我博弈。其实从清朝灭亡那一刻算起，陈曾寿的遗民表现是另外一种形式的"殉清"，是思想和政治主张的主动保守化，也是遗民对溥仪"负疚感"的集体表现，这一点在陈曾寿于1931至1932年间所写的诗词中体现出来，诗言志也，陈曾寿毕竟是诗人本色，"作为最后一位在世的遗民作家，他的离去代表了一代遗民文学的终结"③，陈曾寿成为了易代之际存亡兴衰的见证者之一，哀鸣悲声中的遗民之音是其内心世界的另外一种表达。陈曾寿的"无益之想"和其一生所追求的清之遗民气节声名、文化理念、家国意识纠缠在一起，无法解开。

---

① 陈曾寿著，尧育飞整理：《陈曾寿日记》，第734页。
② 许宝蘅著，许恪儒整理：《许宝蘅日记》，中华书局，2010年，第388页。
③ 林立：《沧海遗音：民国时期清遗民词研究》，香港中文大学，2012年，第412页。

伪满《皇位继承备忘录》考析

宋绍红

伪满皇宫博物院

内容提要：伪满洲国改行帝制之后，在日本关东军的胁迫下，于1937年3月1日正式颁布《帝位继承法》，在此稍早还秘密签订了《皇位继承备忘录》，两份文件一明一暗，无论是内容的差异还是签订的过程，都包藏了日本关东军的多重政治阴谋，根据溥杰伪满后期的政治待遇来看，《皇位继承备忘录》更能反映日本关东军对于伪满帝位继承的真实态度。

关键词：皇位　帝族备忘录　继承法

历朝历代，皇位继承对中国古代封建王朝来说，都是关乎社稷兴衰的根本问题。伪满洲国改行帝制之后，于1937年3月1日正式颁布《帝位继承法》，但在此之前，日本关东军起草，并经由关东军司令植田谦吉与伪满皇帝溥仪达成了秘密的《皇位继承备忘录》，这份备忘录的内容与《帝位继承法》相比有较多出入，这个秘密备忘录的存在和《帝位继承法》出台的前后过程，深刻反映了伪满政权和伪满皇帝的傀儡本质。

一、《皇位继承备忘录》的主要内容及与《帝位继承法》的异同

《皇位继承备忘录》[①]是1937年2月17日伪满皇帝溥仪与关东军司令官植田谦吉达成的，关于皇位继承的秘密文书，其全文的内容如下：

> 康德皇帝无帝男子时，有关皇位继承，得到关东军司令官同意后，做如下规定：一、康德皇帝和帝后之间如确实无帝男子时，皇位继承要根据唯一的天皇意志决定之。二、康德皇帝无帝男子时，决定帝位继承时，要依据天皇的意志继承帝位，并由皇帝宣布之。三、历代皇帝都要遵守此规定。
>
> 　　　　　　　　　康德四年二月十七日
> 　　　　满洲国皇帝溥仪（皇帝之宝印）

这份《备忘录》出台半个月之后，即

---

① 李茂杰、李雪松编译：《溥仪与关东军司令官绝密会谈录》第7册，线装书局，2015年，第199—200页。

1937年3月1日伪满洲国正式颁布了《帝位继承法》。《帝位继承法》开篇用一段冗长的文字着重强调"日满一体""惟天皇保佑是赖"之后，才以"康德皇帝"署名，伪满洲国国务院总理张景惠、宫内府大臣熙洽副署的方式，对外公布了帝位继承的原则和顺位，概括起来，包含以下四个方面的内容①：

第一，"满洲国"的帝位传承由康德皇帝的男性子孙继承；

第二，"满洲国"的帝位传承采取嫡长子继承制，先嫡后庶、先长后幼；

第三，"满洲国"的帝位传承的顺序是帝嫡长子及其子孙→帝庶子及其子孙→帝兄弟及其子孙→帝伯叔父及其子孙→最亲近者及其子孙；

第四，帝位传承的原则发生疑问或者在位的皇帝遇到突发状况时，帝位继承者的选择由参议府按照上述原则商定。

《皇位继承备忘录》与《帝位继承法》两份文件相比，除了文体规范不同、行文风格不同之外，内容上也有许多不同之处，主要体现在以下两点：

第一，《备忘录》指出：皇位继承人选必须征得关东军司令官同意，而《帝位继承法》只是在开篇不断强调日满精神一体、一德一心，没有明确关东军在伪满洲国皇位继承中承担的角色和作用。

第二，《备忘录》指出：康德皇帝与皇后、后妃没有子孙等男性子嗣时，要依据天皇的意志来决定皇位继承者。但是《帝位继承法》在决定继承顺位时，明确说明："帝子孙皆不在，传帝兄弟及其子孙；帝兄弟及其子孙皆不在，传帝伯叔父及其子孙；帝伯叔父及其子孙皆不在，传最近亲者及其子孙。"可见《帝位继承法》也没有明确指出日本天皇在伪满洲国皇帝位继承过程中的决定性作用。

《皇位继承备忘录》与《帝位继承法》内容上的差别，甚至是内容上的矛盾，并不构成孰真孰假的争议。在继承原则和继承决定权归属等问题上，有关内容的相互矛盾，才真实地反映了日本关东军在处理帝王继承问题上一明一暗、一表一里的政治手段。

《皇位继承备忘录》与《帝位继承法》内容上的差别，首先是文体规范和公开程度决定的。《皇位继承备忘录》由于是一份绝密的内部文件，所以才能够真实地说明日本关东军的真实意图，才能明确日本天皇、关东军司令官在伪满洲国皇位继承问题上的决定性作用。《帝位继承法》作为伪满洲国的根本性大法，是要面向全体国民广而告之的，因此在表面上需要维护"满洲国是独立国家"的合法外衣，因为根据日本关东军制定的《指导满洲国纲要》来看，"表面上要努力保持新国家为一独立国的体面"②。而在皇位继承权掌握在日本天皇和关东军司令手中这一点上，《帝位继承法》含糊其词，用语暧昧，正是要在表面上继续保持伪满洲国独立国家体面的直接表现。

《皇位继承备忘录》与《帝位继承法》内容上的差别，还体现在关于"帝族"范

---

① 《帝位继承法》，《盛京时报》1937年3月1日，第2版。
② 中央档案馆等编：《伪满傀儡政权》，中华书局，1989年，第17页。

围的定义上。根据《皇位继承备忘录》，帝族的范围，仅包括皇帝与皇后所生的子嗣，皇帝与嫔妃、溥仪的弟弟溥杰及其可能的子嗣，均不在帝族范围内，不具备继承皇位的资格。《皇位继承备忘录》出台的时候，溥仪只有婉容一个妻子，婉容也已经因为后宫秽闻被冷落，因为吸食毒品身体糟糕[1]，根本不具备生育的能力。文绣早在1931年就与溥仪公开离婚，谭玉龄也在此后不久入宫，那就是说，皇位继承权完全要按照日本天皇和关东军司令官的意志来决定。而在《帝位继承法》中，皇帝和皇后的男性子孙、皇帝和其他嫔妃的男性子孙、皇帝的弟弟及其男性子孙、皇帝伯叔父及其男性子孙，甚至是其他血亲关系较近者，都被纳入到了皇位的继承范围内。可是事实上，在皇帝和皇后的子嗣之外，其他在《帝位继承法》上列明的人，根本就不具备皇位继承的资格，因此可以说，《帝位继承法》的颁布只是日本关东军的表面文章而已。

日本天皇和关东军除了完全掌握"皇位继承权"之外，还将皇位继承者的教育权、培养权垄断在自己手中，根据《绝密会见录》[2]记载的备忘录的附录内容：

一、康德皇帝确实没有男孩时，得经关东军司令官同意，可选侍奉者入宫；二、帝之子教育，由具有日满两国人格者充之；三、帝之子于适当时期去日本留学，在学习院学习之；四、帝之子必须是军人，帝之女必须下嫁给军人；在特殊情况下，如帝之子不能为军人，帝之女不能下嫁军人时，需经关东军司令官同意并决定之；五、侍奉者是非帝族；六、历代皇帝依此规定办理之。

康德四年二月十七日
满洲国皇帝溥仪（皇帝之宝印）

这个备忘录的内容规定，皇位继承人必须留学日本，必须接受日满两国的文化教育，皇帝的男性子嗣必须是军人，女性子嗣必须下嫁军人。这样规定的目的就是要让皇位继承者、皇帝的子嗣接受日本皇道主义教育，军人以服从为天职，培养皇位继承者、皇帝子嗣的纪律性，从思想上和行为上对他们进行改造，以符合日本关东军的统治意愿。这件事，溥仪在《我的前半生》[3]也曾婉转提及：

在这字据上写明，我若有皇子出生，五岁时就必须送到日本，交由关东军专门指派的人从事教育。据吉冈说，这是日本皇室的制度，非这样办不足以表示日满亲善，当然，我只好认命，写下了这个未来儿子的卖身契。

二、《皇位继承备忘录》出台的过程

《皇位继承备忘录》是日本关东军强加给伪满皇帝溥仪的，并非是溥仪个人意

---

[1] 爱新觉罗·溥仪：《我的前半生》，群众出版社，2007年，第284页。
[2] 李茂杰、李雪松编译：《溥仪与关东军司令官绝密会谈录》第7册，第200页。
[3] 爱新觉罗·溥仪：《我的前半生》，第271页。

愿的体现，而《皇位继承备忘录》出台的过程充分体现了这一点。

第一，《皇位继承备忘录》是由日本关东军起草的。

《绝密会见录》[①]里说："（由林出上奏了吉冈参谋的文字材料，得到陛下赞赏后，很是得意）吉冈的文字材料受到陛下的赞赏，我想他一定感到无尚光荣！"

这就说明《皇位继承备忘录》是由吉冈参谋撰写，并由林出贤次郎上奏皇帝的。吉冈参谋是指"帝室御用挂"吉冈安直，吉冈安直是日本关东军的高级参谋，更是日本关东军用来控制溥仪的关键人物，溥仪在《我的前半生》[②]中说：

关东军好像一个强力高压电源，我好像一个精确灵敏的电动机，吉冈安直就是一个传导性能良好的电线。

因此，吉冈安直是按照日本关东军的意志行事，按照日本关东军的命令撰写了这份备忘录，并在会谈之前请溥仪过目并得到首肯，为第二天日本关东军司令植田谦吉与溥仪正式会面时，签订正式的备忘录做好了铺垫。

第二，《皇位继承备忘录》由伪满洲国皇帝溥仪正式会谈中确认并签字。按照不成文的规定，关东军司令与溥仪每月逢一、十一、二十一举行定期会面，如果事情特殊，可以随时进宫，交流国家大事，从内部对伪满皇帝进行指导。

1937年2月17日，关东军司令植田谦吉约见溥仪，就"满洲国帝室大典""皇帝选妃"和"帝位继承法"等重大事项，进行了沟通交流，在口头上达成一致的情况下，双方还要通过备忘录的形式，将有关事项确认下来[③]：

就这样在四张都是汉文的备忘录上签了名、写上了日期后，让林出按了印。随后，将其各一份，即两张放在身边，将另一份，即两张递给大使。

日本关东军采用这样的手段处理帝位继承问题，并不是孤立的个例。采用这种手法处理与伪满洲国、与溥仪关系的例子很多，比如签订《日满议定书》之前，先由关东军总司令与溥仪签订了秘密的换约。在关东军参谋部总务课大尉片仓衷的《满洲事变机密政略日志》一书中，对这次计划中的会谈进行了详细的记载[④]：

三月六日，溥仪从旅顺向汤岗子进发，这一天，板垣参谋至汤岗子，决定最后的人事，并让溥仪与本军司令官在关于国防、交通及其他问题的文书上签字。

无论是《皇位继承备忘录》，还是《日满密约》，从文本上来说，都是备忘录，但是采取这种婉转的形式，出于以下几点考虑：

---

① 李茂杰、李雪松编译：《溥仪与关东军司令官绝密会谈录》第7册，第196页。
② 爱新觉罗·溥仪：《我的前半生》，第264页。
③ 李茂杰、李雪松编译：《溥仪与关东军司令官绝密会谈录》第7册，第199页。
④ 中田整一：《溥仪的另一种真相》，上海人民出版社，2009年，第45页。

第一，将关东军司令官与"满洲国"皇帝已经达成的口头协议落实到纸面上，并且签字画押，避免了口说无凭，同时，尽管这项协议是日本强加的，但是因为有溥仪的签字画押，从形式上看，也是"满洲国"皇帝表示同意之后的产物，是双方平等协商的结果。同时，备忘录上并无关东军司令官签字画押的痕迹，这就是日本关东军政治手段的高明之处，《皇位继承备忘录》从策划、拟定、口头知会、正式签订都是关东军意志的体现，都是关东军强加给傀儡皇帝溥仪的，但是在任何文件上，都没有关东军的一点痕迹。

第二，相关内容不能公开的原因还在于，关东军司令官植田谦吉从身份上说，只是日本外务省驻满全权大使，作为一名外交官，从日本政治和法律的角度来说，不经过外务省大臣和本国政府的认可，就以"日本天皇"名义做出重大政治决定，是严重的越权行为和政治过错。关东军司令官作为日本天皇的代表，虽然对"满洲国"享有内部指导权，但这必须是在天皇、政府内阁、外务省事前知情并同意的情况下。显然，关东军司令在帝位继承上的这种做法，天皇、内阁、外务省都不知情，自然也就超越了内部指导的权限，是政治上的大过错。

第三，从《皇位继承备忘录》与随后颁布的《帝位继承法》内容上的差别来看，显然《帝位继承法》关于"帝族范围"的规定，也就是皇位继承人选范围的规定只是表面文章，目的是维持伪满洲国名义上的"独立国家"外表，但实际上皇位继承权早已经被日本关东军掌控，并且以《备忘录》的形式确认下来，《备忘录》的内容与关东军刻意营造的"满洲国"独立国家的形象严重不符，因此也是不能公开的根本原因，只要当事双方溥仪和植田谦吉都闭口不谈，只要会谈内容记录者林出贤次郎按照日本官方的要求彻底焚毁《严密会见录》，那么《皇位继承备忘录》这样的绝密文件，就永远不会为世人所知。

正是这样一箭三雕的阴狠手段，才能保证日本关东军在当时的环境下，控制伪满洲国，进而谋取最大的政治利益。只有更加牢固地控制皇帝，通过皇位继承并培养合格接班人的方式，才能永久统治伪满洲国。同时，这样的手段也不触犯日本天皇的权利，政治上也无过错，退一万步讲，即便日本战败了，这样的秘密也就永远尘封了。

三、皇弟溥杰与皇位继承

通过《帝位继承法》的规定来看，皇位继承人选采取以下顺位：

第一顺位继承人：帝长子及其帝长孙；第二顺位继承人：帝次子及其子孙；第三顺位继承人：帝兄弟及其子孙；第四顺位继承人：帝伯叔父及其子孙；第五顺位继承人：近亲者及其子孙。

依照《帝位继承法》上规定的这个继承顺位，由于伪满洲国皇帝溥仪自身的健康问题，第一和第二顺位继承人当时都没有，而且以后也很难会有，那么溥仪的亲弟弟，身为"皇弟"的溥杰，作为第三顺位继承人，自然而然也就成为了皇位的候选人。

按照这种理解，溥仪就把弟弟溥杰视为了皇位继承的潜在威胁者，这是溥仪内心真正恐惧的地方，按《我的前半生》

记载[1]：

> 我从吉冈嘴里听到一个风声，说日本关东军想给他（溥杰）找个日本姑娘做妻子，这个消息令我非常不安，由于皇室贵胄的传统优越感，觉得爱新觉罗的正统男子如果选汉女为元配，已是破例，如果和外国人结亲，更是祖制所无的，何况日本关东军是不是在打主意，要制造一个混着日本血统的皇帝，更要提防呢。

但是事实上，从《皇位继承备忘录》来看，溥杰是完全不具备皇位继承权的，换句话说，溥仪的弟弟溥杰并未在帝族的范围内，因为《皇位继承备忘录》所规定的皇位继承人只有一种，即皇帝溥仪与皇后所生的儿子。另外，从中田整一《溥仪的另一种真相》中转引的史料来看也是如此，当时本庄繁帮助溥杰物色日本妻子，选定了嵯峨浩，并去见了嵯峨浩的父亲，嵯峨浩父亲在当天的日记中记载[2]：

> 早上十点上班，十点半，本庄大将来官厅，谈及已选定溥杰的结婚对象，听说溥杰的身份为：一、不是皇族。二、财产是五十万日元，宅邸另给。三、作为皇帝的近亲，日后有被重用的希望。

可见在日本关东军看来，溥杰是不被当成皇帝的继承人看待的，溥仪在《我的前半生》中回忆皇位继承的种种说法，都是多余的担心。《皇位继承备忘录》和《帝位继承法》颁布前后，日本关东军对于皇位继承真正的看法，还是希望溥仪续娶生子，来作为满洲国皇帝的真正继承人。

1937年2月19日，《皇位继承备忘录》秘密签订两天之后，溥仪和植田谦吉就皇帝纳妃的事情进行了深入的交流，对人选的家庭出身、支付给对方家庭的费用以及派遣吉冈安直去北京调查进行了探讨。3月4日，溥仪和植田谦吉再次会谈，根据吉冈安直的调查结果，关东军方面同意溥仪迎娶谭玉龄，植田谦吉明确对溥仪说[3]：

> 在3月1日，颁布了帝位继承令，这回妃的问题也决定了，真是可喜可贺！祝愿陛下能早日有帝子诞生！

可见，在日本关东军心目中，至少在1937年前后，并没有将溥杰列为皇位继承人，而是仍寄希望于溥仪再娶妻生子，由溥仪的子嗣来继承皇位。

另外，从皇帝选妃需要征求关东军意见，并经过关东军详细调查才能迎娶谭玉龄仪式上看，虽然表面上其贵为一国之主，但实际上，溥仪连选妃的权力都不能自行做主，傀儡皇帝的属性彻底暴露。

溥杰作为皇帝继承人的唯一可能，是日本天皇、关东军对其另眼相看，青睐有加，属意溥杰作为皇位继承人，但这种可

---

[1] 爱新觉罗·溥仪：《我的前半生》，第269页。
[2] 中田整一：《溥仪的另一种真相》，第136页。
[3] 李茂杰、李雪松编译：《溥仪与关东军司令官绝密会谈录》第7册，第234页。

能性，从溥杰在伪满洲国生活的情况来判断，似乎也不存在。直到1945年伪满洲国垮台，有关帝族范围的讨论，一直没有在法律上进行确定，溥杰和嵯峨浩也始终没有被承认为帝族，皇帝的亲弟弟溥杰的妻子，也不是王妃。据《绝密会见录》来看，关东军司令官植田谦吉对溥杰、嵯峨浩夫妇态度冷淡，根据嵯峨浩的回忆录《流浪的王妃》[①]描述，作为平民的溥杰、嵯峨浩夫妇，在伪满洲国生活期间，生活简朴，物质上并不富有：

> 关东军对我们那种苛刻的态度，曾使我多次流泪，因为我出入宫廷，甚至都受到了军方的干涉，只有天知道，我在宫廷的一举一动一言一行都受到宫廷内日本人的监视。宫廷内到处都有日本人的间谍，面对着这样的现实，真使我呆然若失，难以忍受。

以上这段，是嵯峨浩1938年以后对于在伪满新京生活的描述，日本关东军对嵯峨浩的态度、嵯峨浩进宫的遭遇表明，这都不是皇位继承人及其妻子的应有待遇，以至于后来溥仪也明白了自己的担心是多余的，多次向嵯峨浩表明态度[②]：

> 当初皇帝也认为我是关东军的爪牙，是带着关东军的秘密使命而来篡夺帝位的。然而事过不久，皇帝就解除了对我的怀疑，他知道我也是受关东军欺侮的，从那以后，他曾经爽朗地笑着说："我把浩当近卫的奸细啦。现在知道那是错误的，……"

这就说明，溥仪虽然一开始担心溥杰和日本女子嵯峨浩结婚，是日本关东军有意将溥杰作为皇位继承人选，但溥杰、嵯峨浩夫妇在伪满的种种遭遇，关东军对两夫妇的态度等等，说明了《皇位继承备忘录》的真实性，即溥杰从来没有被关东军当做伪满洲国皇位的继承人选。

---

① 嵯峨浩：《流浪的王妃》，四川文艺出版社，1985年，第68页。
② 嵯峨浩：《流浪的王妃》，第71页。

罗氏唐鸿胪井刻石拓本流传述略

周 兴

滨梦之旅文化传播中心

内容提要：唐鸿胪井刻石是东北四大著名刻石之一，它见证了唐开元二年中原王朝对东北民族政权的统一管理，也是整个东北亚羁縻体系建立的重要标志性文物。关于刻石本身已有很多学者做过研究，本文从拓本角度对近代学人罗振玉收藏的有关唐鸿胪井刻石拓本的拓印及流传过程进行梳理，以期全面呈现罗氏拓本所蕴含的多元信息，并抛砖引玉，为广大研究者了解罗氏拓片的传序提供一些线索。

关键词：罗振玉　内藤湖南　鸿胪井　拓本　流传

"唐鸿胪井刻石"近代拓本，依据韩树英教授等编著的《唐鸿胪井碑》一书收录记载，有现存日本及大连图书馆馆藏等珍存[1]，另有一拓本现为私人收藏，即罗振玉先生自日本携归的刻石拓本（图1）。通过分析罗振玉先生1911—1919年在日本旅居期间的主要活动及交往的日籍友人社会关系，我们尝试性推断刻石拓本的获存经历；并通过对罗振玉后人及其门徒孙氏后人的口述记录，梳理总结此件拓本（下文称"罗氏拓本"）的辗转流传过程。

一、拓本获得的历史背景

19世纪后期，旅顺港逐渐发展成为

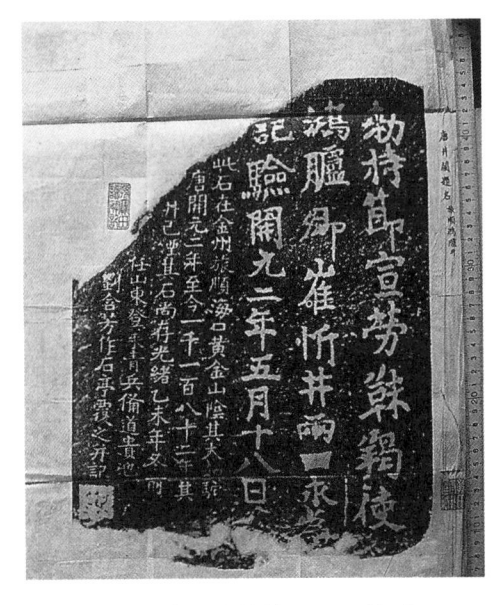

图1 "唐鸿胪井刻石"罗氏拓本
（收录于《唐鸿胪井碑》）

---

[1] 韩树英、罗哲文：《唐鸿胪井碑》，人民出版社，2010年，插图页。

清朝北洋水师的重要军事基地。随着时间的推移，旅顺港经历了多次战争和政治变动，先后落入日本和沙俄海军的控制之下。由于其具有极为重要的军事战略地位，旅顺军港被划定为军事禁区，普通民众和社会各界人士因此难以进入其中，神秘的面纱一直笼罩着这片土地。1908年，一块极具重要历史意义的文物——"唐鸿胪井刻石"，被日本海军秘密窃取。日本当局对此事进行了严格的保密措施，使得这一事件在外界几乎不为人知。因此，当时的中国民众对于这块珍贵刻石流失海外的事实并不清楚。

1911年，罗振玉时年四十六岁，正值辛亥革命刚刚爆发，他与王国维、刘季缨等一同携带家眷东渡日本。在此期间，京都大学曾拟聘罗振玉先生担任讲师，但被其推辞，言其主要精力在于"闭门著书与刊书"[①]。在日本的八年，除偶尔短期返回国内，其余时间他均在国外潜心著述，终日足不履地。罗振玉先生的治学方向在这段时间已由农业、教育而转至经史及金石之学。他目睹了众多据说为唐代传入的古籍抄本，对此表现出了浓厚的兴趣。以前到日本的学者偏于重视宋、元时期出版之物，唯有罗振玉先生对这类"唐钞"给予重视，他多方搜集，刊布了许多罕见的古籍刻本及日本传抄本等海外遗珍，对能够买回的，竭力收藏；对古石刻流到国外的情况，罗振玉先生感到十分惋惜，最终汇编海外留存的古刻及其资料，编著成《海外贞珉录》1卷[②]。在该书中，罗振玉简要地提及"宣劳鞁鞨使崔忻井记"藏于"日本宫内省"。

二、罗振玉与内藤湖南的交谊

关于罗振玉先生如何得知刻石进入日本皇宫，以及其获取刻石拓本的大致时间和经过，长期以来均无记述。据罗振玉的长孙罗继祖先生回忆描述："祖父在日本因语言阂隔，与彼邦人士往还甚稀，惟有旧契内藤、狩野等人时时以文字相商榷[③]。"通过探研罗振玉与内藤湖南的交谊，以及内藤可以接触"唐鸿胪井刻石"的机会，我们可以寻得一些线索，追溯刻石罗氏拓本的来由始末。

内藤湖南，本名虎次郎，号湖南。是与罗振玉一样出生于1866年的异国同龄人。1899年，内藤湖南作为《万朝报》记者、舆论界有名的"中国通"首次到上海旅行考察，经人介绍与罗振玉初次结识。正如罗振玉所云："光绪中叶，吾友湖南博士游禹域，以藤田剑峰博士为之介，爰订交于沪江。"

众所周知，罗振玉先生避居日本京都，正是由内藤湖南、狩野直喜等京都大学教授力邀而促成，他们还将罗振玉的藏书安排寄存在京都大学图书馆。罗振玉在其《雪堂自传》中记道："旧友京都大学教授内藤（虎次郎）、狩野（直喜）、富冈（谦藏）诸君来书，请往西京，予藏书

---

① 罗继祖：《庭闻忆略——回忆祖父罗振玉的一生》，长春市政协文史资料研究委员会，1985年，第54页。
② 罗振玉：《海外贞珉录》1卷，雪堂丛刻本，1915年。
③ 罗继祖：《庭闻忆略——回忆祖父罗振玉的一生》，第55页。

稍多，允为寄存大学图书馆，且言即为予备寓所。……事乃决。……7日乃达神户，藤田诸君已在彼相迓，即日至京都田中村寓舍，东京旧友田中君（庆太郎）亦至京都，助余料理，狩野博士夫人在寓舍为备饔飧。诸君风谊，不减古人，终吾身不能忘也。"罗振玉于京都大学附近买地筑室，建起了"永慕园"，自此得以与内藤湖南等京都教授"日夕往来，重温旧谊"，沟通有无，切磋学问。而内藤湖南亦曾协助日本海军鉴别"唐鸿胪井刻石"，故二人必有契机谈及刻石事略，罗振玉先生惜此遗珍而将其记述于《海外贞珉录》中。

罗振玉与内藤湖南意趣相投，两人在文化观、热衷收藏文物善本图书的爱好及专注新汉学等方面多有共鸣。从晚清到民初再到伪满时期的几十年间，在中国上海、日本京都、伪满"新京"等地，留下了许多两人访书论学、研几析文、切磋启发的生动篇章。1934年6月26日，内藤湖南在京都南郊的恭仁山庄去世，罗振玉在为亡友《满洲写真帖》增订版作序时，称赞内藤："君抱经世之略，广学甄微，无艺不综，尤精于乙部。交游遍天下，嗜学问愈饥渴，爱友朋如性命。……"评价甚高，足见两人情谊之深厚。

三、罗氏获得刻石拓本的机缘

1905年日本外务省秘密委托《大阪新闻》记者内藤湖南专程赴旅顺调查。7月9日，内藤湖南以外务省特派人员的身份专程来到大连，"立即会见满洲军司令官，得到通行证。7月12日到旅顺，14日视察旅顺港"[1]。内藤湖南到过旅顺黄金山，见过唐鸿胪井刻石，应该有制作拓片的机遇与时间。1907年8月3日—5日，日本大阪朝日新闻社举办讲演会，内藤湖南作了题为《日本满洲交通略说》的演讲，其中提到"最近，在旅顺发现当时去渤海的使者的事迹，旅顺黄金山下有井，名叫鸿胪井"，提到"这次发现的石头"及"鸿胪井碑"，并详细解读了刻石释文并展示了刻石拓本。

既然内藤湖南曾留存有"唐鸿胪井刻石"的原拓本，又凭借罗振玉与其同好并具深厚友谊的基础，则我们可以合理推断，目前存世的玻璃制版罗氏拓本即为内藤湖南所取刻石拓本的延续。其大致的印制时间应在1915年《海外贞珉录》成书后至1919年罗振玉先生返国前的四年时间内。至此，刻石罗氏拓本终被携归回国。

在韩树英教授的《唐鸿胪井碑》一书中还收录有一张藏于日本京都大学人文科学研究所的刻石拓本（图3），在其右侧边沿处有"内藤"及编号字迹，应为内藤湖南留存的刻石拓印。

四、拓本幸存，流传有序

经历十年浩劫，罗振玉自日本携归的"唐鸿胪井刻石"拓本不幸散失。罗继祖先生也在其《墨佣小记》中提及："拓数十纸……今已无一纸矣。"[2]

---

[1] 王仁富：《日本皇宫里的唐碑》，光明日报出版社，2017年，第48页。
[2] 罗继祖：《墨佣小记》，上海文艺出版社，2001年，第2页。

图2 民国八年（1919）春罗振玉将返国，与日本友人合摄
中间：罗振玉；右一：内藤湖南（虎次郎）

图3 京都大学人文科学研究所藏
（收录于《唐鸿胪井碑》）

而如今，"拓数十纸"中的刻石罗氏拓本之一被惊喜地发现仍存于世，其曾收录保存在罗振玉门徒孙宝田先生所著的《旅大文献征存》九册之中。孙宝田之子，大连著名的地方史志专家孙玉老人口述，"罗振玉先生赠送刻石拓本的时间在1935年，时年罗振玉七十岁，当时仅剩刻石拓片两张，其中一张送给父亲孙宝田，一并赠与弟子的还有一方罗振玉五子罗福颐篆刻的'寿同金石'印章"。

在2013年的初春时节，年迈的孙玉老人怀着对家族历史的尊重和对文化遗产的珍视，做出了一个重要的决定。他将父亲孙宝田遗留下来的珍贵文物——"唐鸿胪井刻石"的拓本，郑重其事地送还给了罗振玉的曾孙女罗允新女士。这一举动不仅使罗氏家族的拓本得以物归原主，也象征着一段历史的圆满回归，体现了对文化遗产传承的重视和对家族情感的尊重。

孙玉老人在回赠罗家刻石拓本的同时，为了让更多的后人有机会去了解和研究这件具有重要历史价值的"唐鸿胪井刻石"，并使其广泛流传于世，便决定以罗家提供的拓本为母本，精心地进行原尺寸的复印工作，力求每一个细节都尽可能地还原原貌。经过一番努力，他成功地复印出了十余份拓本，每一份都与原拓本几乎无异，并题记"孙玉复印……"钤印留念（图4）。通过这种方式，孙玉老人希望能够激发更多人对"唐鸿胪井刻石"的兴趣，进而推动对这一重要历史文物的深入研究和保护。

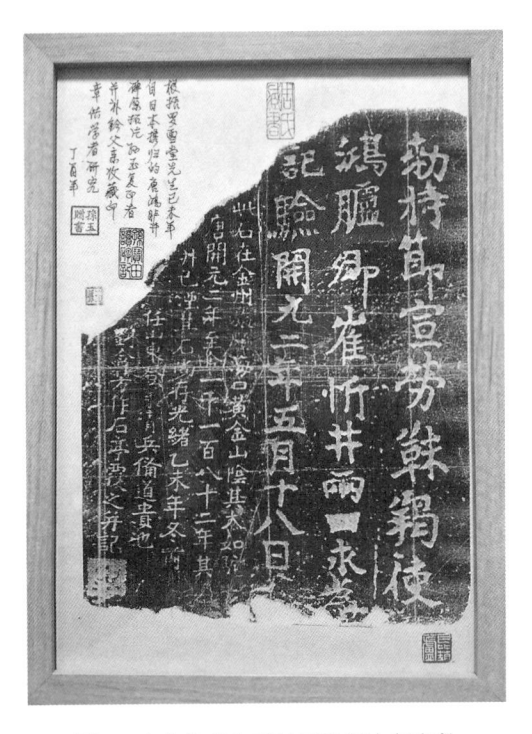

图4　本文作者收藏的罗氏拓本复印件

图5　罗允新女士与本文作者

余　论

关于"唐鸿胪井刻石"罗氏拓本的谜团还有很多，例如，罗振玉先生是否携归刻石原拓片至国内，而非玻璃制版的拓本？内藤湖南提供的拓本是在黄金山刻石原处所拓还是刻石移至日本皇宫后所为？百年疑云，今人已无可考证。据罗振玉门徒孙氏后人孙玉先生口述，当年其父亲孙宝田向罗继祖问及刻石拓本来由之事时，罗继祖答曰，"曾向祖父询过此情，但祖父授意无须再谈及过往"。想必罗振玉先生与内藤湖南当年关于刻石拓本似有某些约定，秘而未宣。

附记：文中多次提到的孙玉（本名孙械蔚，孙玉为笔名）先生，是大连著名地方史志专家，也是笔者敬爱的老师。笔者曾以孙老师家父孙宝田公珍藏的"唐鸿胪井刻石"拓本（后孙公送归给罗氏后人）在《档案中的大连故事》中撰文做过相关记叙。2024年10月6日我的恩师孙玉先生不幸因病辞世，现再将此文重新整理刊发，以此表达对恩师的深切怀念和崇高敬意。

奕䜣与北京戒台寺关系探究

王宇博

文化和旅游部恭王府博物馆

内容提要：恭亲王奕䜣自光绪十年（1884）被罢黜、家居养疾起，近十年时间，几乎每年春天或秋天都会前往戒台寺，或小住，或游览，或参与寺内佛事活动，并创作大量诗作记述当时的所见、所思、所想。本文通过梳理奕䜣与戒台寺有关诗词，以及在戒台寺的活动记录，尝试对奕䜣与戒台寺的关系及其晚年生活、情感、心态等方面的变化作探讨。

关键词：清代　恭亲王奕䜣　戒台寺　萃锦吟

一、奕䜣寄情于戒台寺的缘起

中法战争爆发后，慈禧太后因长期对皇权潜在威胁有所担忧，以中法之战中清军失利、恭亲王奕䜣避而不战的态度为借口大做文章，光绪甲申年三月十三日（1884年4月8日）下旨："军机处实为内外用人行政之枢纽，恭亲王奕䜣等，始尚小心匡弼，继则委蛇保荣……"[①]将奕䜣为首的军机处作为战争失败的替罪羊，全班罢免。"奕䜣著加恩仍留世袭罔替亲王，赏食亲王全俸，开去一切差使，并撤去恩加双俸，家居养疾。"

恭亲王奕䜣再次奉命"家居养疾"，这已经是他第四次被罢黜，也是最严重的一次。在此先回顾下他前几次的经历。

咸丰五年（1855），奕䜣在顺利平定太平天国叛乱后，京城转危为安，而咸丰帝担心奕䜣势力因此膨胀。七月，咸丰帝养母、奕䜣生母康慈皇太后逝世，咸丰帝利用其母的封号和丧事问题，将奕䜣逐出军机处。奕䜣又回归了闲散亲王的身份。

咸丰十一年（1861）三月，"恭亲王请赴行在，祗问起居被拒"。英法联军进北京、咸丰逃到热河后，由于奕䜣再次令北京城转危为安，亲近奕䜣的王公大臣也越来越多。而咸丰帝对各种传言自然也有所耳闻，与奕䜣间的嫌隙与日俱增。奕䜣听闻皇兄病重，特上疏恳请前往探视、消除误会，而咸丰帝以"相见徒增伤悲不如不

---

① 中国第一历史档案馆、文化部恭王府管理中心：《奕䜣秘档》卷九，国家图书馆出版社，2008年，第368页。

见"为由拒绝。

同治四年（1865）三月，翰林院编修蔡寿祺上疏弹劾奕䜣，并列四大罪状，这正合慈禧太后此时心意。于是慈禧太后乘乱出击，不经奕䜣主持的军机处，而是让内阁发朱谕："……恭亲王办事徇情、贪墨、骄盈、揽权，多招物议，种种情形等弊。……恭亲王著毋庸在军机处议政，革去一切差使，不准干预公事，方是朕保全之至意。"虽然20多天后，慈禧太后恢复奕䜣军机大臣的职位，但他已失去内务府大臣、宗人府宗令等职，实权锐减，更是失去了议政之权。

光绪十年（1884）三月的这次"家居养疾"，奕䜣只被保留世袭罔替亲王，赏食亲王全俸，但开去一切差使，并撤去恩加双俸，比前三次都严重。更令奕䜣未预料到的是，这一"养"便是十年。而接下来的一连串打击更是令奕䜣应接不暇。光绪十一年（1885）正月，四子载潢因瘟疫而早夭，不满六岁；这令奕䜣"悲感交集、倍感抑郁"[1]。不料六月，长子载澂因突患肝脾病，一病不起，服药无效而殁，年仅28岁。痛失二子的奕䜣再次感叹"时运不济、命运多舛"[2]，从职场到家庭的多重变故，使奕䜣的身心受到严重打击，"屡屡伤感、寸肠结泪"[3]，他自己也旧病复发，情绪笼罩在悲痛和忧郁之中。官场和生活发生如此重大变化，要如何才能避免触景生情的感伤？要如何度过这苦痛的日子？又要如何走过往后余生？曾同时担任首席军机大臣、首席总理各国事务衙门大臣、宗人府宗令和内务府总管大臣等职，集大权于一身、权倾天下的奕䜣，如今一落至谷底，他必须对未来的生活做出选择。

北京西山为太行山余脉，因地处京城西部而得名。《日下旧闻考》引《西迁注》描述西山山川的壮美："西山内接太行，外属诸边，磅礴数千里，林麓苍黝，溪涧镂错，其中物产甚饶，古称神皋奥也。卢沟、琉璃、胡良三桥，山水所泄，多归其中，其水皆藻绿异常，风日荡漾，水叶递映，倚阑流览，令人欣然有欲赋京都之意。"[4]历朝历代在北京西山营建了数不尽的寺院，朱彝尊在《日下旧闻》中记述"都城自辽金以后，至于元，靡岁不建佛寺，明则大珰无人不建佛寺。梵宫之盛，倍于建章万户千门。成化中，京城内外敕赐寺观已至六百三十九所，见周尚书洪谟奏疏中。王宫保廷相诗云：西山三百七十寺，正德年中内臣作。则所建可类推矣"。其中西山潭柘寺、戒台寺和碧云寺统称为"京西三大寺"，与历代统治阶级有着密切联系，尤其在清代时最为紧密，其均属皇家寺院。

奕䜣于是选择将苦闷与悲痛寄情于西山古刹与大自然间，他如此写道："冀丛林净土，既得寄尘外之身心，甘雨和风亦可涤胸中之磊块。"[5]其中戒台寺是很重要的一站，他还曾将戒台寺的下院西峰寺选为自己的茔庐之地。

---

[1] 奕䜣：《萃锦吟》卷一，西泠印社出版社，2010年，第1页。
[2] 奕䜣：《萃锦吟》卷一，第1页。
[3] 奕䜣：《萃锦吟》卷二，第18页。
[4] 于敏忠：《日下旧闻考》，北京古籍出版社，1985年，第1673页。
[5] 奕䜣：《萃锦吟》卷一，第1页。

《萃锦吟》是奕䜣自光绪甲申年（1884）至光绪戊戌年（1898）的集唐诗句诗集，是严格按照每首诗的时间顺序来编排的，也是他家居养疾期间日常生活的记录和情感寄托。通过梳理《萃锦吟》可以了解到在"家居养疾"期间，奕䜣五次去自己的茔庐巡视，十三次云游北京西山诸刹，其中七次到访戒台寺。本文拟从奕䜣与戒台寺有关的诗词中探究他与戒台寺的关系。

图1 戒台寺

二、奕䜣第一次戒台寺之行

戒台寺，位于京西马鞍山，邻近潭柘寺，坐西朝东，依山而建，寺内主要建筑分布在南、北、中三条轴线上。戒台寺始建于唐武德年间，始称"慧聚寺"。辽清宁七年（1061）高僧法均被辽道宗委任为戒台寺主持，并于辽咸雍年间（1065—1074）在此建戒坛。戒台寺由此奠定了北方佛教最高传法寺院和律宗圣地的崇高地位。明宣德九年（1434）王振等人集资修缮，正统五年（1440）建成时，明英宗赐名"万寿禅寺"，今天的建筑格局基本形成于这一时期。因建有"天下第一坛"的辽代戒坛而闻名，又有乾隆皇帝于乾隆十六年（1713）驾临并写下御诗《初至戒台六韵》，万寿禅寺故俗称"戒台寺"，并沿用至今。

奕䜣第一次去戒台寺（图1）是在光绪乙酉年（1885）春天。奕䜣寄情于景，先后题诗五首，分别为：《晓夜岫云寺微雨至戒坛》《戒坛览胜》《咏活动松》《戒坛玩月》《波离殿晓起咏怀》[①]。

《萃锦吟》自序中，奕䜣提到"计行程四十余日，得诗五十首"。这一次四十多天的西山之旅，奕䜣随身携带唐诗数卷，遍游了灵光寺、证果寺、普觉寺、大觉寺等十余座寺院，每到一处，都会小住几日，或游览，或与寺院住持畅谈，或以诗寄情记事。奕䜣第一次抵达戒台寺是一个雨夜，他首先对戒台寺的全貌进行了描述，《戒坛览胜》诗云：

> 山水千万绕，仙游实壮哉。
> 云霞成伴侣，天地划争回。
> 竹影拂棋局，松枝阁酒杯。
> 讲经春殿里，明月在高台。

山水环绕、云霞相伴，与之前的生活不同，奕䜣感觉自己现在如仙人般拥有了在山中的闲适生活。戒台寺内外满山青翠、古树成林，并以古松闻名天下，奕䜣特意写了一首《咏活动松》来赞美戒台寺的古树。奕䜣在此行的《戒坛玩月》诗中"寺从何代有，盈缺几虾蟆"句后也提到戒台寺的古松："戒台寺，在唐曰慧聚，在明曰万寿坛，在殿内以白石为之，凡三级，周遭皆列戒

[①] 奕䜣：《萃锦吟》卷一，第33—36页。

神，阁前古松四株，翠枝穿结覆盖。"

第二天奕䜣很早便起床，散步至山门前，写下一首《波离殿晓起咏怀》诗：

五夜钟初晓，凭看竹下房。
窗云带雨气，石髓隔花香。

奕䜣在诗后注"殿前辽金碑各一，皆波离尊者行实也"，"山门，明代被称为优波离殿"。一夜春雨过后，一切都是清香的，奕䜣的心情也非常好。

戒台寺山门，又称山门殿（图2），是寺院的大门，山门一般呈三门并立的形式，象征佛教的三解脱门，即空门（中）、无相门（东）和无作门（西）。戒台寺山门殿为南轴线上的第一座殿堂，两侧与院墙相连。殿前有石狮子一对，并立有清康熙皇帝撰文的"万寿寺戒坛碑记"。山门殿面阔三间，单檐庑殿顶，灰筒瓦覆顶。四角挂有风铃，门额上挂"山门殿"匾。殿内前后贯通，中间为通洞。两侧各立有一尊泥质彩绘的金刚力士像，一为密执金刚，一为那罗延金刚。

奕䜣第一次到戒台寺虽是清明雨夜，但从"春风细雨飞，百花已满眼"的记述中可见他的心情已不是"悒郁于怀"；在四十多天的寺院之旅里，他也在参禅中感悟到"心净琉璃光，路穿天地险。自得无端趣，世缘从此遣"。政治生涯已到此为止，要开始在佛教里体验人生的真谛，摆脱世俗的烦恼。"此心无处说，谁与问空王。"空王是佛教用语，是佛之尊称。佛说世界一切皆空，故称空王。佛教以世间诸物皆因缘和合而成，又以生死本是轮回相报。奕䜣的世间烦恼也许在佛教世界里会找到解脱的答案。

同年（1885）秋天，奕䜣从岫云寺游玩结束，回程时路过戒台寺，但因腿疾并未前往，只在远处遥望，并写下一首诗，题为《洄程渡罗睺岭，至圆照寺少憩，遥望戒坛，欲往一游，因腿疾未果》[①]：

花宫仙梵远微微，曾向长生说息机。
明月自来还自去，禅门无住亦无归。
春愁兀兀成幽梦，杉桧濛濛独掩扉。
人世几回伤往事，谁知古是与今非。

奕䜣是在晚上经过的，戒台寺的佛音也是由远及近，虽未到访，但仍牵挂。"春愁兀兀成幽梦"，去年春天的伤心事仿佛一场梦，"人世几回伤往事，谁知古是与今非"。奕䜣触景生情，回想自己的一生，都如明月般自来自去，曾经的辉煌已是过去，也许是非得失才是人生常态。

图2　山门殿

---

① 奕䜣：《萃锦吟》卷二，第11页。
② 奕䜣：《萃锦吟》卷三，第19页。

三、奕訢与戒台寺佛事活动

《由岫云寺起程度罗睺岭，迂道狮子岩十八折，至戒坛万寿寺》[2]：

> 白玉仙台古，青莲喻法微。
> 佳山路不远，无境是真机。
> 扫石云随帚，看松月到衣。
> 此心如了了，虚阁敞禅扉。

这首诗是奕訢在光绪丙戌年（1886）初夏，第二次游戒台寺写的，他在"青莲喻法微"句后注："戒坛在殿中，白石为之，崇阶三城，中拥莲台，设十大沉香椅，规模宏丽，天下所无，坊额曰选佛场。纯庙（乾隆）御书台额曰树精进幢。""看松月到衣"句后注："九龙、活动、自在、卧龙、莲花、凤眼等松皆为寺中胜景。"

戒台寺以"天下第一坛"的戒坛闻名，也因此得名，是全寺的核心所在。奕訢第六次（光绪辛卯年，1891年）在戒台寺小住时，也写了一首名为《戒台》的诗，诗后注："万寿寺戒台，制度崇宏，规模壮丽为天下丛林第一，故俗呼为戒台寺云。"

戒坛殿（图3）位于北路高台之上，为二层方形攒尖盝顶建筑，下层方五间，上层方三间[1]。奕訢赞其为"规模宏丽，天下所无"。戒台寺戒坛与福建泉州开元寺戒坛、浙江杭州昭庆寺戒坛并称"三大戒坛"，戒台寺又在京师，戒师登坛，必奉敕命，天下缁俗集听戒[2]，故称"天下第一坛"。辽道宗曾御赐亲笔书写的《大乘三聚戒本》作为镇寺之宝，并赐予戒台寺授予最高等级"菩萨戒"[3]的权限。

戒坛殿正面门额上挂有"选佛场"匾额。殿内的横枋上挂有清乾隆帝手书"树精进幢"的匾额。横枋内侧挂有清康熙帝手书"清戒"二字的匾额。殿内有高三层的汉白玉戒坛，每层台均为须弥座造形，上下枋雕有流云藩草，束腰处雕有佛龛，龛内均有一尊泥塑彩绘的戒神像。

奕訢的《由岫云寺起程度罗睺岭，迂道狮子岩十八折，至戒坛万寿寺》诗中记述他这次从岫云寺[4]起程，走罗睺岭[5]，又

图3 戒坛殿

---

① 王南：《北京古建筑》，中国建筑工业出版社，2015年，第59页。
② 刘侗、于奕正：《帝京景物略》，上海古籍出版社，2021年，第451页。
③ 佛徒所受戒律等级由低到高分别为：五戒、八戒、十戒、具足戒和菩萨戒。
④ 岫云寺，始建于晋代，名为"嘉福寺"。到了唐武周扩建时，嘉福寺改名为"龙泉寺"。金、明时期均有重修或重建，到清康熙三十一年（1692）重修后，"龙泉寺"改名"岫云禅寺"。又因寺以龙潭和柘林著名，俗称"潭柘寺"。
⑤ 《潭柘山岫云寺志》记载："罗睺岭在寺东十五里，从下院入山必经之道。路颇险仄，宛平尹王君国英修治之，有《修道碑记》。"

特意绕路至戒台寺。距上一次来，已是一年，心情也是从"人世几回伤往事"，到"此心如了了"。"白玉仙台古，青莲喻法微"，奕䜣用戒坛来比佛法，如莲花般微妙清净。在西山的山水与寺院里度过的时光，也令他身心逐渐收获平静。

　　光绪丁亥年（1887）春天奕䜣游览了西山的灵光寺、证果寺、香界寺等七座寺院，由岫云寺至戒台寺小住后，前往位于昌平翠华山的茔庐。

青云依旧是前途，景物皆宜入画图。
应识法宫传觉路，如从平地上蓬壶。
欲离烦恼三千界，不踏长安十二衢。
百丈金身开翠壁，鼋鼍奔走鬼神趋[①]。

　　春天是一切新的开始，奕䜣的心情也不同于前两年。"青云依旧是前途，景物皆宜入画图""苑中珍木元自奇，相思树上合欢枝"。同样是在戒台寺，这一年所见春景和花草树木，都是可以入画的美景，令奕䜣心情舒畅。从"欲离烦恼三千界，不踏长安十二衢""故人每忆心先见，行客旁窥眼亦痴"二联，可以发现奕䜣已经从官场的当事人变成了旁观者，心态发生了变化，远离官场，在禅门中获得解脱。他将以前的官场生活，比作春天的桃树和李树，虽正值盛开旺季、是最美丽的开花时节，但于他而言，春色易逝，以前的自己风光不再，当下最好的生活是远离纷扰，在烧竹煎茶的生活里与禅门为伴，身心不再受外界干扰。

　　光绪丁亥年（1887）的秋天，奕䜣受戒台寺住持妙性的邀请，再次来到戒台寺，参加自己去年捐资修葺的戒台寺罗汉堂落成开光仪式。

　　在戒坛大殿南北两侧各有18间配殿，原是五百罗汉堂。于清乾隆三十八年（1773）戒台寺住持度博主持建造，内有泥塑彩绘的五百罗汉像。因"历年已久，瓦木倾颓"，年久失修，奕䜣出资重修。现今修整完毕，妙性方丈特邀奕䜣前往参加开光仪式（图4）。

图4　罗汉堂外

　　奕䜣不仅捐资修葺了罗汉堂，还将戒台寺千佛阁北侧的北宫院[②]修整一新，作为每次赴寺院的小住之地，也就是为人所知的"牡丹院"，并写下《罗汉堂工竣时，又连同衔马得春捐修住房一所，为赴寺居停。因请书额考寺创建于唐武德时，名曰慧聚，至明时改名万寿，因即以慧聚二字书额，仍其旧也，并纪一律》一诗，诗曰：

地灵传景福，共仰璧晖赊。

---

① 奕䜣：《萃锦吟》卷四，第38页。
② 千佛阁南北两侧的南宫院和北宫院原为皇家行宫。

无限烟霄路，先开智慧芽。
息心归静理，即此对仙家。
九月从时豫，遂游重岁华①。

牡丹院（图5）为主轴线建筑群与戒坛殿建筑群之间的一组小型院落，位于千佛阁之南，为两进四合院，建筑风格融合了北京传统四合院民居形式与江南园林艺术，院内清净幽雅，种植大量牡丹，更有黑牡丹等稀有品种。奕䜣取戒台寺唐代时的名称慧聚寺，将此院命名为"慧聚堂"，并亲书匾额。现在此匾挂于院中第二进院门额。一进院②迎门是一座假山石堆砌的花坛影壁，院内东、南两侧房由回廊相连，西侧为靠山花坛。前后院间以木质垂花门相连。后院正殿面阔五间，东西厢房面阔三间，院内以回廊相连，均为硬山式。从此，奕䜣在戒台寺有了休息、读书、喝茶、修身养性、参禅悟道的固定居所。如今慧聚堂内仍保存有奕䜣由恭王府带至戒台寺的家具（图6）。

一般寺院维持正常运转，主要有两个

图5　牡丹院内

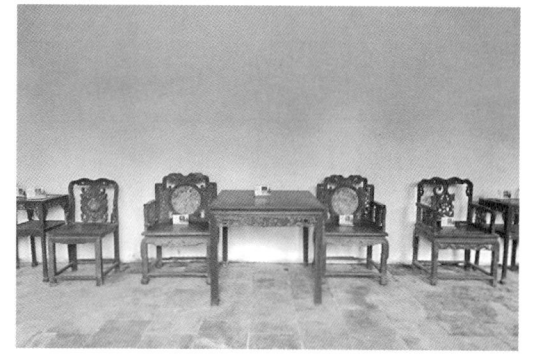

图6-1　戒台寺内现存奕䜣所使用的家具（一）

图6-2　戒台寺内现存奕䜣所使用的家具（二）

途径：其一为自身经营，其二就是靠施主（又称功德主、檀信、檀越）施舍。施舍包括不动产（房、地）、银钱（用于扩大基址、修葺殿宇、僧道日用、祭祀香火、传戒费用）、实物法器等与寺院维持长期的特殊关系，修造寺院、资助佛事、慷慨解囊、大事捐施，是清代宗室司空见惯的现象。从奕䜣每年到访寺院到他出资修殿，可以感受到他身在寺院、心归禅门，正如他在诗中所写"息心归静理，即此对仙家"，山中自然景色的美好、戒台寺内自己的慧聚堂，以及寺院参禅悟道带给他的宁静，已让他放下宠辱忧患，身与心都得到美妙的

---

① 奕䜣：《萃锦吟》卷五，第40页。
② 现为戒台寺茶舍。

满足。

光绪戊子年（1888）春天，奕䜣第五次去戒台寺，题诗有：《由潭柘至戒台作》《宿万寿寺》《慧聚堂晓起闲咏》《登楼远眺》《遣兴偶成》《山寺附近极乐、观音、朝阳、黄连等洞，皆屡年来曾经游览，尚有文殊、卧佛、三慧、孙膑、庞涓诸洞或险峻难行，或古迹湮没，并因腰腿之疾，精力不逮，未能遍历，因集一律，用至响往兼以自嘲》《敬和纯庙圣制咏活动松诗二截句原韵》《友松啸竹图小照分寄潭柘岫云、戒台万寿二寺，各留一幅以志香火因缘，并纪一律》《暮春山居咏怀，用白乐天春晚寄杨十二兼呈赵八诗韵》《由戒台洄程留别山寺》《立夏日由戒台至朗润故园咏怀》①。

三年后，奕䜣在戒台寺拥有了固定住所，连心情都是"春风一夜吹香梦"。奕䜣在戒台寺居住的时间，也因"慧聚堂"的落成而变得更长，所写的诗也更多。这是奕䜣第一次宿于自己的"慧聚堂"，虽有更多的时间游览戒台寺及考察周边古迹，但因为腿疾又犯，只能以诗代游、心向往之，遂写诗《山寺附近极乐、观音、朝阳、黄连等洞，皆屡年来曾经游览，尚有文殊、卧佛、三慧、孙膑、庞涓诸洞或险峻难行，或古迹湮没，并因腰腿之疾，精力不逮，未能遍历，因集一律，用至响往兼以自嘲》一首：

焚香宴坐晚窗深，应得烟霞出俗心。
严树桂花开月殿，淡烟疏磬散空林。
刘伶避世犹沉醉，殷浩谈经莫废吟。
自恨身轻不如燕，白云无迹罔追寻。

暮色深窗外，烟霞缭绕，奕䜣焚香静坐，他想到了刘伶和殷浩，如今的避世生活令自己身心自在，山林禅院的生活令自己沉醉其中。在《由潭柘至戒台作》诗中，奕䜣又写"春鸟交交引思浓"，在《宿万寿寺》中写"山翠自成微雨色"，在《慧聚堂晓起闲咏》中他有"春风一夜吹香梦"句，在《遣兴偶成》又有"寒暄皆有景"句，从这些句子中可以真切地感受到奕䜣醉情于山水的轻松快乐，草木的变化给他带来的不再是惆怅和忧虑，往事如烟，寄情于山水、寄身于寺院、寄心于佛门已是奕䜣的兴致所在，"荣贵如粪土，高韵得南金""逢人不说人间事，始觉禅门气味长"，尘世中的琐事已不再是他关注的事，他在山寺中享受着"焚香宴坐晚窗深，应得烟霞出俗心"。

四、奕䜣晚年的心灵归属

光绪十四年秋至光绪十七年春，近三年的时间奕䜣因旧疾复发没有前往戒台寺，他自己也感叹"明岁已届六旬，精神虽尚可，而血气既衰，清羸日甚"②。光绪十六年（1890）冬，七弟奕譞去世，奕䜣写下《哭七弟二十韵》，但文字也无法表达他的悲痛心情。奕䜣与奕譞兄弟二人感情很好，常年诗信往来唱和，光绪十五年奕譞还带着自己雇佣的摄影师梁时泰到六兄府邸为兄弟俩拍摄合影，奕譞给这张照片题名为"昆仲联床图"。光绪十七年（1891）初秋，奕䜣的好友——曾任总理各国事务大臣、武英殿大学士等职，后因"甲申易枢"被

---

① 奕䜣：《萃锦吟》卷六，第38—44页。
② 奕䜣：《萃锦吟》卷九，第45页。

革职的索绰络宝鋆病逝，面对挚友的离世，奕䜣又写下《宝文靖太保相国挽词二首》，诗中奕䜣深切回忆了二人三十多年的友谊，政事之余二人更是以诗歌往来，唱和不辍。自"家居养疾"，奕䜣时常与七弟奕譞和好友宝鋆往来书信，吟诗唱和、互诉衷肠，"迨无虚日"。如今，七弟奕譞、八弟奕詥、九弟奕譓、老友宝鋆都先他而故，他的悲痛又何止一句"惟余孑然一身，呜呼痛哉"①能表达，以后只能孤身苦吟了。

痛失亲友后的奕䜣又一次启程了，光绪辛卯年（1891）秋天他第六次来戒台寺。创作《由潭柘至戒坛作》《重修戒坛万寿寺工竣拈香瞻礼（附录敬撰碑记）》《慧聚堂闲咏倒叠前韵》《千佛阁》《寺居秋晚》《戒台（万寿寺戒台，制度崇宏，规模壮丽为天下丛林第一，故俗呼为戒台寺云）》《归途口占》等诗作②。

戒台寺千佛阁、罗汉堂等年久失修的建筑均已修整完毕，奕䜣参加竣工仪式并拈香瞻礼，又立"重修万寿寺戒坛碑"，并撰写碑文。此碑现仍立于戒台寺千佛阁遗址前（图7），碑额浮雕二龙戏珠，碑周雕行龙。高约3米，宽约1米，厚约0.3米。碑文楷书14行，文字迹清晰，保存完好。碑首题"重修万寿戒坛碑记"。

撰写碑文后，奕䜣又吟诗：

彩云呈瑞质，赫矣梵宫新。
细雨妆行色，清风来故人。
烟霞高占寺，山洞别开春。

图7　奕䜣撰文并书重修万寿戒坛碑

图8　千佛阁（现正进行重建）

地与尘相远，香尘岂是尘。

千佛阁③（图8），位于大雄宝殿之后，是戒台寺的藏经楼，建于辽代咸雍年间。从老照片中可见，千佛阁一层面阔五间周回廊，二层面阔三间周回廊，一层双重披檐，二层为单檐庑殿④。明代《帝京景物略》中

---

① 奕䜣：《萃锦吟》卷九，第53页。
② 奕䜣：《萃锦吟》卷十，第43—46页。
③ 千佛阁已毁，目前正在重新修建中。
④ 王南：《北京古建筑》，第59页。

记载，在千佛阁上可俯瞰永定河："上千佛阁，俯浑河，正曲句其三面，如玦然。"[1]

再次经历了兄弟和挚友的离世，奕䜣已有了排解心中抑郁的解脱之道，"重阳已过频来此，意在寻僧不在花"。他在《重修戒坛万寿寺碑》文章最后一句说"禅宗丕振于无穷，我佛亦拈花微笑也"，而往日可以诗歌唱和的兄弟与好友相继离世，只留下奕䜣独自吟咏，孤独的他又倒叠前韵，写下《慧聚堂闲咏倒叠前韵》，诗曰：

　　晴山疏雨后，遽洗六情尘。
　　一作云峰别，三移斗柄春。
　　愿言随狎鸟，大觉拯生人。
　　结宇依青嶂，留连意更新。

奕䜣第七次去戒台寺是在光绪壬辰年（1892）秋天，这也是他最后一次栖居戒台寺。根据所闻所见所感，他创作了《由潭柘岫云寺至戒台万寿寺作》《宿戒台慧聚堂》《山寺吟秋》《题普贤大师衣钵灵塔》《清夜闻钟》《千佛阁瞻礼》[2]。

　　莲座神容俨，焚香晓更清。
　　身心无别念，烦恼自然轻。
　　明月虚空色，长松响梵声。
　　圣君成愿果，万岁奉承明。

奕䜣在《千佛阁瞻礼》诗后注："阁上，纯庙（乾隆）御书额曰'莲界香林'；殿内，御书额曰'智光普照'；联曰'金粟显神光人天资福 琉璃开净域色相凭参'。"如今千佛阁已毁，乾隆皇帝御书的匾额现已移至大雄宝殿门额悬挂，而原大雄宝殿门额上悬挂的康熙帝所题"般若无照"匾额今已不存，奕䜣记述千佛阁的诗和碑文，对于今天研究千佛阁的历史样貌弥足珍贵（图9）。

图9　原千佛阁"莲界香林"匾额已移至大雄宝殿门额

奕䜣最后一次去戒台寺时的心情已是"身心无别念，烦恼自然轻"。佛法引导人们对过去不追忆、对未来不期待，才能享受当下的清净，奕䜣在居家的这些年里真切体会到佛法的要义。在如画的西山风景里，奕䜣参悟佛理、修身养性，他对自己人生的期许不再是官场的荣耀，而是心离俗境、洒脱自在的后半生，佛教世界已是自己此身的心灵归属。

结　语

北京拥有三千余年的建城史[3]和八百余

---

[1]　刘侗、于奕正：《帝京景物略》，第451页。
[2]　奕䜣：《萃锦吟》卷十一，第45—47页。
[3]　北京城从公元前1046年建城（当时称蓟城），经历了古蓟城、唐幽州、辽南京、金中都、元大都、明北京、清京师、民国北平直至新中国首都北京。

年的建都史，由于历代统治阶级对佛教的大力推崇和支持，北京地区曾是全国佛教的发展中心。明清皇室对佛教的崇信和热忱，对朝野上下崇佛造寺的风气起到了导向和推动的作用。清朝自立国之初，就对一切佛教寺庙采取不分汉藏一律给予保护、留存的态度。北京地区汉传佛教的发展在乾隆时期达到鼎盛。贵族阶级、官僚士大夫阶级普遍尊崇佛教，对佛寺建造等佛事活动给予财力和物力的支持，对佛教的发展也起到了积极的推动作用。同时，这也是贵族文人阶层寻求闲适、解脱和逃避高压统治的精神慰藉之地。奕䜣在一连串打击后，选择寄情于西山，聊以自愈，也与西山寺院众多、山清水秀有着密切的关系。已过天命之年的他，要面对再次被罢免，且是"开去一切差使"，可以说是最不留余地的一次打击。体验过人生种种困境后，在戒台寺的佛国世界里聊以慰藉、追求精神的解脱，是奕䜣对自己人生境界的期许。从第一次到达戒台寺，慨叹"有时风雨晦暝摆，身情长在暗相随。自顾此身无所立，腰腹空大何能为"，到"应同罗汉无名欲，却把真如慰寂寥""已知世路皆虚幻，愿托仙槎道未通""百年身世似飘蓬，香火因缘久愿同"，再到"独坐焚香诵经处，蒙蒙烟雨映禅扉""地与尘相远，香尘岂是尘"[1]。八年多在戒台寺度过的时光，奕䜣在静坐参禅中，对自己的生命有了深刻的观照和反省。面对逆境，他一点点摆脱了内心的困惑，变得更加坦然和镇定，不再那么焦虑和抑郁。当再次面对挫折，他用自己的方式寻找到了消解心中苦闷的方法，探索新的思考自己的方式。他接受当下的生活，远离忧虑，转化为宽容和温暖，那是一种能够笑纳一切的达观。不经历那些痛苦与折磨，他不会知道"身心无别念，烦恼自然轻"所带来的真正喜悦。

---

[1] 分别见奕䜣：《萃锦吟》卷一第38页、卷五第39页、卷六第39页、卷六第42页、卷十第43页、卷十第44页。

文物科技保护

旅顺博物馆馆藏汉佉二体钱成分研究

马光年　时丹丹

旅顺博物馆

内容提要：本文讨论了旅顺博物馆馆藏汉佉二体钱的成分，采用X射线荧光光谱法（XRF）对9件文物进行无损分析。结果表明，这些汉佉二体钱应当都不为青铜，其具体成分可分为红铜和铜铁合金两类。此外，本文还对旅顺博物馆收藏的其他新疆出土钱币进行了XRF检测，发现除贵霜钱币为红铜材质外，其余均为青铜。证明汉佉二体钱作为新疆自铸钱币具备一定的独特性。

关键词：汉佉二体钱　X射线　荧光光谱法（XRF）　红铜　青铜

汉佉二体钱，又称和田马钱，因表面同时有汉文与佉卢文而得名，是公元二世纪至三世纪古于阗国铸造的一种圆形无孔铜钱，其价值重量继承了中原钱币的传统，而其打压式的制作方式和佉卢文铭文则是希腊式的货币特点[1]。汉佉二体钱是迄今为止发现的新疆最早的一种自铸钱币[2]，对其进行研究能为新疆在丝绸之路贸易中所起到的作用及东西方文化经济交流过程提供新的视角。

旅顺博物馆现藏有汉佉二体钱11枚，分大钱与小钱两种，为大谷光瑞在1902—1914年间于和田地区探险所得，均载于香川默识编纂的《西域考古图谱》一书中[3]。长期以来，学界对汉佉二体钱的研究亦多集中在其形制、年代等方面。本文拟从科技考古的角度入手，以无损分析为原则，对旅顺博物馆藏汉佉二体钱的化学成分进行分析，以探讨相关问题。

一、样品背景

旅顺博物馆所藏汉佉二体钱正面为马像与佉卢文，背面为汉文篆字，具体形制于《旅顺博物馆藏新疆出土钱币》[4]一文中

---

[1] 马瑞聪：《新疆出土汉佉二体钱综考》，兰州大学硕士学位论文，2015年。
[2] 陈财经：《从新疆出土的古代地方钱币看中西货币文化交流》，《文博》1991年第1期，第87—90页。
[3] 香川默识：《西域考古图谱》上卷，日本国华社，1915年，第85—88页。
[4] 王琳：《旅顺博物馆藏新疆出土钱币》，《中国钱币》1987年第2期，第26—29页。

有详细的记述，本文不再赘述。本次检测其中九枚小钱（图1）。因长期地下埋藏及风沙侵蚀，大部分钱币表面文字已不可辨，佉卢文一面尤甚，仅第4、7、8三枚表面尚存部分清晰可辨的佉卢文。经辨认与比对，其上铭文应为"maharaja yitiraja+王名"，即"大王、于阗王某某"，符合小钱大多使用短铭的特征，遗憾的是，可辨认的字符仅对应"maharaja yitiraja"部分，无法从铭文判断当时的于阗国王姓名。

图1　旅顺博物馆藏汉佉二体钱

二、实验分析

为分析此批汉佉二体钱化学成分，本次实验采用X射线荧光光谱法（XRF）对其进行分析，仪器型号为Thermo Scientific Niton XL3t XRF分析仪，采用常见金属模式进行分析。为确保不对文物造成破坏，对文物本体不进行额外处理，而是分别在钱币正反两面，选取锈蚀较少的点位进行检测分析，另对20.635、20.639、20.634、20.637四枚钱币正面有打磨痕迹的马像选点进行检测。

因无损分析精度有限，部分微量、痕量元素不具备参考价值，检测数据经处理后，九枚钱币的主要元素成分具体情况如表1所示。

表1　汉佉二体钱XRF检测主要元素成分（单位：%）

样品序号	检测部位	Sn	Pb	Zn	Cu	Fe	Ti	S	P	Si
1	正面	0.00	0.11	0.11	84.26	4.24	0.05	1.06	0.40	8.96
1	背面	0.00	0.10	0.15	69.37	13.41	0.13	1.42	1.66	12.60
2	正面	0.07	0.80	0.26	56.14	25.61	0.13	0.79	2.89	11.56
2	背面	0.00	2.52	1.41	53.68	35.55	0.51	5.86	0.00	0.00
3	正面	0.11	0.20	0.04	93.39	0.30	0.05	1.43	0.27	3.29
3	背面	0.09	0.27	0.08	98.14	1.32	0.06	0.00	0.00	0.00
4	正面	0.00	0.06	0.10	82.06	6.33	0.09	1.96	0.61	7.72
4	背面	0.00	0.09	0.23	56.36	23.24	0.15	1.00	1.85	14.63

续表

样品序号	检测部位	Sn	Pb	Zn	Cu	Fe	Ti	S	P	Si
5	正面	0.01	0.08	0.09	99.12	0.62	0.07	0.00	0.00	0.00
5	背面	0.00	0.06	0.20	78.01	1.04	0.91	1.17	0.75	15.11
6	正面	0.01	0.1'	0.13	98.79	0.69	0.15	0.00	0.00	0.00
6	背面	0.00	0.17	0.14	98.25	1.17	0.09	0.00	0.00	0.00
7	正面	0.05	1.53	0.19	62.38	13.59	0.13	0.00	4.41	15.30
7	背面	0.07	1.56	0.16	67.18	12.02	0.44	0.00	2.27	14.56
8	正面	0.00	0.06	0.19	79.65	7.07	0.45	1.66	4.87	4.71
8	背面	0.01	0.04	0.16	85.51	6.09	0.59	1.21	2.93	3.23
9	正面	0.00	0.05	0.26	58.44	31.16	0.07	0.78	0.43	7.53
9	背面	0.00	0.05	0.21	53.79	35.22	0.07	0.83	0.32	8.05

由上图、表可知，检测所得汉佉二体钱成分基本为Cu、Fe、Pb、Ti、Al、S、P、Si，其中Cu为最主要成分，部分钱币Fe较高，Si次之，其余元素含量均较少。具体元素含量如下：

样品1，主要成分为Cu，两面元素含量有较为明显的差异，正面Cu含量84.26%，余下成分主要为Fe、Si，二者比例约为1：2，背面Cu含量69.37%，余下主要成分Fe、Si的比例约为1：1。

样品2，主要成分为Cu，含量约为55%，余下主要成分为Fe、Si，二者含量比约为2：1，磨光马像部分未检测出Si，Cu含量较其余部位更高，在75%以上。

样品3，主要成分为Cu，正面Cu含量93.39%，另有少量Si元素，背面Cu含在98.14%。

样品4，主要成分为Cu，两面元素含量有较为明显的差异，正面Cu含量为82.06%，另有6.33%的Fe及7.12%的Si元素；背面Cu含量为56.36%，另有23.24%的Fe及14.63%的Si元素。

样品5，主要成分为Cu，背面含78.01%，另有1.04%的Fe、15.11%的Si元素，正面磨光部分Cu含量更高，可达99%以上（见图2）。

样品6，主要成分为Cu，含量较高，含量在98%以上。

样品7，主要成分为Cu，含量约为65%，余下成分主要为Fe、Si，二者比例约为1：1，另有少量的P元素，磨光马像部分与其余部分成分基本一致。

样品8，主要成分为Cu，占比约82%，余下成分主要为Fe、P、Si，另有少量的S元素。

样品9，Cu占比较少，约为55%，另有约32%的Fe元素和8%的Si元素。

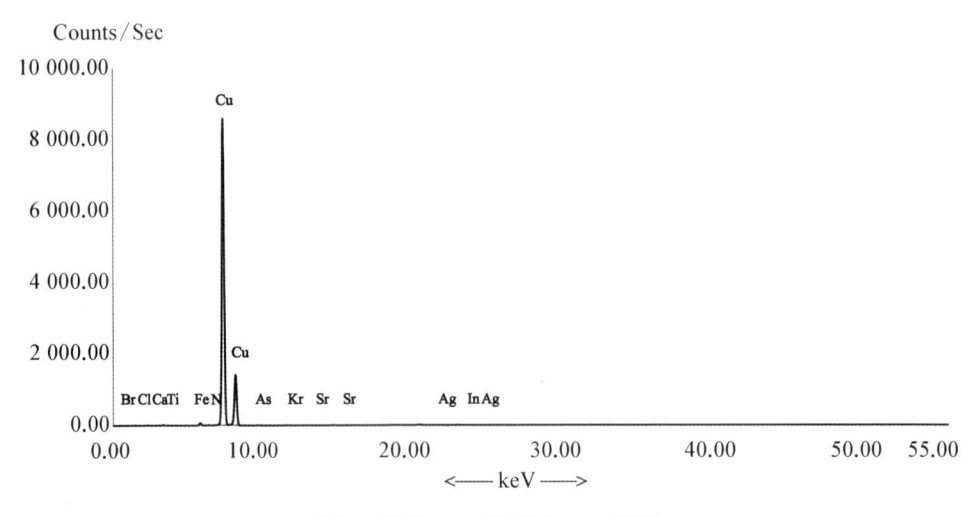

图2　样品5正面检测点XRF谱图

三、结果与讨论

此前有学者对汉佉二体钱的化学成分进行过初步的探讨，最早曾有学者认为汉佉二体钱为铁钱[1]，其后研究也仅将之认定为铜钱，并无更深入研究，一般认为铜含量在95%以上时，可认定钱币为红铜材质，而铜含量在90%以下时铜币则为青铜材质，但青铜为铜的铅锡合金，铅或锡的含量应在5%以上。由上述检测结果可知，这一批汉佉二体钱的铅含量较低，锡含量更可忽略不计，钱币中除铜以外的主要元素多为铁、硅两种，故此次实验所涉及的汉佉二体钱应当都不为青铜，其具体成分可分为以下两类。

第一类为红铜，以样品3、6为代表，其铜含量在98%以上，为确凿无疑的红铜，另有样品1、2、4、5、7、8几枚，这几枚铜钱除铜外最主要的成分为铁、硅两种元素，且硅元素或占据主要地位，或

与铁元素的比例在1∶1左右，同时，这些铜钱的表面均有较多的沉积物，土壤主要成分之一即为SiO_2，由是可以认定这些铜钱检测出的其他成分均为表面硬结物所带来的影响，这一现象在样品5上体现得更为明显，即无表面硬结物的磨光部分检测出铜元素含量可达98%，有表面硬结物的点可检测出约15%的硅元素；而样品1、4正面和背面的差异则是因两面状况不同，一面附着铁锈更多，检测结果中正背面铁元素即有较大差异，分别在10%和17%，样品2中铁含量较多，但钱币表面可见明显铜绿而未见铁锈，若铁为钱币原始成分，则铁应先于铜生锈，钱币表面应见铁锈，故该钱币材质应主要为红铜。

第二类为铜铁合金，为样品9。该钱币表面明显可见铁锈，且铁与硅的比例为4∶1，其铁元素含量远高于其余钱币表面硬结物中铁的含量，这一部分铁元素应当

---

[1] Sir T. Douglas Forsyth. On the buried cities in the shifting sands of the Great Desert of Gobi, *Journal of the Royal Geographical Society*, Vol.47, 1877, pp.1-17.

是在打制过程中由于某种原因本就混入钱币中的铁所带来的。

四、旅顺博物馆藏新疆出土其他铜质钱币

旅顺博物馆藏新疆出土钱币时间跨度较广，种类较多，本文选取了部分有代表性的铜质样品进行成分分析和研究，作为汉佉二体钱相关研究的补充。选取样品如图3所示。

对上述钱币进行XRF检测，主要元素成分具体情况如表2所示。

从表中可知，除样品13贵霜钱币为红

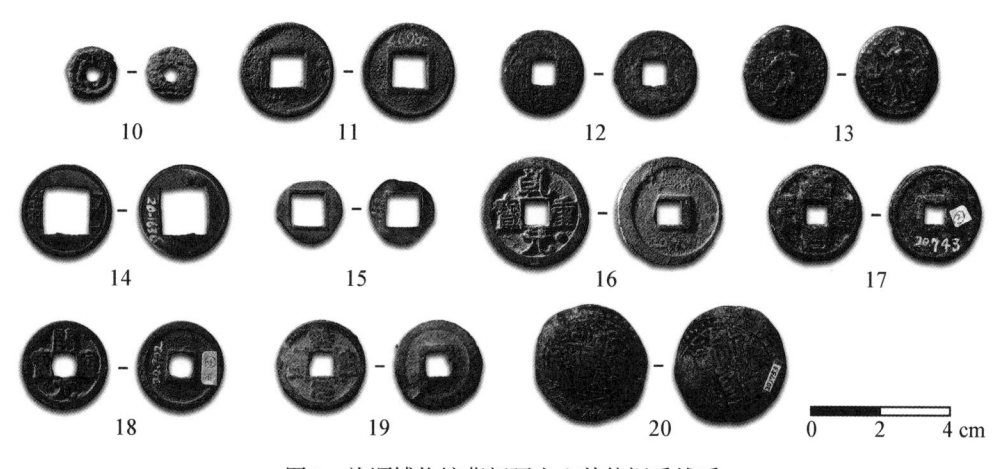

图3 旅顺博物馆藏新疆出土其他铜质钱币
10. 汉榆荚钱　11. 汉五铢铜钱　12. 新莽货泉铜钱　13. 贵霜朝铜钱币　14. 南北朝凿孔五铢铜钱　15. 南北朝剪轮五铢铜钱　16. 唐"乾元重宝"铜钱　17. 唐"高昌吉利"铜钱　18. 唐"开元通宝"铜钱　19. 北宋"熙宁元宝"铜钱　20. 喀喇汗朝苏莱曼卡德尔桃花石汗铜币

表2 旅顺博物馆藏新疆出土货币XRF检测主要元素成分（单位：%）

样品序号	检测部位	Sn	Pb	Zn	Cu	Fe	Ti	S	P	Si
10	正面	0.21	16.02	0.05	58.51	1.47	0.27	0.00	0.00	17.73
10	背面	0.12	13.58	0.03	68.73	1.12	0.19	0.00	0.00	12.44
11	正面	1.96	11.44	0.04	67.07	4.84	0.18	0.00	1.63	9.10
11	背面	2.77	14.38	0.08	71.00	3.14	0.15	0.00	0.67	5.61
12	正面	3.54	2.60	0.07	76.00	1.25	0.22	0.00	0.00	12.03
12	背面	4.72	2.50	0.06	71.05	1.29	0.23	0.00	0.00	14.51
13	正面	0.00	0.02	0.04	95.11	0.04	0.00	1.48	0.09	2.73
13	背面	0.00	0.05	0.04	89.15	0.11	0.00	2.05	0.27	6.53

续　表

样品序号	检测部位	Sn	Pb	Zn	Cu	Fe	Ti	S	P	Si
14	正面	5.18	2.82	0.09	87.74	0.72	0.08	0.00	0.00	1.86
14	背面	5.37	19.92	0.10	66.03	1.38	0.15	0.00	0.00	3.86
15	正面	3.47	1.28	0.07	94.25	0.87	0.00	0.00	0.00	0.00
15	背面	5.79	5.38	0.08	87.02	1.33	0.00	0.00	0.00	0.00
16	正面	8.05	22.36	0.03	51.99	2.48	0.18	0.00	0.00	10.10
16	背面	8.07	21.17	0.06	47.01	2.71	0.29	0.00	0.00	15.52
17	正面	8.81	26.17	0.05	50.57	1.96	0.18	0.00	0.00	8.81
17	背面	3.39	12.69	0.00	64.76	1.92	0.20	0.00	0.00	13.27
18	正面	13.40	10.19	0.06	49.02	2.65	0.40	0.00	0.00	18.60
18	背面	12.25	8.92	0.04	49.79	1.81	0.37	0.00	0.00	20.53
19	正面	18.69	16.88	0.14	53.66	1.48	0.26	0.00	0.00	6.52
19	背面	12.52	22.33	0.08	55.03	4.17	0.13	0.00	0.00	3.72
20	正面	0.00	4.42	0.13	91.50	0.04	0.03	0.00	0.00	2.06
20	背面	0.00	6.21	0.12	87.82	0.09	0.04	0.00	0.00	2.95

铜材质外，检测样品均为铜的铅锡合金，即青铜。

从时间上来看，青铜货币中的含锡量呈升高趋势：汉榆荚钱中 Sn 元素含量在 0.3% 以下，汉五铢钱 Sn 元素含量在 5% 以下，新莽货泉铜钱、南北朝凿孔五铢铜钱、南北朝剪轮五铢铜钱、唐乾元重宝、唐高昌吉利铜钱 Sn 元素含量多在 5%～10% 之间，唐开元通宝、北宋熙宁元宝的 Sn 元素含量较高，在 10% 以上。而喀喇汗朝苏莱曼卡德尔桃花石汗铜币则不含 Sn 元素。

另外，在青铜中添加铅是增重节约成本的有效手段，除新莽货泉铜钱外，其余青铜铸币均检测到 5% 以上的 Pb 元素，因钱币在地下埋藏中锈蚀，铅会在钱币表面析出富集，致使钱币两面检测所得 Pb 元素含量不同。

由此可见，中原钱币一以贯之由青铜铸造，而西域地区的钱币早期受希腊影响较深，制作技术多以打制压印为主，因此主要使用红铜作为制币材料，汉佉二体钱即为典型代表。随着中原王朝与西域的交流逐渐加深，西域的钱币制造也受到影响，开始出现青铜铸币式的货币。

五、结　语

汉佉二体钱作为新疆最早的自制钱

币，其独特性不仅在于形制和铸造工艺，更在于其材质的特殊性。这种钱币的出现标志着新疆地区在古代就已经具备了一定的制币技术和经济实力。通过科技检测分析，我们进一步加深了对于这种钱币的成分和制作工艺的了解，其在研究丝绸之路及货币史方面具有极为重要的意义。

丝绸之路是古代东西方文化交流的重要通道，而货币作为经济活动的重要媒介，在其中扮演了至关重要的角色。汉佉二体钱的存在表明，在丝绸之路沿线的各个地区之间存在着频繁的经济往来和文化互动。通过对这种钱币的研究，我们可以更好地理解古代新疆地区的经济状况和社会结构，以及它在当时东西方文化交流中的地位和作用。

此外，汉佉二体钱的材质特殊性也为研究古代铸币技术提供了宝贵的实物资料。通过对这些钱币的分析，我们可以了解到新疆地区古代居民如何利用当地的资源和技术条件来制造货币，这对于揭示中国古代铸币技术的发展过程具有重要的意义。同时，这种钱币的发现也为我们研究古代货币经济的发展历程提供了新的视角和方法。

随着科技的不断进步和新的考古发现，我们将能够运用更多的无损分析手段对古代文物进行深入研究。这不仅有助于我们更加全面地了解古代社会的各个方面，还能为保护和传承这些珍贵的文化遗产提供科学依据。同时，跨学科的合作也将在未来的研究中发挥越来越重要的作用。历史学、考古学、材料科学、化学、物理学等多个领域的专家共同参与到文物研究中来，通过综合运用各自的专业知识和技术手段，可以让我们从不同角度解读古代文明留下的宝贵遗产。

未来的文物研究将是一个充满挑战和机遇的领域。随着科技的进步和跨学科合作的深入，我们有理由相信，更多的无损分析手段将能应用到文物的检测分析中，即可进一步对汉佉二体钱的微量元素、金相组织等方面进行研究，寻找铸币矿石的来源与去向，对丰富这一时期贸易史具有重要的考古学意义。

博物馆工作与研究

博物馆智慧服务研究述评*

田姬宁[1]　么乃亮[2]　黄晓雷[3]

1.2. 辽宁大学考古文博学院　3. 辽宁省博物馆

内容提要：智慧服务是智慧博物馆建设主要内容之一，也是实现博物馆公共文化服务职能落地的关键环节。博物馆智慧服务概念在2012年正式提出后，学术界对其概念、内涵、技术应用等进行了广泛的讨论，取得了一些重要的研究成果；博物馆界在智慧服务理念的引领下也做了很多富有成效的建设实践，并不断深入。本文对智慧博物馆建设下智慧服务方面的研究成果进行系统梳理，结合工作实际，对智慧服务相关概念内涵、技术应用及建设实践研究进行述评，对智慧服务未来发展方向进行思考展望，以期对博物馆智慧服务的理论研究和实践探索提供有益借鉴。

关键词：博物馆　智慧博物馆　智慧服务　数字技术

回溯博物馆的发展历程，从文艺复兴时期的珍奇柜到内涵丰富的现代博物馆，博物馆在时代的变迁中稳步前行，始终主动发挥着文化滋养作用。作为文化传播和社会教育的重要平台和阵地，博物馆一直在探索服务社会的新途径、新方式。如今，博物馆进入了4.0时代，大数据、物联网、云计算和人工智能等新兴技术正逐步融入博物馆的各个领域，数字技术的不断更新和发展推动了博物馆的智慧化进程。"以人为本"是博物馆长期秉持的服务理念，在由传统博物馆向智慧博物馆转型的过程中，我们仍需充分关注对"人"的服务，这必然要求博物馆在智慧服务方面努力创新服务方式和改善服务体验，进而全方位提升服务质量。

21世纪初，随着信息化技术的快速发展，"智慧服务"这一概念开始出现在非营利性服务领域，最早由图书馆界正式提出[1]。2012年是我国智慧博物馆"元年"，不仅

---

* 基金项目：2024年度沈阳市哲学社会科学课题"文旅融合背景下博物馆交互式场景的应用与研究"（SYSK2024-01-135）；辽宁省公共文化服务中心研究课题"元宇宙视域下的博物馆文化传播研究"（2023zxyjkt-004）。

[1] 刘志勇：《智慧服务——网络时代图书馆员的崭新职业理念》，《现代情报》2004年第2期，第140—141页。

"智慧博物馆"正式被提出并作了初步阐释[1],"博物馆智慧服务"的概念也随之出现[2]。关于博物馆智慧服务最早的专题性研究论文是燕煦2015年发表的《博物馆智慧服务述略》[3],而系统性论述出自段勇2021年所著《智慧博物馆理论与实务》中的第八章[4]。自智慧博物馆"元年"以后,博物馆领域的专家学者积极研究在新技术支持下的博物馆智慧服务,取得了很多学术成果,在解决了一些关键问题的同时也提出了具有启发意义的见解。

一、博物馆智慧服务的内涵

博物馆的智慧服务是基于智慧博物馆建设而产生的概念,一个新兴事物的出现需要有一个科学的定义。杜静宜在《智慧博物馆的展陈模式创新探讨》中给出关于智慧博物馆概念的公式:智慧博物馆=实体博物馆+数字博物馆+信息化基础+互联网+物联网+大数据+云计算+人工智能+其他新兴技术,在此概念基础上有助于我们更加理解何为博物馆智慧服务[5]。燕煦在《博物馆智慧服务述略》中说明智慧服务作为智慧博物馆体系中的主要组成部分,以公众需求为中心,依托先进的数字信息技术,通过多维展现互动形式,实现公众与博物馆交互的高度融合,为公众提供不受时空限制的服务,具有宽泛性、开放性、交互性和移动性等特点,其应用主要包括展示与体验、教育与研究、分享与传播、纪念与回忆等方面[6]。这是具有科学性和代表性的基础概念。

博物馆专业领域的学者也深刻认识到发展智慧服务无法脱离技术。周虹霞等人认为博物馆建设智慧服务是行业发展的必然趋势,势必会基于大数据和微服务,打造智慧服务新场景[7]。窦金花、李畅分析,随着物联网、大数据、人工智能、虚拟现实、5G等信息与通信技术的迅速发展,数字孪生技术落地应用,元宇宙概念的兴起,促进公共文化服务从信息化、数字化向智慧化演变,公共文化服务的智慧化发展成为必然趋势[8]。段勇、梅海涛在《以智慧博物馆建设为抓手推动博物馆强国建设》中阐明智慧服务加强了人、物、信息之间的互动,通过智慧化产生的成果融入公众生活中,会实现博物馆构建公共文化

---

[1] 张遇、王超:《智慧博物馆,我的博物馆——基于移动应用的博物馆观众体验系统》,《中国博物馆》2012年第1期,第46—51页。
[2] 万晓青:《智慧旅游系统在博物馆宣教工作中的应用》,《计算机光盘软件与应用》2012年第18期,第78—79页。
[3] 燕煦:《博物馆智慧服务述略》,《中国文物科学研究》2015年第4期,第60—62页。
[4] 段勇:《智慧博物馆理论与实务》,上海大学出版社,2021年,第178—190页。
[5] 杜静宜:《智慧博物馆的展陈模式创新探讨》,《大众文艺》2020年第9期,第52—53页。
[6] 燕煦:《博物馆智慧服务述略》,《中国文物科学研究》2015年第4期,第60—62页。
[7] 周虹霞、李华飙、周宇阳等:《基于大数据与微服务的博物馆智慧服务研究》,《博物馆管理》2022年第3期,第47—54页。
[8] 窦金花、李畅:《基于知识图谱的我国智慧公共文化服务研究现状、热点及趋势分析》,《包装工程》2023年第20期,第97—107页。

服务体系、服务人民美好生活的总目标[1]。成萌认为智慧博物馆的建设要以智慧服务作为引领，让观众进入线上模式中进行参观，开拓了宣传途径，同时在展览中融入新媒体技术增加观众趣味观展的体验[2]。通过总结分析，博物馆智慧服务要利用各种新兴技术协同物、人、物与人之间的关系，打造服务于人也要服务于文物的服务模式，建立物和人之间的密切联系，探索利用者与被利用者之间的高效连接机制，以有效发挥博物馆的社会服务作用。

二、博物馆智慧服务的技术应用

近年来相关研究多次强调了新兴技术的重要性。陈康、李华飙在《近十年来我国智慧博物馆研究热点及趋势——基于CNKI（2012—2022）数据的文献计量分析》中指出，高新信息技术的融合应用是智慧博物馆发展的桥梁，应积极利用各种信息技术联动"人""物""数据"之间的互动，以实现真正的透彻感知、泛在互联与智慧融合[3]。任初轩认为，当前博物馆应积极主动应用最新数字信息技术创新展示方式，改变"物"和"人"之间的互动方式，让文物以动态方式呈现，找寻多种文物活化新路子[4]。根据智慧博物馆的定义可以将相关技术进行简单分类，即通信技术、大数据、物联网、云计算、人工智能和其他相关技术。通过文献调查研究发现，近些年这些技术之间相互配合，共同作用于博物馆智慧服务，在此列举并分析热门技术应用方式。

（一）5G通信技术

传统服务模式如语音讲解、触摸显示屏等互动方式已经无法满足观众的需求，相比之下，智慧服务提高了观众的参与度：5G移动通信的应用增加了服务的交互性，融媒体拓宽了服务平台、提供了丰富的互动方式。在此过程中，知识以多种方式整合，转化为多样的服务体验。未来，博物馆也需要提供更多定制化服务方案，增强观众的参观体验[5]。完颜邓邓、尹娇在《5G驱动的公共数字文化服务智慧化转型》中介绍5G是指第五代移动通信技术，5G时代最大的特点在于高速率、低时延和大连接，且人与物、物与物间呈现出更智能化的信息互动，它的应用将对人们的生产生活带来巨大影响[6]。当前5G技术与多种新兴技术的融合为博物馆智慧服务提供了多种选择。段正梁、刘桂兰在《5G+智

---

[1] 段勇、梅海涛：《以智慧博物馆建设为抓手推动博物馆强国建设》，《中国博物馆》2021年第4期，第89—93页。
[2] 成萌：《以智慧服务引领智慧博物馆建设》，《中国自然科学博物馆学会2020年年会论文集》，北京航空航天大学出版社，2022年，第599页。
[3] 陈康、李华飙：《近十年来我国智慧博物馆研究热点及趋势——基于CNKI（2012—2022）数据的文献计量分析》，《科学教育与博物馆》2023年第4期，第38—45页。
[4] 任初轩编：《怎样让文物活起来》，人民日报出版社，2023年，第195页。
[5] 杨昉：《基于智慧博物馆概念的数据知识化途径刍议》，《中国博物馆协会博物馆管理专业委员会论文集（2018—2019）》，上海书画出版社，2020年，第112页。
[6] 完颜邓邓、尹娇：《5G驱动的公共数字文化服务智慧化转型》，《图书与情报》2023年第2期，第69—76页。

慧文旅在博物馆中的应用研究》中介绍了许多5G赋能智慧文旅的应用场景，指出5G技术像脉络链接各个实用技术，实现智慧博物馆的基础建设。当前5G技术应用广泛，5G+AR/VR助力智慧文旅服务提质，远程线上实现智慧服务，公众就可享受足不出户的服务[①]。的确，如今博物馆用5G技术实现远程服务，渗透到了公众的生活中，拓宽了影响面，让许多本来没有参观博物馆意愿的观众改变了想法，开始主动走进博物馆。杨拓在《新技术视角下博物馆发展实践与趋势》中分析了当前5G+AI的应用，主要在观众导览中，与人工智能技术相关，集中在智能导览、人脸识别、图像识别等方面，文中介绍在秦始皇帝陵博物院中，利用人工智能技术，观众可以自行操作看到兵马俑自己"开口说话"。可见这种方式提升了观众的观展兴趣，推动了文化趣味性传播[②]。此外，徐延章认为5G融合可以促进未来5G与人工智能技术的结合，未来可以采用5G高清互动、5G全景导览、增强现实（AR）智能导览、5G全景航拍等方式建立智慧博物馆体验模式[③]。研究成果显示目前5G技术应用十分广泛。

（二）元宇宙+博物馆

近年来，"元宇宙"的概念横空出世，在各领域都引起热烈反响并激起思想火花，当然也辐射到了博物馆领域。耿国华等人提出把握新一轮科技革命和产业变革新机遇的战略方向，要将元宇宙技术融入智慧博物馆建设中，2021年元宇宙概念兴起，这其中包括扩展现实技术、数字孪生、区块链、大数据以及人工智能等多项新兴技术，强调虚实融合，应用于多个方面，这也是未来智慧博物馆建设的新趋势[④]。杨辛怡在《元宇宙赋能视域下博物馆文旅空间智慧服务设计策略》中将元宇宙分为了两个世界：基于现实的元宇宙和基于虚拟世界的元宇宙，一个是通过虚拟技术加强在现实中的体验，另一个是打造与现实世界相分离的空间[⑤]。其中，马玉静引用了中国电子技术标准化研究院等机构编写的《数字孪生应用白皮书》（2020版）中的观点认为，数字孪生技术能够将物理世界的人、事、物等所有要素数字化，在网络空间再造一个与之对应的"虚拟世界"，形成物理维度上的实体世界和信息维度上的数字世界同生共存、虚实交融的格局，探讨资源与技术联动的新方式[⑥]。数字孪生技术使虚拟的博物馆成为可能，为"元宇宙+博物馆"的建设提供了关键技术。此外，通过结合VR（虚拟现实）和AR（增强现实）形成MR（混合现实）也是元宇宙主要技术，这种方式是在现实世界中打造了虚拟场景，为观众营造沉浸氛围，提升观展体

---

① 段正梁、刘桂兰：《5G+智慧文旅在博物馆中的应用研究》，《湖南包装》2021年第4期，第69—72页。
② 杨拓：《新技术视角下博物馆发展实践与趋势》，《中国国家博物馆馆刊》2019年第11期，第146—152页。
③ 徐延章：《新技术条件下的博物馆智慧服务设计策略》，《东南文化》2021年第2期，第159—164页。
④ 耿国华、贺小伟、王美丽等：《元宇宙下的智慧博物馆研究进展》，《中国图象图形学报》2023年第6期，第1567—1584页。
⑤ 杨辛怡：《元宇宙赋能视域下博物馆文旅空间智慧服务设计策略》，《收藏》2023年第3期，第113—116页。
⑥ 马玉静：《基于数字孪生的博物馆智能运行中心构建探析》，《博物院》2022年第6期，第6—12页。

验感。比如三星堆博物馆MR导览项目——古蜀幻地，在符合科学性的条件下虚构了古蜀空间，观众佩戴MR眼镜就可进入古蜀世界，增强了真实感和趣味性。可见，未来"元宇宙+博物馆"是提升智慧服务质量的新颖方式。

（三）人工智能相关技术

人工智能领域发展衍生出多项前沿技术，在博物馆4.0时代为提升博物馆智慧服务质量提供新方法新思路。郝梦圆、吴丹关注到，AIGC（Artificial Intelligence Generated Content，生成式人工智能）技术作为当下最热门的人工智能技术之一，可以通过训练模型和大量数据的学习，根据输入的条件或指令，生成与之相关的内容。应用到智慧服务中可以提供智能化的导览服务，如语音交互和图像识别等方式，为游客提供更加便捷和高效的导览体验[1]。例如，首都博物馆探索AI技术应用新方式，打造高精度服务导览产品，其AI讲解员建立了与观众的互动，创造了新颖的智慧导览模式。

作为人工智能领域基础性技术，云计算（Cloud Computing）是指通过网络"云"将巨大的数据计算处理程序分解成无数个小程序，然后通过多部服务器组成的系统来处理和分析这些小程序，得到结果后返回给用户[2]。云计算实现了博物馆内资源高效互联互通，提升了资源利用率。

当前，如何高效利用文物及知识资源也成了智慧服务领域的研究热点。博物馆中馆藏文物庞大的知识体系需要通过互相建立有效联系才能更好地被理解，人工智能技术可以为博物馆安装一个大脑，"知识图谱"便成了最好的选择，这也是实现文物知识互联最高效的方式[3]。赵卓等人在《面向智慧文博的知识图谱构建综述》中介绍了"知识图谱"的概念，即作为大数据与人工智能交叉融合的一个研究热点，能抽取表达数据中潜在的知识，进而支撑复杂的推理计算与多样化智能应用的构建。文章中分析了知识图谱在文博领域的发展现状，指明文博领域数据资料体量庞大且零散，文博知识图谱的构建对于博物馆的智能化建设、智慧文化产品开发具有重要支撑作用[4]。2019年刘绍南等人介绍了知识图谱中语义检索、推荐、问答最典型的三类应用及其不同的知识图谱元数据模型；分析了建立文博领域知识图谱的重要性，文物知识图谱对于文物知识数据分析、展示和利用具有天然的优势，是在智慧博物馆建设中迈出的一大步[5]。在这方面，欧美国家率先开展知识图谱于知识管理与分享方面的研究。由欧盟委员会和各成员国文化与教育部门提供赞助与支持，欧盟各国图书馆、档案馆和博物馆等文化机构共同参与的大型数字图书馆项目——Europeana，于2008年11月20日正式对公众开放，该平台整合欧洲代表性文化遗产，通过构建网络

---

[1] 郝梦圆、吴丹：《探索基于AIGC技术的智慧博物馆建设与文化传承发展》，《文物鉴定与鉴赏》2024年第2期，第76—79页。
[2] 许俊辉：《新技术背景下培训开发的变革与思考》，《中小企业管理与科技》2023年第20期，第137—139页。
[3] 朱秀梅著：《博物馆建设发展与文物保护研究》，吉林人民出版社，2022年，第39页。
[4] 赵卓、田侃、张殊等：《面向智慧文博的知识图谱构建综述》，《软件导刊》2022年第5期，第1—8页。
[5] 刘绍南、杨鸿波、侯霞：《文物知识图谱的构建与应用探讨》，《中国博物馆》2019年第4期，第118—125页。

平台实现一站式的浏览与检索服务，从而推动文化资源的广泛传播①。欧洲项目的成功推行值得我国文博领域参考借鉴。李峰介绍在上海博物馆"'宋徽宗与他的时代'数字人文专题"展览筹备中，开展了基于上博绘画藏品数据的主题词分析，研发书画类文物专题知识图谱，为知识聚合叙事传播提供支撑②。知识图谱在博物馆中的应用已然是大势所趋，其能整合庞大的资源、处理复杂的数据并完成分享与传播，是人工智能给博物馆事业发展带来的积极作用。

（四）其他新兴技术

为了提高展览质量，多种新兴技术的加入是必不可少的环节。齐轩在《数字化虚拟展示技术在智慧博物馆构建中的应用》中列举了目前重要技术支持，包括环幕投影技术、全息成像技术、幻影成像技术等③。各大场馆也积极主动发挥技术的力量，上海科技馆在展陈设计中合理运用多种技术以创造新颖效果，提高展览质量，在媒体智慧化方面卓有成效。相关智媒展示技术目前大致有：虚拟翻书系统、多屏联动、互动签名摄影以及全息投影、虚拟迎宾、电子沙盘、多方位触摸系统、大屏矩阵切换系统、互动投影、AR、VR、体感互动等④。实践证明使用很多技术可以增强观众的体验感。比如AR（Augmented Reality）技术是在虚拟现实（VR）基础上发展起来的新兴技术。它能够将计算机虚拟信息叠加到真实场景中，用户可以通过显示设备同时看到虚拟信息和真实场景融合后的画面，为使用者提供一种基于现实又超越现实的体验。AR技术解决了博物馆陈列形式单一的问题，提高了观众从博物馆获取知识的效率，解决了博物馆互动水平低的问题⑤。研究认为，目前博物馆领域已充分了解并可以大胆运用这些技术手段，它们深受策展人员的欢迎，已经可以作为辅助方式帮助博物馆呈现出精彩纷呈的展览。智慧博物馆建设需要吸收各种相关的新兴科技，随着时代发展，更多前沿技术也将加入其中。

上文分析并总结了近年来智慧服务的常用技术与有待深入的热门技术，但目前现状是各大博物馆缺少信息技术跨领域专业人员。为了避免纸上谈兵，博物馆必须拥有专业技术研发人才，不但要大力引进和培养技术人才，博物馆工作人员尤其是策展人员也应该主动学习和应用各种新技术，用技术辅助提升展陈效果和服务质量。

三、博物馆智慧服务的建设实践

博物馆智慧服务涉及不同方面，《智

---

① 王萍、黄新平：《基于关联开放数据的数字文化资源语义融合方法研究——欧洲数字图书馆案例分析》，《图书情报工作》2016年第12期，第29—37页。

② 李峰：《文物知识聚合与传播的初步研究——以上海博物馆"宋徽宗与他的时代数字人文专题"为例》，《东南文化》2022年第3期，第169—177、197—199、191—192页。

③ 齐轩：《数字化虚拟展示技术在智慧博物馆构建中的应用》，《信息与电脑（理论版）》2021年第21期，第19—21页。

④ 潘颉、王盼盼、马熠凡：《智媒化展示技术在博物馆中的应用与趋势研究——以上海科技馆为例》，《市场周刊》2021年第1期，第33—35页。

⑤ 朱仲华、郭云菁：《浅谈AR技术在智慧博物馆中的应用》，《文博学刊》2018年第3期，第65—71页。

慧博物馆理论与实务》中将"智慧服务"涉及的领域划分为"展示与体验""教育与研究""分享与传播""宣传与推广"[①]，这样的划分方式也得到广泛认可。多种技术在不同方向的应用产生不同的效果，具体分析发现在各个方面都颇有成效。

（一）展示与体验

以智慧化方式丰富展示手段，为观众带来全新体验已经成为重点研究方向。现阶段智慧服务建设占比最大，受关注程度最高。以展示与体验案例最多。由此可见，可视化程度高、交互体验形式多样、直接面向公众的创新智慧服务建设更容易得到大众认可[②]。

朱文华在《基于用户体验的智慧博物馆服务策略研究述略》中认为智慧博物馆是通过体验设计建立以场景体验为主体、感官体验为基础、情感体验为目标的服务架构之上的体验系统。数字技术的应用进一步增强了人、物与环境的交互性，观众所获得的视、听、触感等体验极大增强[③]。中国国家博物馆在这方面成果显著，其利用技术手段，为观众设计用户画像，以个性化服务提升观众体验[④]。此外还开发了专属App，软件推荐路线功能可以为观众推荐合适的观展路线，同时添加语音讲解，加强了观众良好体验感，体现了5G技术的特点，建立了智能化的互通。2023年"数说犀尊"展览打造了智慧展厅并现场揭秘做科普，利用AR技术还原犀尊考古发掘情况，观众化身考古队员参与其中，真切体会到考古发掘的过程与喜悦[⑤]。可见，这是通过新颖的展示方式拉近了考古与观众之间的距离，也是一次全新的探索体验。金沙遗址博物馆为拉近与观众的距离，改变传统的"以物示人"的展示方式，利用"互联网+"模式和新媒体工具提升多元化、智慧化的体验，升级并细分网站内容，在展厅中应用幻影成像、4D影院等技术打造数字展示空间，深受欢迎[⑥]。杨拓指明当前AR、VR等技术也被更多地应用到博物馆资源的藏品展览过程中。他举了一些例子，如2017年中国园林博物馆举办的"看见'圆明园'"数字体验展览活动选取了26个景区，利用现代数字技术复现了"圆明园"的整体布局，给受众带来更为直观、深刻的感受[⑦]。2019年5月，"5G博物馆"在湖北省博物馆建成，其掌上智慧博物馆App通过改变传统的文字、图片传播方式，将博物馆内珍贵文物生动展现在观众眼前。同时App也支持使用VR设备让

---

① 段勇：《智慧博物馆理论与实务》，第178—190页。
② 朱秀梅：《博物馆建设发展与文物保护研究》，第39页。
③ 朱文华：《基于用户体验的智慧博物馆服务策略研究述略》，《西北美术》2021年第4期，第127—130页。
④ 马玉静：《博物馆观众画像构建应用与实践探讨——以中国国家博物馆为例》，《博物馆管理》2021年第4期，第15—26页。
⑤ 杨光、张衍：《汲取中华优秀传统文化养分，融合做好新时代科普——科普视角下对中国国家博物馆"数说犀尊"展览的分析》，《科普研究》2024年第1期，第34—40、104—105页。
⑥ 姚菲：《博物馆智慧化建设的实践与思考——以成都金沙遗址博物馆为例》，《东南文化》2023年第2期，第165—173页。
⑦ 杨拓：《新技术视角下博物馆发展实践与趋势》，《中国国家博物馆馆刊》2019年第11期，第146—152页。

观众身临编钟演奏中。重庆中国三峡博物馆智慧化管理平台创新使用混合现实技术MR，将用户和现实世界联系起来，增强了体验感，提供了全新交互式体验方式[1]。

在博物馆展览中，技术可以助力营造沉浸式体验氛围。李宣、舒安琦强调了展览要通过交互叙事营造沉浸式体验感，要让观众在数字技术和媒体技术打造的虚拟空间中主动参与到故事叙事中，实现观众与展品间的个性化探索，增强情感共鸣和记忆的持久性[2]。苏州博物馆"苏色生活"展厅通过数媒技术，按照季节变化，打造不同风格的展厅氛围，尤其是第三个展厅将观众带入乾隆视角，虚实结合穿越到2022年的苏州，全新的体验深受年轻人喜欢[3]。上海博物馆"中国古代艺术臻品系列数字展——山水江南"利用数字图形技术，生动演绎珍贵画作，让它们"活"了起来，也让观众沉浸其中，感受到了艺术的魅力。现阶段许多理论与实践证明，营造沉浸式体验氛围可以将观众情绪快速带入展览中，吸引观众眼球，让观众沉浸在展览内容中，创造难忘的记忆，而这些环节都需要技术的加持。范浩宇、蔡新元认为展览不仅要通过叙事性设计将观众带入沉浸式体验，还要在物理空间中营造沉浸式体验环境，文中总结了多个优秀案例，例如敦煌研究院莫高窟"飞天"专题游览线路通过三维展示技术构建的莫高窟窟区厘米级3D地图，是结合高精度空间计算技术、借助增强现实技术得以实现[4]。三星堆博物馆"寻觅三星堆——祭祀坑考古发掘现场VR沉浸式探索体验"，利用技术让观众调动多种感官参与到展览中，为观众带来了全方位、超真实的考古现场参观体验。近年来国内优秀案例都深刻体现，目前智慧服务多种技术应用的探索使得展示方式更多元、观众体验更舒适。

（二）教育与研究

博物馆是终身学习的场所，教育与研究是实现服务功能的重要环节，技术手段会使教育与研究更加智慧化，也会产生更深刻的教育效果，提升博物馆文化服务水平。在国家博物馆"数说犀尊"展览中，通过亲手操作大量互动装置，观众成为了展览的参与者、建构者，在互动中不知不觉就记住了知识而且印象十分深刻[5]。马呈树等人认为博物馆是儿童教育的重要场所，在智慧博物馆平台中要建立儿童教育体系，融合多种虚拟现实技术手段，结合儿童教育的特点，增加儿童参观学习的沉浸体验感，变主动学习为兴趣学习[6]。来

---

[1] 中国博物馆发展研究课题组：《中国博物馆发展研究报告2021》，朝华出版社，2022年，第191页。
[2] 李宣、舒安琦：《交互叙事视角下智慧博物馆沉浸式体验设计研究》，《包装工程》2024年第6期，第461—470页。
[3] 茅艳：《苏州博物馆智慧服务创新体验实践》，《东南文化》2022年S2期，第13—14页。
[4] 范浩宇、蔡新元：《智慧博物馆沉浸式体验空间营造研究》，《家具与室内装饰》2023年第9期，第117—123页。
[5] 杨光、张衍：《汲取中华优秀传统文化养分，融合做好新时代科普——科普视角下对中国国家博物馆"数说犀尊"展览的分析》，《科普研究》2024年第1期，第34—40、104—105页。
[6] 马呈树、葛彩华、赵雷军：《试论智慧博物馆儿童沉浸式学习体验的设计策略》，《文物鉴定与鉴赏》2023年第8期，第88—91页。

到博物馆中的观众不乏专家学者、专业学生,作为知识资源库,博物馆应该重视这类人群的需求。以秦始皇帝陵博物馆为例,为提高博物馆教育效率,其联合中国秦汉史研究会、秦文化研究会、陕西省秦俑学研究会共同主办的秦汉文化研究学科门户类官方学术网站,经过多年的持续开发和资源充实,打造了集数字博物馆、数字图书馆技术于一体的、学术资源一站式的面向公众开放的检索平台,在其中提供与秦汉文化相关的历史、文物、考古与博物馆学研究学术知识资源与信息服务,用数字化构建秦汉文化研究的知识体系,形成秦汉文化研究的平台,丰富了秦汉文化学科知识体系构建,学术研究意义深远,应用价值重大[1]。这种方式十分新颖,也值得广大博物馆学习。近年来,关于知识图谱在文物资源整合与研究中的应用得到了大力发展,通过技术更迭也开辟了文物检索的新方式,故宫博物院的"数字文物库"建立了馆藏文物信息的大范围联动,提高了文物资源检索的效率。综合分析,目前博物馆也要正视自己作为教育场所的身份,善用技术手段,以提升教育服务质量并满足不同人群的教育需求。

(三) 分享与传播

智慧博物馆与传统博物馆最大的区别就在于可以利用技术手段提供远程服务,由于"互联网+"具有跨界融合、重塑结构、创新驱动、以人为本、开放生态、连接一切六大特点,所以在互联网加持下的博物馆建设,改变了博物馆的服务方式,线上的观众也成了服务对象[2]。通过博物馆网站、手机软件、小程序等方式可以满足公众接受博物馆服务的即时性,此外观众也可以通过微博、抖音等媒体平台实现与博物馆的互动。郑海棠在《新媒体时代下博物馆宣传教育研究》中指出现阶段要建设网络博物馆,扩大宣传范围,比如建设官方网站、论坛、网络直播、开通微博。通过搭建移动博物馆以强化教育质量,结合多样化媒体以增进博物馆宣教影响[3]。在博物馆网站建设方面,金沙遗址博物馆从不同受众群体入手,将网站细分为大众版、学术版、青少年版和英文版,以满足不同受众的需求[4]。优秀的服务平台不仅能够提升服务效率,也会吸引更多潜在的博物馆观众,这也实现了博物馆与观众之间的良性互动。在利用多媒体宣传方面,徐延章认为博物馆作为重要的文化和旅游服务场所,可结合新媒介和新技术发展建设短视频资源,从用户表征、内容特色、创新视角、社交传播和价值共创五个方面进行博物馆短视频智慧服务策划,通过用户参与塑造博物馆文化传播和旅游体验特色,服务于人民日益增长的美好文化生活

---

[1] 孟中元、侯宁彬、容波:《智慧教育发展趋势下秦汉文化门户建设与博物馆公众教育的探索与实践》,《中国博物馆》2022年第5期,第112—116页。
[2] 杨源:《锦绣华装——中华传统服饰之大美》,研究出版社,2021年,第344页。
[3] 郑海棠:《新媒体时代下博物馆宣传教育研究》,《文物鉴定与鉴赏》2021年第16期,第143—145页。
[4] 姚菲:《博物馆智慧化建设的实践与思考——以成都金沙遗址博物馆为例》,《东南文化》2023年第2期,第165—173页。

需要①。目前各大博物馆在抖音、微博等平台开设账号，定期直播讲述专业知识，尤其疫情期间在家里就可以云游博物馆，这些方式丰富了大众的精神生活。如今各大博物馆官方账号引起热烈关注，越来越多的公众参与到文化传播中来，提升了博物馆的影响力。

此外，近些年博物馆文创产品市场火热，催生出了多种多样的文创产品，各大文化IP深受热烈欢迎，激发了大众的创作热情，也推动了文化广泛传播。除了实物类型的文创产品，还同时诞生了许多数字类型的文创产品。敦煌研究院依托敦煌文化背景，借助高科技手段打造了许多数字文化产品，产品具有高度互动性，能够激发人的主动性与创造性，从根本上改变文化传播模式，使其可以更直观、更高效、更精准地传播②。比如数字敦煌项目中的数字藏经洞游戏，作为一款文化类游戏产品，玩家可以选择不同身份进入藏经洞中，通过与NPC交流，在玩游戏的同时也汲取了专业知识，寓教于乐的同时也传播了敦煌文化。

四、博物馆智慧服务的未来发展趋势

通过分析上述文献，笔者深刻体会到新兴技术为博物馆智慧服务建设带来了许多机遇与挑战。

从宏观角度分析，博物馆智慧服务要考虑到"人""物""人与物"之间的关系。首先，勿忘"以人为本"的服务初衷，在智慧化背景下最基本的是保障公众信息安全。现阶段，大数据的确带来了诸多便利，也提升了服务质量，为博物馆工作带来了精确的数据，但观众的信息却以数据的方式暴露在网络中。因此博物馆要承担保护观众信息安全的责任，才会让观众更加放心地接受服务。其次，智慧服务也需重视对文物的合理利用。技术加持下诞生了各种服务模式，却也或多或少造成了博物馆过度追求技术多样化而忽略了文物才是展示的主角等一些问题，多样的技术手段也使观众眼花缭乱从而忽略了文物本身的价值，这是万万不可的。同时，使用技术手段不可扭曲文物内涵、传递错误的信息，这也强调了科学的重要性。所以无论技术如何发展，博物馆智慧服务建设都要以物为主，分清主次，拿捏适度。智慧化服务模式最终的落脚点还是传递正确的知识，推动文化的传播。

从微观建设层面，智慧服务未来发展趋势是要求各博物馆一定要抓住自身特色，避免同质化、模式化。近年来常常发生"千馆一面"的情况，这种不顾自身条件照搬照抄的复制服务模式，观众接触多了会深感枯燥，极大浪费资源。从这个角度来讲，不如加深思考，发掘特色，开辟文化IP，创新服务模式，吸引观众的同时也提升了服务质量。尤其近年来越来越多观众主动走进博物馆参观并接受博物馆服务，以观众为中心，博物馆应该提供针对性的个性化服务。智慧服务受众人群身份不同，技术应用的方式也

---

① 徐延章：《文旅融合背景下博物馆短视频智慧服务策略》，《中国博物馆》2021年第4期，第94—97页。
② 龚智祯：《文旅背景下敦煌数字文创产品创新设计的研究》，《鞋类工艺与设计》2024年第11期，第18—20页。

不同，比如针对专家学者可以提供更多科学性知识服务、针对儿童要关注教育的趣味性及互动性、针对残障人士也应该通过技术手段提供便利的参观方式等等，创造多元化的教育场所，营造让每个人都舒适的观展氛围，大众满意度提高，我们才能在智慧化的背景下实现智慧服务的新突破。

从技术与应用方面，通过文献研究，笔者发现目前博物馆领域专业工作人员已经了解各种应用技术，并产生了更新意识，所以未来发展就要关注如何将它们排兵布阵。通信技术迅猛发展，6G时代来临，6G技术能够为更好地建设智慧博物馆提供基础保障。在5G基础之上实现更广泛的联通，比如应用到基于卫星与地面无线网络相结合的高精度定位技术的博物馆导览系统、基于物联网技术的全国文物云数据管理、高保真扩展现实（XR）交互在展览中应用、具有智慧属性的博物馆建筑智能化管理、智能身份验证、基于6G技术的云展览、多维度智慧服务等[1]。由此可见，接下来就要完成相关技术攻关，将专业的技术与智慧服务各个方面结合起来，让智慧博物馆在6G时代拥有更广阔的应用空间。

人工智能相关技术在博物馆智慧服务领域得到了强势发展。目前，知识图谱深受文博界欢迎，用其技术串联起庞杂的专业知识是研究的大势所趋。接下来各大博物馆也应该挖掘本馆资源，建立属于自己的知识图谱，甚至联动各个博物馆、图书馆、档案馆的力量，扩大知识图谱建设范围，吸收更多专业知识，提供更丰富的知识服务，实现资源高效利用。此外，当下也出现了关于建设AI博物馆的议题，人工智能推动智慧博物馆建设加速发展，博物馆积极探索AI实践，在即将到来的人工智能时代，博物馆也将面临新的发展机遇和变革[2]。

目前由于VR、AR等技术应用在智慧服务中带来了良好的效应，未来发展应该考虑多技术融合作用。在这一方面，可以推动元宇宙博物馆的建设，尤其要利用其"数字孪生技术将现实世界的物理对象以数据形式映射到虚拟空间中"[3]的特点，结合多项专业技术，可以将现实世界因多种条件限制而无法展示与提供的内容设计在虚拟世界中，比如在保护状态下无法经常展出的书画作品，为它们打造专属元宇宙的空间，可以实现满足观众知识需求的同时也保存了科学的文物数字资料；此外，探索元宇宙下展览新模式也将成为研究热点，比如利用元宇宙打造考古现场环境，还原真实的工作状态，主动让考古走进观众的生活。由此看来，提升智慧服务质量要与时俱进，博物馆要加强关键技术的升级利用，走在信息技术发展前沿，勇于为智慧博物馆建设注入新鲜血液，为智慧服务带来更广泛的效益。

五、结　语

在信息时代，智慧博物馆的建设已

---

[1] 王萌：《智慧博物馆在6G时代的应用展望》，《中国建设信息化》2022年第20期，第56—57页。
[2] 李姣：《智慧博物馆与AI博物馆——人工智能时代博物馆发展新机遇》，《博物院》2019年第4期，第67—74页。
[3] 耿国华、贺小伟、王美丽等：《元宇宙下的智慧博物馆研究进展》，《中国图象图形学报》2023年第6期，第1567—1584页。

然是大势所趋，技术赋能会推动文物活化利用，也必将是未来博物馆发展的主要方向。智慧博物馆建设下智慧服务模式的探究已经取得了阶段性的成果，观众的学习方式逐渐从被动转化为主动。智慧服务作为智慧博物馆的重要建设内容，要继续探求通过发挥技术的作用创新服务的理念和方式，找寻提升服务质量和效率的新路径，在"以人为本"理念下满足观众多样化的需求。未来，博物馆智慧服务将继续向智能化、多元化、互动化方向发展，为观众带来更加丰富多彩的参观体验。

探索文物资源活化利用的实践
——"言之有物"系列展览策展思考

韩晓洁

旅顺博物馆

内容提要：随着"博物馆热"的持续升温，广大地市级中小博物馆也迎来了勃勃生机。但是，在资金不足、无法使用太多科技"狠活儿"加持展览、无法进行宏大又精致的展览制作和呈现的情况下，展览工作面临前所未有的挑战。笔者从探索策划组织实施"言之有物"系列展览的实践中，深刻认识到：面对挑战，博物馆必须找准本馆定位，挖掘并盘活本馆的藏品资源，让馆藏文物"活"起来，让陈列展览"火"起来，不断推动优秀传统文化的创造性转化和创新性发展，才能让博物馆热细水长流。

关键词：探索 实践 策展 思考

近年来，随着博物馆热的持续升温，面对与日俱增的参观人数及公众对展览质量的期望不断上升，博物馆展览的内容品类和呈现形式也更为丰富多元，尤其是新的科技手段的加入，让沉浸式观展体验吸引了众多年轻观众来博物馆"打卡"。传统文化在博物馆中通过精心"打扮"，变得愈发生动可爱。但是，对于大多数地市级中小型博物馆来说，由于展览经费的逐年缩减，使用各种科技手段加持展览，或者投入较多资金作精美的形式设计，其可行性显然不大，这也给博物馆在策划、组织各类展览方面带来前所未有的压力和挑战。面对这些挑战，博物馆最有效的应对策略应该是找准本馆定位、积极探索文物资源活化利用的实践方式。这里所说的"文物资源活化利用"是指通过创新手段和多种途径，不断推动中华优秀传统文化的创造性转化和创新性发展，使文物资源在现代社会中发挥新的作用和价值。这不仅有助于文物的保护和传承，还能增强公众对文化遗产的认识和兴趣，促进文化产业的发展，使博物馆热细水长流。

笔者策划组织实施的"言之有物"系列展览，正是在应对这些挑战时，基于上述思考被"逼"出来的设计。在这个过程中，有困惑、纠结，也有思考总结的收获，将其分享于此，意请同行匡正。

一、展览源起：成语+文物"跨界"组合，生动展现传统文化

党的十八大以来，以习近平同志为核心的党中央从建设社会主义文化强国的战略高度，高位推动中华优秀传统文化的创造性转化和创新性发展，大力培育和践行社会主义核心价值观，使中华优秀传统文化成为涵养社会主义核心价值观的重要源泉。

成语，是中华传统文化的重要组成部分，字数简洁、结构凝练、语音和谐、意蕴深厚，蕴含着古人对生活、道德和人生的思考。它们如同一串串璀璨的珍珠，串联起历史的片段，使我们得以窥见古人的智慧与情感。成语在形式上和思想内容上都高度浓缩着中国文化的精髓，因此，从成语中剖析社会主义核心价值观具有特殊的意义。

文物，是中国传统文化的重要载体，是中华民族的宝贵财富，是历史的见证，也是众多成语最直接的物质载体。它们以独特的造型、精湛的工艺、丰富的内涵，展现了古代人们的生活和文化。保护好、传承好、利用好文物，让文物活起来，对于弘扬中华优秀传统文化、增强文化自信、建设社会主义文化强国具有重要意义。

在这样的背景下，旅顺博物馆微信公众号自2022年1月开始，专门开辟了"成语·文物系列云课堂"（2023年更名为"成语猜猜乐 学习也快乐"）专栏，并持续更新了两年多。该专栏通过精选馆藏品中与成语相关的文物，结合历史背景和文化内涵，以生动的语言和丰富的知识，带领观众领略成语的魅力和传统文化的博大精深。两年间，共计推出33个成语，对应公布了150余件馆藏文物[1]。不仅提升了公众对成语文化的认识，也让更多人通过网络平台感受到博物馆的魅力，为传统文化的传播和普及做出了积极的贡献。但是这种方式也有它的局限性：一是，专栏所选择的成语较随意，没有一定体系，大部分内容是社教活动策划人员依据其知识储备侧重于某个成语，或者对某些与成语对应的文物较熟悉，就会优先推出；二是，部分成语与文物对应稍显牵强，其中内涵缺乏深入、专业的解读。

因此，笔者有了把经典成语与馆藏文物进行一次创意CP组合、尝试组织一个线下展览的愿望。展览就以成语为切入点，选取与之相关的文物进行展示。通过精心设计的展览布局和展板语言，使观众直观地感受到成语背后的历史文化。相信这种跨界组合不仅可以让成语变得生动，也可以使馆藏文物在新的语境中焕发新的生命力。

除了旅顺博物馆"成语·文物系列云课堂"之外，以成语与文物相结合进行宣传展示，或者以成语为切入点作为专题展览的一种宣传方式，南京博物院、湖北省博物馆、苏州博物馆等众多博物馆、微信公众号都为我们提供了优秀的案例[2]。但是旅

---

[1] 数据根据旅顺博物馆微信公众号2022年1月31日至2024年2月16日的推送信息整理。

[2] 南京博物院2015年在"和·合——中国传统文化中的和谐之道"展览中，使用"三阳开泰""洞房花烛"等成语，作为展览的三级标题，搭建展览内容，向公众传达中国传统文化中的和谐融合关系；湖北省博物馆的001号志愿讲解者胡昇老师利用该馆所藏文物，编著了《文物与成语》一书，人们所熟悉的一言九鼎、金声玉振、螳臂当车、有的放矢……这些成语故事，都能在该馆展厅内找到对应的文物；2022年，苏州博物馆、苏州丝绸博物馆、苏州教育博物馆在苏州新闻广播联合制作推出"博物馆里说成语"栏目。

顺博物馆以一馆藏品为基础，将成语与文物相结合举办展览，在全国博物馆中当属首创，不失为一种独特而富有创意的文化传承方式。这是我馆在探索如何将中华优秀传统文化进行有效传播、如何让博物馆与普通人的关系更亲密、如何让文化和旅游的体验更好融合所做的全新尝试与努力。

二、提炼主题、合理布局：博物馆里读中国，弘扬时代主旋律

展览与网页上的社教宣传大不相同，依托于旅顺博物馆丰富的馆藏，找到与成语对应的文物藏品不难，但是哪些文物既能精准地解读成语，又具有观赏的美感和价值；如何为这些成语与文物提炼一个主题、找到一条主线，让它们遵循一定的展览体系展出，使观众看着有趣、有意义，还能回味无穷、有所收获……这些问题着实让笔者煎熬了好久。

1."一个好的展览，必定是一个主题高度提炼的展览。"[1]

精准提炼展览主题，离不开大量的学术资料积累和学习。通过持续两年对成语的关注和对各类馆藏文物的数遍翻查，笔者就搜集整理的资料发现：成语的本体研究自清代乾嘉以来即受到学界的持续关注，20世纪90年代以后，有关成语文化的研究异军突起并且硕果累累。因此，笔者在侧重梳理文物本体研究、讲好文物背后故事的同时，还跨学科关注、学习了大量有关成语文化的最新论文，并重点关注了社会主义核心价值观与中华成语文化的相关性研究成果。

经过大量的学习和积累，笔者最终筛选出适合馆藏文物重点展示的数十个成语，它们大多与和谐、平等、公正、爱国、诚信、友善等社会主义核心价值观相关，特别是一些能体现家国情怀的成语。一系列的困惑和纠结被一一化解，展览主题的提炼也就水到渠成了。

最终，展览主标题被定为"言之有物"，"言"代表讲述、娓娓道来展览内容；"物"即为馆藏文物，这四个字本身就是一个成语，意在使观众在看到标题尚未走入展厅时就已经明了展览是以成语为切入点。那么展览如何"言之有物"？是否名副其实？观众看到标题的那一刻产生了诸多疑问，这也极大地增强了其接下来参观展览的欲望。

2."一个好的展览必定是点、线、面结构规划清晰的展览。"[2]

展览的架构和布局不仅体现了策展人的专业素养和创新思维，也确保了展览内容的深度与广度。

主标题确立后，展览的架构、布局如何更有逻辑性和条理性是笔者接下来需要深思熟虑的问题。为了使展览内容丰富而有序，笔者首先确定了展览的总体框架，将数十个精选成语按照其背后的文化内涵和价值导向进行分类，选取了与我们个人发展和情感能产生共鸣的两条主线——人生与情怀，分别进行阐释。

展览第一期以"人生"为主线，串联起"鸠车竹马 鲐背鹤发""立身处世 于家为

---

[1] 陆建松：《增强博物馆的公共服务能力：理念、路径与措施》，《东南文化》2017年第3期，第103页。
[2] 陆建松：《增强博物馆的公共服务能力：理念、路径与措施》，《东南文化》2017年第3期，第104页。

国""温故知新 古为今用"三个单元。其中，第一单元"鸠车竹马 鲐背鹤发"，说明人的一生从出生开始就与成语紧密相连。无论古人还是今人，在人生的不同阶段：" 呱呱坠地"的小婴儿、"朝气蓬勃"的年轻人、"稳健如山"的中年人、"老当益壮"的老年人，都有不同的生活理想和追求。第二单元"立身处世 于国为家"，旨在揭示：成语是中国历史和传统价值观的重要载体，通过选取有代表性的成语如"一诺千金""冰壑玉壶""保家卫国"等和文物对应展示，我们可以窥见中国人自古以来的生活态度、道德观念以及社会伦理，进而上升到中国人对于家国情怀的关注。第三单元"温故知新 古为今用"，依托馆藏特色之一——丰富的古籍文献，将经典中的部分妙言警句，如"任重道远""天下为公""礼贤下士"等向观众解读，引导观众解密中华古代智慧。

展览第二期以"情怀"为主线，串联起"心想事成 引首以望""美德智慧 代代相传""国泰民安 政通人和"三个单元。其中，第一单元"心想事成 引首以望"，述说了在中国传统文化中，许多成语都与祈愿和祝福相关，用以表达对他人或自己的美好期望。这些成语不仅丰富了汉语的表达方式、体现出人们内心深处对和谐、美好生活的追求和憧憬，也展现了中华民族独特的情感表达方式和价值观念。也正是这份贯穿古今的情怀，传递了一种积极向上的生活态度，鼓励人们勇于追求自己的梦想和目标。第二单元"美德智慧 代代相传"，带领观众重温那些蕴含了丰富多彩的中国智慧和传统美德的成语。这些成语往往体现了人与人、人与自然或不同事物之间和谐、融洽、互助共进的良好状态，传递了积极向上的价值观和道德观。在现代社会中，它们启发我们更好地应对挑战、坚持信念、珍惜友情、崇尚美德，为构建和谐社会贡献自己的力量。第三单元"国泰民安 政通人和"是展览的最终升华，旨在揭示：在众多成语中，不乏许多蕴含着深厚爱国情怀的成语，它们不仅反映了古人对国家和民族的深厚情感，也教育后人在任何时候都要保持对国家的热爱和忠诚，为国家的繁荣和民族的复兴而努力奋斗。"天下兴亡，匹夫有责"，当今社会，我们依然需要这种爱国情怀的支撑，为实现中华民族的伟大复兴贡献自己的力量。

两期展览的最后，都以"万象更新"这一成语作为尾声，以人生和国家的美好未来结束展览，这既是对展览开始（个人小我）的呼应，也是展览升华的点睛之笔，借此展览为观众送去美好的期许、为祖国送去殷切的祝福，更是古为今用、进一步点明展览主旨：传统文化的价值在于它所蕴含的智慧、道德规范和审美价值等方面，都可以为当代社会提供有益的启示和借鉴。

三、几番斟酌编修；注重藏品研究、活用馆藏资源

旅顺博物馆是大连市属的综合性历史艺术类博物馆，现有藏品40余万件，其中珍贵文物6万余件，涉及青铜、陶瓷、书画、古籍、外国文物等20个类别，但是展厅中基本陈列展出的文物只有1 200余件[①]。绝大多数文物藏品可能具有巨大的研究价

---

① 数据统计截至2024年9月。

值,但受展示空间及环境局限、藏品类别时代序列不完整、"颜值"不太过关等客观因素影响,会一直深藏库房,无缘与观众见面。如何让这些"沉睡"库房中的宝贝"活"起来?答案是研究。没有研究成果,就无法形成新的展览。而只有通过举办各类题材的临时展览,这些深藏库房中的文物才有机会来到展厅与观众见面。

2024年国际博物馆日的主题是:博物馆致力于教育和研究。强调了博物馆在教育和研究方面扮演着至关重要的角色。

研究,是博物馆的主要职能之一,深入发掘和普及博物馆中文物藏品的内涵及意义,是一代又一代博物馆人的责任,坚实的学术研究是各类展览获得成功的重要保证。正是几代博物馆人默默耕耘、持续深化对文物的认识、不断挖掘馆藏文物背后的故事,才使得"言之有物"这个展览,恰当地将真实的实物藏品与成语准确对应,又一次拓展了文物的利用范围,从而为广大观众提供了更丰富的观展体验。

那么,如何使成语与文物准确契合?如何精准挑选文物并使每件文物都成为成语的生动载体?在编写展览内容的过程中,笔者最纠结困惑的就是如何将展览主题与馆藏文物相结合。

我们通过召开展览筹备会、陈列大纲论证会,数次修改大纲文本、调整文物展品,力争将成语所表达的内涵与文物准确对应。每期展览遴选近80件/套旅博馆藏珍贵文物,包括书法、绘画、陶瓷、青铜器、漆器、珐琅器、甲骨、墨砚、文献档案等十余个藏品类别同时进行展出,使按照传统策展思路根本不可能展出的多个文物类别同时出现在一个展览当中,观众一次即可大饱眼福。难得看到的汉代陶烛台和鱼纹砖、唐代三彩人物七层塔、明正统七年沈清铁券、"乾隆平定准噶尔回部得胜图"铜版画、元代嵌螺钿丹凤朝阳插屏等国宝级文物也在展出序列。我们也明确了:文物与成语的契合度体现在成语的内涵、对现代生活的启示与意义、文物的历史信息和价值等多个方面。例如"明镜高悬",其本意比喻眼光敏锐,明察秋毫,也比喻古代官员审判案件公正严明。这个成语不仅是对公正无私、廉洁明察的赞誉,也是古人对理想社会秩序的向往和追求。在古代,明镜被视为能够洞察人心的神秘之物,而高悬则象征着其无所不在、无所不察的权威。在现代社会,"明镜高悬"的精神依然具有重要意义。如果单单展示几件铜镜是不准确的,因此,笔者又加入了珍贵的古代法典文物——一件出土于吐鲁番古墓群的唐《永徽律疏·盗贼律》残片,其与铜镜组合,"讲述"成语"明镜高悬"的文化内涵。这部法典于唐高宗永徽四年(653)颁布,是我国现存最早最完备的封建法典。其结构合理、文字简洁、注疏确切、举例得当,为唐以后各封建王朝立法之楷模,并促进了中华法系在东南亚及日本的传播。元朝以后,《永徽律疏》被称为《唐律疏议》,也简称《唐律》。展出的残片,文字与今本唐律不尽相同,或许涉及永徽、开元年间唐律的修订问题[1]。

这样的组合在展览中无处不在:一诺千金,意思是许下的一个诺言有千金的价

---

[1] 王振芬、孟宪实、荣新江主编:《旅顺博物馆藏新疆出土汉文文献》总目索引上,中华书局,2020年,第34页。

值，通常用来形容一个人非常讲信用，强调诚信的重要性，这也是中国人极其重视的品质。展览中除了遴选四件汉代封泥，还加入了"清乾隆二十年猪圈子沟金世彪典契"。清代典契是清代土地交易中的一种重要契约形式。在清代，典契主要涉及土地的典卖和赎回，是一种具有法律效力的文书。

就这样，每个成语背后都有一个或多个文物作为支撑。两期展览涉及的成语达200余个，既有金榜题名、天下为公、五谷丰登、井底之蛙等大家耳熟能详的成语，也有鸠车竹马、鲐背鹤发、弄璋之喜、弄瓦之喜、破觚斫雕之类相对生僻的成语，其中通过文物展品重点解读成语共计51个。

在展览语言的撰写上，我们力求简洁明了，避免过于学术化，让不同年龄层的观众都能理解。展厅墙面上的展板以不同的成语为标题，下方以通俗易懂的语言说明成语的出处、基本含义，并与现代生活相关联，给观者以启迪。同时，根据部分展示的文物展品，提取流传至今的、古代绘画中所描绘的对应器物图像，将其放大展示在对应的图板中。古代没有照相机，绘画是记录和展示器物外观形态的重要手段。这些绘画不仅展示了器物的外观形态，还通过场景再现，揭示了它们在古人日常生活、宗教仪式或社会活动中的实际应用。一张这样的图板，就可以使观众深入了解古代人们的生活习惯、审美趣味和工艺水平，从而更加全面地认识和欣赏这些文物的历史价值和文化内涵。文物说明卡片不仅介绍了文物的年代、材质和用途，也重点解读了文物内涵及其与成语的关联。为了确保展览的观赏性不受影响，同时向不同知识层面的观众输出更多的背景小知识，笔者将这些内容放置在展柜玻璃面上的静电贴中。观众可以根据自己的需求，有选择地阅读信息。

通过这样的策展思路，我们希望"言之有物"系列展览能够成为连接传统文化与现代生活的桥梁，让观众在欣赏文物的同时，更加深入地理解和传承中华成语文化。

四、用心用情做展：找准展览定位、确立传播目的、巧置多种互动

"一个好的展览，必定是一个有着明确传播目的的展览，并且按照传播目的来系统组织、规划和设计的展览。""一个好的展览必定是符合'观赏性和趣味性'原则的展览。"[1]

1. 此次系列展览，策展团队把目标观众主要定位在未成年人群体，更适合亲子观展。虽然因为经费少，无法配置触摸屏、投影、VR等现代技术手段有些遗憾，但笔者与形式设计、宣传推广和社教活动的负责人通力协作，以朴素的方式，用心用情设计制作展览、设置互动项目，并同期推出包括"策展人讲述展览——当文物'会说'成语""博物馆里的成语课堂"研学之旅、"妙语展风采成语润童心"成语故事汇演及留学生博物馆里学成语等全新的展览宣传方式和教育体验活动。

---

① 陆建松：《增强博物馆的公共服务能力：理念、路径与措施》，《东南文化》2017年第3期，第103、104页。

2.通过明亮的色彩、活泼的展陈设计、多样的互动装置,在不足400平方米的展厅,为观众们营造出文物的海洋、成语的世界。展厅中的图板文字、配图、说明卡片,更多的是以解读文物内涵、文物与成语的关联为主。而成语在字典中的权威解释,或者图版中出现的一些小问题,则被放在每条成语旁边的二维码中。比如展示相关成语的近义词、反义词;由"画龙点睛"延伸出"象形成语"知识点,"仔细想一想,您还知道哪些象形成语呢?";为了向观众形象地解释"琴瑟和谐"成语的来历,并使其体会古琴与瑟合奏的美妙和谐,策展团队精心制作了琴瑟合奏的音频,并将其嵌入二维码中。观众扫一扫二维码就可以知道自己的答案是否正确,并聆听美妙的音乐。

3.展览中也特别设计了多项趣味互动装置,以提升青少年观众的观展效果。比如"非四字"成语互动装置,依据每期展览的不同主题,挑选了"百尺竿头,更进一步""行行出状元""匹夫不可夺志、前人栽树,后人乘凉"等各20个与学习生活联系紧密的非四字成语。它们被做成20个小魔块,每个小魔块四个面,转动它,就可以了解该成语的含义、读音、例句等小知识。成语歇后语互动墙,一共分为两层,底层是歇后语对应的四字成语,表层是歇后语,使用合页连接二者,供观众随意翻动。还有成语延展墙,其引导观众打开知识储备的"仓库",就展览中的成语迅速联想还有哪些相关成语的,此墙被设计成高低不平的层级,向观众输出更多与乐器、书法相关的成语。

4.笔者用心策划编写的展览导读手册在展览期间发放,言展览未尽之言,希望它能成为观众的观展小助手。手册最后一页别出心裁地设置了一项互动小游戏——在一个10×16个的矩形方格阵中,密密麻麻排列着160个凌乱的汉字,这些汉字全部出自展览中的成语,需要观众耐心找到,并把每个成语涂上不同颜色,完成后,观众就会发现"多彩的人生",再次呼应展览主题(图1)。导读手册最后设置二维码,邀请观众自愿扫码填写一份观众调查问卷,有助于策展团队及时改进与完善展览工作,帮助我们推出更多更高质量的展览。

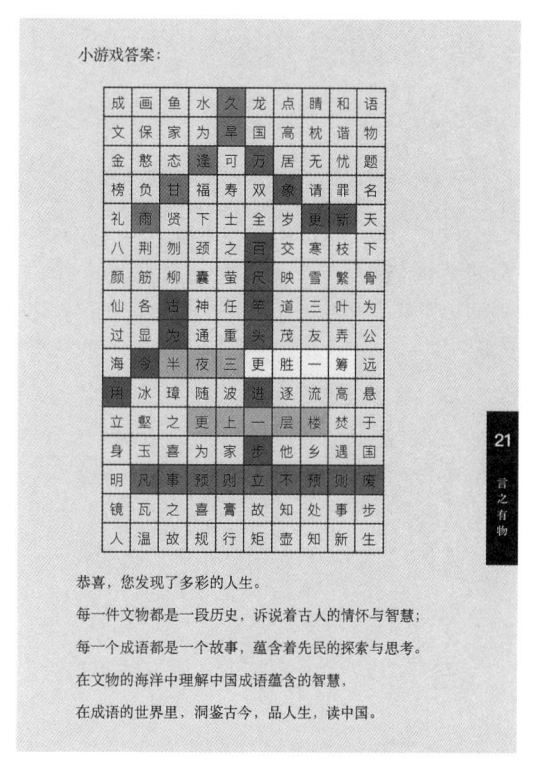

图1 "言之有物"系列展览导读手册之小游戏答案页面

以上诸多精心设计,已有许多观众参与其中,并因此延长了在展厅中驻留的时间。更有观众在微信公众号和调查问卷中点赞留言。

此外，策展团队十分注重展览的可持续性发展，不但潜心撰写各种宣传稿件，利用传统媒体和新媒体相结合的方式，进行全方位宣传推广，还在每期展览结束后，将线下的展览及时转为线上展览，无限期保留在线上平台。通过线上线下相结合的方式，打破地域限制，将展览内容传播到更广泛的人群中，进一步推动文化传承与发展。因为有"言之有物"系列展览的第一期铺垫，在展览第二期预告稿发出后，很快旅顺博物馆的官方微信公众号阅读量就突破了 5 000 人次，达历史新高。一个小小的展览，就这样为旅顺博物馆赢得了更多关注，并提升其社会影响力。

结 语

每一件文物都是一段历史，诉说着古人的情怀与智慧；每一个成语都是一个故事，蕴含着先民的探索与思考。在文物的海洋中理解中国成语蕴含的智慧，在成语的世界里洞鉴古今、品味人生、读懂中国。这些承载着历史与文化的成语和文物，教会我们如何坚持信念、应对挑战、珍惜亲情和友情，也激发我们的爱国情怀，是我们共同的文化记忆，更是我们文化自信的源泉。

"言之有物"系列展览的策展实践表明，通过对馆藏文物持之以恒地进行专业研究，通过创新的策展思路和方法，我们可以有效地活化利用文物资源，使之成为公众喜闻乐见的文化产品，达到传承和弘扬中华优秀传统文化的目的。

未来，我们应继续探索文物资源活化利用的新模式，促进文化遗产的传承与发展，使"藏在深闺"的古老文物通过多种"排列组合"方式和更多的表达途径，在现代社会焕发新的生机，助力传统文化滋养当代生活。

传承红色基因 赓续革命精神
——"永恒的雷锋"展览策划与实践

刘冠缨

旅顺博物馆

内容提要：举办以雷锋为中心的英雄榜样人物展览，旨在通过深刻理解和把握雷锋精神的内涵和时代价值，让雷锋精神在新时代绽放更加璀璨的光芒，并能够代代传承下去。展览围绕书颂雷锋和书写《雷锋日记》的书法作品，辅以相关照片、史料、档案等内容，全面展示雷锋崇高的理想和坚定的信念，以及其奉献精神、敬业精神、创新精神和创业精神等精神内核。以精心组织的配套宣传教育活动来扩大展览宣传，涵盖在校学生、部队官兵、政协委员和社区党员等社会群体，充分发挥馆藏红色文化资源作用，增强博物馆公共文化服务的辐射力和覆盖面。

关键词：人物 雷锋 文化 展览

一、以人物为核心

雷锋（1940—1962），原名雷正兴，1940年12月18日出生于湖南省望城县安庆乡一户贫苦农民家庭，中国人民解放军战士，共产主义战士。1947年，年仅7岁的雷正兴成了孤儿。1958年，其由雷正兴改名为雷锋，赴辽宁鞍山钢铁厂工作。1960年，参加中国人民解放军，同年11月加入中国共产党，日记在《前进报》首次发表。1961年5月，雷锋当选辽宁省抚顺市第四届人民代表大会代表，8月被提升为运输连四班班长。1962年1月27日，被批准晋升为中士军衔。1962年2月，被选为党代会代表，出席中国共产党工程兵十团代表大会，又作为特邀代表，出席沈阳军区首届共产主义青年团代表会议。1962年8月10日，他写下人生最后一篇日记，8月15日因公殉职，年仅22岁。

雷锋始终严格要求自我，认真工作，忘我劳动，虚心学习。在鞍钢工作期间，3次被评为先进工作者，5次被评为红旗手，18次被评为标兵，荣获青年社会主义建设积极分子称号；在部队期间，荣立二等功一次，三等功一次，受团、营嘉奖多次。发生在雷锋身上诸如雨夜抢救水泥、节约津贴支援人民公社和辽阳灾区、参与抚顺抗洪抢险、帮助老人寻找亲人等助人为乐、无私奉献的真实事例抒写了雷锋精神的实质。

1963年3月5日,《人民日报》刊发毛泽东主席题词:"向雷锋同志学习。"刘少奇、周恩来、朱德、邓小平、陈云等中央领导同志也先后为雷锋题词。雷锋的名字随之传遍神州大地,全国掀起群众性学雷锋活动高潮。此后每年的3月5日便成为学雷锋纪念日,全社会集中组织开展学雷锋实践活动。

雷锋对后世影响最大的是雷锋精神。雷锋精神是以雷锋的名字命名并通过雷锋的言行事迹表现出来的,是以雷锋先进思想、高尚品德和崇高追求为基本内涵的一种伟大精神。2012年3月,中共中央办公厅下发《关于深入开展学雷锋活动的意见》,深刻阐述弘扬雷锋精神的重要意义,意见指出:"要大力弘扬雷锋热爱党、热爱祖国、热爱社会主义的崇高理想和坚定信念,弘扬雷锋服务人民、助人为乐的奉献精神,弘扬雷锋干一行爱一行、专一行精一行的敬业精神,弘扬雷锋锐意进取、自强不息的创新精神,弘扬雷锋艰苦奋斗、勤俭节约的创业精神。"[1]

二、以文物为载体

雷锋1958年开始写日记,至1962年去世前,共留存日记、记事本9本,现存中国人民革命军事博物馆。对雷锋日记有组织、有系统的整理共4次。其中一次是在雷锋生前,即1960年11月至12月间《前进报》以一个整版的篇幅,共摘发雷锋自1959年8月30日至1960年11月15日的15篇日记。1963年4月,解放军文艺出版社出版了第一版《雷锋日记》,共选辑了121篇,约4.5万字。这是第一本在全国范围内发行的内容丰富、文字准确的《雷锋日记》。据不完全统计,《雷锋日记》及其衍生的出版物自发行以来有涵盖中文、英文、日文、朝鲜文等8种文字的460余种版本。

1963年《雷锋日记》首次出版后,辽宁省博物馆向社会各界发出抄写雷锋日记的邀请,得到热烈响应。征集到包括邓拓、叶恭绰、容庚、陆俨少、商承祚、钱君匋、沈尹默、溥雪斋等众多社会名家和知名学者的书法作品。这些书法作品成为展览的主要来源,2023年3月辽宁省博物馆曾利用这批珍贵的革命文物资源,策划举办了"永恒的雷锋"展览。展览主题鲜明,紧紧围绕宣传歌颂雷锋精神,推进民族文化自信自强,成功入选2023年度"弘扬中华优秀传统文化、培育社会主义核心价值观"

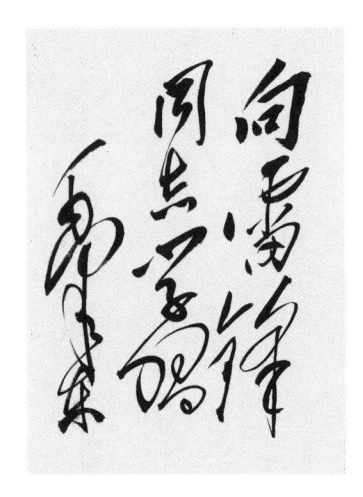

图1　摹毛泽东书向雷锋同志学习　立幅

---

[1] 中共中央办公厅:《关于深入开展学雷锋活动的意见》,中华人民共和国中央人民政府网站,https://www.gov.cn/jrzg/2012-03/02/content_2081558.htm。

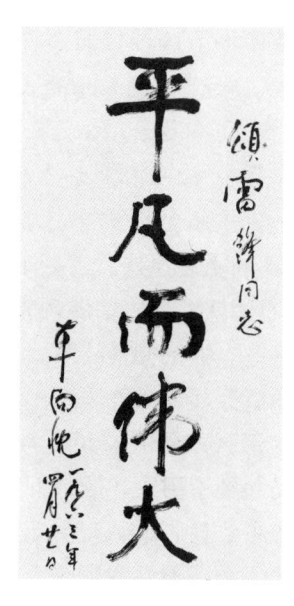

图2　车向忱书颂雷锋同志　立幅

主题展览推介项目名单。

三、以内容为依托

1. 明确展览主旨

辽宁是"雷锋精神发祥地"。雷锋在辽宁度过了共计三年零九个月的时间，从1958年11月15日来到鞍钢开始，他的足迹遍布辽阳、营口、抚顺、丹东、锦州、沈阳、大连等城市。为进一步弘扬新时代"六地"文化精神并深入阐释雷锋精神丰富内涵和时代价值，也为使雷锋精神深入走进大连，按照2024年全省革命文物工作安排，辽宁省博物馆和旅顺博物馆合作举办"永恒的雷锋"展览。展览于2024年3月5日开幕，正值雷锋诞辰84周年，也是毛泽东等老一辈革命家为雷锋同志题词61周年、全国第61个学雷锋纪念日。此次展览选取文物精品，出自43位书法家，包含草书、行书、篆书、隶书和楷书多种书体的共计49件（套）书法作品。策展团队希望以此为契机，进一步发挥红色文化资源的重要作用，扩展馆际交流合作和互联互通，使观众们在观赏书法名家作品的同时能够细细品味雷锋精神的实质，号召广大人民群众在新时代以雷锋为榜样，赓续雷锋精神，践行初心使命。

2. 丰富展陈内容

（1）文本设计

第一单元"向雷锋同志学习"。这一单元主要展示毛泽东、刘少奇、陈云、朱德等党和国家领导人对雷锋的题词（摹本及复制品）；叶恭绰、车向忱、钱瘦铁、叶圣陶等12位书法名家书颂雷锋立幅和对联。辅助展板介绍雷锋主要生平履历，以及1963年3月19日，解放军总政治部、团中央在军事博物馆举办的"雷锋同志模范事迹展览"史料内容。

第二单元"雷锋是时代楷模"。这一单元展示雷锋在1959至1962年间《雷锋日记》部分摘抄内容的名家书法，陆俨少、周铁衡、马晋、容庚、宁斧成等31位书法家书雷锋日记立幅。辅助展板以文字形式介绍雷锋精神的含义，《雷锋日记》的由来，雷锋关于人生价值、奉献、敬业、理想信念的自我认识等内容；以图文并茂的形式生动展现雷锋人生轨迹：首次于报纸上发表的文章、在鞍钢的工作登记表和工会证、参军入伍通知书、入党志愿书、部队获奖证书及工作照片等史料。

本单元是展览的核心部分，书法立幅内容充分展示了雷锋精神的实质。如展现雷锋思想中热爱党、热爱祖国、热爱社会主义的崇高理想和坚定信念："人的生命是有限的，可是，为人民服务是无限的，我要把有限的生命，投入到无限的为人民服务之中去。"① "我觉得一个革命者就应该把革命利益放在第一位，为党的事业贡献出自己的一切，这才是最幸福的。"② 又如服务人民、助人为乐的奉献精神："学习主席著作与改造自己思想相结合，树立全心全意为人民服务的思想和辩证唯物主义世界观。"③ "我觉得一个真正的革命者，他是大公无私的，所作所为，都是对人民有益的，他的责任是没有边的。"④ 还有干一行爱一行、专一行精一行的敬业精神："我要以坚强的毅力，顽强的劳动，刻苦学习，做好工作，争取见到主席。"⑤ "我要永远地记住：一滴水只有放进大海里才能永远不干。一个人只有当他把自己和集体事业融合一起的时候才能有力量。力量从团结来，智慧从劳动来，行动从思想来，荣誉从集体来。我要永远戒骄戒躁，不断前进。"⑥ 更有锐意进取、自强不息的创新精神："做一个永不生锈的螺丝钉。"⑦ "我们要真正学到一点东西，就要虚心。装知识的碗，像神话中的宝碗，永远也装不满。"⑧ 有艰苦奋斗、勤俭节约的创业精神："愿你做暴风雨中的松柏，不愿你做温室中的弱苗。"⑨ "青春呵，永远是美好的，可是真正的青春，只属于那些永远力争上游的人，永远忘我劳动的人，永远谦虚的人！"⑩

第三单元"雷锋精神是永恒的"。这一单元以辅助展板的形式充分展现雷锋在辽宁1 370天的主要足迹。习近平总书记给"郭明义爱心团队"的回信展现雷锋精神在辽宁如何落地生根且枝繁叶茂。一直以来，辽宁地区学雷锋社会风气浓厚，基础扎实，内容鲜明，形式多样，成果丰硕，对全国学雷锋活动起到了引领和示范作用。其中，辽宁省各级各类注册志愿者总数330万人，志愿服务队伍和服务站数量庞大。在辽宁，雷锋精神始终薪火相传，生生不息。辽宁人"以实际行动书写新时代的雷锋故事，为实现中国梦有一分热发一分光"⑪。

（2）形式设计

用色彩营造氛围。书法文物以毛笔墨色形成文字，又以画框的形式挂立于展柜内。为使整个展厅凸显以文物为主，但氛围又不至过于单调冷峻，展览设计用色选取中华传统色中的"中国红"为主色调。红色是光的三原色之一，有希望、喜庆、美好的吉祥寓意，也象征着革命、胜利、

---

① 雷锋：《雷锋日记》，中国青年出版社，2019年，第43页。
② 雷锋：《雷锋日记》，第51页。
③ 雷锋：《雷锋日记》，第24页。
④ 雷锋：《雷锋日记》，第40页。
⑤ 雷锋：《雷锋日记》，第39页。
⑥ 雷锋：《雷锋日记》，第11页。
⑦ 雷锋：《雷锋日记》，第58页。
⑧ 雷锋：《雷锋日记》，第56页。
⑨ 雷锋：《雷锋日记》，第217页。
⑩ 雷锋：《雷锋日记》，第4页。
⑪ 《习近平总书记给"郭明义爱心团队"的回信》，中华人民共和国中央人民政府网站，https://www.gov.cn/xinwen/2014-03/04/content_2628706.htm。

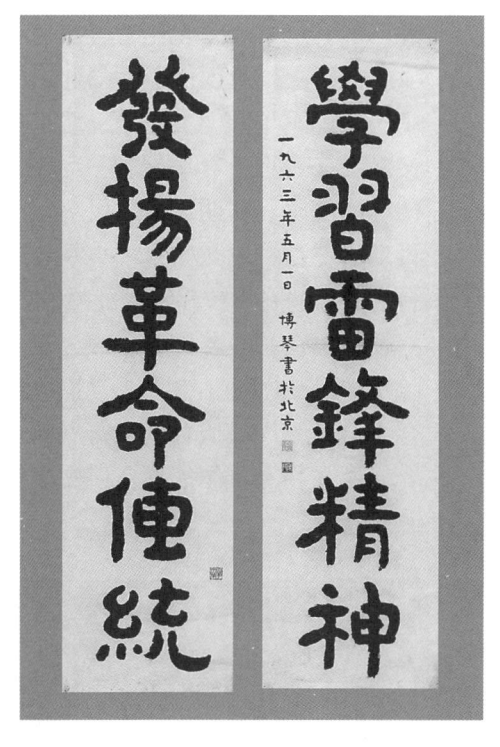

图3 刘博琴书颂雷锋同志 对联立幅　　　　图4 容庚书雷锋日记 立幅

奋进的精神。中国红一直被视为中国特有的颜色，"红色是中国共产党、中华人民共和国最鲜亮的底色"①，是中国人特有的民族精神血脉的象征，雷锋精神正是中国精神的体现，"是中华民族精神的重要内容，哺育和激励了一代又一代人成长"②。为凸显展览的庄重感，宣传海报和展厅主题墙的设计舍弃明艳的亮红色，而选取饱和度相对低些的曙红色，大面积的铺设且辅以渐变加以过渡，打破纯色的沉寂感，更具鲜活特性，且在视觉上给予观者以庄重而亲切之感。以明黄色为展览主标题，强化红黄色对比度。以雷锋的经典形象之一且有明显符号化的头像作为主视觉开场画面，配以展览书法文字，注重构图比例协调的同时加强观者的代入感，以多元化的元素加强视觉感受，为展览前言进行铺垫。主题墙右侧提取有关雷锋精神的关键字进行错落排列，缓解观众阅读大量文字后产生的视觉疲劳。单元说明展板则选取殷红色为底色并配以白色说明文字，视觉上清晰明了。就整体氛围来说，可使观众置身展厅时感受到红色精神纯粹和崇高的力量，受到浸染和洗礼。

---

① 习近平：《用好红色资源 赓续红色血脉——努力创造无愧于历史和人民的新业绩》，《求是》2021年第19期，第4页。
② 中共中央办公厅：《关于深入开展学雷锋活动的意见》，中华人民共和国中央人民政府网站，https://www.gov.cn/jrzg/2012-03/02/content_2081558.htm。

用灯光突出主题。书法展以文字内容呈现，视觉上易存在密集感和疲劳感，因此第二展厅专门设计了小品装置，装置仿照中国古典园林建筑中月洞门的形制，以现代科技方式打造出毛泽东主席1963年为雷锋题词的"向雷锋同志学习"书法平面投影，以圆形光晕覆盖展墙，既具曲径通幽的空间感和神秘感，又突出书法内容、增添书法气势。光影沉浸氛围则增强了视觉冲击，为书法展增添灵动感。

用视频引发共鸣。利用展厅内电子播放器播放视频。视频画面是由八一电影制片厂于1965年出品的电影《雷锋》部分片段。视频配乐是创作于1963年，由中国人民解放军军乐团演奏配乐、北京军区战友文工团首唱的《学习雷锋好榜样》。歌曲曲调纯朴简练、鲜明生动，以音乐形式生动再现雷锋精神，尤其是中央及各地广播电台播放后，在学校和社会范围传唱度极高。一帧帧黑白画面伴随音乐声，观众思绪跟随那段革命岁月，雷锋一心一意跟党走、全心全意为人民服务的言行跃然荧幕，配合展厅文物和氛围能够获得视听震撼和情感共鸣。

图5　展室效果图　　　　图6　展室效果图

四、以宣传为引导

1. 扩大展览宣传

展览得到观众们积极反响，在展览期间，共有4.9万人次参观。此次展览，馆内非常重视宣传教育工作。展前制作的宣传预告片，以雷锋人物形象和重要展品为主体，突出展览主题和展品特色。展览开幕，以电视、广播、纸媒、网络等多种形式进行宣传报道。大连新闻、大连交通广播、大连晚报、半岛晨报、搜狐新闻、新浪新闻、辽宁省博物馆微信公众号，以及旅顺博物馆微信公众号、官方微博等都对展览进行专门报道。展览期间在旅顺博物馆微信公众号推出2期专题展览解读，从雷锋生平到雷锋精神，从《雷锋日记》到重点文物，向读者们做细致讲解。

2. 丰富宣教活动

宣教部门组织不同年龄段、不同行业、不同身份的人群参观展览，参与沙龙，分享交流。通过精准定位在校学生、部队官兵、政协委员和社区党员等群体，扩大宣传范围，提高宣传力度，取得非常好的宣传效果。

（1）在校学生学雷锋

2024年为全面贯彻党的教育方针，落实立德树人根本任务，彰显辽宁作为"雷锋精神发祥地"的底蕴底色，激励引导全省广大学生做中华民族传统美德的传承者、社会主义道德规范的实践者、良好社会风尚的创造者、新时代"六地"目标的奋斗者，辽宁省委教育工委、省教育厅印发通知组织全省大中小学生上好以"赓续雷锋精神 奋斗成就梦想"为主题的2024年春季学期"开学第一课"。

为积极配合辽宁省委教育工委、省教育厅的通知精神，同时紧紧围绕"永恒的雷锋"展览，宣教部门积极发挥博物馆爱国主义教育基地的重要作用，设计推出旅顺博物馆的"开学第一课"。2023年3月5日下午，组织旅顺口区五十六中学的学生和教师上好以"赓续雷锋精神 奋斗成就梦想"为主题的2024年春季学期"开学第一课"。师生们在观展时直观地了解展览主旨、文物内容及其背后的故事，展览激发中学生们在心灵上感知、在行动中践行，学习雷锋精神、传承雷锋精神。

（2）部队官兵学雷锋

辽阳市人民武装委员会于1959年12月25日发放了入伍通知书，雷锋入伍参军。作为新中国的一名军人，雷锋一直践行对党、对国家的忠诚和热爱，始终坚持集体主义精神，全心全意对人民，无私奉献、艰苦奋斗。为加强部队官兵思想，2024年3月5日展览开幕当天上午，中国人民解放军海军驻连某部队组织官兵参观"永恒的雷锋"展览。官兵们身穿军服，整齐列队，在讲解员的带领下，在一幅幅书法作品前，在雷锋事迹史料和图片前认真聆听、驻足观看、感悟沉思，在了解雷锋精神实质、缅怀雷锋的同时，雷锋磅礴的精神力量也进一步强化了他们的使命感和责任感。

（3）政协委员学雷锋

为进一步弘扬雷锋精神，引导和激励全体政协委员学习雷锋同志在工作中的忠于职守、爱岗敬业、精益求精，旅顺口区政协举办了一场主题为"分享雷锋故事 传承雷锋精神"的委员沙龙活动。2024年3月19日上午，旅顺口区政协委员一行35人参观"永恒的雷锋"展览，观看雷锋专题纪录片，围绕传承雷锋精神作主题分享和交流。与会委员们表示要将学习雷锋精神落到实处，以本职工作岗位作为弘扬雷锋精神的实践平台，紧扣工作实际，聚焦群众关心关注的热点难点问题，认真履职，在助力旅顺口区高质量发展中发挥自身力量。

（4）社区党员学雷锋

2024年3月28日下午，旅顺口区登峰街道友谊社区组织辖区内党员、红管家、志愿者一行30余人来到旅顺博物馆，开展"分享雷锋故事 传承雷锋精神——我是党员我学习"主题活动。社区党员和志愿者们参观了"永恒的雷锋"专题展览，观看雷锋纪录片，通过展厅的图片文字和视频资料，重温雷锋同志的先进事迹，讨论雷锋精神的实质内涵，开展分享交流。党员们深受感染和鼓舞，认识到身为党员要充分发挥模范带头作用，在弘扬雷锋精神、深化拓展学雷锋主题活动上走在前，在工作岗位上认真履职尽责，弘扬雷锋精神。志愿者们认为要身体力行做新时代雷锋精神的信仰者、传播者和践行者，用实践助力精神生根发芽，在雷锋精神中汲取奋进力量，在志愿服务中奉献自己的光和热。

图7　在校学生学雷锋

图8　部队官兵学雷锋

基于公益一类博物馆的文创运营"1+N+N"模式研究

王业鑫

中国人民抗日战争纪念馆

内容提要：公益一类博物馆文创运营是我国博物馆最有热度的行业实践，探索符合公益一类博物馆体制机制要求、符合市场运作规律的运营模式备受瞩目。从我国博物馆文创经营政策着眼，通过对比分析"1+1"模式、"1+N"模式、"1+1+N"模式等常见运营机制，研讨"1+N+N"模式是我国目前较为合理严谨且具推广价值的博物馆文创运营机制。在"1+N+N"模式指导下，公益一类博物馆应处理好文创开发运营的社会效益与经济效益、博物馆与企业、文创开发投入与分配、文创售卖与交流等四对关系，以便更好地发挥机制优势。

关键词：公益一类博物馆　文创运营模式　体制机制创新

引 论

近年来博物馆文创让文博机构火爆出圈，而作为我国博物馆的主体——公益一类博物馆在面对文创运营、体制机制等方面难题时，要探索切实可行的文创运营模式，进一步让博物馆文化"活"起来，这也成为国内博物馆人的普遍期待。

（一）公益一类博物馆文创运营的政策背景

由于文化的意识形态特殊性，我国博物馆多为由政府财政支持的公益性事业单位，而又以公益一类事业单位居多。公益一类博物馆的文创运营实践主要参照两个层面的政策：一是国家对事业单位改革后，对公益一类事业单位界定的相关政策。2011年印发的《中共中央国务院关于分类推进事业单位改革的指导意见》对我国事业单位进行了科学划分："按照社会功能将现有事业单位划分为承担行政职能、从事生产经营活动和从事公益服务三个类别。"[①]其中对生产经营性事业单位进行转企改制，而对"承担义务教育、基础性科研、公共文化、公共卫

---

① 《中共中央国务院关于分类推进事业单位改革的指导意见》，新华每日电讯，2012年4月17日第1版。

生及基层的基本医疗服务等基本公益服务，不能或不宜由市场配置资源的，划入公益一类"[1]。一些地区在此政策基础上，进一步明确了"公益一类事业单位不得从事经营活动"的政策指引。二是在博物馆所在的文化旅游领域内，为推动文创发展制定的指导性政策。2015年国家为推动博物馆事业发展颁布了《博物馆条例》并指出要"鼓励博物馆多渠道筹措资金促进自身发展"，"鼓励博物馆挖掘藏品内涵，与文化创意、旅游等产业相结合，开发衍生产品，增强博物馆发展能力"[2]。2016年5月，文化部等四部门印发《关于推动文化文物单位文化创意产品开发的若干意见》（以下简称《意见》），指出："文化文物事业单位要严格按照分类推进事业单位改革的政策规定，坚持事企分开的原则，将文化创意产品开发与公益服务分开，原则上以企业为主体参与市场竞争。"[3]《意见》创造性提出了"事企分开"的博物馆经营原则，为公益一类博物馆探寻既不影响博物馆彰显公益属性又不制约产业经营实践的发展路径指明了方向。2021年8月，文化和旅游部等八部门印发的《关于进一步推动文化文物单位文化创意产品开发的若干措施》指出："试点单位可通过知识产权作价入股等方式投资设立从事文化创意产品开发的企业。"[4]

从上述两个层面的政策中可以看出，目前公益一类博物馆以博物馆为主体开展经营性活动处于"灰色地带"：一方面，公益一类博物馆不得进行经营性活动的政策"红线"不能碰；另一方面，文旅部门为"活化"博物馆文化资源，引导、推动博物馆文创经营实践势在必行。因此，公益一类博物馆选择一条可复制、能借鉴的文创经营模式路径有了现实需要。

（二）公益一类博物馆文创运营的现实情况

在实际调研公益一类博物馆文创经营活动中发现，有的博物馆在《意见》出台前已经成立公司并延续保留了公司，从事文创产品的开发经营活动；有的虽然在《意见》出台前已经有公司，但因种种原因注销了公司；只有少数博物馆在《意见》出台后成立了文创产品经营公司；大多数博物馆限于体制障碍至今还没有成立公司[5]。之所以基层公益一类博物馆呈现多种不同文创运营机制、能否成立公司依然处于"打擦边球"的灰色地带[6]的情况，究其根本是公益一类博物馆受"不得从事经营活动"的政策影响，在体制机制层面堵上了公益一类博物馆创办企业等营利性组织的可能性[7]。虽然文旅部门出台多项

---

[1] 《中共中央国务院关于分类推进事业单位改革的指导意见》，新华每日电讯，2012年4月17日第1版。
[2] 《博物馆条例》，《中华人民共和国国务院公报》2015年第7期。
[3] 《国务院办公厅转发文化部等部门关于推动文化文物单位文化创意产品开发若干意见的通知》，《中国文化报》，2016年5月17日第1版。
[4] 《关于进一步推动文化文物单位文化创意产品开发的若干措施》，《中国文物报》，2021年9月。
[5] 刘栋：《博物馆文创产品开发经营体制机制问题研究》，《中国博物馆》2020年第3期，第57—62页。
[6] 王业鑫：《新时期博物馆文化产业发展探析》，《中国纪念馆研究》，2022年合集，第44—48页。
[7] 刘尚清：《国有博物馆文化创意产业法律与政策环境探析》，《文博学刊》2020年第2期，第54—61页。

引导示范政策，但受制于政策层级不高等因素，基层博物馆管理者在慎重权衡成立公司开展经营活动与事业单位分类改革要求的政策冲突①的利弊后，决定不成立企业运营文创工作，导致公益一类博物馆文创运营推进缓慢。

此外，在博物馆文创运营实践中发现，企业对激发博物馆文化产业潜能的作用不可替代，《意见》中也明确了"事企分开"的工作原则，在公益一类博物馆成立国有下属企业运营文创工作受阻的背景下，借助社会力量盘活馆藏资源，让博物馆文化"活"起来，成为切实可行的提升方案。

一、"1+N+N"文创运营模式的基本概况

综合目前公益一类博物馆文创运营机制，如博物馆独家授权文创运营企业经营的"1+1"模式、博物馆同时授权多家文创运营企业的"1+N"模式、博物馆授权1家文创经营企业并协同多家文创供应商的"1+1+N"模式，兼具灵活性、竞争性、市场性优势的当属"1+N+N"文创运营模式。

（一）模式概况

博物馆"1+N+N"文创运营模式是指，1家公益一类博物馆+N家文创运营企业+N家文创供应商共同承担博物馆文创开发与经营活动的运行机制。

在协同分工上，公益一类博物馆主要承担馆藏文物史料、研究成果的授权，对文创运营企业开发的文创产品进行审核把关，对博物馆文创经营行为进行监督管理等。文创运营企业是公益一类博物馆实现文创开发与市场运营的"大管家"，扮演类似于"物业"的角色，对博物馆文创开发工作直接负责，该类企业一般应具有丰富的文创开发运维经验，公司规模较大、经济实力强，能承担公益一类博物馆文创产品设计开发、市场营销、商业法务等经营活动的全流程业务。各文创运营企业充分发挥自身资源优势，独立进行业务运作，引入多家文创运营企业形成良性竞争协作关系。文创供应商一般多为对某一特定领域、主题、品类的博物馆文创开发活动较有经验的中小规模文创企业，这类企业是文创运营企业合作伙伴，对文创运营企业负责。

在收益分配上，公益一类博物馆依照与文创运营企业签订的服务合同约定，向文创运营企业收取一定比例的利润，并全额上缴财政部门；另为保障博物馆日常业务交流，文创运营企业可无偿赠送一批合作开发的文创产品，用于博物馆业务交流展示赠送之用。文创运营企业因承担了市场运营的前期资金投入与主要市场风险，可分得相对较多运营利润；文创产品是由文创运营企业和文创供应商联合开发，刨除公益一类博物馆所收取的利润后，剩余所得收益由两个企业依照协议约定进行分配。

（二）优势分析

博物馆"1+N+N"文创运营模式是当

---

① 吴红梅：《公益一类博物馆文创产品收入的账务处理与分配使用问题探讨》，《行政事业资产与财务》2020年第8期，第94—95页。

前既符合公益一类事业单位政策要求，又能兼具激发市场运营活力的公益一类博物馆文创运营机制。具体来看，该运行机制有如下优势：一是确保公益一类博物馆文创运营的合规性。公益一类博物馆不能取得经营性收入是政策"红线"，加之被文旅部门列入文创"试点单位"的博物馆数量有限，公益一类博物馆通过成立下属国有企业从事博物馆文创经营存在一定违规风险，而在"1+N+N"文创运营模式下，公益一类博物馆充分发挥社会企业力量，在盘活馆藏资源的同时，产生的文创经营收益全额上缴财政，秉承了公益一类博物馆"收支两条线"的运行机制，让博物馆管理者从事文创运营工作吃了一颗"定心丸"。二是依靠市场竞争调动社会企业参与文创开发的积极性。"1+N+N"文创运营模式同时引入多家颇有经验的文创运营企业，避免了公益一类博物馆陷入选择文创服务企业时"一棵树上吊死"的被动局面，运用各服务企业间的竞争，调动文创企业为公益一类博物馆提供文创服务的积极性。三是凸显社会资源参与博物馆文创开发运营的广泛性。在"1+N+N"文创运营模式下，博物馆可以分层级、成体系推动博物馆文创工作，由于博物馆工作人员受编制等因素制约，同时对接协调众多文创企业难度较大，引入多家文创经营企业作为"中间人"代理博物馆与其他文创供应商对接，提升了公益一类博物馆文创合作运营的工作效率。四是彰显公益一类博物馆文创合作运营的专业性。"1+N+N"文创运营模式引入了对市场经营更为专业的文创运营企业，特别是在文创产品开发、设计、生产、营销、法务等各流程环节，以及对传统文创产品、数字文创产品多品类开发等具有较丰富的经验，提升了公益一类博物馆文创运营的专业性。

二、公益一类博物馆文创运营模式比较分析

"1+N+N"文创运营模式是公益一类博物馆在文创运营实践中不断摸索总结，是从"1+1"模式、"1+N"模式、"1+1+N"模式不断演变优化的创新实践，相较上述文创运营模式，"1+N+N"模式更为完善、机制优势更为明显，值得公益一类博物馆广泛借鉴采用。

（一）"1+1"模式

"1+1"文创运营模式是指公益一类博物馆独家授权一家在文创行业内资金雄厚、运营经验丰富的企业独家承接运营博物馆文创经营活动的模式，即由该企业独立承担博物馆文创产品的策划、研发、设计、生产、销售等全流程各环节的工作，并对博物馆负责。此种模式的优点在于，公益一类博物馆和一家文创运营企业合作，有效降低双方洽商的时间成本，博物馆的所有馆藏资源都可以授权该企业使用，企业也足够了解博物馆的开发需求，有利于博物馆文创合作高效推进。与此同时，该模式的弊端也较为显著：首先，博物馆独家授权一家企业使用馆藏资源进行文创经营，由于缺少必要的市场竞争，企业文创经营积极性难以得到持续保证；其次，任何一家文创运营企业不可能对所有文创产品品类、领域、主题均具有丰富的运维经验，如有的企业对传统文创产品开发经验丰富，有的企业具有丰富的数字文创开发与授权资源，难以做到文创产品运营的全品类覆盖。

（二）"1+N"模式

"1+N"文创运营模式是指公益一类博物馆授权多家文创供应商共同承担博物馆的文创开发及营销工作，博物馆可根据各家企业所擅长的领域进行授权开发，各企业独立完成所负责的文创产品策划、研发、设计、生产、销售等全流程各环节的工作，并对博物馆负责。此种模式的优点在于，各家文创供应商可以发挥自身优势，承接符合自己优势的文创产品开发工作，由于多家企业共同参与，各家能形成一定的良性竞争关系。但该模式的劣势也较为明显，即博物馆相关管理人员需要和不同企业进行业务对接，一方面管理人员要重复与不同企业对接相同的馆藏文物资源授权事宜，牵扯过多精力，工作效率难以保证；另一方面，由于不同的文创产品拥有不同的品类、主题、工艺，管理人员要熟悉掌握每种产品的设计、研发、营销各环节流程，难度较大。此外，由于"1+N"文创运营模式是博物馆与合作单位直接合作，往往是产品策划"指哪打哪"，缺少对文创供应商引进的规划，容易影响公益一类博物馆文创的品牌建设。

（三）"1+1+N"模式

"1+1+N"文创运营模式是指公益一类博物馆独家授权一家文创运营企业统筹博物馆文创产品的策划、研发、设计、生产、销售等全流程各环节工作，并对博物馆负责。文创运营企业根据构建文创品牌需要，与文创供应商展开具体合作，扩大博物馆文创经营的覆盖面，提升市场运营的专业度。此种模式很好地填补了"1+1"文创运营模式和"1+N"文创运营模式的短板，形成了"博物馆—文创运营企业—文创供应商"的分层级文创经营，引入文创运营企业扮演"大管家"的角色，秉持"事企分开"原则，能较好统筹公益一类博物馆的文创品牌构建，因此当前国内诸多没有成立博物馆下属国有企业的大馆，如中国人民军事革命博物馆、北京汽车博物馆等国家一级博物馆均采用这种合作模式，取得了较好的经济效益和社会效益。但该模式也存在一定弊端，即博物馆对文创运营企业的运维水平难以评估、文创运维企业的退出机制不畅，以及文创运维企业在取得博物馆文创运维资格后，因独家授权的关系，缺少必要的市场竞争，难以保持持续高涨的市场运营热情，从而影响公益一类博物馆文创运营。

由此可见，公益一类博物馆文创运营从"1+1"模式、"1+N"模式、"1+1+N"模式到更为成熟的"1+N+N"模式，完成了从1.0到4.0的演变发展，是对既有模式从"试用版"到"正式版"的升级。

三、运行"1+N+N"文创运营模式博物馆要处理好的四对关系

公益一类博物馆为更好地推动文创运营工作，确立基本的文创运行机制尤为重要，但在具体运营实践过程中，博物馆还应处理好正确理解社会效益与经济效益、准确把握文博场馆与社会企业、妥善处理文创资金投入与分配、统筹协同场馆文创售卖与交流等四对关系。

（一）运营目标：正确理解社会效益与经济效益的关系

基于公益一类博物馆的职能定位，博物馆管理者必须要厘清文创在博物馆业务

中的地位作用，准确把握博物馆文创带来的社会效益与经济效益。一方面，公益一类博物馆要将文创运营的社会效益置于首要位置，确保意识形态传播方向不跑偏。博物馆传承中华优秀传统文化是其最重要的职责使命，文创是近年来兴起的博物馆实现文化传播的重要手段，但不能因为传播方式的革新而削弱了博物馆的公共属性。另一方面，公益一类博物馆要注重经济效益的产出，活化利用中华优秀传统文化。公益一类博物馆引入文创运营企业，运用市场手段盘活博物馆馆藏资源，实现文化传播。在博物馆"1+N+N"文创运营模式下，由于博物馆和文创运营企业密切的合作关系，公益一类博物馆为全额拨款事业单位，没有经营创收压力，而文创运营企业要依靠利润维持日常业务运转，博物馆必须要为文创运营企业提供必要的资源支持，为运营企业盈利创造条件；但由于企业主体追求经济利益，又可能会导致博物馆市场营销的运作方式出现低俗化和过度商业化的倾向[1]，公益一类博物馆要加强对文创运营企业的监管，避免出现意识形态问题和社会舆情事件。

（二）职责分工：准确把握文博场馆与社会企业的关系

《意见》明确指出"事企分开"的文创运营原则，为公益一类博物馆文创工作发展指明了方向。公益一类文博场馆收藏、研究、展示中华优秀传统文化的专门机构，是文化资源方；社会企业拥有雄厚的社会资本、市场经营经验和灵活的运营机制，是资金方和运营方。要让资源+资金+运营强强联手，产生1+1+1＞3的效果。在博物馆"1+N+N"文创运营模式下，公益一类博物馆与文创运营企业明确职责分工，秉持"专业人做专业事"的原则，博物馆必须保持公共性底线，依托丰富的馆藏资源，向文创运营企业授权开发，对文创运营企业的商业行为予以监督管理，确保博物馆文创产品的意识形态传播不跑偏、不走样。文创运营企业是公益一类博物馆文创经营的重要参与者，充分发挥其在资金来源、市场运作、人才配备等方面的优势，扮演好博物馆文创产品开发与经营"大管家"的职责，让更多有主观意愿、有能力责任、有社会资源的企业主体参与到博物馆建设中来，增加博物馆运营活力、盘活博物馆馆藏资源、降低博物馆开放的财政负担，更好地满足人民群众日益增长的博物馆文化需求。

（三）投产分成：妥善处理文创资金投入与分配的关系

博物馆文创经营模式的关键是确定投入方和收入分配比例。公益一类博物馆文创开发活动依照资金来源分为两种类型，一类是资金来源于财政，公益一类博物馆向文创开发企业支付文创产品研发、设计、生产所需的各项费用及服务费，所开发的文创产品不得从事经营售卖，仅可进行交流赠送。另一类是资金来源于社会资本，社会运营企业承担文创研发、设

---

[1] 王航：《文化产业促进法视角下博物馆行业文化产业发展述论》，《中国博物馆协会文创产品专业委员会·博物馆文创实践与研究》，2022年。

计、生产、销售的全部投入。在博物馆"1+N+N"文创运营模式下，公益一类博物馆通过授予文创运营企业取得馆藏文物资料的使用权限，获得少部分文创经营收益；文创运营企业作为资金投入方和市场风险承担方，将分得较大部分的文创经营收益。由于公益一类博物馆无法取得经营性收益，所获得的文创开发授权费用需全额上缴上级财政，以保持公益一类博物馆的公共属性。文创运营企业通过市场运作获得的博物馆文创经营收益可根据需要用于企业职工的工资支付或作为扩大再生产的二次投资等。

（四）能效转化：统筹协同场馆文创售卖与交流的关系

博物馆文创产品用途广泛，除直接用于市场销售外，免费赠送交流也不可忽视。一般文创产品的赠送分为两类：一是博物馆间的馆际交流，如举办相关博物馆主题会议赠送的博物馆文创产品、博物馆领导会见相关单位领导时赠送的体现本馆特色的文创纪念品。二是博物馆与社会公众进行的交流互动，如博物馆为推广某项活动，调动社会公众群体参与博物馆活动的积极性，赠送给获奖观众，或是赠送给对博物馆有帮助的社会群体。由此可见，博物馆赠送交流文创产品的场景非常广阔，博物馆文创产品的需求量也十分巨大。为填补该类用途空白，过去公益一类博物馆采取的是通过申请财政资金进行文创开发，但由于近年来财政对博物馆文创产品的支持力度普遍下降，申报预算不易获批，且容易有制作"礼品"之嫌，故申报财政预算进行文创开发可行性越来越低。在博物馆"1+N+N"文创运营模式下，公益一类博物馆虽不能产生经营性收入，但可在收取一定文创开发授权费基础上，根据文创企业的营收情况，让文创运营企业承担公益一类博物馆日常交流赠送所需的文创产品，以缓解运营文博场馆的财政压力。

结　语

公益一类博物馆"1+N+N"文创运营模式的出现不是一蹴而就的，而是经过博物馆文创"1+1"模式、"1+N"模式、"1+1+N"模式的探索实践后，不断创新优化逐步实现的。公益一类博物馆践行"事企分开"原则，引入文创运营企业作为"中间服务商"，形成"公益一类博物馆+文创运营企业+文创供应商"三位一体的博物馆文创运营体系，兼顾合作的广泛性和运营的专业性，吸纳更多社会资源参与博物馆文化产品与服务的供给中来，在运营实操层面，公益一类博物馆还应注重正确理解社会效益与经济效益、准确把握文博场馆与社会企业、妥善处理文创资金投入与分配、统筹协同场馆文创售卖与交流等四对关系，让"1+N+N"模式成为公益一类博物馆有借鉴、易落地、可推广的文创运营机制。

文旅融合下博物馆高质量发展的实践探索
——以沈阳故宫博物院为例

方 硕

沈阳故宫博物院

内容提要：当下，文博场馆正成为文化旅游融合发展的新增长点和前沿阵地，众多博物馆在推动高质量发展方面推出多种创新举措，取得了良好的社会效益。本文以沈阳故宫博物院为例，概述文旅融合下推动博物馆高质量发展的实践和探索。

关键词：文旅融合 博物馆高质量发展 新质生产力

随着文旅融合向纵深发展，文博场馆日益成为观众热衷打卡的旅游目的地。近年来，包括南京博物院、三星堆博物馆、辽宁省博物馆在内的众多文博场馆，以其丰富的馆藏、高品质的展览、多彩的活动、鲜活的文创以及不断创新的展览形式，吸引了大批观众，成为网红打卡地。通过创新文物展现形式、引进特色临展以及进行博物馆教育等举措，博物馆正成为文化旅游融合发展的新增长点和前沿阵地。

一、沈阳市博物馆基本情况

沈阳市历史资源丰富，有不可移动文物314处。其中，全国重点文物保护单位31处，省级重点文物保护单位99处，市级重点文物保护单位184处，行政区域内有53家国有收藏单位。2021年6月，沈阳市印发《沈阳市博物馆"百馆工程"三年行动方案（2021—2023年）》和《沈阳市非国有博物馆扶持办法》，明确博物馆"百馆之城"建设工作目标任务。截至目前，沈阳市备案博物馆总数达到23家，开放的文博场馆达到106家，沈阳市正式进入"百馆之城"行列。

据统计，全市开放场馆建筑面积84.2万平方米，展厅面积19.6万平方米，展出藏品近7万件套，年接待观众1 900万人次，国家一级博物馆3个，国家二级馆6个。

二、文旅融合下沈阳故宫的发展现状

沈阳故宫营建于1625—1783年间，是清迁都北京前的皇宫和迁都北京后的陪都宫殿。沈阳故宫博物院是在清沈阳故宫宫殿遗址基础上，利用典藏约10万余件珍贵文物建立的古代文化艺术博物馆，1926年辟为博物馆，成为东北地区最早创建的公立博物馆之一。1961年，沈阳故宫被国务院公布为首批全国重点文物保护单位；2000年，被国家旅游局批准为AAAA级旅游景区；2004年，列入《世界遗产名录》；2017年，沈阳故宫博物院获评国家一级博物馆。

2023年，全国旅游市场迎来久违的烟火气。沈阳故宫累计接待观众440.85万人次，同比增长505.01%；门票收入1.48亿元，同比增长497.78%；文创产业收入4 532.06万元，同比增长564.77%；讲解费收入514.16万元，同比增长244.82%，各项经济指标均创历史新高。沈阳故宫博物院肩负博物馆和景区双重使命，准确把握时代趋势，深入挖掘沈阳故宫特有的历史文化和文物资源，持续打造文旅新场景，优化服务新供给，推动优秀传统文化创造性转化和创新性发展，不断为文旅融合发展提供新质生产力。主要体现在以下方面：

（一）不断打造新场景

在古老的宫殿建筑群里营造新的文化创意景观，通过观众"打卡"拍照和手机转发，以润物细无声的方式，广泛传播中华优秀传统文化。

1. 建筑场景

沈阳故宫较为完好地保留了清代建筑114座。其建筑群按营造时间和基本格局分为东、中、西三路，东路主要包括努尔哈赤定都沈阳之初所建的大政殿、十王亭等建筑；中路分为清早期的"大内宫阙"和清定都北京后增建的行宫、盛京太庙等几组建筑；西路主要为乾隆年间增建的文溯阁、戏台等建筑。三路建筑历时近160年完成，显示出不同历史阶段明显的时代特征，蕴含着浓郁的满族传统文化，集萃了汉、满、蒙、藏多民族建筑装饰元素，融合了宫殿建筑与地方民居的建筑特征。遵循"保护为主、抢救第一、合理利用、加强管理"的文物保护方针，沈阳故宫通过国家文物局重点项目以及年度修缮计划，分期开展古建筑修缮、油饰彩画修复与保护等工程，使得各类古建筑风貌依旧，成为观众最喜欢的文化场景。

2. 展览场景

2023年推出"万福攸同——沈阳故宫福文化展""窑韵千年——玖珅雅堂藏历代瓷器展""金匮其外　锦绣盛装——沈阳故宫院藏古代文物装具展""城韵——杨子江沈阳老建筑水彩画展""御窑宫瓷——明清御窑瓷器的传承和创新展""金缕风尚——古今艺术品传承与对话展"等12项专题展览。通过展览场景进行文化输出，让观众更加深入地了解中国传统文化的内涵和价值。

3. 数字场景

2023年，博物馆向观众开放三个数字化展览。一是沈阳故宫宫廷文物数字展。在这里观众不仅可以欣赏完整呈现的高清动态数字长卷——沈阳故宫院藏国家一级文物"康熙南巡图"第二卷全卷，还有"宫廷文物互动科普""大型触控交互数字文物墙"，通过数字高清大屏对院藏精品文物进行360°数字化展示，观众可通过"放大"功能查看纹饰、款识等文物细节。同时以数字化重建、多点交互触控等展示手段，拆分式展示文物结构，展现文物的具体信息。在实现文物活态展示的基础上，交互体验更能与观众互动，满足观众朋友们的探索欲与求知欲。二是沈阳故宫宫廷建筑营造艺术数字互动体验展。通过数字化展览手段，将榫卯结构进行详细拆分与解读，对建筑琉璃构件、脊兽等进行详细科普，让观众更深入地了解传统技艺。三是清帝东巡展。该展览主要介绍皇帝东巡期间所做的狩猎、筵宴、祭陵等四项主要活动，并以数字技术展现康熙皇帝"视察水师船舰"等八个场景，生动再现皇帝东巡盛况。这种以数字化为媒介的文物活化展览，已逐渐成为文化输出的有效方式。

4. 创意场景

2023年新春佳节到来之际，沈阳故宫在大政殿西侧打造"文韵故宫 永福在兹"文创景观，结合"万福攸同——沈阳故宫福文化展"在凤凰楼下设置"乙酉兔年剪纸祝福"打卡景观，寓意身在故宫处处有福。博物馆在古建筑中植入当代设计，打造了"公共阅读空间"——文博书房；在东路建筑群实施了亮化工程，使夜晚的故宫更显风华绝代、古韵悠长；还设置了"天·宫之镜""我在沈阳挺好"等多处网红打卡地。这些创意场景深受观众欢迎，也逐渐成为观众来博物馆参观的打卡新地标。

5. 园林场景

沈阳故宫着力打造四季皆有花的"花园式博物馆"，春季看迎红杜鹃（映山红）、玉兰、牡丹次第开放；夏日赏月季、海棠姹紫嫣红；秋天品金黄银杏、九角枫霜天红叶。此外，分区域栽植的晚樱、丁香、绣球等各色鲜花竞相绽放，让博物馆打卡和赏花游一举双得。

（二）不断推出新服务

沈阳故宫聚焦精细化服务，充分发挥博物馆社会服务职能，让公众特别是沈阳市民共享世界文化遗产保护成果，更好地理解历史沈阳和文化沈阳。博物馆面向沈阳居民、在校大学生等群体推出各项惠民政策，开展公益鉴定、古建筑工程公共示范和观摩体验、非遗传承人走进沈阳故宫等链接传统与现代的文化活动；成立了东北地区首家面向青少年儿童的沈阳故宫少儿博物学院；与鲁迅美术学院、沈阳音乐学院等高校签订战略合作协议，邀请高校师生在古建筑区开展美术创作、演出传统曲目、奏响国风古韵等教育文化活动。推出了"故宫有戏"品牌活动，与沈阳京剧院、沈阳评剧院合作，在古戏台为观众送上"跨越时空"的戏曲之旅；邀请沈阳杂技团在大政殿广场演出杂技《玉阙幻彩》。打造"沈水之阳，我心向往——夏日享清凉""到沈阳故宫过大年"等品牌，举办系列品牌文化活动及精彩展览，提升文化传播能级，"博物馆+"的文化活动模式深受观众好评。

（三）不断开发新文创

来到沈阳故宫，除了欣赏古代建筑，参观各类文物专题展览，现场观看非遗展示，还能到故宫西苑歇歇脚、喝杯茶，到后苑冰作见识古代冰淇淋制作工艺，在博物馆发现"有趣、有用、有艺术性"的文创产品。沈阳故宫以传统文化为媒介，努力践行"让观众把博物馆文化带回家"的服务理念，深挖历史资源、文化资源、文物资源，形成"八旗""永福""建筑""仿古"4大主题系列，涵盖工艺品、日用品、文具、饰品、食品、饮品6大类，660种在售文创产品，不仅丰富了优秀传统文化的传播载体和手段，也成为沈阳故宫博物院新的产业增长点。

三、文旅融合下制约博物馆发展的难点问题

借助沈阳文旅大发展的强劲势头，市内各博物馆可以乘势而上，深入挖掘自身特有的历史文化和文物资源，持续打造文旅新场景，不断优化服务新供给，努力开发文创新产品，实现经济和社会效益大幅增长。然而，大发展的同时，一些制约发展的难点和堵点也逐渐显现。

一是观众流量不断增长，经费保障不足。据统计，2023年国庆假期七天，沈阳各大文博场馆累计接待观众达134万人次，同比增长35%。沈阳"九·一八"历史博物馆接待观众31.27万人次，沈阳故宫博物院接待观众25.46万人次，张学良旧居陈列馆接待观众23.65万人次。全国博物馆客流指数，沈阳故宫博物院和辽宁省博物馆双双排进全国前十。与此同时，文博场馆设施设备损耗、地面破损程度较以往加大，需要及时维护、修补、替换。以沈阳故宫博物院为例，现行经费不能足额保障设施设备维修保养，致使观众参观游览的体验感变差，长此以往不仅损害沈阳故宫的服务形象，更会影响沈阳"听劝"品牌的打造。

二是服务供给不断增加，人力保障不足。近年来，各大文博场馆加大服务保障，不断打造新场景、新服务、新文创，深受观众好评。但目前沈阳市事业单位人员编制不断缩减，合同制职工不得增加，派遣制职工数量有限，人员数量和质量均难以满足服务供给需求。以沈阳故宫第三方服务为例，物业保洁、安全保卫经费依然按2019年前接待标准核定，但是2023年沈阳故宫的观众接待量猛增至441万，较2019年254万人次增长近90%；开放时间在旅游旺季实行周一不闭馆并且每天延长开放一个小时，2023年全年延长开放时间220余小时，相当于近28个工作日，特别是在春节、清明、五一、十一期间，观众巨量增长，第三方服务人员数量无法满足服务需求。

三是高质量发展面临新机遇，运行机制不活。随着沈阳文旅产业不断深度融合，越来越多文创产品涌现。文博场馆通过深挖自身文化底蕴和文化内涵，开发的多业态跨界合作的文创产品不仅可以让文物"活"起来，更为文创产业的发展带来了巨大的市场机遇。而就目前沈阳文博场馆的现状来看，文创产业的收入虽然越来越高，但受体制机制的影响，产业收入无法转化为事业收入，能用于反哺博物馆事业发展的部分几乎没有。

四、文旅融合下博物馆高质量发展的路径探索

通过研究与分析沈阳故宫博物院在文旅融合实践中的成果与经验，我们总结形成三条适用于博物馆文旅融合工作开展的启示和建议：

一是积极争取人员和经费支持。博物馆是城市的名片，它们不仅是城市历史的浓缩，也是文化的展示。特别是在当今文旅深度融合的大背景下，博物馆在促进城市文化建设和旅游发展方面发挥着重要作用。所以，博物馆的各项开放保障经费包括公用经费不能等同于其他行政类事业单位，应从维持开放转变为以支持高质量发展为目标，根据实际需要足额保障，从而创造更多价值。这个问题应得到本级人力

资源和财政部门的足够重视。

二是探索文旅融合新业态。现如今，观展早已无法满足观众的精神文化需求，博物馆还应探索文旅融合新业态，提供多维度的文化体验。沈阳故宫博物院创建的东北首家"少儿博物学院"，研发了传统文化新六艺课程体系，将两陵、抚顺新宾赫图阿拉以及非物质文化遗产等都市圈历史文化旅游一体纳入，产生联动效应，形成世界遗产品牌大IP。顺应时代需求，博物馆要不断拓展新职能、新服务，打造"博物馆+"文化活动模式，多轮驱动推动博物馆高质量发展。

三是推动体制机制进一步深化改革。近年来，上海市、成都市先后实行了《关于上海市文化文物单位实施文化创意产品开发收入分配激励的指导意见（试行）》和《成都市深化博物馆改革发展的实施办法》。上海市博物馆、成都市博物馆和成都武侯祠博物馆均作为试点单位，设立有从事文化创意产品开发的馆属企业，文化创意产品开发取得的经营收入按比例上缴博物馆作为事业收入，用于加强公益文化服务、藏品征集、展览展示等支出，另有一部分用于人员激励。办法自实施以来，取得了良好的效果。沈阳市应充分借鉴先进经验，各文博场馆积极突破体制机制，将产业收入纳入事业收入，从而促进博物馆良性循环。

五、结　语

沈阳市打造文旅融合示范地的工作正有力推进，包括沈阳故宫博物院在内的备案博物馆发展正面对着难得的历史性窗口，应坚持事业产业两手抓，着力突破瓶颈，以守正创新发展，激活支撑沈阳市博物馆高质量发展的"新质生产力"，在文旅融合背景下发挥应有的作用。

《旅顺博物馆学苑》征稿启事

　　《旅顺博物馆学苑》是由旅顺博物馆编辑出版的学术性书籍。本书以突出学术性和特色性为宗旨，常设地方历史与考古研究、典藏研究、近代学术与文物收藏研究、西域文物与历史研究、文物科技保护、博物馆工作与研究、学术动态与博览等篇章。其中"西域文物与历史研究"以丝绸之路探险史及其收集品为研究方向，"近代学术与文物收藏研究"则涉及中国近代的学人学术及文物流散收藏，对于这两类稿件本书优先采用。

　　来稿注意事项如下：

　　1. 来稿要求有深度、有新意，字数以4000—10000为宜。请提供200字左右的内容提要和5个以内的关键词。注释均采用页下注形（书籍标明书名、出版社、出版年月及页码，刊物标明刊名、刊号及页码）。

　　2. 来稿请发至lsbwgxueyuan@163.com，文中插图请以图片形式另行发送。来稿请注明作者姓名、单位、职称、研究方向及电话、电子邮箱等信息，以便联系。审稿期为三个月，如果逾期未收到用稿通知，作者可对稿件另行处理。

　　3. 作者保证所投作品为原创，不存在侵犯第三人著作权的情形，否则产生的后果由作者承担。请勿一稿多投。

　　4. 本书已许可中国知网以数字化方式复制、汇编、发行、信息网络传播本书全文。如有异议，请在投稿时说明，本书将按作者说明处理。

　　5. 稿件一经采用，即赠送同期刊物两本，并按有关规定支付相应稿酬。截稿日期为每年9月末。

　　编辑部地址及联系方式：
　　地址：辽宁省大连市旅顺口区列宁街42号
　　邮编：116041
　　联系人：刘立丽
　　投稿信箱：lsbwgxueyuan@163.com

LUSHUN MUSEUM

微博：@上海古籍出版社官方
豆瓣：上海古籍出版社
Email：guji1@guji.com.cn
书店联络：021-53203788
新媒体联络：021-53203797

旅顺博物馆

上架建议：考古／文博
ISBN 978-7-5732-1592-5

定价：98.00元